教師哲學

林逢祺　洪仁進◎主編

哲學中的教師圖像
Philosophy of the Teacher

五南圖書出版公司 印行

序

　　滾滾濁世裡，「師道」如何，實為社稷興衰之關鍵。哲學家們即使不直接探問教師任務之議題，在其思想中卻經常蘊含著豐富而耐人尋思的教師圖像側寫。就此角度而言，哲學家們可謂研究或關心師道者的「隱性導師」。

　　2007 年 6 月我們為了提供在職教師及教育學的學生們一把探索教師哲學圖像的鎖鑰，決議舉辦一個別開生面的「教師哲學圖像網路論壇」。幾經討論，我們一共選擇 30 位西方哲學家作為研究對象，並邀請國內著有聲譽的學者先進，每人負責研究、撰寫一位哲學家的思想，以作為論壇之引言文章。在撰寫方式上，我們以每位哲學家的思想中最具教師圖像之思考價值的部分（例如蘇格拉底的產婆法、柏拉圖的洞穴寓言、黑格爾的主僕論等等）作為探討核心，若非必要不涉及思想家之整體思想體系的介紹，以凝聚討論焦點，並節省篇幅。每篇文章不超過 15,000 字，並包含如下內容：哲學家的背景簡介、哲學家的核心哲學概念、哲學家的核心哲學概念中的教師圖像、該圖像的省思及結論等五個部分，行文力求簡明，以利讀者閱讀。

　　2007 年 10 月 1 日截稿後，我們獲得 27 篇文章（三位作者因故未能交稿，至為可惜），隨即在臺北市賈馥茗教授教育基金會的支助下，假臺灣師大教育學系之網路系統，將所得文章編輯、分類、上網，自 2007 年 11 月 1 起，至 2008 年 6 月 30 日止，展開為期九個月的「教師哲學圖像網路論壇」；其間不但學者先生們刊登於網站上的引言文章，獲得熱烈的回應和討論，各級老師和學生也紛紛投稿，以文字或圖畫生動而深刻地臨摹出自己心中的理想教師畫像。整個論壇的運作成果，遠遠超乎原先的預期，也為後續類似的活動，奠定了初基。

　　為了保留、分享論壇成果，並嘉惠讀者大眾，2008 年 9 月我們在五南圖書公司的支持之下，以《教師哲學：哲學中的教師圖像》為名，集結出版論壇引言學者們發表之文章，主要的用意有二：一方面在為正值教育改革浪潮中的在職教師，提供反思教師角色之哲學基礎，並引領其建構自我專業發展之藍圖；另方面則在為學為人師的莘莘學子，描繪

哲學與教育交融之下的教師形象，並作為其學習教育哲學、教育史及教學理論之輔翼工具。

　　再度感謝所有參與論壇討論的學者先生及全國各級學校師生，因為你們的共襄盛舉，才使得本次活動由率性的想像化為美好的真實，並感謝五南圖書出版公司的協助，讓我們得以將活動成果呈獻給所有關心教育及研究教育的朋友們。希望這不是終點，而是另一個起點。

林逢祺　　洪仁進　謹識

2008 年 9 月

於教育大樓　童心齋

目 錄

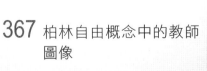

1

蘇格拉底的教師圖像

—— 林玉体

蘇格拉底是生於二千多年前的希臘哲學家兼教育家,在世之時,經常與他的朋友一起討論「德行」、「中道」、「正義」、「善」、「勇敢」及「虔敬」等人生重大問題。

蘇格拉底（Socrates, 470-399 B.C.）是生於
2,000 多年前的希臘哲學家兼教育家，在世之時，
經常與他的朋友一起討論「德行」、「中道」、「正
義」、「善」、「勇敢」及「虔敬」等人生重大問題。
這些問題是無時間性及空間性的，換句話說，「古
今」（時間）及「臺外」（空間）的人都會遭遇這些
問題，而解決這些問題，答案又很難尋覓，尤其是
「絕對」、「標準」、「正確」、「一致」、「共同」或「必然」性的答案。
人之「存在」，除了追求物質生活的滿足之外，若無法在這些問題上進
行思索與討論，則人生意義將蕩然無存，尊嚴感與榮譽感也消失不見。
蘇格拉底憑其天分及特有智慧，加上他所擅長的詰辯式問答教學法，讓
跟隨者如眾星之拱月一般。他每到一處，就立即聚集一堆聽眾參與他的
討論。去世後由他的及門弟子也是曠世奇才的大哲學家柏拉圖將業師的
「對話」輯成《對話錄》（*Dialogues*），引發了數千年來學術界熱烈的
爭論，盛況不衰，不只學院式的機構如大學及研究院裡的專業哲學家持
續發表宏文，闡釋蘇格拉底的人生論點；即如 21 世紀的當今，坊間都
出版有類似《蘇格拉底咖啡館》及《蘇格拉底大哉問》的暢銷書，為社
會大眾所喜愛閱讀的作品。作為一名教師的蘇格拉底，在當年的身教及
言教，是沒有固定場所的，或許古代的雅典並無咖啡屋，但他號稱是將
哲學從天上掉到人間的學者，不只如此，還將素來艱澀難懂、玄之又玄
的抽象概念，不只滋潤少數菁英，還嘉惠於「普勞」（proletarianism）
大眾，哲學討論不限只有天上有，且地球上的市場甚至咖啡屋這種眾
人及平民常去的所在，都能暢談「大哉問」。此種教育的普及性，蘇格
拉底是第一人，且是搶頭香最成功者，「有教無類」甚至還包括女生在
內，比起支那孔丘之歧視女人如同小人，二者見識之高下，實有霄壤之
別，名實相符的進行全民教育，蘇格拉底此種教師圖像，更贏得舉世的
崇敬。

將教學問題的哲學層次，由「天上」掉到人間的，其實蘇格拉
底並非是第一人，在蘇格拉底當時或之前，希臘早就有一批「辯士」

（sophists）熱衷其中，辯士並不談天說地，既不研究自然，也不過問超自然，而純粹以「人」為思索的對象。這種行徑，蘇格拉底也步其後塵。人包括你我，知你必先知我。「知你自己」（Know Thyself）變成蘇氏學說的標誌[1]。

一、生平

蘇格拉底在牢裡被判死刑的那一年是西元前 399 年，他說死不足惜，其中一個理由是「人生七十古來稀」，自稱已屆古稀之年。據此史家乃斷定他生於西元前 469 年。當時並無戶口名簿，蘇氏之母為助產士，但助產士也沒發出生證明，所以他的出生年月至今仍是個謎。不過，這個問題並不重要。

重要的倒是這位東西學界公認為西方孔子的大教育家，在與世長辭時並不如同中國至聖先師般那麼風光。蘇氏一生追求真理，自認無知；他與辯士一般的喜愛辯論，也許他也有類似孟子的苦衷——予豈好辯哉，不得已也。在舉世言論紛歧之際，於過去一言堂被辯士擾亂之餘，蘇格拉底遭逢時會，秉其優異天分及過人毅力，倡知識研究之可貴。在雅典民主政治的真正理念時過境遷之後，蘇氏終於因堅持自己想法，不妥協於權貴及同道，乃在獄裡飲了一杯毒鴆（hemlock）而告別人世。

蘇格拉底之父是雕刻師，其母是助產士，家道小康。雙親這種職業，乃被他引喻為教學方法。一方面藉雕刻師之層層雕剝，使教學之材料更為鮮明，從粗糙不堪又渾渾一團中漸漸型模出輪廓，最後乃有精緻與完美的產品。一方面也將知識之獲得比為嬰兒之降生，在二者相互對應的情境裡，產婦就是學生，助產士就是老師，產房就是教室，而嬰孩

---

[1] 蘇氏此種抱負，可以與中國民族的人生觀做一對比。魯迅曾在《馬上支日記》中沉痛的說「中國人偏不肯研究自己」。而絕大多數中國人也都知道：「每個人和他自己之間的距離是最遠的。」何博傳，《山坳上的中國》，臺北國文天地，1990代序，6。

就是觀念。「產婆術」（Maieutics）之名乃與蘇格拉底同在。

醜陋的相貌，寬厚的鼻子，凸出的肚皮，稍垂的嘴唇，這是時人對他的描述。有人說蘇格拉底如天神，另有人則以為他走路像水鳥，笑他眼睛有經常轉動的毛病；但蘇氏雙目炯炯發光，常自豪的相信可以看透別人內心深處。有健壯的身軀及逾越常人的耐力，不管冬夏皆穿同一服裝 [2]，他慣以赤足走路，即令冬天行軍（蘇氏曾從軍）亦然；喜愛杯中物，且酒量奇大，不曾酗酒。為沉思問題，常有入定或出神狀況。除了自我冥想外，還喜歡詰問他人，並追根究底，終種下了殉道之因。

作為影響深遠的希臘三大哲學家的宗師，自在觀念及作風上有異於常人之處，俗人以為蘇氏娶了個悍婦（名為 Xanthippe），英國哲學家羅素（B. Russell, 1872-1970）並不以為然 [3]。不過蘇氏卻能忍受其妻之脾氣發作，在她大肆咆哮時，蘇氏不為所動；當其妻以一桶水往蘇氏頭上潑下時，這位哲學家竟然風趣且幽默的說，打雷之後的大雨乃是勢所必然。如果連配偶都無法對付的丈夫，還有資格處理紛雜的人世間問題嗎？

與孔子一樣，蘇格拉底也是「述而不作」。有關蘇氏的主張，都由向他請益的弟子登錄下來。其中最有名的是柏拉圖（Plato, 427-347 B.C.），柏拉圖的代表作是《對話錄》（*Dialogues*），書中對話的主角，經常是他的啟蒙師蘇格拉底。這種寫做法，導致許多學者分不清師徒二人學說的歸屬。真的蘇格拉底（即歷史上的蘇格拉底）與假蘇格拉底（即柏拉圖思想的代言人）混淆，實是學界奇事。不過，比較可信的是柏拉圖《對話錄》中，〈辯解篇〉（Apology）、〈美諾篇〉（Meno）及〈特亞特陀篇〉（Theaetetos）可能是蘇氏的看法；其他則是柏拉圖的見解了。

---

[2] 17世紀英國名物理學家牛頓（I. Newton）也有此種習性。

[3] Bertrand Russell, *A History of Western Philosophy*, N. Y.: Simon & Schuster, 1945, 135.

二、蘇格拉底的為學態度

(一) 自我反省與沉思

　　觀念之獲得，並非來自於外鑠，而是自我形成。任何知識，如果透過自我的思索，則可能會頓然領悟、融會貫通。這種收穫，比別人告訴答案來得可貴。蘇格拉底堅信，只要人們能夠時時傾聽發自心靈深處而來的「內在聲音」（inner voice），把握住稍縱即逝的「靈感」，透過層層思考步驟，自可形成一套穩固的觀念體系。而知識的多寡，就靠自我沉思的努力程度而定。勤勉與怠惰，就是評斷學問好壞的效標。

　　偉大思想家多半都有自我沉思的習慣，泰列士之失足掉進水溝，是史有前例。蘇格拉底並有記載較詳細的沉思文獻：「一早，他左思右想一個難以解決的問題，他並不放棄，乃聚精會神的從天亮站到中午——直立不動去思考。下午時分，有人注意到了此種情況，乃風傳四處。終於在晚飯後，一群同伴由於好奇，都帶了草蓆露天而睡，以便觀看蘇氏是否可熬夜。但見他整晚的站著，直到隔日早上晨曦出現時，才向太陽祈禱而後自行離開。」**4**

　　知識不賴他求，卻要仰靠自己。自己的內心就是知識的寶藏，盡力去挖掘，就會有金玉出現，何必捨近求遠呢？時時反省自己，也是做人的基本要求。「沒有經過省察的人生，是不值得活的。」**5**因此，肯定自我沉思與反省的態度，知識就會源源而來，並且品德也會步步趨向於善。不少人坐失良機，蹉跎歲月，無法充分發揮本有的資產，實在可

---

4 Plato, "symposium," *Dialogues of Plato*, translated into English by B. Jowett 3rd ed., London: Oxford University Press, 1892, 220c, d. 羅素說，該種情景可能是在夏天，否則蘇氏雖有耐寒本事，眾人卻無法忍受隆冬的溫度。B. Russell, *A History of Western Philosophy*, op. cit., 90.

5 Ploto, "Apology," 38a.

惜。只有向自己使力，才能獲取效益。這種主動、自發且自主的為學作風，帶有極為強烈的樂觀色彩。

（二）虛心求教，不恥下問

柏拉圖記載蘇格拉底的教學，都採用討論或對話方式，蘇格拉底既深信自我沉思的功能，本不必經由與他人討論或對話來尋求真知。但是與他人討論或對話，也是自我沉思的一種。將自己及別人的沉思過程做一種公開的陳述，由此而刺激自我的沉思範圍與性質。討論或對話並非單方面所壟斷，卻是一問一答，且一問一答的深淺度，前後有別。

蘇氏向眾人宣告，他的自我沉思或向別人討教，用意無他，在道出真相而已。他這種用意，不只希望他的朋友或共同論道的人能體會，還深盼法官能諒解。至於在沉思中的表情，討論裡的氣氛，那都是節外生枝，與真相之水落石出無關。他說：「不必顧及我用什麼語言，擺什麼姿勢，以什麼方式說話；那可能是善言，也可能不是好話。但只考慮我的話之真實性，請注意這點。讓說話者講出真心話，由法官做公正的判決。」[6] 換句話說，問答時之大聲或小聲，多次或一次，輕快或緩慢等，都不影響為學的主要訴求——虛心求教以得真正的事實。不要影射為學者是否傲慢或自視過高——不幸，蘇氏就是因此而遭殺身之禍。

蘇氏一本初衷，以真理之發現自居；因沉思出神而令大眾嘖嘖稱奇，怪人之稱呼已不脛而走；他又喜愛與別人一同進行反省思考，讓不好此道者深惡痛絕。蘇氏形容他當時所扮演的角色，猶如「牛虻」（gadfly）一般（〈辯解篇〉），時時刻刻都要找昏睡的懶牛叮一叮，試圖喚醒群眾。無奈做夢的俗人耽於夢鄉中，自然要撲殺牛虻以便安枕無憂了；他又以「電魚」（cramp-fish）來戲謔自己（〈美諾篇〉），那些自以為是而疏於自我反省的人經此電魚一擊（反問），就陷入思想的

---

[6] Ibid.

混沌狀態或麻木境界了。蘇格拉底崇尚自我反省與冥思，又不想孤芳自賞，卻要「拖人下水」，共同來進行理念的澄清與探測重任，註定了他要以悲劇人生做結局的命運。雖然蘇氏表明他的意向不是要讓別人難堪、尷尬、羞愧、丟臉，但在絕大多數人愛面子的狀況下，是無法就是非而論是非，卻要「對人不對事」（against the man）了。蘇格拉底這種只問是非而不講情面的態度，不用說在紀元前 4 世紀左右的希臘人無法忍受，即令他處在當今社會，也會格格不入。眾人皆睡唯蘇格拉底獨醒，這位獨醒的哲人，不只孤單，還有生命之虞！

（三）求知若渴，殉道也不悔

蘇格拉底愛好哲學思考，又熱切的反問別人，終變成「人民公敵」；許多浮誇不實的權貴痛恨蘇格拉底掀起底牌而怒不可遏，乃到法院告他「敗壞青年」。經過一番訴訟後，蘇氏本可逃亡，但條件是要放棄蘇氏的為學作風。蘇氏卻寧死不屈，因為哲學思考重於生命。雅典法庭這種宣告，等於是要放逐蘇格拉底，只要他答應流亡在外，或沉默餘生，則安全無慮。這種安排，類似當今不少專制政府之對待反對派異議人士的方式。但苟且偷生，這種生活又有何意義可言？閉住別人的嘴巴，消滅異己的言論，都是極權霸道的把戲；而學者如甘願就範，則人格已受蹂躪，尊嚴又遭摧殘，學術活動就響起喪鐘，而知識分子雖生猶死了。

蘇格拉底此種為真理而殉道之精神，開奏了西方學術自由奮鬥史轟轟烈烈的序曲。由於他這種死法，益增他的偉大。模仿他而以他為楷模的後繼者，不計其數。西方政治、學術及教育上之能漸漸走向民主獨立之路，是多少類似蘇格拉底的學者血淚所鋪蓋而成。中國的孔子受到中國師生的崇敬，如也為真理而犧牲生命，或許中國的文化面貌會改觀。

蘇氏一方面斷然拒絕雅典法院之妥協，另方面也勸告市民在飽食逸居之後，應興起一股求知若渴之心。「在我有生之年，我從不中斷對

哲學的教學，向任何我能遇到的人，以我過去的質問方式向他求教。你們啊！我的朋友，偉大崇高的雅典城市公民，你們積聚了最大量的金錢、榮華與名氣，但是卻很少注意智識、真理及心靈的改善，這些你們不屑為之，難道不覺可恥嗎？」蘇氏還在臨終前囑咐門生故舊要告誡他的三個孩子，要是其子不能為正義及真理而奮鬥，就予以譴責，如同蘇氏譴責其同胞一般 [7]。

（四）有教無類的態度

蘇格拉底的愛好質問與辯駁，作風與辯士並無兩樣。但是在教學該不該收取費用上，二者卻涇渭分明。蘇格拉底因自認無知，因此沒有本事教人。「假如一個人有本事教導他人，則他收取費用來教學，我個人以為，這對他而言，是一種榮譽。」[8] 蘇氏無論在家中、街上、市場裡或牢獄中，他都毫不猶豫的與他人討論，不計任何條件，更罔論收取學費了。當有人誤以為他靠收費謀生而作為指控他的罪名之一時，他不客氣的說那個指控者「在說謊」。並且認為師生之間若有學費存在，則會破壞二者的良好關係。知識交流是純粹心靈的事，最好不要有物質介入，以免芥蒂橫梗，污染了美好的教學畫面。

蘇氏教學的對象既是全民，所以無分男女老幼及貧富，他都一視同仁。尤其值得一提的是，蘇氏的門徒中也有女生，他並不以為「女子」與小人同列，都屬「難養」之輩。此外還力言不可因年齡大老而失去求知的興趣，他引用了希臘大文豪荷馬（Homer）在《奧德塞》（*Odyssey*）劇中的一句話：「當我們感到需要時，不必謙虛，卻應當仁不讓」，來建議上了年紀之人也要發憤向學 [9]。並且教學相長，蘇格拉底絕無歧視的對待學生，他也從學生處得到不少收穫。證之於他的虛懷

---

[7] Ibid., 29c-30b, 42.

[8] Ibid., 33a, b.

[9] Ibid., "Laches," 201a, b, c.

若谷、「每事問」的胸襟，也經常扮演門徒的身分，「問他、考他、分析他的話」，以便「改善我自己」**10**，到底誰是誰之師，誰是誰之徒，也難分辨了。「三人行，則必有我師焉！」任何人皆有可教性，任何人都是討教的對象，絕不可心存差等待遇。「教育大眾化」（education for all）首為辯士開風氣之先，蘇氏也承此旨意，這才是作為偉大教育家最起碼的要件。

在古代未有「強迫」及「義務」教育的時候，蘇格拉底的教學為何會吸引不少學生環繞在他四周，這個問題的答案，應在他的教學態度上去尋求。蘇氏喜愛「戲謔」他人，但如學生反駁其論點，他非但不以為忤，還「張大了眼睛」，笑了出來，且說批判得有道理。師生要一心以真理為念，真理之價高過教師。他諄諄告誡門徒：「你們不必太顧慮到我，而更應想到真理，假如你們認為我所說的為真，你們就同意我的說法；否則，儘可以提出辯駁，勿因我之熱心而欺騙了你們自己及我自己。」**11** 在真理面前，沒有師高生低的現象，大家一律平等。學生既免於恐懼，又暢所欲言，自然就樂意與教師切磋琢磨了。

茲引述蘇格拉底對學生所說有關於師生平起平坐的討論如下：

> 「假如你能夠對我的論點提出挑戰，那麼就盡情的去挑戰吧！我會側耳傾聽的。」**12**
>
> 「你們感到我的觀點不足嗎？當然！我的論點是開放的，會引起許多懷疑與反對。……假如你們對我的論點有任何疑難，不要猶豫的提出你們的主張，並指出我的論點應該改善的途徑。」**13**

兩位學生（Simmias 及 Cebes）聽到蘇格拉底言及死後靈

---

10 Ibid., "Lesser Hippias," 369d, e, 372c.

11 Ibid., "Phaedo," 86d, 91c. "Laches," 189b.

12 Ibid., "Crito," 48e.

13 Ibid., "Phaedo," 84c, d.

魂仍存之說法後，對其師說：「你的理論有嚴重的瑕疵。」蘇氏回答道：「你們有這種感覺，那是對的！……不過告訴我，瑕疵在哪裡？」[14]

三、教育理念

(一)「知你自己」——無知之知

羅馬大文豪西塞洛（Cicero, 106-43 B.C.）認為「蘇格拉底是第一位將哲學從天上摘下來的人，他將哲學置於城市甚至於家事的討論中，重心放在人生、道德、善及惡上。」[15] 這種說法雖未見正確，但蘇格拉底認為哲學之當務之急，在於「知你自己」。而「知你自己」這句話的主詞「知」，是研究人生、自然及超自然的基本前提。為了能夠「有知」，卻必先抱持「無知」。如果一個人早就認定他已有了知，就會自滿而不會繼續「求知」。知是無止境的，只有凡事先認定自己無知，然後透過自我反省冥想及向他人虛心求教兩種管道，則知就能滾滾而出。一般人自認知識豐富，其實卻是無知之徒；只有自認無知，才是最聰明的人。因為自認無知之人，至少還有「無知之知」，別人卻連無知也不知。兩相比較，自認無知之人比自認有知之人知得多，因為至少前者比後者多了一項知識——即知道自己無知。[16]

常人乍聽之下，認為這似乎與辯士之行徑無異，學界也不少人把蘇氏歸類為辯士之輩。蘇氏之自認無知，而後證明自己的確比別人的

---

[14] Ibid., 85d, e.

[15] W. K. C. Guthrie, *A History of Greek Philosophy*, vol. II, London: Cambridge University Press, 1969, 419. Cicero, *On the Good Life*, translated by Michael Grant, Penguin Books, 1979, 57.

[16] Plato, "Apology," op. cit., 21a, b, c, d.

知識高明，是經過一番有趣的程序的。蘇氏畢生奉行不渝的「神諭」（Oracle of Delphi）有一次告訴他的好友（Chaerephon），蘇氏是舉世最聰明之人。蘇氏一聽覺得甚為訝異，他早就宣稱自認無知，那能獲此封號？但又不能懷疑神的啟示。為了證明神諭非虛，乃無時無刻去向人請教各種問題，上自達官顯要，下至販夫走卒，他都不放過。他所討教的問題，不是控告他的人所說的「上窮碧落下黃泉」之事，而是近在眼前且與人生密不可分的問題，諸如「什麼是勇敢？」「什麼是正義？」之類。不少被他一問的人，先是信心十足的提出肯定的答案，還洋洋得意的侃侃而談；可是經過蘇格拉底鍥而不捨的反面質問（仿他爸爸的雕刻術），對方即開始動搖信心，發現問題沒有那麼簡單，卻棘手萬分；不少人最後支吾其詞，或發現自己的答話前後不一，矛盾叢生。他發現「最有名氣的人，原來是最愚蠢的傢伙。」**17**

這種問話氣氛，會鬧得不歡而散。有地位的人當然不甘罷休，他們並不檢討自己，反而怪罪蘇格拉底。加上蘇氏所教門徒也以相同的質問方式大肆向各方人士討教，導致「敗壞青年」之名乃跟隨而來，而「敗壞青年」的元凶禍首就惹來遭受剷除的厄運了。蘇氏寄望人人「知你自己」，或許他也自知宣揚此種理念，必有悲慘下場出現，但這是他的人生十字架，他必須勇敢的撐下去。

這種過程就是典型的認知過程。不少人不明就裡的堅持自己的信念，沒有經過大腦的仔細思索，就將習俗、傳統、權威、風尚、輿論、經驗上所得的答案當作正確無誤的答案。可是經過蘇格拉底的敏銳思辨力，像解剖刀的分析答案內容，卻發現錯誤很多。原先的答案暴露了無法防衛的盲點，終於無法自圓其說，不是棄甲曳兵而去，就是滿懷不悅的悻悻然而走。「知你自己」的目的，一方面是要把人類自己這種狂妄的醜陋畫面展現出來，讓人類自己攬鏡自照，看出自己的真正面目；一方面則提醒學者要建立穩固的知識，就需通過檢驗的手續。擾亂思想

---

17 Ibid.

並不足惜，也不可畏。開始時是「見山是山，見水是水」；但經過一番質疑問難後，可能就會「見山不是山，見水不是水」了。不過，果真山就是山，水就是水，則仍然會有第三次的結局出現，即「見山是山，見水是水」。最後一次雖與首次相同，但肯定度卻大有差異。人類許多知識，是「見山是水，見水是山」，又不准別人非難。這種無知，就無藥可救了。

知識的第一步，必先放棄未經懷疑過的信念；如果自信滿滿，則新知就無隙可入，不只知識貧乏，頂多只能維持舊有的水平，更不用說自信滿滿的知識，多半是禁不起考驗的。杜威（John Dewey, 1859-1952）說：「蘇格拉底宣稱自認無知，這乃是積極喜愛智慧的開端。」**18** 這種解釋道出了蘇氏的真意。

（二）少數人的菁英之見，勝於多數人的陳腐言論

雅典雖實行民主，但民主的兩大要件，即如貝里克之所言——少數服從多數，但多數應尊重少數——在實際作為中，多半是前者易而後者難。蘇格拉底大聲疾呼，屬於真理的層次，是不可用多數來表決的。如果在 2 + 3 等於多少的時刻，彼此意見紛歧，有人認為是 5，有人認為是 6；此時如進行表決，那不是絕頂可笑嗎？要是表決的結果，贊成 6 者居多，那實在是侮辱了真理。

蘇氏對於眾人之見，並不以為必然是正確之見；他倒十分注重少數專業的看法。為了要「提升」文化水平，總不應該只停留在一般眾人的主張中，那是庸俗之論。公共事務如注重品質，絕對不能迎合大眾的口味。社會要進步，只有仰賴知識；而全民中知識最豐富的人，是少數的菁英（elite）。因此專家政治（monarchy or aristocracy）優於民主政治（democracy）。蘇氏這種看法，他的兩位傑出門徒柏拉圖及

---

18 John Dewey, *Democracy and Education*, N. Y.: The Free Press, 1944, 189.

亞理斯多德都深表贊同。「一種良好的判斷，是根據知識，而非取決於數量。」[19]

　　許多證據支持蘇氏這種看法，他舉出無數的例子來說明少數人之主張應優先為大眾所尊重並採納的理由。體育競賽的健將，得委請教練負責訓練，卻不能依「公意」來操演。皮鞋壞了，就要央請皮鞋匠來修理；馴馬師才有資格把一隻兇悍的野馬調教得順從人意；彈奏七弦琴要能出神入化，是樂師指點之功[20]。政府職位絕不能用抽籤方式由人民輪流擔任，雅典實施此種方式，蘇氏指斥為荒謬。

　　辯士揭示「人為萬物之尺度」的主詞「人」，應該是個有知識及善良的人，這個人所做的決定，應該勝過「他人的總和」[21]。大多數人泰半以情感為主，少依理性，但理性應居主宰。蘇格拉底這種理性的呼籲，變成一種逆耳之言。在「多數暴力」之下，類似蘇氏的主張被斥為異類，蘇氏難逃的「法」網，早就種下了禍根。「我的案件，就類似廚師在一群小孩當陪審員之前控告醫生一般。……『陪審的兒童啊！這位郎中為害你們太過分了。他把你們置於手術臺上，還餓壞你們，窒息你們，給你們苦藥，讓你們飢渴；而我卻能給你們煮最美味可口的食物！』」[22] 蘇氏不願同流合污，又想盡辦法超升他們，請求他們要見賢思齊。賢者及智者又皆是先知先覺者的少數，這些是瑰寶，敬重都來不及，怎可將他們置之於死地呢？

　　「教育」本帶有改善現狀之義，而人群中帶領大眾向上提升的，就是那少數的秀異分子。只要大家都能平心靜氣，共同追求理性與知識，則曲高和寡可能只是短暫，在經過一番共同討論與爭辯之後，或許可以為全民所接受。多數人應該容忍甚至尊重少數人的奇特想法。蘇格拉底的論調，在於強調貝里克「國殤演說」中所說的民主政治之第二層

---

[19] Plato, "Laches," 184e. "Politicus," 297b(7)-c(2).

[20] Ibid., "Apology," 20a, b, 25b, c.

[21] Ibid., "Crito," 47d.

[22] Ibid., "Gorgias," 522.

意義——多數尊重少數。

(三) 知即德，知行合一（knowledge is virtue）

　　將「事實上的認知」與「價值上的判斷」二者合而為一，是蘇格拉底的重要主張，也是學術界爭辯不休的話題。知本身就是一種善（德），而知善者必然行善。一個人會行惡，乃因他無知；真正有知之人，是必然會有善行的。蘇格拉底強調知行合一，恰與中國的王陽明學說相合，但蘇氏學說較為精緻。

　　一生以求知為務的蘇格拉底，認為徹底的知，就會身體力行：知而不行，不是知得淺，就是知得不完整。行包括在知之內，知也在行之中。一位知道如何補鞋之人，必然是優秀的鞋匠，其他狀況亦然。分析並引申此種論點，會有下述兩組的比較。

1.「知善而行善」與「不知善而行善」

　　蘇格拉底和一位辯士（Hippias）在同意「善跑者」必然跑得快，「不善跑者」必然跑得慢後，開始爭辯「善跑者跑得快」但「不善跑者也跑得快」時，到底哪一位才是「真正的善跑者」[23]，蘇氏堅信「善跑者」才是「真正」的善跑者。至於「不善跑者」也能跑得如同「善跑者」那麼快，那是碰巧的，或是另有原因，而該原因絕非他是善跑者。在「知」即「善」的前提之下，「知善」本身就是善，而知善者又行善，則善上加善，所以這個人的「善」，大過於「不知善而行善」者。因為「不知」已經是一種惡了，雖然也行了善，但善卻打了折扣，所以善小。一個知道慈善事業是善事的人，他必然慷慨施捨，這種行為才是真正的善舉。一個不知道慈善事業是善的人，如也出錯濟助需要的人，則可能碰巧他心情好，或發了橫財，或受了逼迫。換句話說，

---

[23] Ibid., "Lesser Hippias," 373d.

前者的行為來自於「自覺」（consciousness），後者則出之於「無意」（unconsciousness）。有意之善當然大過於無意之善。

2.「知惡而行惡」與「不知惡而行惡」

　　套上「知即德」及「無知即惡」（ignorance is evil）的公式，則「知惡」屬善，但這種人卻行了惡，所以善有缺失；而「不知惡」屬惡，這種人又行惡，所以「惡上加惡」，惡比前者還大。知惡而行惡者，至少他還知道該種行為是惡行，本不應該去做，但是竟然還「明知故犯」，可能是有隱情或苦衷，去除這種隱情或苦衷，他就會行善而去惡。一個人知道殺人是罪行（知惡），但卻也殺了人（行惡），也許是他在受威脅之狀況下違反了自由意志之所為，這種人還有行善的可能。但是一個無知於殺人是不該有的行為之人（不知惡），在殺了人（行惡）之後，那就無可救藥了，因為他不知殺人是錯的，還有可能以為殺人是好事呢！即令教導他，他也無法領會，有時還為他自己的行為辯護！而處在無知狀態而殺人者，可能愈殺愈過癮，殺人的數目可能愈多！

　　蘇格拉底也用彈琴及摔跤做例。一位摔跤高手故意跌倒，與一位平常路人之跌倒，二者相較，自然是前者才是「真正」的摔跤高手。同理，故意彈錯琴者總比非故意彈錯琴者技藝較高。[24] 一位明知「愛國裁判」是不該發生的人如果也執行愛國判決，那是情非得已，或受迫於「愛國觀眾」之威脅不得不然，這種人還有改邪歸正的希望；只要大家都按照理性行事，則明知不可做「愛國裁判」的人，一定會無偏無私的公正執法；相反的，一位不知「愛國裁判」為錯誤之人，他甚至還會「義正辭嚴」的為他的「正當」行為力辯不已呢！

　　常言道，不知者無罪，但是經再三告知之後，仍然還是無知，則這種人就無法挽回他不犯罪的念頭及行為了。而一般人也以為明知故

---

[24] Ibid., 374a, c. Guthrie, op. cit., 460-461.

犯者較為可惡，事實上，這種人的「知」是有問題的，他不一定「明知」，他可能對該種知存有許多懷疑。對「明知」搶銀行 100 萬臺幣是罪行的人而言，當社會上發生經濟罪犯捲鉅款數十億而逍遙法外之時，他會振振有辭的為他的行為「理由化」；對於「搶銀行是罪行」這種認知，他是存保留態度的。特權橫行、陋規甚夥、公信力欠缺而公權力又不彰的狀況下，認知有了差距。所謂「明知故犯」的惡較大或「不知者無罪」等觀念，就大有商榷餘地了。

知即德的另外一層涵義，即是行為以知識做基礎，才是真正的善行，否則愚行、蠢行、笨行就會紛紛出籠。「知其不可」就不要為之了，如果還蠻幹，則除了「精神可嘉（憐）」之外，就是「行為愚蠢」。[25] 行為如經過知的解析，則行的成功就大有可期，否則「有勇無謀（知）」，就令人「不足畏也！」無知之孝，就是愚孝：無知之忠，就是愚忠，這種史例，實在罄竹難書，尤其中國人為然。

既然品德建立在知識上，而知識是可教的，所以品德也是可教的。「品德可教嗎？」（Can virtue be taught？）這個由辯士掀起的問題，在蘇格拉底的觀念裡，他贊同了辯士的主張，認為品德可以教導。「觀念」指導「行為」，雖然這種看法太注重行為的「理性面」而少顧及「情感面」，而不為蘇氏再傳弟子亞理斯多德所同意，但至少品德是可以透過教育而有所改變的，否則如果「德行不可教」，那又何必稱呼「品德教育」呢？

四、教學方法

(一) 產婆術

蘇格拉底之產婆術，源於他的「先天觀念」（innate ideas）說。[26]

---

[25] Ibid., "Laches," 193b, c, d.
[26] Ibid., "Theaetetos," 151c.

蘇氏認為，人一出生，就稟有觀念，這些觀念是天生的，並非後天才擁有。用現代的術語來說，先天觀念類似於潛能，如推理、判斷、思考、分析、記憶、想像等。這些「官能」（faculties）本由上天所賦，猶如胎兒早存於產婦子宮中。教師之教學，類似產婆將胎兒「引出」（elicit）而已，產婆絕對無法「由外往內」的賜給產婦嬰兒，卻只能「由內往外」將嬰兒接生下來。辯士自詡能夠教導任何人任何技巧，蘇格拉底則認為教師之職責，只能幫助學生「自己」重新「發現」早已存在的觀念，或「回憶」遺忘但未曾消失（也絕不消失）的記憶。

　　蘇氏的「產婆術」意義豐富無比。產婦產子，必有陣痛，如同追求知識的辛勤；但陣痛後之喜悅，益顯拾獲知識時之興奮。有些人可以自行分娩，猶如不少名家也無師自通；現代醫學發達，產科醫院林立，也與教育普及，學校四處興建一般。婦產期逼近或臨盆時多半在產科醫院待產，好比學童赴學校就讀的狀況一樣。碰到難產時就得動手術剖腹，也形同問題學生需要特別處置，二者無甚差異。產婆術的重點，是希望在為學求知的過程中，即令教學設備再怎麼充實，師資再如何優秀，教學環境是何等完善，但到頭來仍然要仰賴自己，他人幫不上什麼大忙。**27**

　　從先天觀念的角度來說，人人既有先天觀念，又基於人人平等的立場，則人人之知識水平應該相同。但證之經驗，卻智愚懸殊。蘇氏認為人在呱呱墜地時刻，因為遭逢巨大變局，痛苦太多，所以觀念遺忘了。其後經常反省思考來進行重新發現或回復記憶者，知識就比懶於冥想者多。因此知識是一種「回憶」（recollection），也是一種「發現」（discovery）。「吾人所謂的學習，就是知識的發現。知識就是回憶，這種說法是正確的。」**28** 在柏拉圖《對話錄》的〈美諾篇〉裡，蘇氏與一位未受教育的奴隸一問一答地討論幾何問題，經過蘇氏的循循善誘，

---

27 Ibid., "Meno," 81d. "Phaedo," 72e.
28 Ibid., "Phaedo," 75e.

按部就班的一步一步「引出」該奴隸早就潛存的先天觀念，終於讓這名奴隸也能夠領會出如何畫一個四方形使它的面積等於原來四方形的兩倍。按照蘇格拉底的說法，有關幾何學觀念，這名奴隸本已知悉，只是他不知道而已。教師的任務，在於點醒他，猶如牛虻或電魚之刺激一般。知識好比美洲新大陸，早就存在，哥倫布只是「發現」了它而已，哥倫布是不能「發明」新大陸的。

　　「引出」式的產婆術，道出了西方「教育」一宇的原始義。「教育」一辭的英文是 education，德文是 erziehung，開頭字母都是 e，那是 elicit（引出）的意思。與此彷彿的字眼就是「啟發教學法」（heuristic）、「開展說」（unfolding）或「一問一答教學法」（answer & question）等。這些教學法的確是最為緊要的教學法，但卻非唯一的教學法。蘇格拉底既主張先天觀念說，當然就會順理成章的認為教學只是引出而已。如果在哲學理念上倡導經驗論，則在教學方法的應用上，就注重「由外往內」的「注入」（instill）式教學了。「引出」與「注入」都是重要的教學方法，在思考層面較多的學科（如數學）教學上，當然以「引出」為主；但在教學地理、歷史、文法等科目上，不用「注入」而光談「引出」，就非常不當了。[29] 在史地教學上，一味的要求學生「引出」有關臺灣民主國成立於何年，英國的首都在何處，或 university 如何拼音，則即令 I.Q. 兩百，也無濟於事。有些問題是「想」不出來的，卻需要別人「教」。不過，「想」出來的知識比較可貴，「教」出來的材料比較細節與瑣碎。產婆術仍然高居其優越的地位。

---

[29] Frederick A. G. Beck, *Greek Education*, 450-350 B.C., London: Methuen & Co., Ltd., 1964, 196-197. Gabriel Compayré, The History of Pedagogy, translated by W. H. Payne, London: Swan Sonnenschein & Co., 1900, 24.

（二）歸納法以尋求定義

亞理斯多德說：「有兩件事歸功於蘇格拉底是恰當的，一是歸納論證（inductive argument），一是普遍性的定義（general definition）。」[30]蘇格拉底與人對話喜歡用「What do you mean?」（「你的意思是……？」）來質問對方，這就涉及到「定義」問題。因為討論問題，先要「開宗明義」，否則討論主題之意義不明，雙方只好打混仗，徒費時間與口舌。在界定討論主題之語意時，蘇氏乃尋找許多與該主題有關的例子予以反駁，希望對方不能只考慮一面，卻應周延。經過此種程序之後才下結論，比較穩當；如果經此手續之後，仍然無法取得雙方共識，那就只好等待來日繼續探討。這種「由特殊到一般」的過程，也是由「殊相」（particulars）到「共相」（universal）的步驟，就是「歸納法」（induction）。

下面舉出一例，說明蘇格拉底運用歸納的方式：（與哥寄亞討論「修辭」之定義）

哥（哥寄亞）：修辭乃是透過語言文字而產生效果之術。
蘇（蘇格拉底）：數學、幾何、算術等也全由文字而產生效
　　　　　　　　果，難道這些科目也是修辭術嗎？

哥寄亞聽此反例（counterexamples），乃修正為：修辭乃是說服人之術。

蘇：是否除了修辭是說服人之術外，沒有一種學科或技巧能
　　達此功能？數學家及幾何學家在教學時也在說服學生瞭
　　解數學及幾何。因此，如果說修辭乃是說服術，應該還

---

[30] Aristotle, "Metaphysics," Richard Mckeon（ed.）, *The Basic Works of Aristotle*, N. Y.: Random House, 1941, 1078b（27）.

要探討說服術使用在何種範圍、它是何種性質。

哥：說服力表現在法庭或公眾集合處，並且涉及到正義或非義。

蘇：說服術有兩種，一是對「信念」（belief）上的說服，一是對「知識」（knowledge）上的說服。你所說的說服指的是哪一種？

哥：修辭只能在「信念」上說服大眾。

蘇：在大庭廣眾之前，時間甚短，無法向公眾教導對錯等當與不當的問題。[31]

原來蘇格拉底要想知道的是「普遍的定義」，定義具有普遍性，就不受時空的限制。[32] 但是該種定義也要能適用在個別的狀況而無差錯。蘇格拉底的一名學生（Laches）對「勇敢」的定義是：「不逃跑，站在原地與敵人作戰之行為。」但是蘇氏向他說：「我不僅要問你有關於戰場上的勇敢，還要問你在海上遇到危險、生病或貧窮時的勇敢，以及政治上所謂的勇敢是什麼？不只要在忍受痛苦或懼怕時的勇敢，並且在失望或愉快時的勇敢又是什麼？」[33]「勇敢」的定義一下，則應涵蓋任何時間與任何地點或任何情境的行為。如果「勇敢」只適用在戰場上，而不通用於其他場合，則這種勇敢就不具普遍性了。

蘇格拉底及其門徒皆認定，名詞之界定相當重要，是進行討論的基本要件。定義猶如「名」，下恰當的定義就是「正名」這種主張又與東方的孔子聲氣相投了。孔子說名不正則言不順……，蘇氏門徒也言「名之學習乃是教育的基礎。」[34] 不過，正名並非易事。蘇氏及門徒在界定「虔誠」（於〈Enthyphron 篇〉）、「節制」（於〈Charmides 篇〉）

---

[31] Plato, op. cit., "Gorgias."

[32] Ibid., "Laches," 199d.

[33] ibid., 190c, d'.

[34] 這是 Antisthenes 說的。見 Guthrie, op. cit., 209。

及「友誼」（於〈Lysis 篇〉）等時，雙方討論了老半天，都無法獲得結論。這種懸疑的作風，的確富有學術探討精神。**35**

蘇格拉底居希臘三哲之冠，門徒異常傑出。由於後繼者對蘇氏之稱讚無以復加，又受到他的人格感召，「每當我聆聽他說話時，我的心跳都比任何一種宗教狂熱時為快，熱淚滾滾而下；而我觀察同伴，也都有類似經驗。當我出席貝里克及其他善於演說者的場合時，這種情況並未發生過，我承認他們都說得很精彩，但卻未在心湖裡生陣陣漣漪！」「在世上，只有蘇格拉底才令我覺得羞恥 …… 如果他死了，我將感到高興；但是假定他真的死了，我將傷心莫名。」**36** 蘇氏門生這種尊師重道之言辭，並不下於顏回之對孔子。西方人之禮遇蘇格拉底，猶如支那人之崇拜孔子一般。

蘇格拉底一生以追求真理為務，也身體力行且不畏艱險的去追求真理，力除障礙。這種知行合一的典範，是古今第一人。**37** 他又不像孔子棲棲遑遑的周遊列國以便封官進爵，卻認為從政易養成說謊習慣，有違良心，知行相悖，所以棄絕仕途。在學問的追求上只重過程而不計結論，「How do you know」變成師生坐以論道的相互要求。作為西方第一位影響最為深遠的教育家，他所留給後代的文字資料，是厚達 1,000 多頁的《對話錄》，書中記載師生之交談，彰顯出思考之細膩與論辯之

---

35 這種態度與精神就與孔子及其門徒之作風大異其趣。一來孔子與學生之問答，幾乎都一問一答就結束，少有繼續辯駁下去的；此外，孔子對學子所提的問題，多半就立下結論。

36 Plato, "Symposium," 216b, c, 221d.

37 中國宋朝時的程伊川說：「知之深則行之必然。無有知之而不能行者，知而不能行，只是知得淺。」「人為不善，只是不知」以及「人知不善而猶為不善，是亦未嘗真知；若真知則決不為矣！」伊川這些話簡直是「盜用」蘇格拉底的主張。明代王陽明也說：「若會得時，只說一個知，已自有行在；只說一個行，已自有知在。」又說：「知之真切篤實處即是行，行之明覺精察處即是知。」不過，在中國那麼專制極權的國家中，這兩位「知行合一」的學者都沒有「知道」而「殉（行）道」。

尖銳 [38]，每每撼人心坎，跳躍出智慧的靈光。

知識掛帥，但知行卻不能分離，學問也就成為淑世之本，這種「主智主義」（intellectualism）對教育及文化的影響太大。西方以知識為本位的觀念從此根基初立，這就與幾乎是蘇氏同輩的中國孔子特別專注的「泛道德主義」（Pan-moralism）大異其趣了，導致於東西民族性之顯著差異。只有理性的充分運作，才能在知識上大放異彩，也才能在品德上表現人格的明智與崇高。在蘇氏的口述對話錄中，知德二者相互輝映，是西方學子一兩千年以來必讀的教材。

---

[38] 比較一下孔子的《論語》，如果刪除朱熹的註釋，則《論語》一書也只不過數十頁而已，而讀者是否能夠在閱讀論語中敏銳腦筋，閃耀出智慧的光芒，或產生幽默的微笑，則由讀者自行評定。林語堂曾有《論孔子的幽默》一書，不妨參考。

附　錄

　　柏拉圖《對話錄》中，蘇格拉底與學生的問答裡有關本節的部分，詳載如下：

1. 關於「德」的定義〈美諾篇〉（Meno）。

米：「德」是先天的，還是後天培養的？靠學習還是靠習慣？

蘇：任何人都不知「德」是什麼，我也不知。

米：哥寄亞說他知道。難道你未嘗聽過哥氏的演講嗎？

蘇：忘了。不過，你的觀點是否同於哥寄亞？現在哥已不在場，何妨由你說出「德」是什麼？

米：任何人都解釋不同。一個人要知道如何治理國家，治國之「德」就是對國人有利，對敵人有害，更要小心不要傷害自己。而婦人之「德」就是把家事治理妥善，東西收拾整齊，並遵從其夫。任何年齡、狀況、性別、身分等，都有不同的「德」。因此「德」無法勝數，且是相對的。

蘇：「德」本身會有所不同嗎？蜜蜂的種類及數量眾多，但蜜蜂的「本質」有差別嗎？

米：沒有差別。

蘇：「德」也如此。既然你說，男女老幼的「德」不同，男女老幼的健康、身材及力量也異，但作為健康的性質，是否男女皆同？

米：我想就健康的性質而言，是相同的。

蘇：「德」也一樣了。

米：不，有差別。

蘇：為什麼？你不是說過男人之德就是治理國事，女人之德就是理家嗎？

米：我的確如此說過。

蘇：國及家治理良好，不需要節制及正義嗎？

米：不可以沒有正義及節制。

蘇：所以，以節制及正義治國及理家的人，就是正義及節制
　　之人。凡是節制及正義者，皆善，也皆「德」。

（在此，米諾遂將「德」定義為「一種力量，用以管制人類」。）

蘇：這種定義包括「德」的全部嗎？對兒童及奴隸也適用嗎？
　　兒童能否管制其父，而奴隸也節制其主人？管制的人還
　　算是奴隸嗎？

米：我想不是。

蘇：「德」如果是「一種力量，用以管制人類」，為何不加上
　　「公正而非不義」呢？

米：是的，我同意。所以「公正」是「德」。

蘇：你是說「德」還是「一種德」？

米：你這是什麼意思？

蘇：我要強調的是我在任何方面都要做如此區分。比如說
　　「圓」是「一種圖形」而非「圖形」。我採用這種語法，
　　因為還有其他圖形。

米：十分正確，我討論「德」也是如此。除了正義之外，還
　　有許多「德」。

蘇：那是什麼？告訴我名稱吧！就如同你問我其他圖形名稱，
　　我會告訴你一般。

米：勇敢、節制、智慧、慷慨等，都是「德」，還有其他呢！

蘇：是了，我們又再一次回到原來的情況了。

〔上述的對話，兩人終於有了共識。「定義」要注重「共相」
（universal）面，而不能取部分或殊相（particulars）為依據。〕

2.知即德，沒有人有意為惡〈美諾篇〉

蘇：是否有人有意為善，有人有意為惡？眾人都有意為善嗎？

米：不。

蘇：有人有意為惡嗎？

米：是的。

蘇：那些有意為惡的人，認為他們之所為也是善的，還是他們明知是惡，但還有意為之呢？

米：我想兩者兼有！

蘇：那麼，一個人知惡但會行惡嗎？

米：我想是的。

蘇：「欲求」是想「擁有」？

米：是的！

蘇：你以為「惡」對擁有者有害還是有益？

米：有些人以為「惡」對他有害，有些人則以為有益。

蘇：你以為那些行惡結果對自己有益的人，知道那是惡的嗎？

米：不。

蘇：這不是很明顯了。凡是無知者，就不會去追求。他們若有追求，也只是追求他們以為是善的，雖然事實上卻是惡的。假如他們發現錯了，以惡為善，則他們還是希望追求善。

米：是的！

3.先天觀念，知識是一種「回憶」〈美諾篇〉

米：你能夠探討你所不知的嗎？你如何視「不知」為探討的對象呢？如果你已找到你所想要的答案，你如何知道這是你本來不知道的？

蘇：我知你意。你以為一個人不能探討他所不知道的，也不能探討他所知道的。因為若是後者，則他已不必費力去

探討；若是前者，則他是無法探討的，因為他不知道他所要探討的是什麼。

米：好啊！難道這種說法不是頗為健全嗎？

蘇：我不以為然。

米：為什麼？

蘇：靈魂不朽，靈魂可再生，它既存在於過去，也可降生於來世。……如果予以回憶，則可以記起來。所有研究或探討的活動，只不過是一種回憶。不要聽信辯士之說法，以為研究是不可能的，那是懶蟲的論調，只有懶蟲才認為這種說法多甜蜜。

米：你像一條雷魚（torpedo fish）一般，自己懷疑，還要使人懷疑；任何人碰到你，就如同中了魔或著了迷一般。靈魂及舌頭真是癱瘓了，我不知如何回答你。我雖然曾經向許多人提到「德」是什麼，但此時此刻，我確實不知道「德」是什麼。我想現在你如果不遠遊，也不離開家鄉，那是很明智的。因為一旦你在外地也像在雅典一樣的重施故技，你必有鐵窗之苦……

蘇：假如雷魚真會令人神暈目眩，那的確我像條雷魚……我如果使人思想複雜或混亂了，乃是由於我的思想本來就是如此……現在我不知「德」是什麼，其實你也一樣；只是你在遇到我以前，也許以為自己知道。不過，我倒樂意與你共同來探討這個問題——「德」到底是什麼？

4. 未明真相以前，別任意栽贓——為辯士辯護

阿（Anytus）：辯士敗壞青年。我的朋友、我的親戚，以及我所認識的，不管是本地人還是外來客，最好不要為其所敗壞。

蘇：你認為辯士都如此壞嗎？據我所知，普洛塔哥拉斯死時70歲，他從事教學40年，收費多，家財勝過富豪。假如

26

他敗壞了全部希臘人，他應該在 30 天內被發現才對，但他的名聲好得很呢！還有門徒四下宣傳他的說法。你若以為他敗壞青年，則你認為他是有意的還是無心的？難道所有希臘人都瘋了嗎？

阿：是的都瘋了，政府允許他們入內也不將他們趕出去，更是瘋了。

蘇：有一位辯士對你不利嗎？你為何這麼生氣？

阿：倒沒有。我從不與他們接觸，我無法忍受同他們交往。

蘇：那你與他們一無認識了。

阿：我也不希望認識他們。

蘇：你對他們一無所知，怎能說他們如此壞呢？

阿：我倒確知他們的行徑，不管我認識他們與否。

蘇：你倒像個神了！從你的話中我看不出你對他們不認識還會知道他們的行徑。

（先辯明是非──先「知」然後才訴諸行動；否則道聽塗說，難免真相不明；扭曲、汙衊、栽贓遂紛紛出籠。）

柏拉圖哲學中的教師圖像

—— 楊深坑

　　柏拉圖心中的理想教師，除了善用教學方法外，也應與學生情感交融，陶冶學生健全人格，最後更宜走入社會、走入群眾，進行意識型態批判與社會啟蒙，使社會發展更臻健全。

一、緒論

W. Jaeger（*1936: 12*）在《古希臘的教育與文化理想》（*Paideia*）第一卷指出，希臘人在人類教育與文化發展史的特殊地位係建基在其內在組織的特殊性與廣泛流行的形式動力（Formtrieb），資以導向藝術以及整體生命的開展，更是建立在哲學所掌握的整體意義與動力。Jaeger（*1936: 14*）更進一步的指出，希臘人個體所賴以型塑之人類理想（Menshenideal）並不是抽離時空脈絡之空洞圖式，而是奠基於希臘民族社群（Volksgemeinschaft）不斷生長發展的生命形式。

同書第二卷，Jaeger（*1944: 138-139*）在論述柏拉圖的歷史地位時更指出，教育與文化理想的歷史發展係一種人與城邦關係之發生型態學（genetische Morphologie），這種人與城邦關係形式發展係瞭解柏拉圖不可或缺的哲學背景。對於柏拉圖而言，真知的探索，並不像先蘇格拉底哲學家為解開自然奧秘，而是不斷開展與型塑新生命形式。以此，真正理想社會的建立，也在於提供實現人格理想之架構。柏拉圖哲學在希臘思想體系的地位在於視哲學為教育，哲學在於試圖透過其開展新的存有與價值序階，以為人格理想陶冶之基礎。

根據上述 Jaeger 的分析，可見欲瞭解柏拉圖之教師理想人格圖像，需先深究其哲學中的存有與價值序階，這種序階孕育自其對希臘城邦與人關係變遷的深層反省，及其師蘇格拉底教育精神之啟迪與柏拉圖本人教育活動之深刻體驗。本文在闡釋柏拉圖哲學中的教師圖像之前，先說明其教育理念之孕育過程；其次，說明其以理念論為基礎的存有、知識與價值序階，再據以說明不同時期作品中的教師圖像。

二、柏拉圖教育理念之孕育與教學活動之體驗

正如前引 Jaeger 之見，人與城邦關係形式之發展是瞭解希臘教育

理想，也是探討柏拉圖哲學的關鍵。Jaeger 的三鉅冊著作除了哲學作為一種陶冶形式之外，更廣泛的探討詩、悲劇、喜劇、歷史、政治的教育意涵，更以城邦即為一種陶冶的形式（Polis als Bildungsform）（*Jaeger, 1936: 113-116*）。事實上，古希臘的城邦政治，城邦的統治者和立法者，也擔負了教育城邦居民的責任。柏拉圖在《饗宴篇》就將斯巴達的立法者 Lykourgus 和雅典的立法者 Solon、詩人 Homer 及 Hesiod 相提並論，認為他們不僅教育了希臘，也教育了其他世界（*Symposium, 209d*；並參楊深坑，*1979：261；1996：18*）。柏拉圖將教育與哲學、政治和藝術視為統一的整體，和其所處時代之城邦政治實有密切的關係。

柏拉圖出生於西元前 427 年雅典的貴族家庭，是年正是雅典民主政治奠基者 Pericles 逝世後一年。柏拉圖年輕時即經歷了雅典城邦政治的鼎盛時期，貴族家庭的出身，使得柏拉圖有機會接受廣博的文化陶冶，也使得年輕時的柏拉圖熱衷於政治。在這樣的政治文化氛圍的陶冶下，城邦與個人關係的關懷、政治活動的參與，以及身心和諧最高幸福的德性與教育理想，成為柏拉圖哲學關心的核心課題（楊深坑，*1996：19*）。

古希臘城邦的生活方式與價值理念到了柏拉圖時代有了急遽的變化。波斯之戰以後促進了以雅典為中心的希臘聯盟之成立、雅典民主政治之形成以及個人意識之覺醒。對波斯戰爭之勝利，全希臘一致認為雅典城邦貢獻最大，全希人民遂對雅典形成一股景從的力量。到了 Pericles 統治雅典，更以其超卓的政治智慧，巧妙的把個人力量消融在國家的集體力量之中，促進雅典政治的強盛，也帶動經濟的繁榮，吸引各地居民移入雅典，也因而帶動了雅典文、教、藝術之爭奇鬥豔。甚多詭辯學者（sophists）移入雅典，正是這種雅典政治與文教鼎盛的文化現象之一。

再者，對波斯之戰激起了全希臘人民同仇敵愾，一致禦外的心理，所有城邦居民不論階級、社經地位均能參與戰爭，因而促進了個人意識的覺醒。在戰爭中，頗多貴族因參與戰爭而陣亡，使得希臘舊社會的根基發生根本的動搖。舊社會的瓦解，加上個人意識的覺醒，更確立了

民主政治的形成，流於其極，造成各是其是、各非其非、感覺主義、主觀主義之橫行。在政治社會急遽變遷、價值觀念多元下，西元前五世紀下半葉的的希臘青年面臨了雙重嚴肅挑戰：其一，在民主政治體制下，如何以自己的才具，特別是演說與辯論術，在法庭以及政治生活中獲致勝利？其二，在價值觀念多元化的社會中，如何尋找自己安身立命的基礎？（楊深坑，1984：543）

　　詭辯學派的興起正是這種挑戰的回應。他們自稱是智者，能夠提供青年安身立命所需的教育。儘管收費不貲，卻能吸引大批青年。因其自稱只要想學，且交得起學費，即能教青年所想學的東西，可說是教育市場化、商品化的先驅。詭辯學者因應民主化的需求，主要教人以修辭與辯論，這是在民主社會中，使個人顯揚於公共生活領域最有效的利器。辯論講究的是爭取勝利，因而在認識論上便否定客觀的真理規準，在道德理念上，便主張一種相對主義、個人主義的道德觀。

　　在主觀主義、相對主義的衝擊下，古希臘古典精神的理智凝練，遂遭嚴重侵蝕。面對這種古典精神的危機，理性的沉淪，蘇格拉底力挽狂瀾，試圖透過人類的內在理性秩序的回復（知汝自己），尋求真理的客觀規準，作為人生安身立命的基礎（參閱楊深坑，1984：543）。也因而在教育理念與方法迥異於詭辯學者。根據柏拉圖〈普羅塔哥拉斯篇〉（*Protagoras, 311a-314e*）的記載，蘇格拉底在討論 Hippocrates 到底要向普羅塔哥拉斯學習什麼時，曾提出警告，向人學習是一種心靈的營養，與購買物品有所不同，故宜慎重。顯然的蘇格拉底認為人類理性有先驗的認識，故宜透過辯證（反詰與啟發）的教學開展其認知。詭辯學者否定真理規準，「人為萬物之權衡」，訴諸感覺主義，故知識可以如商品一樣販售，教學亦採取類似編序教學的教學方式，以收速效，使青年在公共領域中即學即用，滿足功利主義的需求。

　　年輕的柏拉圖就在這種思潮激盪中成長。如前所述，青年時期的柏拉圖和當時一般貴族一樣，接受廣博的文化陶冶，也因而開展了其在詩歌與文學創作上非凡的才華。柏拉圖也像一般貴族子弟一樣，展現強烈的政治企圖心。然而，認識蘇格拉底以後，不僅就柏拉圖本人的生命

志業，且就整個西方思想史而言，都標示了一個重要的里程碑。兩位偉大心靈的交會，不僅延續了蘇格拉底回歸理性秩序之生命志業，柏拉圖更在蘇格拉底之人格感召與啟迪下，開展其創造力，完成其以「理念論」為基礎，匠心獨具的哲學偉構。

　　根據軼史之記載，蘇格拉底認識柏拉圖之前不久曾夢見一隻小天鵝來至跟前，很快長出羽翼，吟唱而飛，飛往充滿優美歌聲的目的地。軼史也記載，柏拉圖認識蘇格拉底後，即將其預計在 Dionysius 劇場上演的悲劇作品，即刻停止（參閱 Theodorakopoulos, 1970: 65）。雖屬軼史，但也可以想見西元前 408 年，兩位偉大心靈之交會產生了何種美麗的火花。蘇格拉底時年 62 歲，正是心靈與教學方法成熟時期，面對柏拉圖這樣年輕穎異的學生，心靈何等激動，以其所開展出來的雕刻師法（反詰）與產婆法（啟發），來開啟柏拉圖的哲學之路。柏拉圖時年 19 歲，正是對文學、藝術與政治充滿熱情的青年，卻在蘇格拉底的精神感召下轉而專注於哲學思考，將其詩歌的秉賦融貫於哲學思考，寫出富於詩意美感的哲學鉅著。正如 Theodorakopoulos（1970: 67-68）的詮釋，柏拉圖在蘇格拉底的心靈中體會到了至高的美、善與睿智，其所提出的理念論中的理念（最高的理念融真、善、美於一體，詳下分析）首次具現化於蘇格拉底的人格之中，柏拉圖心靈之眼所見之蘇格拉底融入其哲學，柏拉圖哲學中所稱的理念參與或分受（παρουσία）具體的感覺事物，即見諸蘇格拉底的生命與人格。對理念的愛和對老師的愛可說是等量齊觀；對其師的孺慕益深，其哲學偉構也就愈益成熟。柏拉圖成熟時期的作品，如〈饗宴篇〉、〈費多篇〉（Phaedo）、〈費德羅斯篇〉（Phaedrus）等，即將其對老師的孺慕之情，具現化為一種精神象徵，將歷史上的蘇格拉底轉化為永恆的蘇格拉底。此所以柏拉圖在其〈第二函〉（Epistle II, 314c）中模仿其師反諷的語法，寫下如此深刻而具有象徵意義的話語：「我從未寫下這些東西（哲學作品），根本沒有柏拉圖的作品，將來也不會有柏拉圖的作品。所有這些稱之為我的作品，其實是蘇格拉底的，一個永遠年輕而高貴的蘇格拉底的。」

　　這樣令柏拉圖崇敬熱愛的老師竟然在西元前 399 年冤屈的被判死

刑。面對這樣殘酷的事實，柏拉圖內心宜有何等樣的悲痛！也因此柏拉圖決心遠離政治，並對當時敗壞的政治、法律、風俗提出強烈的批判，進而主張理想的政治，須由哲人王來統治。這個主張實際也是其理念論具體化為政治與教育制度。

這種以哲人統治的理想政治體制，柏拉圖在其所鍾愛的學生 Dion 的身上找到了實現的可能性。柏拉圖在西元前 389 年前往義大利西西里，在 Syracuse 城結識其最鍾愛的學生 Dion。柏拉圖係以何等樣的心情與語調述說其與蘇格拉底之師生情誼，不得而知；然從其對 Dion 第一印象的描述，隱然可見柏拉圖是把老師對自己的期許轉化到自己的學生身上。在〈第七函〉中柏拉圖即云：「我所謂的那時候造訪 Syracuse 城是一切事物的開始，其意為何？我與 Dion 之交往，示其以我對人類的理想，並勸其將之付諸實現。我似尚未知我係從事一種自己也不自覺的努力，促使未來暴君統治傾頹。無論如何，Dion 那時顯示其敏銳之領悟。其對我教學反應之熱烈，更為我所遇年輕人之中所僅見。Dion 亦因而決定終其一生，過一種與大部分義大利和西西里的希臘人不一樣的生活：以德為貴，而輕於享樂與奢華。」（*Epistle VII, 327a-b*）面對這樣天資聰穎、不尚浮華、重視理想的學生，柏拉圖心中宜有何等樣的激情，來助其理想之實現。柏拉圖第二次、第三次再訪 Syracuse 均應 Dion 之邀而往。Dion 想推翻 Dionysius II 的努力，柏拉圖亦結合學園力量助其一臂之力。惜西元前 353 年 Dion 為其同學 Callipos 謀害而死。柏拉圖聞訊哀痛逾恆，以喪子之痛的心情，親為之撰寫哀歌。輓歌所表達的不僅止於對親如子女的學生之痛，更是為一個充滿希望的文化英靈（δαίμονες）之隕落而悲（參閱楊深坑，2004：53-55）。

從蘇格拉底、柏拉圖和 Dion 師生三代的情誼與交往過程中說明了柏拉圖既是理想學生的典範，也是理想教師的典範。師生之間不僅是一種情之交融，更是一種人格的感召。不僅是一種價值的傳承，更是一種文化與理想的創造與發展。懷於對文化理想創造的歷史責任，柏拉圖更覺有必要成立一個教育機構來教育青年實現文化理想。根據 P. Kanellopoulos（*1977*）的推測，柏拉圖學園的設置係第一次與 Dion 交

往所得之靈感，從 Dion 的身上，柏拉圖看見青年教育是文化理想發展與創造希望之所寄。柏拉圖學園之創立多少和這種理念之醞釀有關。

柏拉圖學園是個兼具教學、研究與出版的學術機構，研究項目遍及學術各領域。學園環境幽雅，設施齊全，講堂、劇場、體育設施一應俱全，可說是「志道、據德、依仁、游藝」的理想場所。就在這樣優美的環境中，柏拉圖深刻的體驗到作為教師的不斷發展與創造的精神，也在這個環境中寫下重要的哲學作品，成為詮釋理想教師圖像的基礎。

三、理想教師圖像的哲學基礎

前節的分析，說明了柏拉圖教育理念孕育自時代與貴族的家庭背景；教師作為文化傳承與開創的動因，則得之於其與蘇格拉底和 Dion 師生關係的體驗與學園中教學活動的心領神會；在學園中所完成的哲學著作，即將其孺慕的老師蘇格拉底作為一種理念論具現化的永恆象徵。要瞭解柏拉圖的理想教師圖像，須先深究其哲學核心——理念論。

柏拉圖「理念」（idea）一詞之提出乃在於解決其在〈辯士篇〉所提出的問題：「當你說出『存有』（τόὄν）這個字，你所指的是什麼？」（Sophist, 244a）這個問題的基本精神，就現代哲學觀點觀之，乃在於探索「什麼是本質」的本體論問題。對於這個問題的探索，柏拉圖承續了其師蘇格拉底追求道德普遍性定義的基本精神，將之推極於形上的睿智界，以探索給予「存有」實在性基礎根本不變的原因。柏拉圖一方面否定詭辯學者 Gorgias「無物存在」的虛無主議論調，也不贊同伊利亞學派（Eleatics）萬有恆靜的觀點；而認為真正的存有內部充滿了動力、生命與睿智（Sophist, 248e），哲學家的任務即在提升心靈之眼，以直觀存有之理念。常人習於以感官經驗覺知，無法用心靈之眼，和具有動力性質的存有做整全的融入，只有哲學家透過睿智與辯證才能通觀存有的本質，柏拉圖名之為「理念」（ἰδέα）（Sophist, 253a）。就此觀點而論，教師須具有哲學之智，才足以透過辯證啟導學生不惑於感覺印象，以導向真知。

　　不過，柏拉圖的理念常滋生誤解，陳康（1979: 39）即曾批評，柏拉圖「理念」一詞中譯為「觀念」，根本就是英國經驗論的用語，不足以狀述柏拉圖的哲學本義。欲探討柏拉圖「理念」一詞的深度意義，有必要從字源義加以解析。理念一詞源自希臘文「看見」（όράω）的不定式 ίδεΐν，由此不定式衍生出英文的 idea。柏拉圖 idea 一詞又常與 eidos 同時交互使用，eidos 則源之於「看見」的過去分詞 εἰδον（eidon），eidos 在現象學中指向事物的本質。兩個語詞均與「看見」有關，人類所見為物之「形式」。柏拉圖使用這兩個語詞仍未脫希臘文原始意義——形式。不過，他所謂的「形式」並不是指感官之眼所見之「形式」，而是心靈之眼直接掌握存有之本質。idea 一詞轉而為內在化的意義，成為事物之本質。

　　將世界劃為兩極，感覺界與睿智界，首見於柏拉圖的〈費多篇〉（楊深坑，1982：62）。理念存乎睿智界，非感官經驗所能見，須透過理智思慮才能認識（Phaedo, 78c10-79c1）。理念可以說是存有的「形式因」，使得感覺事物具備形式，而使感覺事物具有實在性，理念也可以說是存有進入真實存在的原因，柏拉圖在〈費多篇〉中就一再稱理念為存有的「原因」（Phaedo, 96a, 98e）。感覺世界的存有處於變遷之中，不完美，但卻有一種傾向理念，想要參與理念的基本動力，以補足其在感覺界所未具有的形而上的完美。〈費多篇〉中柏拉圖即舉述了兩根長短甚接近，但不全等的木材，人的感覺經驗仍會將之視為全等作為例證，來說明人類的感覺經驗有一種企求完美的基本傾向（楊深坑，1982：63；1996：61）。

　　上述的分析可見，柏拉圖的理念是存有的完美高峰，並非人類心靈主觀的產物，理念是自本自根，真正的存有，存在於睿智界。感覺的存有，有所缺陷，存在於變遷的感覺世界，透過感官無法掌握真實的理念。G. Vlastos（1965: 17-19）曾評論，以為柏拉圖在〈費多篇〉中已經接受實在有等級（degrees of reality）之說，誠為的論。

　　實在或存有的序階（Jaeger 的說法）理論到了〈共和國篇〉（Republic）第七卷有更進一步的發展。柏拉圖在這篇對話錄中，把變遷的感覺世界再劃分為二：透過想像或意像（εἰκασία）所感知到的鏡

中影、水中月等虛幻的幻象；透過信念或相信（πίστις）所得到的事物圖像。這兩種感覺經驗所得的意像，柏拉圖名之為「意見」（δόξα）並非真知（ἐπιστήμη）。欲掌握事物之本質須透過理性功能，才能進入睿智永恆的理念世界。理念世界再分為兩個層級：數學對象，運用假設法經由推證性的悟性（διάνοια）加以認識；至於理念須透過最高的理性（νοῦς）加以直觀。在理念界有相當多的理念，構成了理念群，這些理念群，分受到不同感覺對象使得不同感覺具不同形式與實在性。在理念群之上尚有最高的理念，柏拉圖名之為「善之理念」（ἡ τοῦ ἀγαθοῦ ἰδέα）。善之理念在《共和國篇》柏拉圖認為是人類最值得學習的事物（μέγιστον μάθημα）（Republic, Bk. VII, 505a），是所有「存有」的超越法則，在認識論上它光照了所有的「存有」，賦「存有」以本質與形式，使具有認識的可能性；在價值學上是所有美、善的最終根源；就形上學而言，是所有「存有」的動力來源。柏拉圖在《共和國》第七卷將之喻為太陽：

> 「這個給予知識對象以真理，並且給予認知者以認識能力的實體，你必會說，是善之理念。而你也必會視之為知識與真理的原因 …… 正猶之乎在肉眼可見的世界，光和視覺是類似太陽的東西，但並不可視為與太陽同一。同樣的，在非感覺可見及的睿智界，知識和真理是類似善的東西，但不可以視之為與善同一。…… 在視覺可及的世界，太陽不止給予視力，同時給予生長、發展與營養，但太陽本身不是生長 …… 同樣的，知識對象從善之理念獲得可被認識的性質，但同時也從善之理念得到存在與本質。雖然，善之理念本身不是本質，但在序階和力量上卻超越本質（ἐπέκεινα τῆς οὐσίας）。」（Republic, Bk. VII, 508e-509c）

上述引文說明了柏拉圖認為善之理念是最高的超越法則，正如太陽是使得感覺可見世界產生了生成變化以及使視覺可以看見的原因一

樣，善之理念也是睿智界存在以及被認識的原因。

值得注意的是善之理念，係融貫了真善美合而為一，在存有、認識與價值的序階上均屬最高層級。在〈諦美斯篇〉中，柏拉圖即以為「所有善均為美」（*Timaeus, 87c*），在〈費列布斯篇〉中，柏拉圖則指出：「假使我們不能以一種單一的理念來追求善，讓我們同時經由美、調和和真三種形式獲取之，然後視之為一。」（*Philebus, 64e-65a*）。此種真善美合而為一的最高善之理念，及其與理念界和感覺界序階關係，柏拉圖在〈共和國篇〉第七卷更以其有名的「洞穴隱喻」來說明（圖解參閱楊深坑，*1996：71, 80*）。這個隱喻在教育上也有其深刻的寓意，將於下節分析。

正如本文緒論引述 Jaeger 之論點，柏拉圖的存有、認識、價值之序階理念係孕育自古希臘城邦與市民間關係型態之轉移，這種理念是一種哲學體系，其顯現在城邦生活型態即是一種政治與教育體制。〈共和國篇〉所進行的理想政治與教育計畫即是其理念論的具體化於公共生活。在理念論下的教師圖像也與當時流行的修辭學者和詭辯學者有所不同，以下一節進一步就其作品中所彰顯的教師圖像進一步加以分析。

四、柏拉圖作品中的教師圖像

柏拉圖早期作品中的主角蘇格拉底仍是歷史性的蘇格拉底，如在〈辯解篇〉（Apology）、〈克利多篇〉（Crito）等，柏拉圖係以非常孺慕的心情對其師做活生生的刻劃，換言之，在這些對話中蘇格拉底仍是蘇格拉底，柏拉圖仍是柏拉圖。到了轉型期作品，如〈美諾篇〉、〈普羅塔哥拉斯篇〉，柏拉圖更將其師反詰與啟發的對話教學融入自己的辯證方法之中。到了成熟時期，柏拉圖已經將蘇格拉底融入自己的人格中，蘇格拉底已經成為一個永恆的精神象徵，如〈費多篇〉、〈饗宴篇〉、〈共和國篇〉等，柏拉圖所描述的蘇格拉底即是理想教師形象，理想教師即在於如何啟導學生從紛亂雜多的感覺界，逐級而上以達理念界，而陶冶身心和諧之完美人格。至於晚期作品，如〈巴門尼德斯篇〉

（Parmenides）、〈費列布斯篇〉（Philebus）、〈法律篇〉（Laws）等，
已經推極到數學與形上學的辯證，屬於柏拉圖〈共和國篇〉所規劃的哲
學王教育之範疇。本節因而專就其轉型期作品及成熟期作品來加以討
論。

　　轉型期的作品典型的代表是〈普羅塔哥拉斯篇〉，在這篇對話中，
柏拉圖透過蘇格拉底之口，區分理想的教師與詭辯學者自稱為萬能教師
有所不同。柏拉圖認為教師教學之於學生是一種心靈的營養，而非知識
的注入，教師與學生之間更非知識的販售關係（*Protagoras, 311a-413c*）。
就教育方法而言，柏拉圖採取的是其師蘇格拉底方法。蘇格拉底教學方
法的第一個步驟先是自承無知，使對方提出自以為是的答案，然後以一
串問題設計使對方陷入矛盾；然後，再以一連串的問題，引出對方正確
的識見。

　　〈普羅塔哥拉斯篇〉中，柏拉圖採取的方法即採蘇格拉底式的
教學，批判詭辯學者之普羅米修斯神話解釋（*320c-324a*）和詩歌詮釋
（*327a-349a*），只是流於隱喻，且往往可憑自己主觀的想法加以解釋。
至於詭辯學者長篇大論的論辯（*322a-336e*），柏拉圖認為是說服術，一
下子陳述很多觀念，令人無法一一檢核對方的觀念；理想的致知方法，
應該採取蘇格拉底式的辯證，用對話的方法，來一一檢核雙方的論見，
讓正反雙方對於相同的論題做面面顧到的嚴密討論，以達嚴格確實的普
遍理性定義。在〈普羅塔哥拉斯篇〉（*349b-362a*）有關道德是否統一和
可教的討論中，普羅塔哥拉斯認為道德是可以分為一個部分、一個部分
的細小單位來進行編序式的道德教學。蘇格拉底以一連串問題使普羅塔
哥拉斯自陷於矛盾，不得不承認道德的統一性；然後，又以一連串問題
來引出人類具有先天的道德意識，須賴辯證，以開展其道德的潛能。

　　將辯證式的問答教學，推向更高一個層次的是〈美諾篇〉（Meno）。
在這篇對話錄中，柏拉圖已經放棄早期作品蘇格拉底式普遍性定義之
追求，而導向通往道德本質之探討。柏拉圖也首度提出「知識即回憶」
的說法，同時也開始使用假設法，並對「意見」（$\delta\acute{o}\xi\alpha$）、「真正的意
見」（$\dot{\alpha}\lambda\eta\theta\acute{\eta}$ $\mathring{\eta}$ $\dot{o}\rho\theta\acute{\eta}$ $\delta\acute{o}\xi\alpha$）及「知識」（$\gamma\nu\widetilde{\omega}\sigma\iota\varsigma$）做了區分，以此為

基礎進而討論道德的可教性。

從教學方法層次來看，〈美諾篇〉仍沿早期對話的基本形式，先是蘇格拉底自承無知，讓對方提出答案，蘇格拉底以一連串的問題，使其陷入自相矛盾，然後以啟發性問題導出正確的答案。在這篇對話中，美諾所提出的道德定義都是部分的，而與蘇格拉底所要追索的道德本質有所不同。在本質問題的探討中，柏拉圖初步開啟了其成熟時期作品的理念論與「學習即回憶」的教學理論。

在〈美諾篇〉的道德本質探討，或更確切的說，通往知識本質的探討中，柏拉圖提出了人是否具有絕對知識或全然無知這樣兩難的問題。柏拉圖提出了「學習即回憶」的說法來解決此項難題。回憶理論否定了人全然有知與全然無知的說法，而以為人處於兩者之間，具有潛在的主觀認識，稱之為「真正的意見」（*Meno, 85c8-86a10*）。此種真正的意見內在於心靈之中，透過適當的問答教學可使之顯露出來。教師的工作就在於運用蘇格拉底的對話教學，讓學習者回憶起在另一個理念世界所認識到的先驗知識。為證明此論點，柏拉圖以不識字之美諾的奴隸解決幾何問題來做說明。對話中，蘇格拉底以一連串的問題來讓奴隸知道自己所認為的要畫一個原正方形兩倍的正方形以每邊的兩倍長來畫是錯的；然後，再以一連串的問題引導奴隸覺知到要畫一個兩倍的正方形，須以其對角線來畫，才能畫出一個原正方形兩倍的正方形。柏拉圖以此例證來說明人類有先天的知識，稱之為真正的意見。只要教師教學方法得宜，即可啟發、喚醒學習者潛藏的先天知識。

「教學即回憶」的說法，到了〈費多篇〉柏拉圖更進一步以數學觀念來加以闡釋：日常生活中，可以看見很多等長的東西，但如仔細量度，可見其並非全等；即使再怎麼努力，人也不可能畫出完全相等的直線。既然感覺世界中沒有絕對完全相等，何以人會有「完全相等」的觀念？柏拉圖將之歸諸一種先天的知識（*Phaedo, 74e*）。所有用以界定感覺世界的觀念，如全等、美、善、正義等均屬於先天的理念。

這些先天的理念，並非人類意識所塑造，而是有其客觀性的實在基礎。〈費多篇〉中，柏拉圖即以為美、善以及其他類似的本質，看起

來是感覺所給予的，其實在人類進入存在時即已有之（*Phaedo, 76d*）。質言之，靈魂降生此世之前，已在理念世界生活過，對理念已有所認識，逮靈魂降凡此世，仍保有此認識。作為教師，主要的在於透過理念的摹本——即感覺對象，使人重新回憶起理念世界所見及的東西。

透過感覺經驗是否可以導向真正的認識？由於柏拉圖哲學中的 $\alpha\iota\sigma\theta\eta\sigma\iota\varsigma$ 含括了感覺、知覺、軀體的激情以及理念之不完全的摹本等不同涵義，不同詮釋家因其所執其中不同的意義，而有不同的見解。

有些學者，如 F. M. Cornford、H. F. Cherniss、P. Friedländer 等認為感覺變動不居，且是混淆不堪，因此有害於真知之獲得。P. Kuckarski、J. Moravcsik 則以為感覺是知識的材料，是知識成立的先決條件，藉著感覺之不完整圖像作為線索，心靈回憶了理念，而構成了知識（參閱楊深坑，*1996：107*）。

上述兩種詮釋均有所偏。誠然，感覺經常混淆不堪，會影響理智功能之運作，會阻礙人類精神上升之道，使人無法達到真知。然而，感覺終究為理念事件之摹本。人類又不可免的生活在感覺世界，故達真知仍須起於感覺作為線索與媒介，逐級而上，以達真實的認識。柏拉圖〈饗宴篇〉所描述的愛，起自對軀體之美之愛，逐級而升，以達與美之理念融合的過程，即是一個理想教師的自我轉化，而開啟學生人格發展的過程。

這種教師自我轉化，開啟學生理想人格，進而建構一個不斷發展的精神社會之整體過程，柏拉圖係以「愛」（$\check{\varepsilon}\rho\omega\varsigma$）來加以詮釋。愛的本質柏拉圖認為係「在美之中的懷孕與生產」。這種懷孕與生產進一步的加以分析可分為二：即身體的以及心靈的懷孕與生產。屬於心靈的懷孕與生產，所創造出來即精神產品或文化，教育即屬此範疇。為了說明柏拉圖〈饗宴篇〉中教師理想圖像，須先引述其教育愛之深刻描述來做說明：

「傾向於身體之生產者，寧趨婦女，以之為愛之對象，
藉生子以達永恆、記憶長新與幸福，並將之永久保有。傾向

於心靈之生產者，非以肉體為對象，而以懷孕與生產屬於心靈之物。何為屬於心靈之物？睿智及其他德性是也。……復次，任何人如具有神聖之本質，其自青年時即已充滿此類德性，當其達到適當年齡即有生產之慾望。其所追求者，殆為可於其上生產之美者，而非醜者。一旦遇見美麗、優越且高雅之靈魂即欣然與之為伍，對於類此之人，彼將易與之滔滔不絕談論何為道德以及有德者應當的生活方式。質言之，即承擔其教育之責。當其與美者接觸交往不管是在身旁或遠離，其為懷念也則一，而久孕於心靈之美好事物因而誕生。彼將亦與美者共同撫育其所誕生者。以是他們的結合、溝通將更為強固，因其所生產者（指精神產品）較之人類所生產的孩子，更為美麗，更具有永恆之特質。」（*Symposium, 208e-209c*）

由上述引文可以發現，柏拉圖將教師活動的基本動力——愛，與人類生物性的愛能，等量齊觀，具有本能一樣沛然莫之能御的動力。然而，教師所發動的教育愛，並不惑於軀體之美而已，更直指人類精神高峰，與其所愛者共建一個和諧的精神社會（結合、溝通更為強固），共同創造垂之永恆，生生不息的文化。

這種教師的精神轉化，以啟迪學生共建一個永不止息創造之精神社會之過程，柏拉圖在〈共和國篇〉第七卷更以其寓意深遠的「洞穴隱喻」來加以說明。在這篇對話錄第七卷中，柏拉圖設想有一群囚徒，自童稚即被拘於沒入地底之洞穴，其頭和手腳均被捆綁固定，只能面對洞穴之內的牆，永不能回頭看。洞穴有出口，通向外面陽光普照的世界。洞口與囚徒之間有火，火與囚徒之間又有通道與低牆。在通道上有人搬運人及其他動物的偶像。由於高過低牆，藉著火光，使這些偶像的影子映照在囚徒前方的牆上。由於囚徒是被固定的，只能看到牆上偶像的影子，聽到洞穴的迴聲。今設有一囚徒，掙脫枷鎖，向洞口前進，初則不適應，繼之適應光線後，即可看到人在搬運偶像。再經努力即可走出洞口，再經一段適應後，步出洞口看見陽光下的真實世界。再經一段困難

的適應，即可直視太陽本身，理解太陽本身是使其能看見事物之原因。設若此一囚徒看到太陽後，想重回地下洞穴，導引其他囚徒走出洞穴，其他囚徒由於習慣洞穴生活，將會視之為瘋子，甚至會置之於死地。儘管如此，柏拉圖仍認為步出洞穴者，有責再回洞穴，以解放同伴。

這個「洞穴隱喻」大多詮釋者多從哲學角度說明柏拉圖之存有、認識與價值階層理論。從教師圖像之哲學解析而言，這個隱喻更有其深度的意義。

首先，教師和一般芸芸眾生一樣，處在一種與真理隔絕的感官經驗世界，這個世界是有限的、封閉的、受束縛的。一般芸芸眾生習於感官經驗，以幻為真，所以對於先已走出洞穴、自我啟蒙的人，會視之為瘋子。至於教師則不然，其與一般芸芸眾生之不同，在於其能「自覺」處在於「受束縛」的狀態，不以現狀為滿足，而想掙脫束縛，走出感官與意識型態的世界，邁向理性澄澈的真理世界。以蘇格拉底的話來說，掙脫束縛的努力，即在於自承其無知，故有導向真知的動力。以當代批判理論的觀點言之，教師必須先行自我批判，反省自己可能身處受蒙蔽的意識型態中，而思有所解放與啟蒙。

這種解放與啟蒙的過程並非易事，試觀柏拉圖的「洞穴隱喻」，洞穴中的囚徒，一旦掙脫枷鎖，須先經軀體的調適，乍見火光會感難以適應。爬出洞穴，更須艱辛的努力。一出洞穴，乍見陽光，更有目為之迷，神為之眩的感覺，須經痛苦歷練方能注視太陽，直觀真理本體。不管教師本人的自我啟蒙或啟蒙學生均須經此痛苦歷練的過程。德國教育學者 Th. Ballauff（1963: 17-27）對於柏拉圖「洞穴隱喻」所顯示的教育觀有極精湛的詮釋，他認為柏拉圖在此所要表達的教育理論和 18 世紀自然主義講求返歸自然發展的教育觀有極大的不同。教育對柏拉圖而言，意味著須與自己習常經驗對立之辯證發展過程。教育的介入不是任兒童自然發展，而帶有人為解放的意味，這種過程，正如隱喻本身所顯示的，是充滿艱苦與奮鬥。

「洞穴隱喻」在教師哲學圖像的第三層次之深刻涵義，在於柏拉圖把理想教師視為有如當代批判教學論者 H. A. Giroux（1988）所稱的

教師應成為轉化型的知識分子（transformative intellectual）。教育家或哲學家在自我轉化的過程中，歷經千辛萬苦，走出洞穴，走出意識型態囿限，透視真理以後，不能獨善其身。而更應走回「洞穴」，走回人類的生活世界，啟迪芸芸眾生，進行大眾之啟蒙工作，即使被視為異端而犧牲生命也在所不惜。這種理想的教師典範，實與當代批判教學論者所稱的轉化型知識分子之教師理想，不謀而合。

五、結論

　　柏拉圖對於理想教師形象之理念孕育自貴族家庭所予之廣博文化陶冶，及其對時代政治社會文化變遷的深刻體驗。其中和老師蘇格拉底及和學生 Dion 之交往與互動，更使柏拉圖深刻體會教師除了教學方法的講求、情感交融、人格陶冶而外，更應掌握時代脈動，啟迪大眾，以建構理想社會。

　　早期作品，蘇得拉底的影響猶深，理想的教師仍採蘇格拉底式的對話教學，使學生自承無知，而後導向真知。成熟時期的作品，柏拉圖已經將蘇格拉底的人格與風範融入自己的人格，而開展其獨特的理念論，作為詮釋理想教師形象之哲學基礎。理念論本身實質上也是存有、知識與價值序階的理論。柏拉圖在〈費多篇〉即闡釋了理想教師宜善用辯證方法，啟發學生突破感覺經驗，以回憶其在理念世界所見之真理。這種突破感覺經驗逐級而上以現真理之精神轉化過程，〈饗宴篇〉更以愛之心靈動力來進一步的加以詮釋。柏拉圖把愛視為「在美之中的懷孕與生產」即在於把教師的教育動力視為具有本能一樣強大的動力，但又超越本能，而與學生情感交融，共建理想的精神社會，促進文化不斷發展。這種不斷發展的精神社會，柏拉圖在〈共和篇〉中看出了其可能潛藏的意識型態禁錮的危機，因而透過「洞穴隱喻」再進一步的詮釋，教師除了自我批判反省，更應深入社會，進行意識型態批判，以改造社會，提升理想社會發展的境界。

綜言之，柏拉圖心中的理想教師，除了善用教學方法外，也應與學生情感交融，陶冶學生健全人格，最後更宜走入社會、走入群眾，進行意識型態批判與社會啟蒙，使社會發展更臻健全。凡此教師圖像，對於當代師資培育理論與實踐仍具有時代性的意義。

陳康譯註（1979）。柏拉圖巴曼尼得斯篇。臺北：問學。

楊深坑（1979）。柏拉圖〈饗宴篇〉中的教育愛。教育研究所集刊，21，1-30。

楊深坑（1996）。柏拉圖美育思想研究（再版）。臺北：水牛。

楊深坑（1982）。柏拉圖費多篇哲學內涵述評。師大學報，27，57-78。

楊深坑（1984）。柏拉圖〈普羅塔哥拉斯篇〉道德教育理論評析，載於編輯小組主編，中國教育展望。臺北：五南圖書出版。

楊深坑（2004）。從希臘三哲的師生情論文化理想與教育動力，載於張建成主編，文化、人格與教育，頁 47-64。臺北：心理。

Ballauff, Th.（1963）. *Die Idee der Paideia*, Meisenheim am Glan: Verlag Anton Hain.

Giroux, H. A.（1988）. *Teachers as intellectuals: Toward a critical pedagogy of learning.* Boston: Bergin & Garvey.

Jaeger, W.（1936）. *Paideia*, Band I. Berlin: Walter de Gruyter & Co..

Jaeger, W.（1944）. *Paideia*, Band II. Berlin: Walter de Gruyter & Co..

Kanellopoulos, P.（1977）. Plato and Dion. *In Philosophia*, Vol.7: 111-161.

Platonis, *Opera*, Recognovit brevique adotatione critica instruxit Ioannes Burnet, Oxonii, 1900, 1967.

Theodorakopoulos, I. N.（1970）. *Introduction to Plato*（希臘文）. Athens: Bros. G. Rode.

Vlastos, G.（1965）. Degrees of reality in Plato. In R. Bambroug（ed.）, *New essays in Plato and Aristotle*. London: Routledge & Kegan Paul.

3

亞理斯多德哲學中的教師圖像

—— 黃藿

從實踐哲學的角度來看，亞理斯多德所展現的教師形象是一位理論與實踐兼顧的思想家兼行動家，他不但建立了西方學術的理論知識體系，也透過辦學與教育將他的理想付諸實踐。

一、亞理斯多德生平與思想背景簡介

亞理斯多德（Aristotle, 384-322 B.C.）是古希臘著名的哲學家、科學家和教育家，也是亞歷山大大帝的老師。亞理斯多德不僅研習當時每一門學科的知識，而且也對大多數學科做出了貢獻。他總結了古希臘哲學與各門知識發展的結果，首次將哲學和其他科學區別開來，開創了邏輯、倫理學、政治學和生物學等學科的獨立研究。在科學方面，他鑽研解剖學、天文學、經濟學、胚胎學、地理學、地質學、氣象學、物理學與動物學。在哲學方面，亞理斯多德撰寫了美學、倫理學、政治學、形上學、心理學、修辭學與神學。他還研究了教育、外國習俗、文學與詩學。後人根據他遺留下來的著作所編輯而成的《亞理斯多德全集》就像一部百科全書，實際上涵蓋了古希臘世界（同時也是西方古文明世界）人類所有的知識。

亞理斯多德可說是史上熟知當時人類所有知識的最後一人。他的學術思想對西方文化、科學的發展產生了巨大的影響。他除了是最偉大的哲學家外，也是個偉大的教育家，他親自辦學，從事教學與研究工作，他繼承了蘇格拉底與柏拉圖偉大的精神及思想傳統，並且進一步將之發揚光大，對於整個西方的精神文明以及學術文化的奠基，有著不可磨滅的貢獻。亞理斯多德終身致力於學術思想的研究，並曾於西元前335年，在雅典的東北郊區名為萊西昂（Lyceum）的地方建立了一所高等學府，用來傳承學術研究的成果與文化的理想。他親身從事教學生涯，歷時13年之久。我們可以說，他不但是一位極具原創力、且對人生充滿深刻洞見的思想家，也是一位躬行實踐的教育家。他對於教育所提出來的種種見解，至今仍然值得我們參考。

亞理斯多德於西元前384年生於希臘半島北方色雷斯（Thrace）的小鎮斯塔吉拉（Stagira），其父尼各馬可（Nicomachus）是馬其頓王國亞敏達斯二世（Amyntas II）的御醫。由於出身於醫生家庭，對

醫學及生理學，甚至生物學等自然科學，自幼耳濡目染，產生濃厚鑽研的興趣。亞理斯多德 17 歲時，由其叔父普洛克山努斯（Proxenus）送至當時希臘世界學術文化中心雅典求學，進入柏拉圖門下的學院（Academy/*Akademeia*），親炙名師柏拉圖教誨凡 20 年之久。亞理斯多德在該學院潛心向學，努力學習，同時也擔負若干教學工作。他深受柏拉圖思想的影響，但卻非全盤接受，反而勇於提出與其師不同的觀點和見解。他的名言：「吾愛吾師，吾尤愛真理。」（*NE, I. 6, 1096a12-16*）**1**更彰顯了他對於追求真理的熱忱和執著。學者一般將亞理斯多德的學術思想生涯劃分三個階段，這早期在雅典學習的 20 年時間，被稱為「第一次雅典時期」。

　　亞理斯多德是柏拉圖弟子中最優秀、最傑出的一位，可是在西元前 347 年柏拉圖去世時，學院校長的職務卻由柏拉圖的外甥斯皮優西帕斯（Speusippus）所繼承。亞理斯多德與柏拉圖學院另一位校長候選人齊諾克拉底斯（Xenocrates），在此時一起離開了雅典。他先受到小亞細亞阿塔紐斯（Atarneus）統治者赫米亞斯（Hermias）的邀請，前往阿索斯（Assos）講學。赫米亞斯對亞理斯多德極為禮遇和欣賞，並將其姪女琵蒂亞絲（Pythias）許配給亞氏為妻。亞氏在阿索斯待了三年，後移居萊斯柏斯（Lesbos），在那兒生活了兩年，西元前 342 年受馬其頓國王菲力普二世（Philip II）之邀，擔任太子亞歷山大的家庭教師。學者將亞氏離開雅典前往阿索斯、萊斯柏斯，以及馬其頓宮廷任教的這 12 年期間，劃歸為他學術思想生涯中的第二階段，稱為「旅遊時期」。在這段時期裡，他對生物學和自然科學各相關領域的知識發生極大興趣，他也透過各種資料與標本的蒐集，來從事實際的觀察和研究。

　　亞理斯多德在西元前 335 年，也就是亞歷山大繼承其父菲力普王

1　"Yet it would perhaps be thought to be better, indeed to be our duty, for the sake of maintaining the truth even to destroy what touches us closely, especially as we are philosophers or lovers of wisdom; for, while both are dear, piety requires us to honour truth above our friends."

位的那一年，重返雅典，在萊西昂建立了自己的學院。從西元前335年至323年共13年時間，是亞氏學術思想生涯的第三個階段，稱為「萊西昂時期」，或「第二次雅典時期」。這個時期可說是亞理斯多德思想成熟的時期，他不僅將古希臘的哲學和各門科學的著作加以蒐集和整理，也對各項學科展開系統性的學術研究。今日所遺留下來的亞理斯多德各項著作和文獻，幾乎都是在這個階段所完成的，它們都是西方古文明最寶貴的文化資產。

亞理斯多德在雅典的最後幾年，因為馬其頓對於希臘各城邦的控制愈來愈嚴峻，而他與亞歷山大的特殊關係，因他的姪兒古希臘史家喀里斯蒂尼思（Callisthenes）觸怒了亞歷山大，使他與亞歷山大的關係也變得緊張。可是，對於雅典人來說，亞理斯多德仍被視為是亞歷山大的友人與馬其頓勢力的代理人，整個政治氛圍讓他繼續居留在雅典變得非常不利。因此，西元前323年當亞歷山大死訊傳到雅典，爆發了雅典結合其他城邦一起反抗馬其頓的拉米亞戰爭（Lamian war），他為了不再讓雅典背負第二次迫害哲學家的罪名，於是再度離開雅典，避居到幽比雅島（Euboea）的卡爾綺斯（Chalcis），並於次年辭世，享年61歲。

二、亞理斯多德哲學的核心概念

亞理斯多德的哲學可以分為四部分：（1）邏輯（Logic）是哲學研究的基礎，他稱之為分析學（Analytic）；（2）理論哲學（Theoretical Philosophy），包括形上學、物理學、數學等；（3）實踐哲學（Practical Philosophy），包括倫理學與政治學；以及（4）創作哲學（Poetical Philosophy），包括詩詞與各種藝術的研究。

亞理斯多德把形上學稱為第一哲學，而哲學就是探討實在事物的普遍本質（essence）或第一原理之學，形上學因此也就是亞理斯多德哲學的核心部分。不同於其師柏拉圖把哲學的基礎放在理型（ideas/ *eidos*），認為只有理型是絕對真實的實在（reality），是感官世界的基

礎，亞理斯多德認為共相或理念存在於感官世界的特殊事物（或殊相）中，而且真正的實在就存於感官世界中，所以稱為實在論（realism）。柏拉圖認為共相是殊相的原型，而且這二者是分離的，真正的實在只存在於理型世界，所以稱為觀念論。對亞理斯多德而言，哲學方法意指從殊相的研究到本質知識的提升，而柏拉圖的哲學方法則是從普遍理念的知識過渡到對這些理念特殊模仿的默觀。所以可以說，亞理斯多德的哲學方法是歸納法與演繹法並用的，而柏拉圖基本上使用的是從先驗原理出發的演繹法。

對亞理斯多德而言，形上學處理的是科學知識的第一原理與所有存在的終極條件。更明確地說，形上學討論的是「存有之為存有」（being *as* being）或最根本狀態下的存在，以及存在的本質屬性。只要科學的基本公理（axioms）是所有存在的屬性，它們就是形上學考量的對象。亞理斯多德指出了幾項具有普遍真理性質的公理，如矛盾律與排中律。若否定這些根本原理，會造成事實與是非不分，更會造成行為上的無所謂態度。亞理斯多德形上學所關心最主要的問題是：所謂實在（reality）是什麼？柏拉圖設法提出理型說──理型（ideas/*eidos*）是變動感官現象之外的唯一真正的永恆實在──來解決這個問題。亞理斯多德卻根據下列三項理由抨擊柏拉圖的理型說。

第一，理型無法解釋事物終極的生滅變化現象；理型並非物理感覺對象運動與變化的原因。第二，理型同樣無法解釋我們如何獲得對於特殊事物的知識；因為若要擁有特殊事物的知識，就必須掌握那個事物中的實體之知識，可是，理型卻將知識置於特殊事物之外。此外，假設我們透過對事物理型的一般掌握而更進一步認知特殊事物，就如同想像我們可以透過乘法來提升加減能力一樣荒謬。第三，如果解釋我們對於特殊對象的知識需要理型的話，那麼理型一定會被用來解釋我們對於藝術作品的知識，可是柏拉圖主義者並不承認有這種理型。第三項抨擊的理由是理型根本無法解釋特殊事物的**存在**。柏拉圖聲稱理型並不存在於那些分享理型的特殊事物之中，可是，特殊事物的實體無法從事物本身分開。此外，撇開「分享」的老套不說，柏拉圖並未解釋理型與特殊

事物間的關係。實際上，將理型描述成事物的樣式，只是隱喻的說法，因為凡是對某一個對象是**類**（genus）的東西，就是較高類的一個**種**（species），同樣的概念也必定在同時是一個理型，又是個特殊事物。最後，根據柏拉圖對理型的說法，我們必須想像在理型與特殊事物之間有一居中的聯繫，並且是無限延伸下去的：在人的理型與個別的人之間必定有一個「第三者」（a "third man"）。

對於亞理斯多德來說，形式或理型不是某種外在於事物的東西，而是**就在**感官的不同現象中。真正的實體，或者真實的存有，並非抽象的形式，而是**具體**個別的事物。不幸的是，亞理斯多德的實體論本身並不完全一致。在《範疇論》（*Categories*）中，實體的概念偏向於唯名論（nominalistic）（意即實體是我們應用於事物的概念）。在《形上學》中，則偏向於實在論（realism）（意即實體本身擁有真實的存在）。亞理斯多德認為科學處理的是普遍的概念，而實體則被當作是一個個體，似乎存在著明顯的矛盾。總之，實體是質料（matter）與形式（form）的結合。亞理斯多德使用「質料」（matter）一詞有四種相互重疊的意義：第一，它是變化的潛在結構，特別是生與滅變化的結構；第二，潛能明確具有發展成為現實的能力；第三，它是一種沒有特定性質的東西，因此也是不確定與偶發性的；第四，當它以其最終階段的實現形式呈現時，它與形式是等同的。從潛能到現實的發展是亞理斯多德哲學中一項最重要的面向。其用意是要解決早先思想家所提出的存在起源與「一」與「多」之間的矛盾相關的難題。亞理斯多德用「四因說」來解釋事物從潛能到現實狀態的變化。這四種原因分別是：

1. 質料因（material cause）是指一物被創造所從出的成分（the elements *out of which* an object is created）。
2. 動力因（efficient cause）是指一物被創造所憑藉的手段（the means *by which* it is created）。
3. 形式因（formal cause）是指一物是什麼的東西的表現（the expression of *what* it is）。
4. 目的因（final cause）是指一物所為的目的（the end *for which* it is）。

茲以一銅像為例，其質料因是銅本身的質材；其動力因是雕刻家，是他讓銅的原料塑造成為銅像；形式因則是銅像的藍圖或概念；目的因則是促使雕刻家採取行動的理念。四因當中，形式因與目的因最為重要，而且最能真實解釋一物。一物的最終目的是該物自身最圓滿的實現，而非只存在於我們的觀念之中。因此，目的因是內在於物自身本性的，而非某種我們主觀上強加其上的東西。

　　對於亞理斯多德來說，上帝是第一實體，也是自身不動的第一動力因。上帝也是無始無終永恆的、完美無缺的、從事永不止息默觀的存有。

　　依亞理斯多德的用語，自然哲學是對於自然界現象的探討，其中課題包括運動、光學，與物理學原理。這些主題在許多世紀之後成為現代科學的基礎，透過科學方法來研究。現代人將對哲學一詞的理解限縮在形上學的範圍內，已經不包括透過自然科學對於自然世界所做的經驗研究。可是在亞理斯多德那個時代，哲學一詞的用法要寬廣得多，幾乎包括了所有理智探究的面向。

　　亞理斯多德的實踐哲學包括了政治（哲）學與倫理學兩部分，這一部分學問研究的目的不在建構抽象的理論，而在於躬行實踐。實踐哲學的目的在追求善，倫理學的目的在追求個人一己的幸福和至善，政治學的目的則在追求城邦整體的福祉與共善，這與中國儒家的內聖外王之道，不僅要追求個人的獨善其身，還要追求兼善天下，若合符節。

　　亞理斯多德把他的倫理學建立在他對人性深刻而精闢的人性論洞察上。根據他的看法，人有肉體與靈魂，而人的靈魂有兩種主要成分：理性及非理性。非理性又分為兩部分：一是所謂的生長的生命（vegetative life），這一部分與理性無關；另外則是嗜欲及慾望的成分（appetitive and desiring element），它可以遵從（或不遵從）理性，因此在某種意義上，分享了理性的原理。理性要比非理性的部分地位來得崇高與優越，它不僅事實上是，而且應該是非理性部分的指導原理。依據亞理斯多德，只有理性才是人所獨有，也是區別人與獸最主要的所在。這是他為什麼將人的功能（*ergon/function*）界定為「靈魂遵循或

包含理性原理的一種活動」²。人性中有理性與非理性的部分，如果要從這樣的人性論中尋求那使品格教育成為可能的基礎，它絕非那非理性的部分；換言之，只有理性才可能是它的基礎。（*NE. I, 13*）不僅品格教育的可能性建立在人性中理性的那一部分上，品格教育也同樣是以度一種服膺理性指導的生活為依歸。至於人性當中感情及情欲的部分，亞理斯多德並不否定它們的存在，因為這一部分雖然是非理性的，但不見得一定相反或違反理性；相反的，正因為我們的情欲可以隨從或遵循理性的指導，它分享了理性的原理，因而也可以稱為是理性的。（*NE. I, 13*）

亞理斯多德倫理學中有關品格教育的另一個重要面向就是：道德德行並非天生，而是經由後天的努力，並由習慣的養成而臻於完美。亞理斯多德並不認為品格教育或道德德行只能順著人原有的本性發展，因為我們無法養成一種違反我們本性的習慣。就如他說：「石頭的本性是會往向下墜，即使我們將石子往上扔一千遍，企圖改變它的習性，也是枉然。」（*NE. II.1, 1103a21-23*）這句話意含著亞理斯多德的人性觀，即假設人性中必須要有某種自然的基礎，否則良好的德行無法養成。而他提及「自然在我們心中預備了道德德行的基礎」，其實指的就是我們的理性或理性的能動性。

亞理斯多德將德行區分為「理智的德行」（intellectual virtues）與「道德的德行」（moral virtues）。理智的德行是聰明才智的優人一等，而道德的德行則是品格上的卓越出眾。所謂的「完美德行」不僅包括了理智的德行，也包括了道德的德行，二者是相輔相成、互相配合的。亞氏進一步將理智之德區分為：科學知識（*episteme*）、技藝（*techne*）、實踐智慧（*phronesis*）、理性直觀（*nous*）、哲學智慧（*sophia*）等五種層次，其中哲學智慧最高，實踐智慧則居次。（*NE. VI, 3-7*）道德德行

---

2 亞理斯多德用「功能」（*ergon/function*）的概念來界定「卓越」（*arête*）或「德行」（*virtue*），*arête* 可以用於人，也可以用於物，凡人或物能將自身的獨特功能發揮至極致，即是德行或卓越，這被稱作是亞理斯多德的「功能論證」（*ergon argument*）。

則包括勇敢、節制、正義等。根據德行的劃分，品格教育的實施也可以分為兩個層面：(1)屬於理智之德的實踐智慧的培養，也就是培養出分辨「什麼該做、什麼不該做」的能力，或做正確道德判斷的實踐理性；(2)培養各種的道德德行，也就是培養出傾向於選擇經由實踐智慧確定為中庸之道或正當之事的氣質（disposition）。有關實踐智慧的培養，雖屬於道德認知的教育，但除了透過教導，也要經由實踐體悟而獲得。而道德德行的培養，即一般所謂的品格教育，則是透過習慣的養成和躬行實踐的方式來教導並學習，但也必須同步培養實踐的智慧，以拿捏行動時的分寸。

在倫理學與所有道德德行中最核心的概念是正義（justice）。亞理斯多德則將正義劃分為廣義的和狹義的，廣義的正義就是指合法、守法而又行事公正。一個守法的人就是一個好人，而一個違法、犯法的人當然也就是壞人。凡合法的事都是正義，在這種意義下稱為「普遍正義」（universal justice）。亞理斯多德認為，法律與道德有相同的目標，獎善而禁惡。廣義正義除了是「普遍正義」，也是全德（complete virtue），它被古希臘人公認是最崇高的德行，而且「一切德行在正義之中得到成全」。由於正義是全德的充分實踐，因此它在所有德行中是最完美的。亞理斯多德解釋，正義所以被稱為完美之德的原因是：「因為擁有公正之德者，不僅把這項德行用於自身，而且也把它用於對待他人。」（NE. V. 1, 1129b30）正義作為全德，其意義與「善」等同，因此一個義人就是善良的好人，而且不僅能夠獨善其身，更能夠與人為善。與普遍正義相對的不義並非只是局部的惡，而是全然的惡。另外，我們也可以說，廣義的正義包括了所有人類社會行為應當受到約束的道德原理。

狹義的正義又稱為「特殊正義」，可以分為兩種：即「分配正義」（distributive justice），與「矯治正義」（rectificatory justice）；分配正義是基於公平分配財貨或資源的正義，而矯治正義則是根據某些原則，對於某種既成的不公結果或事實，進行矯正或補償的正義。不公義者所表現出的過度情緒是「貪婪」（pleonexia/greed），它是對可分配的財物

顯現出一種貪圖較多分量的不當慾望。分配正義的原理其實就是：「給予平等者平等的分配，給予不平等者不平等的分配。」（giving equal shares to equal persons and unequal shares to unequal persons.）（*Raphael, 1997*）一般人常誤認為亞理斯多德的分配正義是依據幾何比率原則來進行分配，其實只對了一半，因為對於不平等者之間的分配，才依據幾何的比率來分。對於各方面條件都平等的，我們只須要依據算術級數來分配即可。譬如兩人合資做生意，雙方都付出相同的資金與勞力，結算之後，每家利潤各分一半，這是簡單的算術即可解決的分配問題。然而，分配正義真正的困難卻在於：我們通常必須在不平等者之間來做分配，這種利潤分配必須依照幾何比率的原則，才符合公平正義。正義與分配的關係極為密切，當我們面對財富或利益的分配時，公正的分配者不會給自己多分一點，卻給別人少分一點；而對於不好的東西（如出勞力），也不會自己少分，卻給別人多分。公正的分配者一定根據比例來做均等的分配，相反的，不公正的人則會獨占各種好處，卻把壞處推給別人。

三、哲學核心概念中的教師圖像

亞理斯多德不僅是古希臘的大哲學家，也是古代西方文明世界人類知識顛峰的集大成者。到底亞理斯多德展現的教師圖像為何，可能不是那麼容易用文字來描述，而且由於他的學問與思想體系那麼博大精深，我們很難用簡短的篇幅概括他整個哲學核心思想，也很難用簡單的文辭描繪出他哲學核心概念中的教師圖像。不過我們將設法從上述對他哲學核心概念的描述，來為亞理斯多德做初步教師圖像的描繪。

首先，身為形式邏輯的鼻祖，亞理斯多德展現的教師形象是一個**具有嚴密邏輯推理能力的批判思考者**。這一點他受到其師柏拉圖與其師祖蘇格拉底超凡邏輯思辨能力的影響與真傳，能分辨並指出當時一般雅典人，尤其是那些辯士派學者（sophists），在進行思考論辯時所犯的邏輯謬誤。亞理斯多德還更進一步將所有形式邏輯的推論規則系統地整

理成邏輯這門學科。因此，這種有選擇性地繼承，而非全盤接受其師與其前輩的思想，尤其在其師柏拉圖思想巨人的陰影下，仍然能走出他自己的一片學術天地，充分展現了他充滿批判思考的精神與能力。尤其那句「吾愛吾師，吾尤愛真理」的名言，更深刻刻劃出他那面對真理，即使與師友看法不同，也絕不妥協的擇善固執精神。

其次，從探究第一原理的形上學來看，亞理斯多德所展現的教師形象是一位**天生的探求者**（natural investigator），以及一位**勇於打破沙鍋問到底的真理與智慧的追求者**。形上學或第一哲學研究的對象是萬事萬物的第一因或第一原理，亞理斯多德分別用形質論、潛能與實現說，以及萬物四因說來解釋「一」與「多」，「變」與「不變」，「形上」與「形下」的矛盾，而建立了一套系統的形上學，開展了西方哲學史對於「實在」（reality）、「存有」（being）與「實體」（substance）等核心形上概念的探討，並且為各種領域的知識建立了高低層級原理的概念架構。

第三，從實踐哲學的角度來看，亞理斯多德所展現的教師形象是一位**理論與實踐兼顧的思想家兼行動家**，他不但建立了西方學術的理論知識體系，也透過辦學與教育將他的理想付諸實踐。對於他來說，倫理學與政治學密不可分，二者都屬實踐哲學，且都以實踐為導向。他認為倫理學的目的不在建構抽象的理論，而在於躬行實踐。倫理學與政治學都以追求善或至高善為目標，不同的是：倫理學追求的是個人一己的善或幸福，而政治學追求的則是城邦社會整體的福祉或共善（common good）。這與中國傳統儒家的思想若合符節，尤其是儒家強調「內聖外王」之道，內聖是指倫理學中獨善其身、修身的工夫，外王則是政治學中兼善天下、治國、平天下的方法，儒家從內聖到外王一貫相連，就如亞理斯多德的倫理學與政治學，也是從個人的幸福與德行追求到群體的共善與福祉目標，一貫相通的道理一樣。

學者麥金泰（Alasdair MacIntyre）更曾指出，**亞理斯多德不僅是位道德理論家，而且也是悠久希臘文化傳統的代言人**。此一文化傳統的中心概念是：過往的傳統絕不能輕易拋棄，而要理解現在，唯有透過

對過往的瞭解，並把現在當作過往的註解與回應，才能夠達成。如果必要且可能，我們只有透過對現在做修正並超越過去，當然現今對過去的修正與超越，並不妨礙它在未來進一步被未來的人所修正並超越（MacIntyre, 1984: 146）。

麥金泰繼續指出，「亞理斯多德的重要性只有在一個悠久文化傳統當中，才能明確指認，而這個傳統是他自己從來不曾，也無法體認的。……他的《尼各馬可倫理學》（Nicomachean Ethics）也是有史以來最非凡的一本課堂講義，正因為是隨堂筆記，經常會有太過精簡、前後重複或對照引用不夠精確的毛病，不過在閱讀時卻彷彿親耳聆聽亞理斯多德在娓娓道來。……對於德行的解說，他並不認為是出自他自己的創見，而只不過是反映當時受過教育的雅典公民在思言行為上所隱含的看法。**他試圖成為希臘最優秀城邦中最優秀公民的理性代言人**，因為他認為城邦是獨一無二的政治形式，人生的各項美德只有在城邦中才能真實而完全地展現。」（MacIntyre, 1984: 146）。

四、亞理斯多德的教育志業與其精神遺產

前面提及，亞理斯多德於西元前 335 年重新回到雅典，創立了萊西昂學院（Lyceum），同時從事教職與寫作一直到西元前 323 年，被迫離開雅典為止。每天上午，亞理斯多德都會與弟子在花園中散步並談論哲學，亞理斯多德與其弟子也因此被稱為「逍遙學派」（peripatetic school）。到了中午，亞理斯多德則會與其弟子們一起用餐。下午則會對一般大眾講課，內容包括政治學、文學，以及哲學。

萊西昂學院有兩項獨特的特色，第一，學生自治：學校的行政事務全由學生以輪值與選舉的方式來治理；第二，學生從事研究：所有學院的學生都有指定的研究作業，包括歷史的作業與自然科學的作業。亞理斯多德著作中許多有關科學的命題便是根據這些弟子們的調查研究成果。亞理斯多德對於自然科學，特別是生物學的研究，受到亞歷山大的贊助，動員了其帝國境內所有的獵人、漁夫、野禽捕獵者，以及皇家森

林、湖泊、池塘、牧場的主管官員來蒐集動植物的標本，建立起動物學與植物學的分類與命名原則。亞理斯多德也充分認知其前輩們努力的學說知識成果，將他之前的希臘哲學做一彙編與整理，成就了古代西方文明世界的知識寶庫，並且奠定了自然科學知識領域的根基。

對於亞理斯多德的面貌與長相，所知非常有限。亞理斯多德的頭像與雕像很可能出自於逍遙學派學園早期的作品，將他的面貌塑造成輪廓分明、眼神銳利，而且中等身材。從他的著作、遺囑、信簡殘篇，以及他同時代人的描述顯示，他的為人是個人格高尚、心地善良的人，熱愛家人與朋友，善待奴隸、公正對待敵人與對手，且能對人感恩圖報的人。

當柏拉圖主義在後來基督教世界的影響力逐漸式微，亞理斯多德的著作開始為人以沒有怕懼與偏見的態度研讀，在 13 世紀的基督宗教學者心目中，亞理斯多德是位沉穩的、高尚的、不受情緒擺布的，以及不受任何重大道德瑕疵掩蓋的「智慧大師」（the master of those who know）。

在羅馬帝國的勢力興起後，隨著希臘的被征服，羅馬人承襲了希臘的文化遺產，其中也包括柏拉圖與亞理斯多德的精神遺產。但自西元 476 年西羅馬帝國滅亡，亞理斯多德的著作在西方也跟著失傳。直到第 9 世紀，阿拉伯學者將亞理斯多德介紹給伊斯蘭世界，因而穆斯林的神學、哲學與科學都穿上亞理斯多德主義的外衣。亞理斯多德思想給後來西方世界，以及中世紀伊斯蘭文明的思想與哲學，都帶來極深遠的影響。譬如伊斯蘭黃金時代中的亞維塞納（Avicenna）、法拉比（Farabi）等人，都是亞理斯多德學派的學者。到了第 11 世紀，經由西班牙的阿拉伯與猶太學者的翻譯（經由阿拉伯文譯為拉丁文），亞理斯多德的思想才重新為西方所認知。亞理斯多德的著作於是成了中世紀士林哲學（Scholasticism）的基礎，天主教的神學，透過聖多瑪斯的著作，受到亞理斯多德極深的影響。到了 20 世紀末，亞理斯多德的哲學研究又再度復興，他的目的論仍一直是生物學的核心探究理念，不過亞理斯多德的目的論在物理學方面卻在 17 世紀科學革命時受到學者揚棄。同樣，

亞理斯多德的天文學，儘管經過托勒密（Ptolemy）的精闢闡述，仍然為哥白尼（Copernicus）與伽利略（Galileo）的研究所駁斥。

五、結論

當今若干學者批評亞理斯多德，說他的思想，特別是倫理思想，反映了某種種族優越主義，或支持奴隸制度為合理的濃厚階級意識（王賀白，1996）。此外，他們批評說，亞理斯多德即使提倡教育，他所著重的教育也僅限於少數自由民（或公民）的教育，而非著重平等的普及教育。面對這樣的批評與質疑，我們的回答是，我們必須承認，亞理斯多德思想與理論在某方面或許無法擺脫的當時時空環境的限制，當然也是一種缺憾。可是，換一個角度來思考，若是純粹以現代人的眼光與價值觀，去衡量二千多年前古希臘社會的亞理斯多德，是否太過嚴苛而對他不公平呢？況且光憑這一項缺失，要全盤否定了亞理斯多德在思想與文化上諸多的貢獻與創見，根本是因噎廢食，而且很可能會錯失許多寶貴的洞見和啟發。

亞理斯多德時代的雅典公民一般享有兩種自由，一是政治的自由，二是經濟的自由。政治的自由使得每個公民能夠參與實際的政治活動，而經濟上的自由則可使他們能有錢有閒接受教育，得以免除像奴隸般整日從事體力勞動，可以利用閒暇從事精神生活的充實和心靈的默觀或冥思。因此，亞理斯多德全部的道德學說，包括他的道德教育理論，基本上是建立在一種非道德上可以證立的社會結構基礎上。因為他基本上認同奴隸社會存在的合理性，並在政治學和倫理學的理論上預設了這樣社會結構正當性。這種精神與體力勞動的階級二分不只存在於西方，也存在於中國，中國傳統讀書人（如孟子）也曾有勞心者與勞力者的劃分，這一方面固然會強化階級牢不可破的劃分，但另一方面也是社會分工不可避免的結果。即使在今日世界各國的教育體制上，教育上學科與技職的分流，仍然有博雅教育（liberal education）或通識教育（general education）如何定位的爭議。

亞理斯多德受到形上學和宇宙論上主張目的論的影響，在倫理學上也同樣主張目的論。亞理斯多德把幸福設定為人生最主要追求的目的，這個目的可以等同於「善或至高善」，它不僅是每個人生活中所企求的最高目標，同時也是教育所要追求的最終理想。在幸福或至善這個最高目的設定之後，必須接著來探討亞理斯多德的人性論，因為除非我們能在他的人性論中找到一種向善的基礎，否則我們無法解釋道德教育的可能。

亞理斯多德實踐哲學（包括倫理學與政治學）的核心關懷是：如何能過美好的生活？亞理斯多德基本上認為，人本性上都渴求幸福，為過幸福快樂的生活，除了個人要修德行善外，還要生活在一個安定有秩序的城邦中，才能實現。倫理學可說是個人修身、獨善其身，與追求一己幸福之道，但由於個人無法自外於城邦社群，個人的幸福也無法在亂邦中覓得，因此只有倫理學的研究是不夠的，還要加上政治學，研究如何建立一個可以長治久安的政治制度，可以確保群體的福祉。這是亞理斯多德與傳統中國儒家相似之處，因為儒家講「內聖外王」之道，從個人修身、齊家，到治國、平天下，是由內至外一氣呵成，從倫理學到政治學相互連結，相輔相成。

亞理斯多德被士林學派學者稱為「哲學家」（the Philosopher），他們將亞理斯多德的哲學與基督教義融合起來，將古希臘的思想帶到中世紀。在自然科學與人文領域必須揚棄某些亞理斯多德的原理，才能夠發現現代科學定律與實徵的方法。西方人的心靈基本上是「亞理斯多德式的」（Aristotelian），我們指的是他的思想將外在世界格式化成為事實的與可知的（ "scien" -tific）範疇。在外在範疇化（external categorization）的前提下，亞理斯多德式的心靈將「經驗」等同於有統一時間與空間的存有學結構，那是我們敏銳的共通感官看得見、聽得著、感觸得到的「外在」世界。亞理斯多德遺留給後代的文化精神遺產是所謂的亞理斯多德主義（Aristotelianism），後者至少包括下列涵義（*Randall, 1960, 297-300*）：

1. 強調實質內容（subject matter），或者直接經驗世界的重要性。

2. 提倡一種哲學的自然主義（philosophic naturalism），認定人在世界上有其明確的地位。

3. 知識是語詞與語句的、以口語表達區分的，以及精確陳述的語言或言說。

4. 主張一種邏輯實在論（logical realism）、結構主義（structuralism），認為知識是對某種東西的發現，而非人為的發明。

5. 代表一種功能實在論（functional realism），一種歷程哲學（a philosophy of process），亞理斯多德是西方傳統中的主要功能論者（functionalsit），也是一位脈絡論者（contextualist）。

參考書目

王賀白（1996/3）。亞里斯多德德性優越意識之批判，載於人文及社會科學集刊，第 8 卷第 1 期，頁 115-147。臺北，南港：中央研究院中山人文社會科學研究所。

黃藿（1996）。理性、德行與幸福。臺北：學生書局。

Ackrill, J. L.（1981）. *Aristotle the Philosopher.* Oxford: Oxford University Press.

Barnes, J. edited（1984）. *The Complete Works of Aristotle*, 2 vols, Princeton. New Jersey: Princeton University Press.

Bostock, D.（2000）. *Aristotle's Ethics.* Oxford: Oxford University Press.

Broadie, S.（1991）. *Ethics with Aristotle.* Oxford: Oxford University Press.

Carr, D.（1991）. *Educating the Virtues, An Essay on the Philosophical Psychology of Moral Development and Education.* London: Routledge.

Clark, S.（1975）. *Aristotle's Man: Speculation upon Aristotelian Anthropology.* Oxford: Clarendon Press.

Cooper, J. M.（1975）. *Reason and Human Good in Aristotle.* Cambridge, Massachusetts: Harvard University Press.

Copleston, F.（1960）. *A History of Philosophy, vol.I, Greece and Rome*, Part II, New revised ed. New York: Image Books.

Crisp, R.（2000）. *Nicomachean Ethics*. Cambridge: Cambridge University Press.

Frankena, W.（1963）. *Ethics*. New Jersey: Prentice Hall.

Kenny, A.（1978）. *The Aristotelian Ethics, A Study of the Relationship betweenthe Eudemian and Nicomachean Ethics of Aristotle*. Oxford: Clarendon Press.

Kenny, A.（1992）. *Aristotle on the Perfect Life*. Oxford: Clarendon Press.

Keyt, D. & Miller, Jr., Fred D.（1991）. *A Companion to Aristotle's Politics*. Oxford: Basil Blackwell.

MacIntyre, A.（1984）. *After Virtue*, Notre Dame. Indiana: University of Notre Dame Press.

Plato（1985）. *Republic*, translated by B. Jowett. New York: Vintage Books, A Division of Random House.

Plato（1976）. *Republic*, translated by G. M. A. Grube. Oxford: OUP.

Randall, Jr., Herman, J.（1960）. *Aristotle*. New York: Columbia University Press.

Raphael, D. D.（1997）. *Problems of Political Philosophy*. London: Palgrave Macmillan.

Rorty, A. O. (Ed.)（1980）. *Essays on Aristotle's Ethics*. Berkeley: University of California Press.

Ross, W. D. trs. Urmson J. O. rev'd.（1990）. *The Nicomachean Ethics*. Oxford: OPU.

Sherman, N.（1991）. *The Fabric of Character, Aristotle's Theory of Virtue*. Oxford: Clarendon Press.

Urmson, J. O.（1988）. *Aristotle's Ethics*. Oxford: Basil Blackwell.

馬基亞維尼哲學中的教師圖像

──教我們坦承面對現實人生的教師

—— 但昭偉

在中國傳統的教育中，教育的內容是教人成聖成賢及如何堂堂正正的做個人，對於社會的陰暗面和人性的幽黯面是不提的。一個完整的教育，一個關照學生人生幸福的教育就須考慮把這些人性和社會的黑暗面突顯出來，讓學生知道。

一、前言

在我擔任臺北市立教育大學學生事務長的生涯中，有一件事值得一提。在某一次的學校行政會議裡，討論到學校應如何建立一項標準作業程序來接待國外來的學人，在談到住宿問題時，我提到除了學校本身的學人宿舍外，我們還可以接洽一些旅館作為長期的合作對象。由於我曾聽過學生告訴我，那些可以作為合作旅館中的其中一個「不乾淨」（那是她的親身經驗），我於是據實的把這項訊息告訴與會同事。校長劉源俊教授聽了我的報告後，臉色一沉，很嚴肅的告訴我「子不語怪力亂神」。我於是向與會的同仁公開道歉，承認自己的失言。

由於孔子是我們的萬世師表，他的一言一行都是我們為人師表者的表率，他所開展的格局千百年來也讓人不敢逾矩（法家的受壓抑，政治人物的外儒內法就是一明例）。既然孔子不談怪力亂神，我們主流的教育思維中，自然也不涉及怪力亂神。凡是有關怪異、暴力、亂德、鬼神的事，都不能登大雅之堂[1]。但在大雅之堂不談怪力亂神就會讓怪力亂神的談論消失了嗎？不談怪力亂神，怪力亂神就不會發生嗎？非也！有關怪力亂神的討論在一般人的生活中仍然出現，或者在稗官野史中大談特談，或者在殿堂之外的地方為人廣泛論述；怪、力、亂、神是現實人生的一部分，不因為不談就消失。

中國傳統固然已如上述，西方的傳統在「暴力亂德」一事上也似乎不遑多讓。起碼在馬基亞維尼（Niccolò Machiavelli, 1469-1527）之前，西方人不會明目張膽的教人「如何使壞」及「如何使詐」。在西方

---

[1] 有關怪力亂神的詮釋可以參照程石泉，《論語讀訓解故》，臺北：國立臺灣師範大學，民70年，頁120。

政治活動乃至政治思想中，「教人使壞」及「教人使詐」原來就是根深蒂固的一部分，但沒有思想家或學者會願意公開的來討論這些問題，對這些事項的討論說明，通常是借著作家筆下的虛擬人物來描述。馬基亞維尼不一樣，他是西方第一個拋頭露臉、公開討論政治上「暴力亂德」之事及「暴力亂德」之道的思想家[2]。《君王論》（*The Princes*）一書，打破西方千百年來的傳統，但從此之後，馬基亞維尼和馬基亞維尼主義（Machiavellism）這個名詞在西方語彙中，就代表了狡詐、蓄意欺騙、權謀、背信和為達目的不擇手段等一切貶詞[3]。

馬基亞維尼甘冒大不諱的寫了這本書，違反了西方的主流傳統（如基督宗教的傳統和古典羅馬的傳統），但為什麼我們要把他放在「教師圖像」這個專題之中？他是什麼樣的教師？他的思想能夠提供給我們什麼樣的教育啟示？

二、馬基亞維尼：其人、其事與其書

《君王論》的作者馬基亞維尼究竟是什麼樣的人？由於他的父親 Bernardo Machiavelli 是個受過古典人文教育的律師，有記日記的習慣，所以後人從他父親 1474-1487 年的日記中，可以大略知道馬基亞維尼成長的過程。他 7 歲到 12 歲間學拉丁文，這是他第一階段的教育，12 歲以後拜在當時大儒門下繼續學習。然後，根據馬基亞維尼當代人

---

[2] Leo Strauss, "Machiavelli the Immoralist", in Robert M. Adams (trans. and ed.), *The Princes*, N. Y.: W. W. Norton, 1977, pp.180-181.

[3] 這觀點請參見Quentin Skinner, *Machiavelli*, Oxford: OUP, 1981, pp.1-2；但Robert M. Adams告訴我們Machiavellism也曾正面的被詮釋過，參見他的 "The Rise, Proliferation, and Degradation of Machiavellism: An Outline", in Adams, op. cit., p.22；Ernst Cassirer在 "Implications of the New Theory of the State" 一文中則告訴我們，Machiavellism一詞的涵義遠超過Machiavelli個人所主張的理論，文輯於 Adams, op. cit., pp.166-167。

的記載，他在佛羅倫斯大學完成學業，受業於後來成為佛羅倫斯首相（Chancellor）的 Marcello Adriani。他受的教育是西方的古典教育，強調的是人文學科（humane disciplines）的研讀，也就是先學會拉丁文，然後學習修辭學（rhetoric），並摹擬名家風格進行寫作，最後再研究古代史和道德哲學。最值得注意的是，在文藝復興時期的義大利（約14、15 世紀），「學而優則仕」是個主流的想法，受過古典教育的人也同時是從政的良才。有這種瞭解之後，馬基亞維尼在完成教育之後，從政也是件很自然的事，再加上他的老師 Adriani 在成為佛羅倫斯的宰相之前，正是佛羅倫斯大學的教授。老師提拔傑出的學生是再自然不過的了。

馬基亞維尼 29 歲時（1498 年），接下了佛羅倫斯共和國的一個中級職位（Chancellor to the Second Chancery），負責共和國中的溝通聯繫工作，也是首相的秘書，更因此參與了佛羅倫斯的外交工作。

當時的義大利約略由五個政治體所統治，分別是 the Papacy（教廷）、Naples（拿波里）、Venice（威尼斯）、Milan（米蘭）與佛羅倫斯（Florence）。這五個政治體之間彼此傾軋，外交的工作需要經常不斷的進行。外交失敗後就有戰爭，但會令今天的人感到奇怪的是，這些政治體在進行征戰時，往往是藉由傭兵之手而為之。

在馬基亞維尼就職的四年前（1494），義大利五個政治體之間的權力平衡被打破了。法國人入侵義大利。義大利人原以為在政治、軍事及文化藝術上都遠超過義大利北方的其他歐洲人。但法國的入侵後徹底摧毀了義大利人的自尊及自信；隨著法國人之後，西班牙軍隊、德國軍隊、瑞士軍隊接踵而來，把義大利帶入腥風血雨的慘境。

馬基亞維尼在佛羅倫斯處於風雨飄搖中所接下的工作自然不簡單。在他任職於佛羅倫斯共和國的 15 年期間（1498-1512），他擔任穿梭外交的工作，幾度遠赴巴黎與強權折衝（佛羅倫斯與法國結盟），並曾出使到神聖羅馬帝國的宮廷（今日的德國）面見皇帝 Maximilian。當然，他也免不了的與佛羅倫斯更有關聯的教廷及其他義大利強權打交道。除了外交工作之外，馬基亞維尼也通軍事，畢其一生，他夢想著義大利能

擺脫紛擾，而關鍵點就是義大利應擁有自己的軍隊。

由於外交工作的重要與需要，在進行外交工作時，馬基亞維尼近身觀察了許多統治者，也把他的觀察報告不斷的向佛羅倫斯當局以公文書的方式傳遞回去。許多的觀察後來也成了《君王論》的內容。他觀察的重點主要放在這些統治者的個性、統治技巧、外交企圖和治國的策略。由於佛羅倫斯是個弱小的政治體，馬基亞維尼的外交工作並不容易，但這段工作經驗卻也是另外一種的政治教育。

馬基亞維尼在 1512 年丟了官，起因於西班牙人入侵。西班牙把法國人趕出了義大利，作為法國盟友的佛羅倫斯共和國也因此瓦解，佛羅倫斯舊有的統治者麥迪奇家族（the Medici family）在西班牙扶植下，重掌政權。馬基亞維尼被迫離職，行動也受到了限制，隔年更被誤會參與了推翻麥迪奇政權的陰謀叛變，遭逮捕後，受到嚴刑拷打，入獄服刑並需繳交罰金，後來適逢新教皇產生，新教皇恰巧是麥迪奇家族的成員，麥迪奇政權喜出望外，大赦囚犯。馬基亞維尼因此幸運的獲釋。

重獲自由的馬基亞維尼退隱到鄉下，白天忙於生計，晚上則埋首於故紙堆中，研讀古代歷史，想像自己親身處在古代帝國的朝廷之上，與統治者相處，並詢問他們各種作為的理由。這種用功加上他反芻參與國家大事 15 年的經驗，所得出來的結果，就是《君王論》這本書。這本書約略完成於 1513 的下半年。完成了這本書，他第一個念頭就是要將此書獻給麥迪奇家族，以謀得再展身手的機會，可惜未獲青睞。不得志的他雖然在 1526 年再獲任用，可惜麥迪奇家族又在 1527 年失去統治權，他因此又丟掉了好不容易盼來的差事，不久就因病去世。

在他退隱鄉下的十幾年中，除了完成了《君王論》之外，其他的作品還有《The Discourses》（約完成於 1513-1519 年）、《Art of War》（約完成於 1519-1520 年）、《Florentine History》（約完成於 1520-1527 年）等。其中《The Discourses》也是他的嘔心瀝血之作，其重要性不下於《君王論》。惟限於筆者的時間，在此短文中不深究《The Discourses》的要旨。

坊間《君王論》的翻譯本除了有何欣先生的本子外，另外大陸學

者潘漢典的譯本也值得參考 [4]。

三、馬基亞維尼教了我們什麼？

　　暫且讓我們不管有關馬基亞維尼的是是非非。即使他是個壞蛋（evil man），即使他是教我們為惡的老師（teacher of evil），但先讓我們假設他是我們的老師，他對我們沒有惡意，他希望教一些本事給我們，他希望我們學了一些本事後能在現實人生中走得平坦一些……。在設定馬基亞維尼對「我們」沒有「使壞」、他是很誠懇的想教我們一些東西的前提下，再讓我們設定我們現在的身分，或是剛取得一個職位的職場工作者，或是一個機構中的主管，或是一個想在現實社會闖蕩的人。在「這樣的師」與「這樣的生」互動之下，馬基亞維尼在《君王論》中究竟教了我們一些什麼東西？

　　馬基亞維尼先誠實的告訴了我們真實世界的情狀。在《君王論》的第 15 章，他很清楚的說，真實的世界（the real world）和理想的世界（the ideal world）是不同的。在真實的世界，我們必須求生存、也會求生活的和樂安穩和幸福，但要追求到這些東西，我們所遵循的原理原則和實際所使用的手段，卻往往不能同於在理想世界中我們應遵循的原則和應採行的方法。馬基亞維尼很懇切的告訴我們，在一個「大部分的人都不是好人」的真實世界中，假如我們不知變通的一定要依義而

---

[4] 上述有關有關馬基亞維尼的生平乃參考下列文獻而完成：潘漢典譯，《君主論》，北京：商務，1997，頁i-xviii；Robert M. Adams, "Historical Introduction" in Adams, op. cit., pp.ii-xvi; Sydney Anglo, "Niccolò Machiavelli: the anatomy of political and military decadence", in Brian Redhead（ed.）, *Political Thought from Plato to Nato*, London: BBC, 1984, pp.73-84; J. R. Hale, "The Setting of The Prince: 1513-1514", in Adams, op. cit., pp.141-152; Quentin Skinner, op. cit., pp.21-47。潘漢典先生參考了許多文字的翻譯，再加上苦讀義大利文，才將此書譯定，用功至深，值得我輩尊敬與效法。

行，我們的命運必將悲慘 **5**。

　　「我們生活的世界終究不是完美」的訊息，還可以在《君王論》的第 18 章中看出來。在這一章中，馬基亞維尼教「君王」如何在現實世界中自處，他教君王要取法兩種動物，一是獅子，一是狐狸。為什麼君王要同時取法於這兩種動物呢？因為這個世界充滿了背信忘義和機偽詐巧，單單只有像獅子般的蠻力並不足以讓我們免於別人設下的陷阱，但單單具有像狐狸般的機智和聰明，也不足以讓我們擺脫狼群的侵凌。所以，為了要在這「強凌弱、眾暴寡」及「充滿機關」的現實世界中求生存及發展，君王勢須同時能具有像獅子和狐狸般的能力。當然，馬基亞維尼並沒有完全忽視現實世界中仍有紀律和道德的約束。但他認為，由於這個世界裡並不會都是好人，所以法律和道德的約束力實在有限，我們最終要靠的還是我們的力量和機智。

　　但為什麼真實世界是這個樣子？是什麼因素（力量）讓這個世界變成馬基亞維尼所描述的這個樣子？值得一提的有三點。

　　第一，人類世界之所以如此這般（the world as it is），追本溯源，乃導因於人性。在馬基亞維尼的認知中，人性是相當不堪的！在《君王論》的 17 章中，馬基亞維尼討論到君王在「被愛」（to be loved）與「被怕」（to be feared）之間究竟應何去何從？他揣度所有的統治者既想被怕又想被愛，但衡諸一個人很難同時的具有被怕又被愛的特質，所以君王勢須從中擇其一。在二選一的情況下，馬基亞維尼認為，從維護君王自身的安全來看，「被怕」比「被愛」好得多。為什麼是如此？馬基亞維尼的回答大致如此：人是相當腐敗的！不知感恩圖報、善變、貪生怕死、自私自利、說謊欺騙都是人常表現出來的；當君王能維護臣民福祉時，臣民對君王會百依百順，但當危機一旦臨頭，為維護自身安全，原來馴服的臣民就可能會轉而對付君王；由於人比較會去侵犯他們

5　"Any man who tries to be good all the time is bound to come to ruin among the great number who are not good." 這是 Robert M. Adams 的譯文。

所愛的人，比較不會去侵犯他們所怕的人，所以，以愛為基礎的義務，一旦在情勢危急時，就不容易履行；而以威嚇懲罰為基礎的義務關係就容易維持多了！馬基亞維尼又告訴我們，做一個被怕的君主固然是好的，但這君主不要做到被恨的程度，尤其不要任意沒收臣民的財產，因為「人對自己父親的死亡會忘得比失去財產還來得快！」對人們的類似觀察在《君王論》一書中到處可見。基於馬基亞維尼對人性的觀察，我們不妨可以說，由於人的自私短淺、見利忘義，為了自身利益可以無所不用其極，一個如此人性所形成的人類社會，自然不會是一個穩定可靠的生活空間，人類社會因此充滿了機偽詐巧和陷阱機關。

真實世界成為馬基亞維尼眼中的世界的第二個理由，是他在《君王論》一書中沒有直接提到的。那就是：人類社會中的功名利祿（external goods）是有限的。比如說，在一個政治體當中，就只能由一個人或少數的人掌握大權，而在掌握大權之後，隨之而來的不僅是名利和身家性命的安穩，更是那種操控他人、顧盼自雄的快感。但無情的事實是，在一個單一政治體當中，能掌握大權的畢竟是少數，在許多人想競逐那少數職位的情況下，爾虞我詐、爭權奪利的場景就自然的會出現。在一場勝負底定的競爭之後，得勝者會致力於權位的確保，失利者則一面忙於顧全身家安危，另一面還會蓄勢待發，圖謀東山的再起。真實世界也不僅止於如此的簡單。在不同的政治體之間，也會有彼此競爭的情況，由於政治體之間不免會有許多的瓜葛和牽扯，彼此的競爭也是常態，那發生於特定政治體之中的爾虞我詐自然也避免不了，甚至有過之而無不及。馬基亞維尼所處的時代及地域，本來就是四分五裂，強權競起的局面，重要權勢與地位的得失，所牽涉的往往是個人或家族的重大利益（生命和財產）。對馬基亞維尼而言，真實世界是殘酷無情的，而這無情世界的成因，部分來自於眾人的欲求目標是相同的，但注定的只有少數人可以滿足他們的慾望。

第三個讓真實世界變得如此這般的理由，比較不是我們這個世代的人所容易理解的。西方從古典羅馬時代以來就相信這個世界不是完全掌握在我們人類手上的，雖然我們的確可以透過自身的努力來贏取

幸運之神（fortune）的眷顧。這個觀念在基督宗教當中不復存在，但馬基亞維尼活在文藝復興時期，他的思想中有著古羅馬時期「運氣」（fortune, luck）的觀念，也就是說，事情的成敗不是完全操之在我，運氣的成分起碼對事情的成敗有一半的影響力[6]。在《君王論》的第7章中，馬基亞維尼就以他同時代的義大利人 Ceasare Borgia 為例，來說明運氣的威力。Borgia 憑藉父親的力量取得 Romagna 這地方，並也有效的統治，但最後卻功虧一簣，沒有受到幸運之神的榮寵而延續其統治。馬基亞維尼通常被稱之為人本主義者[7]，但他從來也沒有忘記「運氣」有其影響力。這個世界的變化，往往不是靠我們自己的力量就能完全掌控的；兩個同樣展現相當能力的人，確有可能一成一敗，運氣的力量非常，這個世界變幻不可測，人很難抵抗這種力量[8]。

在一個不完美的真實人生中，我們的出處動靜究竟應該遵循什麼樣的原則？這個問題問得更明確一點，在一個大部分人都不是好人、你爭我奪、爾虞我詐、零和競賽和不可預測的真實人生中，我們究竟應採取什麼具體的作為來自保及取得我們想取得的東西呢？針對這個問題，馬基亞維尼所提供的答案絕不是合乎正統要求的。他提的答案落在中國韓非和李宗吾[9]的路數中，也因此不為主流法統所容。但我們因此可以說他針對上述問題所提出的處世之道就不管用了嗎？在《君王論》一書中，馬基亞維尼教了我們幾招。

第一，他毫不隱瞞的教我們「使壞」和「使詐」。比如說，他在《君王論》的第15章，就很清楚的建議君王，為了要保住他的位置，君王要「學」的是如何不做個好人（how not to be good），因為有些壞的品性（vice）固然給人壞的觀感，但卻對君王的統治有很大的幫助，

---

[6] 有關「運氣」（fortune）的概念，可參考Quentin Skinner, op. cit., pp.23-26。

[7] 「humanist」一詞在這裡譯為人本主義者，與神本主義者相對。一個人本主義者相信人有相當的力量，這個世界的人有相當的自由意志來掌握自己的命運和前途。

[8] 參考《君王論》第25章。

[9] 李宗吾是《厚黑學》的作者，他教我們的處世之方是「心要黑、皮要厚」。

而有好的品性固然合乎道德的要求，也為大眾所接納，但卻對君王的統治有實質的不利。基於此，在《君王論》的 16 章，馬基亞維尼教君王要小氣，因為慷慨的結果會損耗自己的資源，不利於統治，但若是可以慷他人之慨以彰顯自己的大方，那就要肆無忌憚的去博取慷慨之名。另外，在第 18 章，他跟君王說，誠實的人在爭取功名利祿時，會輸給不誠實的人，在一個不完美的世界中，不利於己的承諾可以不必遵守，守承諾的理由消失了也可以不守信，但也不是說君王就可以赤裸裸的呈現自己不守信和不誠實的真相，君王還是要掩藏自己的惡質品性，做個騙子和偽君子也無所謂。再者，在第 20 章，馬基亞維尼也觀察到，在君王碰到好對手時，往往可以藉由征服好對手來博取聲望（這種聲望可以讓人不敢與君王為敵），因為如此，一個君王可以故意挑起事端，主動製造對手，再一舉擊敗他們。最後，馬基亞維尼在《君王論》中還處處教君王不要忌諱用殘酷的手段來對付敵人，比如說在第 8 章，他就教君王如何用「正確的」殘酷手段來對付敵人；在第 5 章中，他提到征服一個共和城邦的最好方法就是徹底的摧毀這城市，因為城邦的市民不好統治 [10]。

　　馬基亞維尼教的不只是「使壞」和「使詐」的伎倆而已。他直接間接的告訴他的讀者，在複雜的現實社會中，我們要靠的是自己的實力和能力，不能靠別人，別人也靠不住。馬基亞維尼身處在分裂的 15 世紀義大利，義大利在文明程度上雖然領先其他西南歐的國家，但在政治上沒有統一，在軍事上也沒有可觀的力量，因此也就常受到外強的侵擾，在義大利的內部紛爭中，各城邦國也習慣的僱用傭兵或國外的援兵來作戰。由於馬基亞維尼的親身經歷和對歷史的熟稔（他告訴我們，羅馬帝國的衰敗始於僱了哥德人當傭兵），讓他深刻的體會到「靠山山倒」及受制於人的痛楚。他在《君王論》的第 12 章及第 13 章剖析倚靠傭兵或外國援兵的弊病和危險（引火自焚是最佳的形容詞）及細數傭

---

[10] 馬基亞維尼教君王使壞的招術還很多，請參見Leo Strauss, op. cit, p.180。

兵的惡劣伎倆（如傭兵會避免工作及危險，敵對傭兵之間不會互相殺戮、不攻堅、不在冬天打仗）。他一生中念茲在茲的就是希望義大利有自己的軍隊，他在佛羅倫斯任職時，甚至也試圖建立專屬佛羅倫斯的軍隊（最後失敗），他的經驗及知識讓他在《君王論》中不斷的提醒為政者要有實力，要有軍隊，要有武力，要有財富（因為這世界不會尊重窮人）。他老實的告訴他的讀者：君王有了好的軍隊就會有好的朋友（第18章）；有了夠力的軍隊，法律才會有力量（第12章）。也因為君王有建立專屬自己軍隊的需要，君王必須自己懂軍事、懂歷史和懂地理，以免為人所蒙蔽（第10章）。

第三，順著「靠自己」的人生哲學，《君王論》還教我們很多處世的特定方法。雖然他相信武力的重要，但他並沒有教擁有武力的君王可以為所欲為，他相反的告訴君王：不要製造人民對君主的敵意，堅固的碉堡不足憑仗，人民不敵視統治者才是正途（第20章及第24章）。他也教君王要知人善用（第22章）、要取得名聲和臣民的尊敬，立下戰功、善於處理內政和表現出才幹（talent）都是正途（第21章）。最值得注意的是，馬基亞維尼是人本主義者，他雖然認為這個世界不完全掌握在我們人類的手上，但也不認為我們面對這變化不定的世界，就應任由命運（fortune）的擺布，人起碼可以掌控自己一半的命運，而人掌控自己命運的方法就是陶成自己的品性、才能和勇氣（virtù）[11]。我們的 virtù 不僅可以用來幫助我們對抗命運的擺布，就國家的層級而言，還是國家避免貪腐衰敗的良方[12]。從這裡，我們似乎可以說，馬基亞維尼雖然是個悲劇性人物，他對人性的幽黯面看得深刻，也知道人不能掌握全局，但在這無可奈何的局面裡，他並沒有成為失敗主義者，也沒

---

[11] 在《君王論》中「virtù」不能直接翻譯為今天的英文「virtue」（德行），而是泛指才能、勇敢、聰明等意思。參照John Plamenatz, "In Search of Machiavellian Virtù", in Adams, op. cit., pp.216-226。

[12] 有關virtue和fortune，virtue和corruption的關係，請參見Sydney Anglo, op. cit., pp.78-79; Quentin Skinner, op. cit., pp.24-31。

有成為命定論者。他勇敢的面對人生，也教他的讀者勇敢的面對人生，在這不可測的世界裡，要靠自己殺出一條血路，而這殺出血路的方法是認清這個世界是怎麼一回事，不放棄自己的目標，利用客觀的條件和自己的才能、聰慧和勇敢來達成自己的目標。

四、馬基亞維尼可以是良師益友──代結語

馬基亞維尼是個爭議性的人物，長久以來，他的主張受到了許多批評和污衊，馬基亞維尼和「馬基亞維尼主義」都是貶詞，代表著許多負面的涵義。

但在細讀他的《君王論》之後，卻也發現他的坦白和一針見血。即使我們繼承孔子不語「怪力亂神」的傳統，這也不代表我們對「怪力亂神」應該一無所知。站在同情馬基亞維尼的立場來看《君王論》，令人可以感動的地方起碼有一點。

馬基亞維尼在寫這本書的時候，縈繞他心裡的是義大利的復興，他被稱為義大利的愛國主義者（patriot）不是沒有道理的[13]。在《君王論》的最後一章，他很突兀的，也幾近於拍馬屁式的稱頌麥迪奇家族，認為這個家族能帶領義大利擺脫野蠻人（外人）的控制，邁向自由之路。馬基亞維尼吃過麥迪奇家族的大虧，為什麼他還要擺出如此低的姿態？說穿了，馬基亞維尼是想向麥迪奇家族討個一官半職。但為什麼他要討個一官半職？為的是榮華富貴？為的是解救義大利？還是為了有個職務能讓他一展所長？這問題的答案我們實在難斬釘截鐵的弄清楚。但且不要讓我們忘記，在中國歷史上有另一個大人物也常常汲汲營營於求個一官半職讓他大展身手，這個人就是萬世師表的孔子。假如我們往好的方面去想，馬基亞維尼如此卑躬屈膝的（甚至到厚顏的地步）想向麥

---

[13] Leo Strauss曾質疑馬基亞維尼是愛國主義者的主張，不過從《君王論》的字裡行間及他的其他著作來看，他的確關心義大利的免於外侮！

迪奇家族討個職位，難道不也是想學以致用、想追求義大利的解放嗎？

假如我們能「好好」的研讀《君王論》，不從學習使壞和使詐的角度來讀這本書，那我們至少可以學到兩件事。

第一件是生活在我們周圍的人不會都是好人。當代散文作家劉墉的著作中曾有一套三輯的著作[14]，就在教年輕人看清人生的真相。劉墉在第一輯《人生的真相》的前言頁中，交代為什麼要出版這本書，他說：「因為我覺得在今天學校裡，聽到的聖人、偉人多，知道的人生真相少，造成許多年輕人，對現實社會太沒戒心、對各種人生的怪現象更缺乏免疫力，結果真正進入社會之後，還沒起跑，就已經摔倒。」以此來看馬基亞維尼，我們不妨可以把他看做是關心學生在社會上如何自處的好老師。

第二件是他告訴了我們統治者可能會採用什麼樣的伎倆來對付我們。在《君王論》中，馬基亞維尼的確教了君王許多使壞和使詐的方法，基於「多行不義必自斃」和「勿以惡小而為之」的教訓，我們當然不要去學「使壞和使詐」的招數，但這不表示我們不要去知道這些招數，因為我們社會裡不完全是好人。有些人（尤其是政治人物）不免會使用一些招式來對付我們，假如我們沒有能力來察覺辨識這些招式，我們會被人賣了「還在幫人數鈔票」！所以，用「防詐騙」的角度來讀《君王論》這本書，我們也不妨可以把馬基亞維尼看做是教人如何察覺壞人伎倆而能自保的老師。

最後，還有一點值得一提。在中國傳統的教育中，教育的內容是教人成聖成賢及如何堂堂正正的做個人，對於社會的陰暗面和人性的幽黯面是不提的。但假如我們把人看做是會追求功名利祿的「社會人」，那麼他就必須去瞭解在追求功名利祿的過程中，總是會有人以「使壞與使詐」伎倆來追求功名利祿；假如他不瞭解這一點，或假如他不知道這

---

[14] 這三本書是《人生的真相》、《冷眼看人生》、《我不是教你詐》，臺北：水雲齋，民81、84。

些伎倆是什麼，對他追求功名利祿必然會產生阻礙。所以一個完整的教育，一個關照學生人生幸福的教育就須考慮把這些人性和社會的黑暗面突顯出來，讓學生知道。至於在什麼時候及用何種方式讓學生知道，這就不是這篇短文要探討的問題了 [15]。

---

[15] 這篇文章的發表要感謝施欣怡及陳怡婷小姐的協助，僅此致謝。

英雄心靈的展現

——維柯哲學中的教師圖像

——吳靖國

　　既然教師是詩人，是一位創作者，他的創作就是培育出具有英雄心靈的學生來。所以，教師面對時代的困境，就必須展現出淑世的熱情與創新的勇氣，這正是教師應該展現的英雄心靈。最後，仍必須要向教師們強調——認識到自己是崇高的，才能讓自己做出崇高的事來！

讓你的步伐完全進入前面提及的三個
世界：社會世界、自然世界、永恆世界，
並經由學習與學問來培養你心靈中的神聖
本性。

——G. Vico, *On the Heroic Mind*

一、飄盪在時代洪流中的微弱聲音

「英雄心靈」是維柯（G. Vico, 1668-1744）於 1732 年 10 月 18
日在義大利那不勒斯大學開學典禮以《論英雄心靈》（*On the Heroic
Mind*）為主題進行公開演講時提出的理念；維柯在 1698 年獲取該校修
辭學教授職務，並且被賦予必須在每年開學典禮上發表演說，從 1698
到 1708 年共發表了七次，時間距離比較短，之後學校受到政治影響並
沒有繼續延續這個制度，到 1719 年才又進行第八次演講，故他在《自
傳》（*Autobiography*）（1731 年完成）中只記載八次，直到 1731 年新
校長接任後，復於 1732 年才發表這第九次演講。

由於九次演講都是針對大學生的學習，其重點包括導引學生認識
自己、培養德性與智慧、追求誠信與榮譽、實踐公民之責、探究為學
之道等，是維柯對大學任務與學生學習的重要見解。而《論英雄心靈》
是在他的主要著作《新科學》（*New Science*）第二版出版後兩年才進行
的演說，可以被視為他對教育思考最純熟的階段。張小勇（2005: 9）在
《*Vico* 論人文教育》的翻譯序言中指出：

從《新科學》之後的第九演講來看全部開學演講的話，
可以說它們都是基於基督教背景下理性時代的人的圖像，面
臨的共同任務都是如何維護人類文明，使之不致遭受第三輪
野蠻回歸的腐蝕，培養全面的人和全面的公民。

事實上，維柯的這種宏偉視域在《新科學》中已經展現，他藉由「詩性智慧」（poetic wisdom）理念的運用來關懷人性的發展，以及闡釋人與「環境」之間的互動關係，這個「環境」包括了社會、自然與宗教；而提出「英雄心靈」，是他將「詩性智慧」繼續延伸和實踐到教育領域的重要論述。

在《自傳》中維柯稱讚 Plato（427-347 B.C.）、P. C. Tacitus（55-117）、F. Bacon（1561-1626）、H. Grotius（1583-1645）等人，並自述深受這些人的影響；但從維柯的演講中卻可以發現，他在教育方面的思想比較多受到 Plato 和 M. T. Cicero（106-44 B.C.）的影響，常常引用他們的著作內容；而且在前六次演講中他極為讚頌 R. Descartes（1596-1650），但在第七次演講《論當代研究方法》（*On Method in Contemporary Fields of Study*）中，維柯卻轉而批判他，以致在《自傳》中更是針鋒以對，甚至全盤否定。

「新科學」一詞是 G. Gililei（1564-1642）在 1638 年提出的用語，指的是將自然科學幾何化與數學化的新觀念，這種觀念結合笛卡兒哲學，造成一種將事物細部分析與代數化的學習歷程，不但應用於物理學，並且應用於社會其他各領域，甚至成為一種理解事物與行為表現的模式，形成了笛卡兒主義風潮，流行於當時的那不勒斯。維柯在《自傳》中自述是唯一可以匹敵笛卡兒主義的人，他從學習心理特質出發，認為太早接受這種做學問方法的訓練將阻礙學生的想像和創造，他重視的是人的整體思維，是一種通過「共通感」（sensus communis/common sense）的涵養來獲得「實踐智慧」（phronesis/practical wisdom）的學習歷程。這是維柯從人類起源中考察出玄奧智慧（esoteric wisdom）與凡俗智慧（vulgar wisdom）後，以一位修辭學者對人類文明產生的關懷，他希望為一般民眾提出正確的教育之路——從凡俗智慧到玄奧智慧的實踐路徑，才能逐步地引領大眾接近永恆真理。因此，維柯所稱說的「新」科學，乃是站在自然界之上來考察人類發展的科學，是一條超越自然科學範疇的研究途徑。

其實，維柯的主張並未引發當時學者的迴響，隨著他辭世，《新科

學》也沉寂了將近一個世紀，直到 1827 年的法譯版本出現後，才逐漸引發西歐的關注。目前國際間對維柯思想的研究範圍很廣泛，成立研究維柯的網站── The Institute for Vico Studies，並透過《Vico 新究》（New Vico Studies）期刊定期出版各國學者對維柯思想的最新研究結果；然而在臺灣的學術土壤上，維柯思想卻只是一株微弱的稚芽。

二、一位修辭學教師的社會關懷

在《論英雄心靈》演講中，維柯自述他已經在學校奉獻於修辭學領域的教學和研究工作整整 33 年了，他面對自己的工作態度是熱情、認真與嚴謹，而從演講內容中可以發現，他面對大學生時所表現的是引經據典、慷慨激昂、滔滔不絕的言詞，完全展現了修辭學家的「雄辯」特質。

「培養雄辯家」乃是古羅馬時期的教育目標。維柯不但吸收了古希臘哲學家的人文教育思想，而且把握了 Cicero 強調培養有德性之雄辯家的教育理念，經過文藝復興的洗禮後，踏著基督教的傳統文化土壤，發展出他的獨特見解與對社會的深層關懷── 透過雄辯來導引人們找到永恆真理之路。

Aristotle（384-322 B.C）大致地將學問分為三大領域，即理論知識、實踐知識、技藝，並特別突顯出理論知識在為學之道中的獨特地位。維柯同樣地藉由這種劃分，進而將之轉為他在修辭學工作中所追求的三項要點：真理、德性、雄辯，並回歸於教育來思考人的基本修為，故進一步地在他的第六演講《論做學問的進程》（On the Proper Order of Studies）中指出：「用真理來涵養心靈，用德性涵養精神，用雄辯涵養言說，讓自己立身為人，並盡己之力地造福社會人群。」（1993: 131）然而不同於 Aristotle，維柯並沒有特別強調真理的價值，他想要突顯的主要是雄辯的價值。

從 Plato 的《理想國》（Republic）到 Aristotle 的《政治學》（Politics），不是從貴族教育的角度來思維，就是從培育社會菁英的角

度來考量，直到古羅馬時期的教育學者（尤其是 Cicero）才特別強調出為公眾生活設想的實用取向教育主張，經過文藝復興運動將之普及與文藝化之後，遂成就了維柯對公共教育的務實思維傾向，也許這是他對人性中兼具墮落與神性本質進行深思後的結果，所以他對教育的關注點不是要學生掌握真理知識，而是如何協助學生逐級而上；這是一種「教育過程」的設想，而不是「學問內容」的揭示，所以他的核心任務是培養「雄辯」能力，以此為起點才可能達成真理知識的追求。因此他以心理發展為基礎而劃分出學習科目的進程：語言、歷史、數學、物理學、形而上學、天啟神學、基督教倫理學、基督教法學（*Vico, 1993: 135-138*），其中每一個進程都與雄辯結合發展，以便最後得以掌握基督教所揭示的永恆真理。

「雄辯」需要兼具語言上的情感性、思維上的邏輯性和目的上的正當性，而這樣的條件恰恰是詩性、理性與善性的結合，故當「雄辯」作為教育的核心任務時，也恰恰是對人性的全面發展，這也反映出維柯在其思想中不斷強調的三個核心論述想像、知識、德性，其實也正是「詩性智慧」所蘊含的主要內涵。

事實上，在維柯的前五次演講中將理性高懸在上，用以節制想像，直到第六次演講才為想像找到人性中的適切定位，並在《新科學》中突顯了它的地位，而讓想像成為創造之母，甚至是人類社會起源的核心要素之一。

維柯將原初社會比喻為人類的孩童時期，並闡釋孩童的想像力最豐富而幾乎沒有推理能力，他意指人類的起源所依賴的就是想像力，事實上他想藉由這種推論進一步表明人類原始本性在社會發展中的重要性。然而，人類原始本性有什麼特質呢？從《新科學》中大致可以看到好奇、想像、畏懼、揣測、誇大、迷信等特質（其中最核心的論述是「想像」），我們進一步使用「詩性」一詞來涵蓋這些特質，並由此區別出詩性與理性，前者是人類孩童時期的本性，後者是成長之後逐漸發展出來的特質。

另外，在維柯的九次演講中幾乎也都提及一種人類天生的、近乎

神性的特質，這是他在基督教洗禮中獲得的啟示，也正是讓詩性得以向善發展的重要因子。由於人類擁有這種近乎神聖的本性，因此可以透過想像來領受「天神意旨」（divine providence）的善意，進而獲得來自天神的智慧，並且透過這種人類自己想像出來的天神意旨（智慧）來導引自己的詩性思維，讓原本放浪不羈的本性得以安適，並建立起自己的行為秩序和文明制度，這便是人類「詩性智慧」的展現。在此，人的知識和德性都蘊含在自己對天神意旨的想像進而形成的「智慧」中，藉此人類為自身建立起民政世界〔civil world，或稱「社會世界」（the world of things human）〕。當然，維柯仍然相信還有一個屬於上帝的永恆世界，其屬於天啟神學（包括基督教倫理學、基督教法學）的範疇，它超出於人類的感受和理智，必須透過虔敬的信仰才能理解這個真理世界。其實，維柯所關心的主要不是這個真理世界，而是人類自己的社會世界。

三、英雄心靈追求神聖、無限與永恆

維柯的第一次演講以「認識自己」（self-knowledge）為主題，目的在讓學生正確地認識自己與上帝之間的關係。對維柯而言，「認識自己」也就是「認識自己的精神（spirit）」，其實就是要學生能夠知曉人類所擁有的精神到底具有何種特質。他使用類比的方法，把人的精神與身體之關係類比為上帝與世界的關係，進而將精神與上帝併列在一起：

> ……精神乃是上帝最顯明的形象。如同上帝存在於世界之中一般，精神乃存在於人的身體之中；如同上帝遍布在世界各種要素之中一般，精神遍布於每一個人體（Vico, 1993: 40）。

而且他承認，人類的精神蘊含著猶如上帝一般的神聖特質，所以他不斷地想要導引學生去揭露存在於自身內在的那種近乎神聖的心靈本

性（the near-divine nature of your mind），而「英雄心靈」也就是這種神聖本性的充分展現。

維柯將「英雄」界定為「始終追尋崇高事物的人」，如果先將他所指「自然之上的上帝自身」這一個「崇高」按下，他另外指出的「崇高」是「沒有任何事物可以超越人的宏偉，以及沒有任何事物比起人的福祉還重要」（Vico, 1980: 230），其實這才是他對大學生演講的重點。他所要談的是人的神聖精神，要有如同上帝涵納一切的胸襟，以及創造萬物的氣魄，要如上帝一般來愛所有的人、為所有人謀福祉。事實上，藉由「上帝」的出現只是為了引發人的崇高氣魄，維柯這種做法，猶如他在「詩性智慧」中蘊含人類藉由想像天神意旨來獲得智慧一般，重點在於引發想像（想像人與上帝的相似性），並激發人的心靈本性「喜歡追求神聖的、無限的、永恆的事物」（Vico, 1980: 231）。這是他為了達成培育英雄心靈所使用的方法，所以他向學生表示：

> ……心靈中的英雄氣質，將充盈著上帝，變化你的內心和意志，去達成你學習中所要追求的事物，並且洗滌和純淨所有現世的慾望，以巨人之勢嘗試闊步邁向擬將去實現的事，這個神聖的真理是：「對上帝的畏懼乃是智慧的起源」（Vico, 1980: 231）。

在當時愈趨走向計算與計利的社會氛圍中，也許「上帝」的現身才是力挽社會腐化的力量，所以對維柯而言，「對上帝的畏懼」不只是智慧的起源，而且是建立社會道德的動力。所以，培育英雄心靈也正是一種對神聖人格的養成，英雄心靈所散發的是一種擁有「全智慧」（wisdom as a whole）的理想人格——知善惡、重榮譽、講誠信、愛人類、創新知。要養成英雄心靈，維柯認為必須學習形而上學、邏輯、倫理學、修辭學、詩學、幾何學、物理學等，透過這些不同學科來涵養各種能力和氣質，並藉由欣賞詩人的作品和聆聽演說家的演講來扭轉墮落的本性，以及在神學、醫學、哲學及其他各方面選擇歷史上偉大的代表

人物，以起效法，並試圖超越（*Vico, 1980: 235-238*）。可以看出來，這種主張具有古典的七藝色彩，也具有「通識」的現代性。

進一步解析維柯「英雄心靈」概念中的「崇高」意涵，在宗教的面向上乃是「上帝」所帶來的神聖特質，從人類的面向來看則是對一般人（自我的一般性）的「超越」，故「英雄」概念中同時蘊含著神聖的本質和超越的能力。維柯對學生的教育便是藉由「上帝」來導引人的神聖本質和超越能力，其主要目的有兩項：一是讓學生理解自身與上帝的關係（相似性），二是培養為人類謀福利的智慧。而且可以說，前者是主要任務，後者是伴隨結果。

在《新科學》中維柯認為，從認識上帝中人們找到了智慧，這是對上帝之善的掌握；從認識自己中人們找到了詩性潛能與神聖本性，這是對人類本能的掌握。而透過認識上帝與認識自己這兩個歷程，人們獲得了「詩性智慧」，而實踐詩性智慧的人乃是「詩人」，故維柯將詩人認定為創作者，人類的祖先都是神學詩人，他們以不可思議的崇高氣魄去創造事物；因此，詩性智慧乃是神學詩人們的知識，也正是人類的最初智慧，是創造人類社會的原動力。《論英雄心靈》乃是建立在《新科學》中認識自我與認識上帝的理念上，進一步導引學生認識人與上帝的關係（包括精神的相似性與關係的隸屬性），目的要喚起學生展現追求神聖本性的熱情，並在獲得英雄心靈的同時涵養了學生的宏觀視域，故學生便能夠超越個人利益，將人類之善帶入社會實踐中。在此我們可以進一步看出，「英雄心靈」是一種人格特質，「詩性智慧」則是一種行為實踐，維柯應該很清楚，唯有讓人獲得英雄心靈，才可能展現人的詩性智慧。所以，《論英雄心靈》的演講是對《新科學》核心理念的教育延伸與實踐。

四、成為一位具有「詩性智慧」的教師

維柯所言具有「英雄心靈」的人，從中國的角度觀之則猶如孔子的「聖人」、孟子的「大丈夫」、莊子的「至人」、阮籍的「大人」。當

然，維柯賦予一個更令人遐想的名字──「詩人」，他要突顯的重點是：感受於天地之間，悠游於天地之境。其中「天」指上帝，「地」指人類社會，擁有英雄心靈的「詩人」就立於「天」與「地」之間，從「天」那兒獲得上帝之善的導引，從「地」那兒理解人類幸福生活的條件，當「詩人」立足其間，所要開創的便是促使人類向善發展的社會制度，這猶如《中庸》所指出聖人「制禮作樂」的作為，乃是「贊天地之化育」者。

人之所以崇高，乃是感受到自己可以崇高。其中「感受到自己可以崇高」是詩性的，是一種對自我的想像，而這正是維柯之所以將「想像」視為開創社會制度之動力的理由；在《新科學》中，「詩性」幾乎可以跟「想像」劃上等號，書中所稱的「詩性地理」也就是人類想像出來的地理、「詩性物理」是人類想像出來的物理……，以此推想，也可以將「詩性智慧」看成「人類所想像出來的智慧」。所以在《新科學》中，與其說維柯想要突顯上帝的重要性，不如說他事實上要肯定人類的自主性。天神是「詩性的」，是人類想像出來的天神，其蘊含的崇高（善性）也是「詩性的」，因而讓詩性自然而然地融入了智慧，這也讓「詩性智慧」在人類心靈中自然形成；也就是說，人類以自身所創造的崇高天神來作為建構社會制度和規範自身行為的基礎，而這一切都屬於理念上的真理，可以說是現象學的範疇，但這種理念上的真理卻也正是實踐於行動中的真理，故「詩性智慧」所蘊含的意義已經超越了認識論領域上的現象學，而是一種實踐哲學式的現象學。

在詩性智慧的實踐中，詩人即是創作者。而對維柯來說，這個創作的歷程本身不但具有「真」，而且同時蘊含著「善」與「美」的特質。所謂「真」是指「詩性真理」，也就是上述人們所認定之理念上的真理；「善」是指「詩性天意」，是一種人們所臆測的天神意旨；「美」是指「詩性理解」，是一種人們在創作事物過程中對各要素的適切安排與呈現。所以人類的所有創作行為，都來自於自身的想像和安排，這再次突顯了維柯在《新科學》中重述三次「民政世界確實由人類所創建」的蘊意；而在此所呈顯的更重要訊息是「詩人」的創作歷程蘊含著真、

善、美的本質。

一位具有「詩性智慧」的教師，必然是一位創作者，也必然是一位「詩人」。如果「教師是一位詩人」，那麼他就在教學中不斷地進行創新的工作，讓這個教學歷程蘊含著真、善、美的本質。而這麼一位教師，他應該具有何種形象呢？

首先，他會有恢弘的視域——能夠深究於自己的專業領域，也可以博覽群書、閱歷生活，不斷拓展視域、修練身心，進而獲得知識、情感、德性的整全發展，故得以展現「全智慧」的心靈，以洞悉教育問題。

其次，他會有虔敬的態度——誠心面對自己的工作，戰戰兢兢、盡心盡力，時時反省自己、改進自己，讓教育工作更臻完善；同時也誠心面對自己的學問，時時警惕自己，不能妄言誤人、不能誑言傷人。

再者，他會有淑世的熱情——關懷社會、服務群眾，自己深深感受到為人類謀福祉的理想與任務，而把教育當成是達成理想的途徑，並能熱愛教育工作，認真投入、樂在其中。

最後，他會有創新的勇氣——在達成良善目的與滿足學生需求之間找到適切的教學途徑，基於這樣的信念，勇於面對時代問題，積極尋求改造與創新之途，而能充分展現出教師的實踐智慧。

上述恢弘的視域、虔敬的態度、淑世的熱情、創新的勇氣四個教師的形象，事實上所顯現的就是「英雄心靈」的人格特質。因為，教師要導引學生獲得英雄心靈，他自身必須先擁有英雄的心靈，這是一種身教；經由教化與涵養的歷程，而不是教學方法的應用，這是一種氣度的展現，而不是技術的表現。在維柯的身上，我們可以嗅出這個味道！而維柯思想對教師圖像的啟示，與其說是他提出的理念，不如說是他身為修辭學教師所展現出來的行動啟發。

五、憂慮，在科技時代裡

科技時代裡，恢弘的視域似乎是在網路之中；而當學生沉浸在網路之中，虔敬的態度、淑世的熱情、創新的勇氣都已逐漸蕩然無存了。科技為校園的學習所帶來的，到底是幫助？或者是傷害呢？

也許如同維柯對人性的理解一般，人的墮落不是天生的原罪所致，而是自己不知道內在的神聖本性。人的慾望沒有善與惡，縱容慾望的無限擴張才是墮落的本源，因為詩性智慧的展現就是人類慾望獲得良善發展的結果，故我們不該一再地怪罪慾望，而應該反省沒有好好發掘自己的本質。

但是，當科技在資本主義的環境中無聲無息地不斷擴展開來之時，我們到底應該要用什麼來淨化自己的慾望呢？是 T. Adorno 的「藝術」？是 J. Habermas 的「批判」？或是 M. Heidegger 的「存有」？當我們沉淪在科技與慾望交織的環境中，而再次失去對人類理想的自覺能力時，也許藉由對「奧秘」的揭示，可以燃起一絲絲人們心中神聖本性的火花！

對維柯而言，宗教才是救贖的正途，而確實在人類放蕩與殘暴的行徑中，天神是唯一能喚醒人類理智的救藥。但是，處於相信科技的時代裡，宗教只是人們一時的安慰而已，英雄心靈也將只是被視為一種古老的傳說；除非，我們有信心和勇氣擷取宗教隱含的「奧秘性」，來結合現今社會強調的人之「想像力」，讓「奧秘」在「想像」中滋長，以重新引發人們對事物的「虔敬感」。這條教育之路並不容易，但似乎有其必要！

既然教師是詩人，是一位創作者，他的創作就是培育出具有英雄心靈的學生來。所以，教師面對時代的困境，就必須展現出淑世的熱情與創新的勇氣，這正是教師應該展現的英雄心靈。最後，仍必須要向教師們強調──認識到自己是崇高的，才能讓自己做出崇高的事來！

參考書目

吳靖國（2004a）。詩性智慧與非理性哲學——對 Vico《新科學》的教育學探究。臺北：五南圖書出版。

吳靖國（2004b）。G. Vico「詩性智慧」的哲學構造與教育蘊義。教育研究集刊，50（3），31-59。

吳靖國（2005a）。G. Vico 與 H. G. Gadamer 的「共通感」在課室中的蘊義。教育研究集刊，51（4），117-149。

吳靖國（2005b）。論《新科學》中的社會起源過程及其教育蘊義。臺灣教育社會學研究，5（2），155-192。

張小勇（譯）（2005）。G. Vico 著。Vico 論人文教育——大學開學典禮演講集。桂林：廣西師範大學。

Vico, G.（1948）. *The new science of Giambattista Vico*（T. G. Bergin, & M. H. Fisch, Trans.）. New York: Cornell University Press.

Vico, G.（1975）. *The autobiography of Giambattista Vico*（M. H. Fisch, & T. G. Bergin, Trans.）. New York: Cornell University Press.

Vico, G.（1980）. On the heroic mind（E. Sewell & A. C. Sirignano, Trans.）. In G. Tagliacozzo, M. Mooney, & D. P. Verene（eds.）. *Vico and contemporary thought*（Vol.2, pp.228-245）. London: The MacMillan Press Ltd.

Vico, G.（1982）. On Method in Contemporary Fields of Study（L. Pompa, Trans.）. In L. Pompa（ed.）. *Vico Selected Writings.*（pp.33-45）. New York: Cambridge University Press.

Vico, G.（1993）. *On humanistic education（six inaugural orations, 1669-1707）*（G. A. Pinton, & A. W. Shippee, Trans.）. Ithaca: Cornell University Press.

盧梭自然教育中的教師理想圖像

──教師是守護兒童善性的生命導師

── 黃光雄、鄭玉卿

盧梭認為人之所以為惡,來自於對受教
者的約制。因此,唯一的方法便是將人從當時
種種制度束縛下解放出來。他站在關懷人的主
體性下,信誓旦旦的宣稱我們企圖改變兒童的
氣質是無用的,而開啟了教育史發展上的新思
維,奠定現代教育理論的基礎。

一、生平概要

盧梭（Jean-Jacques Rousseau, 1712-1778）是
啟蒙運動中十分重要的天才思想家。他的作品展現
出他在音樂、文學、語言學、憲法學、政治哲學、
教育、植物學各領域的才華，也透露出他對「人」
的深刻關懷。然而，這一切或許是他面對混亂、多變、矛盾與充滿想像
的人生遭遇，最原始也最終極的對抗力量。

1712 年 6 月 28 日盧梭出生於日內瓦的一個小城邦，母親在其出
生不久即離開人世，而父親艾薩克（Isaac Rousseau）不僅情緒常常失
控而情緒化地對待他，也沒有提供他有系統的教育，只是常陪伴他精
讀普魯塔克（Plutarch）的《古希臘羅馬名人傳記》（*Lives of the Noble
Greeks and Romans*），並以古羅馬共和比喻自己的祖國，灌輸他崇高
的政治理想，這段幼年經驗似乎在無形中形塑了他多愁善感的性格，
但也啟迪了他有關自由和民主的思想（*Havens, 1978: 21-23; Morley, 1886:
8-10*）。10 歲時，父親因與人發生爭執而獨自逃離日內瓦後，他不得不
投靠於波塞（Bossey）小鎮的舅舅家，那裡如詩如畫般的田園生活，陶
冶了盧梭愛好大自然的心，也是他難忘的歡樂時光。他與表兄弟封斯
瓦（Francois）一起接受家庭教師蘭貝塞爾（Lambercier）的教導，但
盧梭在《懺悔錄》（*The Confessions*）中，回憶指出當時所學習拉丁文
和毫無用處的教材，毫無辦法引發他的興趣，而且常常無端地受到嚴
厲斥責與處罰，以致使他為了避免受鞭笞之苦，而學會了掩飾、說謊。
從盧梭的童年學習經驗出發，實不難理解他之所以一再強調兒童會因為
要避免痛苦而養成的惡習，而腐蝕他們快樂、幸福與純真的心之理念
（*Havens, 1978: 23-25; Rousseau, 1900: 3-20*）。

12 歲時，他回到日內瓦當書記學徒和雕刻學徒，但為時不久，
壓迫又勞役的生活，便使他選擇再度離開日內瓦，嘗試其他的職業，
但卻毫無所成，因此，過著貧困的流浪生活。然而，嚴重匱乏的物質

生活並未曾使他懷憂喪志，反倒讓他不屑與那些追逐金錢而失去自我的人們為伍，並為他們感到悲哀。後來，他得到華倫夫人（Mme de Warens, 1669-1762）的幫忙並與之墜入情網，獲得安寧的學習環境，進而有系統地大量閱讀數學、天文學、歷史、地理、哲學等各領域書籍，累積廣博的知識，也漸漸形成自己獨特的見解。而 25 歲時的一場重病，促使他立志研究文學與科學，而有機會接觸英法等國的作家，如蒙田（Michel Eyquem de Montaigne, 1533-1592）、洛克（John Locke, 1632-1704）、伏爾泰（Voltaire, 1694-1778）等人的作品，他不僅吸收他們創作的風格與技巧，並透過自身的天賦異稟的直覺與敏思，賦予各種事物新的生命。以上盧梭自學而有所得的成功經驗，無形中奠定了他對教育的基本看法，雖然之後擔任家庭教師的短暫經驗，讓他瞭解自己不適合教育的實務工作，但並沒有讓他失去關注教育問題的濃厚興趣。他於 1762 年出版的《愛彌兒》（*Emile*）一書，便是他對教育的意見（編輯部編譯，*1989：329-330；Havens, 1978: 41-49*）。

　　然而，盧梭之名漸被世人所知，則是在 1750 年，盧梭以〈論科學與藝術〉（Discourse on the Arts and Sciences）一文，榮獲第戎學會（Academy of Dijon）的論文獎後，又於 1755 年出版〈論不平等〉（Discourse on Inequality）。在兩篇論文中，他以批判的角度，論述人類脫離自然狀態的歷史脈絡，省思人類自詡的各種文明成就，並對人類社會基於自我慾望所創造出的道德與政治，以及道德與政治所帶來的不平等，給予致命的抨擊。然而，盧梭之所以有此批評，一般推測與他曾經擔任法國駐威尼斯共和國大使蒙泰巨（M. de Montaigu）的秘書所遭受到的不平等待遇，有相當密切的關係（*Havens, 1978: 46-48, 61-62; Boyd, 1911*）。

　　他認為一切不平等的問題，皆起源於「人為」的結果，而社會便是維護那不平等的組織，這是盧梭關懷政治、社會、教育發展與制度的核心概念。而此一連串來自於對人為不平等的意識與反省，以及對一個理想社會的追求，乃不斷地展現在他的作品之中。簡單地說，1761 年出版的《新愛洛漪絲》（*New Heloise*）雖是描寫愛情與家庭生活的浪漫

小說，其實是藉由因門第觀念所造成的愛情悲劇，來反對傳統的婚姻制度；而 1762 年出版的《社會契約論》（*Social Contract*）闡述理想的社會制度，展現他的新世界觀，實際在反對法國路易十四的傳統君主集權專制；而 1762 年出版的《愛彌兒》，陳述他心目中幸福與健全的教育大計，其實便在於反對被天主教所控制的傳統權威教育。而此三本重要著作前後相繼於三年內出版，其內容相互關聯，充分展現出他完整的思想體系。而其中《愛彌兒》一書的內容，與其個人的童年生活經驗更有著極為密切的關係，它既是盧梭對自己童年生活的回憶，也是自己內在靈魂的投射（*Boyd, 1911: 26-27*）。

盧梭豐富的著作與偉大而異於傳統主流的思維，掀起了人類思想和社會革命的巨瀾。雖然他的思想確實對人類近代文明與政治產生深遠的影響，但是那種極端的反叛精神，也招致許多猛烈的批評與無情的迫害，不僅讓他過著貧困顛沛的流浪生活，也因精神遭受極大的刺激，不幸得了受迫害妄想症，於 1778 年因病在孤獨中死去（陸琪譯，*1974*；*Grimsley, 1983*；*Havens, 1978; Morley, 1896*）。

二、盧梭的核心思想

在西方思想的發展中，盧梭超越 17、18 世紀啟蒙運動強調理性、科學與世俗主義（secularism）的思維，嚴厲批評由理性主導一切而落入形式教條主義的種種現象（*Tarnas, 1991: 366*）。他的重要核心思想可綜合歸納如下。

(一)「自然」是一切幸福的關鍵

在盧梭眼中，啟蒙思想將人生視為理性發展的過程與展現，強調追求規律與法則的文明，是一種枯燥乏味、不自然又不合理的做法。此種思維不僅壓制人類精神和經驗，甚至違反了人存在的本質。他相信只有依循著自然，才能使人對自己的存在，擁有絕對的肯定與真確的領

悟。因此,「返回自然」(return to nature)成為他思想的標語（陸琪譯,
1974：1；Tarnas, 1991: 367）。

在〈論科學與藝術〉一文中,盧梭以「自然 ─ 文明」兩個對立的
概念,作為立論的基礎。他援引歷史的例證,將科學與藝術等人類文
明的成果,與道德淪喪、奢靡淫亂做等同式的連結,將它們看成是影響
國家命運和妨礙人類幸福的重要因素。他指出人們自詡為文明結果的科
學、文學與藝術,猶如束縛人們枷鎖的花冠,妨礙人們與生俱來的自
由情操,不知不覺使人們沉溺於被奴役的狀態,隨著科學與藝術的發
展,使人類的靈魂相對地腐敗,甚至成為社會各式各樣原理法則失調脫
序的根源。那些建立於上層階級生活,代表奢華靡爛的科學與藝術成
果,乃是造成廣大群眾陷於困苦,敗壞社會風氣、破壞公眾道德、玷污
人類心靈的罪魁禍首,是構築社會不平等的元兇。因此,要根絕人類
的一切問題,唯一的途徑是必須回復到遠古純樸的自然景象（Rousseau,
1750/2006）。

換言之,社會也和科學與藝術一樣,起源於人的慾望,最終成為
維持人類的不平等而存在的制度。所以,要改變這種造成危害人類幸福
的具體做法,就是要「返回原初」(return to origins)或「返回自然」。
因為只有在自然狀態下,每個人才能擁有自由,而且是獨立的和平等
的,他們的慾望只限於生存的需要,除了年齡、體力和健康等生理上的
不平等之外,沒有其他任何政治上或財產上等人為的不平等,也沒有命
令與服從、指使與奴役的不合理現象（Rousseau, 1755/2006）。總之,相對
於人為的種種不公不義與罪惡,大自然有如太陽光公平無私地普照大地
每一角落,是完美、善良、公正、仁慈的象徵,是足以為人類之楷模
（Rousseau, 1762/1972）。

因此,盧梭的教育思想便以「自然」概念為核心,肯定了「人」
的自由,反對不平等的社會對人性的扭曲與禁錮,進而開啟了他所有論
述的內容。綜觀其著作的要旨皆由對不平等現狀的批評,體現其崇尚自
然、返回自然的核心思想。其中,「自然」除指稱山川草木、鳥獸蟲魚
的大自然世界外,也包括人類原始的自然生活狀態,更進一步意味著樸

實純真的自然天性。因此,「大自然」、「原始狀態」,以及「人的本性」等概念,在盧梭的思想中,是相互連貫的,代表著「天然」和「合乎自然律則」的意義,它將帶給人類一種和諧的、甜蜜的幸福感(Grimsley, 1983: 22-46)。

(二) 人生而自由平等

人性本身是善的,是順乎自然的,自由、平等、自愛、同情,都是人性的自然展現;而社會違反自然的種種行徑,使人變邪惡、囿限於枷鎖之中,自以為可以主導一切事物,卻反而成為一切事物的奴隸。(Boyd, 1911: 118-129)他強調「自由」是人的本質,在人類歷史中,當人類的偏見和制度,尚未改變人們的自然傾向之前,人之所以快樂,來自於他們能夠享有自由的權利(Rousseau, 1762/1972: 49)。因此,順乎自然,使人依天性行使自由,應是人類必須恪守遵循的法則。

更進一步來說,自由是人類獲取知識不可少的因素,是先於知識的一種力量。最高的善根源於自由(Rousseau, 1762/1972: 48)。簡言之,只有在自由的狀態下,才能使人具有主動意志展現完善自我的可能,自主地邁向創造與意識的層次,順利掌握各種知識,進而使人成為獨立自主的主體。因此,基於人人平等自由的信念,人們所生活的環境與互動的模式,應該是一種合理又明確的結合形式,是一個以彼此共同合作的力量,保護團體中每一個人身心與財富自由與平等的社會。所以,一個理想社會所賴以維持的基礎,是由自由與平等的人,根據義務的共識和自由協議的原則所訂定出來的秩序法則(Rousseau, 1762/1913)。

(三) 自然教育是使人融合理性和感性成為完整個體之最好途徑

盧梭認為人類的各種知識中,最有用卻最不完備的,乃是關於「人」的知識(Rousseau, 1755/2006)。他認為社會中所出現的種種問題,其實是「人」的問題,因此,應好好的研究「人」(Rousseau, 1762/1972:

9）。如此，才能真正掌握人存在的價值。

他認為人存在的價值，在於我們是否意識到我們的感覺和想像。換言之，生命最高的善來自於個人的體驗。因此，《愛彌兒》開宗明義便直接的指出：出自造物主的所有事物都是好的，但一經人手，就變惡了。他呼籲人們，如果要成為一個慈愛又有先見之明的老師，就必須保護那正在成長的幼苗，使之不受人類各種輿論的衝擊和規範的約制，自主地體驗各種生活，此即所謂「自然教育」的原則。然而，自然教育並不是不從事任何教育，而任由個體自生自滅。因為我們出生時所沒有的能力，以及我們在長大後所需要的各種能力，全都必須仰賴教育（伊信譯，1994：42-43；Rousseau, 1762/1972: 5-6）。而自然教育乃是使人成長為完整個體唯一且最重要的途徑。因為教育的來源有三，分別是受之於自然、人或事物。我們的才能和器官內在的發展，是自然的教育；別人教我們如何運用自然的發展，是人的教育；而我們從事物中獲得良好的經驗，則是事物的教育。其中，人的教育和事物的教育都必須以「自然」為原則，跟著其所指示的道路前進（Rousseau, 1762/1972: 6）。換言之，即應遵循人自然發展的過程，提供各種事物的經驗，使兒童專心地按照他自己的方法，那麼他便能進行感覺、記憶，甚至是理性思考；這是自然的發展順序，如此便能完整地把身體與心靈連結起來（Rousseau, 1762/1972: 82-84）。

特別要注意的是，人對一切事物的理解，都是通過人的感官而進入頭腦的。換言之，人最初的理性是一種感覺的經驗，有了感覺的經驗為基礎，才能形成知識的理性。我們最初的老師是我們的腳、我們的手、我們的眼睛。因此，要使人類真正的理性，脫離身體而發展是錯誤的，有了良好的體格，才能使人的思考更順利的發展（伊信譯，1994：44；Rousseau, 1762/1972: 90）。所以，自然教育的要旨，在於教導兒童如何保護他的生命，藉由大自然的環境，培育健康的身體和鍛鍊敏銳的感官，透過感覺、心靈和才能，意識到本身的存在，為其後理性的發展做準備，成為一個完整的個體（Rousseau, 1762/1972）。

三、盧梭哲學概念中的教師圖像

　　《愛彌兒》在教育史上被譽為「兒童的福音」。（李平漚譯，1989：21）歌德也曾讚譽是「教育的福音書」（楊亮功譯，1981：564）。此意味著《愛彌兒》一書，不僅勾勒出盧梭的教育理想圖像，也為一位教師如何成為理想的教師，提供了有如聖經般的依循準則。為了實現自然教育的理想，盧梭心中的理想教師，大致應恪守以下準則。

(一) 教師是守護兒童善性的衛士

　　人真正的價值在於人本身。人的天性中，包含一種「自保」（amour de soi）的特性，使人在自然環境中，不自覺地依靠它而生活著，其目的在保護自己免於痛苦和死亡，並滿足個體本身的各種動物性需求；這種行為主要動機，是原始的、內在的、符合自然次序的、無意識的，是天生唯一無二的慾望，是「自愛」的表現，是一種自我保護的本能，是一切慾望的起源，而其他的一切慾望都只是它的演變而已。它會變好或變壞，完全都在於我們如何應用它。因此，我們要探索的是它為什麼或如何進入人們的心靈。但如果我們想消滅它，就好像是要控制自然，或是要改變上帝的作品一樣，是一件徒勞無功又愚蠢的行為，甚至會產生反效果。（伊信譯，1994：45；Rousseau, 1762/1972: 55, 173）因此，在教育上，我們唯一能做的是採取必要的手段和辦法，阻止人心因為有了種種慾望而日趨墮落。（Rousseau, 1762/1972: 174-176）

　　簡言之，盧梭認為最好的教育提供一個滿足最低需要的自然環境，一個適合人生活的環境，（Rousseau, 1762/1972: 20）而教師是守護兒童善性的衛士，其職責在於使個體能依循天性稟賦的自然發展成為自己。所以，在人生最危險的一段時間——出生到 12 歲，教育是消極的（negative）。若非危及生命，不需要過度保護兒童，也無需灌輸道德與真理，只要避免惡習和錯誤，以守護自然的善性（Rousseau, 1762/1972: 57-58）。

（二）教師是提供自然教育的專業者

在《愛彌兒》中，盧梭依照兒童身心發展的過程，將自然教育分為四階段，針對各階段的特點，提出理想的教育方針。第一個階段是出生到 2 歲階段的幼兒期，盧梭認為教育在人一出生便隨之開始，父母都不能找任何藉口，免除負起親自教養孩子的責任。由於這時期身體剛發育，只有感覺能力，還沒有思考能力，甚至還沒意識到自己的生命。因此，教育的任務在於身體和感官的鍛鍊，這時父母（負責此時期的教育工作者）應該使新生兒充分伸展四肢，讓他自由活動，盡情地做能力所及的事，注意飲食的營養，效法動物於大自然的生活方式，以節慾（temperance）和勞動（industry）鍛鍊強壯的體格，為發展思考能力做準備。因為理性只有在生下來後若干年，以及身體有了一定的堅實性後才能形成。簡言之，應依次讓幼兒使用視覺、觸覺、聽覺，去體驗周遭事物，特別注意不要讓孩子養成假手他人，或命令他人做事等等任何不良習慣（*伊信譯，1994：44；Rousseau, 1762/1972: 11-40*）。

第二階段是 3 歲到 12 歲的兒童期，教育重點在於感覺教育。此時兒童仍處於透過感覺能力與感官經驗，獲取知識的發展階段。教師應提供各種寫生、製圖、歌唱等來開發感官的潛能。同時，由於沒有體會過痛苦的人，就無法體會人類的愛和憐憫，因而他將成為人類社會中的異類，無法成為一個快樂的人。為了要兒童真正感到愉快，就必先讓他體會些微小的痛苦。因此，應運用自然懲罰的方法，讓他體會行為與結果間的關係，自然養成符合道德的好習慣（*Rousseau, 1762/1972: 41-127*）。

第三階段是 13 歲至 15 歲的少年期，這時生理上的發展已臻成熟，感覺能力與感官經驗已有基礎，是人發展理性思考的重要時期，故在重視勞動教育之餘，應開始進行心智的教育。勞動教育以農業與手工業為最好的選擇，除了讓孩子學會生活和工作的技能，應讓他瞭解勞動的重要性，培育獨立自主並重視自己自由的性格。至於智育方面，在於透過趣味又實用的內容，引發探索事物的好奇心，增進對自然萬事萬物的求知慾和理解力，學會科學探究的方法，掌握實用的知識。教育的重點不

在於教會孩子各式各樣的知識，而在於教會他獲得知識的方法，以及熱切追求真理的心（Rousseau, 1762/1972: 128-171）。

第四階段是 16 歲到 20 歲的青春期，這是脫離兒童期的關鍵時刻。由於在生理上與精神上都有明顯的變化，尤其是情慾方面的困擾，應順應自然的發展與慾求，坦然而真確地回答孩子的疑問。教師應採用個別指導的方式，讓青年體驗人類的苦難，培養對他人的同情心，鍛鍊實踐道德的良善意志，並藉由閱讀偉人傳記與研究歷史，建立對生命的正確觀念。此外，也應使青年藉由對自然萬物的感覺和體驗，探究並認識自然宇宙的創造者。如此，孩子無論在身體或精神上皆因自然教育的鍛鍊而日漸成熟，有能力觀察社會的不公平和發現人間的苦難時，他便能抵禦文明社會的各種誘惑與傷害（Rousseau, 1762/1972: 172-320）。因此，盧梭特別強調教育者要等待，等到小孩子閃耀出理性的最初光芒——是它提供性格的判定，真正的表現出它來，教育者靠它的幫助來培養兒童的性格，而當理性沒有發展的時候，真正的教育是不可能產生的（伊信譯，1994：49）。

當然，依自然的律則，長大後的愛彌兒需要一位異性伴侶，而按照男女在生理上和心理上的區別，自然教育的精神同樣適合愛彌兒的伴侶——蘇菲亞。對於女性教育，盧梭特別強調強健的身體、順從的品德、持家的能力和優美的品格等，適合於女性的實用的智慧（Rousseau, 1762/1972: 321-444）。

綜合言之，大自然按照其方式提供兒童成長的各種因素，我們是不能違反它的規律的（Rousseau, 1762/1972: 50）。而好教師應是一個做父親的或受過良好教養的人（伊信譯，1994：43；Rousseau, 1762/1972: 17），他是遵照自然精神，瞭解人自然發展的過程，依兒童不同的發展階段而扮演不同角色，給予孩子最適切的教育專業者。

（三）教師是具正確兒童觀的生命導師

在人類生命的自然次序中，童年應該有他的地位，兒童在成人以

前就是兒童，這是自然的本質，應給予不同的地位，把成人看作成人，把兒童看作兒童。如果我們試著要顛倒這個次序，就會生產出一些不成熟、沒味道或沒成熟就先腐爛的果實，造就出年輕的博士和未老先衰的兒童（*Rousseau, 1762/1972: 44, 54*）。

因此，一位好的教師應能認識到兒童有獨特的內在發展法則，具有成人所沒有的敏銳感，而且自生命開始的每一刻都是在學習。因此，應提供給孩子寬鬆的衣裳，以利能輕易又快速的發展個體；也應給予兒童充分的自由，善用最能促進學習內在動力的興趣，使其能依自己的意願和喜好，快快樂樂地在各種遊戲中學習，激發自愛的本能（*Rousseau, 1762/1972: 43*）。在活動過程中，要讓他們自己多動手，少讓他們養成駕馭人的思想，儘早讓他們養成獨立自主的習慣。不過，由於每個個體有所差異，對事件與經驗的反應也複雜且具獨特性，一位好教師也必須充分瞭解每一個兒童的獨特天資，按照它的形式個別去引導他，給予絕對的尊重與重視，才能獲得辛苦教學的相對成效（*Rousseau, 1762/1972: 58-59*）。

總之，教育兒童應該趕快發展我們所希望的、通過適合於他們教育的精神性質（*伊信譯，1994：47*）。因此，教師的職責不在於教導學生行為準則，而在於幫助學生發現這些準則（*Rousseau, 1762/1972: 19*）。要有正確的兒童觀，給兒童真正的自由，隨時隨地仔細研究兒童的語言與動作，只引導而不灌輸或教訓，按照兒童的年齡去對待兒童，把兒童放在應有的地位而不揠苗助長，才能讓兒童發現自我並掌握發展的規律（*Rousseau, 1762/1972: 19*）。

（四）教師是年輕、熱情且懂得生活的學習好夥伴

人無時不受人生偶然的事件所影響。因此，教師不僅要知道如何保護兒童，更應該教育兒童懂得如何生活、保護自己，能禁得起命運的打擊，在任何環境中都能生存下來（*Rousseau, 1762/1972: 10*）。因此，教師要讓兒童能夠知道自己的弱點和周遭人的從屬關係（*伊信譯，1994：*

54），以致能妥善處理自己所面臨的所有挑戰。

　　盧梭認為教師必須是個懂得生活、熱愛生命、道德高尚、熱衷於教育志業的人，他是兒童最佳的示範者。他指出教師必須使自己受到尊敬，因為教師的工作是如此的高尚，因此一個人如果重視金錢，就不配從事這樣的志業（*Rousseau, 1762/1972: 59*）。此外，一個在天真質樸生活中成長的孩子，因自然的作用必然使他養成敦厚和重感情的性情，而教師熱情的關心，用兒童能瞭解的道理去啟發兒童，便能使兒童成為一個宅心仁厚的人（*Rousseau, 1762/1972: 181-182, 185-186*）。

　　那麼，要如何成為這樣的人呢？盧梭認為只要我們能按照人的天性去處理慾望，減少那些超過能力所能達成的慾望，不追逐幻想即可。然而，要減少超過我們能力的慾望，實在於使我們的能力與意志兩者間得到充分的平衡。當我們一切能力都得到運用時，心靈便能保持平靜，找到合適自己的定位。所以，我們要按照大自然在萬物秩序中為我們所安排的位置，不要對那嚴格的必然法則做無謂的反抗，而耗盡自己的心力。簡言之，知道自己的能力有多大，才能享有多大的自由與權力，以自己力量實現自己意志的人，才會是快樂的人（*Rousseau, 1762/1972: 44-48*）。一個好教師應該是一個踏實、不幻想，不追求超過自己能力的慾望，保持純樸而懂得生活道理的人（*Rousseau, 1762/1972: 60-61*）。而為了達到教育的成效，教師必須陪著學生去探討其周遭的事物，因此他應該也是年輕的，最好像是一個孩子，能夠成為學生的夥伴，能夠一起分享快樂，獲得學生信任的教師（*Rousseau, 1762/1972: 18*）。

四、盧梭教師哲學圖像的教育反省

　　盧梭在《愛彌兒》序言中指出，長久以來人們對教育改革的呼籲不夠徹底，也未曾全面性的提出建設性的新教育方案。因此，他將以這本書來宣揚他的教育思想。誠如他自己指出，「即使我提出的方法荒謬至極，人們還是可以從我的見解中獲得啟發。……或許我的看法很突兀，但我相信我已經清清楚楚地幫人們找到解決問題的癥結了。」

（*Rousseau, 1762/1972: I*）事實上，在西方教育史的發展中，盧梭主張藉由大自然環境，依循個體發展過程進行自然教育的思想，截然不同於傳統以文化傳承為目的的思想，也被視為最能激發新思想的改革者，是現代教育運動的領導者，是兒童中心教育家之導師，舉凡裴斯塔洛齊（Johann Heinrich Pestalozzi, 1746-1827），福祿貝爾（Friedrich Froebel, 1782-1852）、斯賓賽（Herbert Spencer, 1820-1903）等，皆深受他的影響。（李平漚譯，1989；林玉体，1995；楊亮功譯，1981；*Boyd, 1911*）但當我們細看其有關兒童教育思想時，對於盧梭本身思想的一貫性，仍不免有幾點值得進一步討論之處。

1. 盧梭自己指出他的《愛彌兒》對教育所提出之「可行的辦法」，符合兩個要件。其一，是計畫絕對的好，符合事物的性質，不但適合人，而且適應人的心。其二，計畫易於實行。（*Rousseau, 1762/1972: II*）就第一點而言，盧梭為了挑戰封建統治的社會，反對當時掌握權勢的天主教所標榜之原罪說，而極力倡導性善論，以此作為返回自然、發展天性的立論基礎。從《愛彌兒》中，他不斷提醒我們，當我們從開始什麼都不教，結果反而能創造出一個教育的奇蹟。（伊信譯，1994：42-46；*Rousseau, 1762/1972: 57*）其中可以看出盧梭對人自然天性的界定範圍，並不同於一般的哲學家，甚至包括原始的衝動、自保的慾望、生活的本能等等，所謂天性的自由發展，似乎已到了率性發展的程度。而且有關他對人性善的肯定，其實來自於他的幻想和推測，並無實地的觀察；而他自己本身也未養育或教育孩子的經驗。因此，儘管盧梭文筆生動，反覆地舉各種例子，陳述人的天性與愛彌兒可能的發展，但如何驗證這人性假設是符合事實的解釋，卻始終是其思想被挑戰之處；甚至於若我們對照其一生的境遇，卻不免疑慮他所提出的計畫，乃是反抗自己所遭受的心靈束縛，反抗病魔纏身的軀體，反抗社會的不平等所帶給他種種痛苦的冥想，似乎可看成是他對自己一生不如意境遇的反動，猶如杜威（John Dewey, 1859-1952）所言，主張自然主義的人是因為感受到自己在社會

103

的不利地位，以致個人的自由能力被外在環境所限制，因而產生極力袪除矯揉的、腐敗的、不公平的社會制度之想法（Dewey, 1915/1955: 107）。這種基於對社會現實生活和個人境遇的反動，也使得其教育思想出現了脫離事實而無法落實的矛盾。

2. 盧梭一方面強調自然和社會的對立概念，一方面又承認人不能脫離社會，也肯定人與社會相互依附的關係，最後自然人還是要回到社會中。所以，愛彌兒並不是一個生活在自然環境中的自然人，而是居住在城市社會環境的自然人，他必須知道如何與他人一起生活，滿足他自己的需要（Rousseau, 1762/1972: 167）。對於自然人進入社會可能的遭遇的困境，盧梭自己提出辯解指出，所謂的自然是順著人的需要選擇適合他的工具與標準，而需要又隨著環境而有所改變（Rousseau, 1762/1972: 167）。換言之，如果兒童能適應社會而成為社會的一分子並能保持其本性，此便意味著他已經把社會的觀念與他自己本身的觀念加以融合，因此，這些社會觀念便不再是藉由外力強加於其身上的東西，而是他自然本性的表現；也就是心靈的自然發展是由社會生活所促成，其方向並沒有改變（編輯部編譯，1989：334；Boyd, 1911: 301-303）。雖然盧梭因此為依自然教育教養的兒童與社會搭起了橋樑，但自然與社會兩者的對立概念，仍顯示出其思想矛盾之處，不似杜威認為社會既有的各種制度是一種外在的權宜策略，它足以讓個人藉由這些策略獲得較大的幸福（Dewey, 1915/1955: 107），來得有說服力。

3. 從計畫的可行性來看，從《愛彌兒》中可看出盧梭以順乎自然為最高指導原則，以感官教育為出發點，雖強調能像農民一樣的勞動，但最終是要培養身心和諧發展，而且擁有哲學家般的思想的人，這似乎並沒有脫離西方自古希臘以降，傳統人文思想的基本看法（伊信譯，1994：59-63；李平漚譯，1989：280-282；伍厚愷，1999：200）。顯然達成這樣的教育目標並不是一件容易的事。而且盧梭始終沒有說明那一位能幹又充滿智慧的教師從何而來？如果人真的無法超越環境影響，那被他批判得一文不值充滿罪惡的社會環

境，如何可能出現一個如此充滿智慧足以為愛彌兒典範的教師？這其中充滿了矛盾，也顯示出理論與實踐間的落差。

4. 盧梭的自然教育並非表面所呈現的是一個完全自由的教育。如前段所述，那是一個經過精心設計的環境，即使是順乎兒童天性的「自然環境」，也是教學者觀察兒童後，憑著自己對兒童的觀察所設計出的環境；換言之，是一個在教師掌控下、與現實生活差距很大的「不自然」環境下成長。姑且不論那天生的自然秉賦是否是非社會性的，甚至是反社會的（Dewey, 1915/1955：106），如此所推想設計的環境與做法，是否真的是兒童本身的天性？長大後的成人如何使自己的心靈與孩子契合，而不會做錯誤的解讀？而每一個兒童既有自己獨特的天性與興趣，除非一個教師只教導一個學生，否則如何同時應付許多位學生，提供他們個別不同需要的引導方式？凡此種種亦都是盧梭的思想難以落實之處。

5. 盧梭將兒童的學習特質做階段性的劃分，依次分別進行感覺教育、知識教育和道德教育，直至發展出愛彌兒的理性，相對於當時的教育理論，不能否認是相當進步的觀點。然而，從今日的教育觀點來看，盧梭所做的階段性劃分過於機械，人的發展應該是一個連續性的過程，各階段並無明顯的區分。而且既然強調個別差異，那麼每個個體的發展速率不同，實難以在有限的資源和師資下，給予適切性的個別指導。無怪乎，盧梭的理念被視為難以落實的烏托邦教育理想。

五、結論

盧梭雖曾謙虛地表示自己不是一個大哲學家，也從來不嚮往成為一個哲學家，因為他拒絕「哲學」成為他真誠追求智慧所依賴的證據（Grimsley, 1983: 1）。然事實上，不但從整個教育思想史的發展看來，19世紀的教育家們或多或少都受到盧梭的思想的影響。對人類在其他領域的思想亦有許多啟迪，而被尊稱為「人類的導師」（陸琪譯，1974：

38）。例如：康德（Immanuel Kant, 1724-1804）便認為盧梭發現了關於人內在本性與規律的內在宇宙科學，他從盧梭的思想中，學會尊重人和關於人權與自由的思想，進而建立了他的倫理學說。而黑格爾（Georg Wilhelm Friedrich Hegel, 1770-1831）也認為盧梭的觀點是德國哲學的重要出發點之一，是研究哲學不可忽視的思想家（伍厚愷，*1999：207*）。其他如歌德（Johann Wolfgang von Goethe, 1749-1832）、席勒（Johann Christoph Friedrich von Schiller, 1759-1805）、赫德（Johann Gottfried von Herder, 1744-1803）、布雷克（William Blake, 1757-1827）、沃茲華斯（William Wordsworth,1770-1850）、施萊爾馬赫（Friedrich Ernst Daniel Schleiermacher, 1768-1834）、雪萊（Percy Bysshe Shelly, 1792-1822）、惠特曼（Walt Whitman, 1819-1892）等等思想家，其紛紛展現出對人存在本質的絕對肯定與獨到領悟，是近代西方文化與意識一股強大的發展力量，無一不受盧梭之影響（*Tarnas, 1991: 366-367*）。

然而，綜觀盧梭的教育思想，仍與其論述其他所有與人相關的制度相連貫，皆未脫離倫理道德價值的討論，如同盧梭認為惡行來自於被壞制度治理的人；換言之，人之所以為惡，來自於對受教者的約制。因此，唯一的方法便是將人從當時種種制度束縛下解放出來。他站在關懷人的主體性下，信誓旦旦的宣稱我們企圖改變兒童的氣質是無用的（*Boyd, 1911: 111*），而開啟了教育史發展上的新思維，奠定現代教育理論的基礎。此外，良好教育的基本原則是，不在於教導學生各種學問，而在於培養他愛好學問的興趣和教導他研究學問的方法（*Rousseau, 1762/1972: 135*），亦成為現今許多開放教育學者秉持的信條。

總而言之，盧梭的教育思想彷彿教育史的暮鼓晨鐘，透過盧梭的啟迪，後續教育思想家的倡導，不但確立教育（education）、規訓（discipline）和教導（instruction）是不一樣的（*Rousseau, 1762/1972: 10*），重視了受教者的發展，豐富了教育思想的內涵；也於 19 世紀末開始掀起兒童中心的新教育思潮，使我們不斷地思索改變過去固定僵化的教育方式，或希望徹底改變我們有意或無意對兒童的掌握與約束態度，

或欣賞兒童展現個別獨特的才能。爾今，我們不再一味地相信「不讓孩子輸在起跑點上」的迷思，而願意以更多的等待與尊重，陪伴兒童傾聽其內在的聲音，發揮其自我的特質，盧梭教育思想的貢獻實居功厥偉！

參考書目

伍厚愷（1999）。寂寞啊，盧梭！。臺北：牧村圖書出版公司。

伊信譯（1994）。新愛洛漪絲（第五、六卷）。Jean-Jacques Rousseau 著。北京：商務印書館。

李小群、宋紹遠譯（1986）。西洋思想史，R. N. Stromberg 著。臺北：五南圖書出版公司。

李日章譯（1988）。西方近代思想史，Franklin L. Baumer 著。臺北：聯經。

李平漚譯（1989）。愛彌兒，Jean-Jacques Rousseau 著。臺北：五南圖書出版公司。

林玉体（1986）。西洋教育史。臺北：文景書局。

林玉体（1995）。西洋教育思想史。臺北：三民書局。

苑舉正（2002）。盧梭：自然、不平等與個人權利。（2007.01.06.）取自於暨大電子雜誌 http://emag.ncnu.edu.tw/cat.asp?folderID=200205

夏良才（1998）。盧梭。香港：中華書局有限公司。

陸琪譯（1974）。盧梭傳，羅曼羅蘭著。臺北：志文出版社。

楊亮功譯（1981）。西洋教育史（上）（下）。臺北：協志工業叢書出版有限公司。

編輯部編譯（1989）。西洋教育史，W. Boyd & E. J. King 著。臺北：五南圖書出版公司。

Boyd, W.（1911）. *The educational theory of Jean-Jacques Rousseau.* London: Longmans, Green and Co..

Brubacher, J. S.（1966）. *A history of the problems of education.* New York: McGraw-Hill Book Company.

Dewey, J.（1915/1955）. *Democracy and education.* New York: Columbia

University Press.

Feltenstein, R.（1950）. *A translation of Rousseau's Emile.* New York: Barron's Educational Series, Inc..

Grimsley, R.（1983）. *Jean-Jacques Rousseau.* Sussex: The Harvester Press Limited.

Havens, G. R.（1978）. *Jean-Jacques Rousseau.* N. Y.: G. K. Hall & Co..

Morley, J.（1886）. *Rousseau.*（*2 Vols.*）London: Macmillan and Co, Ltd.

Rousseau, J. J.（1762/1972）. *Emile.*（B. Foxley, Trans.）London: Dent & Sons Ltd.（Original work published 1762）

Rousseau, J. J.（1762/1913）. *The social contract.* London: J. M. Dent & Sons, Ltd.

Rousseau, J. J.（1900）. *The confessions of Jean Jacques Rousseau.* New York: The Modern Library.

Rousseau, J. J.（1750/2006）. *A Discourse on the arts and sciences.*（2006.1.22）取自 http://oll.libertyfund.org/Texts/Rousseau0284/SocialContractAndDiscourses/HTMLs/0132_Pt03_Arts.html

Rousseau, J. J.（1755/2006）. *Discourse on Inequality.*（2006.1.22）取自 http://www.constitution.org/jjr/ineq.htm

Tarnas, R.（1991）. *The passion of the western mind.* London: PIMLICO.

Wikipedia, the free encyclopedia（2007）. Rousseau, J. J..（2007.02.23）取自 http://en.wikipedia.org/wiki/Jean-Jacques_Rousseau#Education

康德道德教育中的教師圖像

—— 朱啟華

教師要具有敏於感知的能力。也就是，他要能夠感受到學生的實踐能力是處於哪個階段。只有在這條件下，教師才能知道應當要以哪些教法以及學習主題，實施道德教育。其次，教師應對學習者有耐心。因為道德教育不只要求學生外在行為，更要使他能深入瞭解道德實踐的意義。

一、前言

德國教育學者 J. F. Herbart（1776-1841）在紀念康德（Imm. Kant, 1724-1804）100 歲生日演講稿中，指出了康德道德哲學的時代性。「即使到下一世代，也將仍保持對於康德的尊敬。不只是康德去世後的第二個世紀，就算是第三個，或是以後的世世代代，他們將會體會到，在基督出生之前很少出現、自基督之後大部分不常堅守，而且在新時代中已被腐化殆盡的真正道德學說的純淨性，在我們的時代中是透過康德得到恢復的。在這點上，他是我們的 Platon。同時也如同在印象中，這時代需要康德一般，真正道德的純淨性也經由他才被強化。」（*Herbart, 1824/1974: 107*）

Herbart 在這份講稿當中，推崇康德道德學說具有的時代重要性。而 Herbart 的這種看法，是可以得到證實的。因為在當今道德哲學關於義務論的討論當中，康德學說的重要性與影響力，是無法被忽視的。因此，他的道德理論如何落實在教育當中，以及作為教育工作者，在德育過程中扮演何種角色，以便於實現這些教育目的，也就有值得探討的意義。基於此，本文試圖以康德道德哲學，以及關於道德教育方面的論述為主軸，再由此衍生出其中所蘊含的教師圖像。

二、康德背景簡介

德國學者康德在 1724 年 4 月 22 日生於東普魯士的首府 Königsberg，該城當時人口約 5 萬，貿易發達，是當時東普魯士的政治文化中心。康德深受他父親（J. G. Kant）以及母親（A. R. Kant, geb. Reuter）對宗教態度的影響，也成為虔信派的教徒。尤其是母親的宗教態度，對康德影響尤其深遠。

1732 年，康德進入斐特烈中學（Collegium Fridericiaum），在

學校中對於聖經教義、經典以及拉丁文的學習，有極深的造詣。在
1740 年中學畢業後進入 Königsberg 大學。在大學中跟隨 F. A. Schulz
（1692-1763）學習神學，另一方面研究自然科學、哲學，尤其對牛
頓的學說有更大的興趣。而在哲學方面，則師承當時的 M. Kuntzen
（1713-1751）。Knutzen 是鑽研 Leibniz-Wolff 學派的學者。在 Kuntzen
去世後，康德就專注在牛頓力學的探討。

　　康德在 1755 年夏天以〈論火〉一文得到哲學博士學位後，15 年
之間一直無法在大學中得到正式的教職。1770 年因為有了一個教授遺
缺，所以才遞補為 Königsberg 大學邏輯及形上學的正教授。康德一直
在 Königsberg 大學服務了 26 年。1786 年與 1788 年夏天，曾二度被選
為大學校長。1796 年 6 月 23 日，康德做了最後一次的邏輯演講，翌年
退休，就此結束了他的教學生涯。

　　綜觀康德在大學中 41 年的教學生活，他所教的科目極廣，最初有
數學、物理學、論理學、形上學，後有自然法、倫理學、自然神學、地
質學、教育學等；教法則循循善誘，但都會顧及學生資質，並且以培養
學生具有獨立思考能力為主要目標。所以康德說「我不是教給你們哲學
（Philosophie）。而是教給你們如何做哲學思考（philosophieren）。」
（歐陽教，1964）

　　康德的學術研究及創作頗豐，依照 L. W. Beck 的看法，可以將康
德的作品分為批判前期（pre-critical），以及批判期，而這是以康德於
1770 年被聘為 Königsberg 的邏輯及形上學教授所發表的就職論文〈論
感性界與智性界之原則與形式〉（On the Form and the Principles of the
Sensible and the Intelligible World）作為分界點。由於這篇文章發表
後，康德在其理論建構上與先前的思想有決定性的改變，所以在這文章
發表前的著作，被稱為批判前期的作品，之後為批判時期（Beck, 1988:
3）。由於批判時期是康德思想已經成熟，而他的道德哲學的體系也在這
時期呈現。所以本文的探討也以這時期的主張為主。

三、康德的道德哲學

　　康德哲學理論包含面向極廣，比如也涵蓋了歷史哲學、神學。然而一般在哲學上較為人所討論的是他的知識論、道德哲學及美學。這三者分別涉及到人在認知、道德實踐以及審美等三種功能的探討。這三項能力同時也形成了康德對於人理想圖像的內容。

　　然而在這三項能力當中，與本文有關，而且是康德較為重視的，是對於人道德實踐能力的探討。康德在討論道德哲學時，由《道德形上學基礎》（*Grundlegung zur Metaphysik der Sitten*）（*Kant, 1785/1979*）、《實踐理性批判》（*Kritik der praktischen Vernunft*）（*Kant, 1788/1977*）與《道德形上學》（*Die Metaphysik der Sitten*）（*Kant, 1797/1977*）等著作中，企圖為普遍有效的道德判斷，尋求在理性主體上的先驗條件。康德把理性能力在實踐面向上的運用，稱為「純粹實踐理性」或「善意志」。實踐理性作為道德實踐的先驗根據，在於它能克服感性愛好，而為自己的行為決定，設立必須絕對加以遵守的道德法則。這種實踐理性自為立法的自律能力，因而也就成為康德在論及道德教育時的主要討論重點。而如何透過教育，陶冶理性具有自律的這種先驗的實踐能力，就成為康德在探討德育時的重點。

　　另外，如果由教育的脈絡，也可以發現康德特別強調道德實踐能力的培養。這呈現在他《論教育》（*über Pädagogik*）的著作中。康德（*1803/1977: 700*）提到，「誰要是沒有受到教化，就會是粗俗的；沒有紀律化，就會是狂野的。疏於紀律化比疏於教化更嚴重；因為教化在以後還能補救，但狂野卻無法被去除。疏於紀律所產生的過失，是無法挽救的。」「紀律化」在此指的是行為的約束，目的在於駕馭學生的獸性（*Kant, 1803/1977: 706*）。缺乏這個根本的工作，以後的道德教育將很難實施，而且也會影響到其他如認知或審美教育的進行。所以道德教育顯然在康德教育主張中，具有重要的根本地位。基於此，本文接著要由康德的道德教育著手，探討在他的道德哲學基礎上，所提出的教育主張。

四、康德由道德哲學所衍生出的道德教育階段

　　如前所述，康德認為道德實踐的條件歸因於實踐理性。同時，由於實踐理性不是生來就完全具足，而是有待後天的培育；所以需要透過教育的過程，逐漸發展、陶冶學生的這項能力。基於這項事實，所以康德就依照不同年齡階段的學生，提出相對應的道德教育目的、教法及教材。這些不同階段的道德教育，可以由康德在前述的道德哲學著作，比如《實踐理性批判》、《道德形上學》以及教育作品《論教育》當中，加以詮釋而歸納出如下的三個階段（朱啟華，2006：36-38）。

（一）個別階段內德育措施的關聯性

　　首先，第一階段是針對思維能力尚未成熟的兒童。由於無法對他進行理性教導，所以在德育目的上，只能要求他培養正確行為的習慣，以避免形成惡習。教師提出的行為要求與規定，就成了兒童應當學習的教材。此外，也由於兒童的理性尚未成熟，所以就以要求他服從規定的方式，養成行為習慣；也就是以紀律化的方式，作為教學方法。

　　其次，第二階段的對象是，理性能力已經成熟，但卻剛要認知道德與瞭解德行意義的初學者。針對這樣的學習者，康德認為要使學習者掌握道德規範，同時能夠逐漸運用理性，思考道德問題。為了達到這些目的，康德主張，要以教義問答法為教法，以道德範例為教材。以教義問答法為德育方法，是因為它強調學生應當要瞭解並掌握範例中人物所表現的道德行為，亦即具有認知道德規範的面向；此外，道德教義問答法也重視在學生認知過程中，教師要引導學生，對於範例中的道德意義，加以反省與思考。如此才能逐漸開展學生道德意識與理性思考的能力。

　　最後，第三階段則是針對對道德規範有所認識，而且也反省與思考過道德問題的學習者。對此，康德認為要強化學習者的道德意識，使

他行動的決定，都能以義務為依據。達成這項目的的教法，是強調師生之間互相詰問的蘇格拉底的方法。經由彼此對於道德範例的討論，以激發學習者對於道德問題的反省，喚醒其道德意識，以實踐德行。

由上可以發現，康德針對不同實踐能力行動者所提出的德育措施，可以歸結出三個階段，而在這個別階段內的德育活動，彼此間具有邏輯關聯，不是任意或不相關的德育主張。

（二）不同階段間的關聯性

此外，在這些不同階段的德育目的，也能發現彼此間的關聯性。第一階段培養學生行為習慣的德育目的，可以作為第二階段德育目的的基礎。因為在前者所養成的行為模式，可以在行動者有反省能力時，成為省察的對象，而使行動者對自己行為的意義，有更深刻的瞭解與體會。反過來說，由於有第二階段重新認知並反省在第一階段所形成行為習慣的歷程，才能使學生省察過去理所當然的行為模式時瞭解到，德行或規範的產生，不是由外界，而是可以由自己決定所產生。當學生有這種反省能力，就可以成為第三階段的基礎；也就是當學生有足夠的道德知識，並能掌握德行的意義，則教師就能透過對話的方式，喚起他的道德意識，使他能時常出於義務而實踐德行。

依此，一個理性未成熟者基於習慣而表現出「德行」，與一個理性成熟者基於義務而行善，即使是相同的行為，卻有不同的意義。差別在於前者是因他人決定，或習慣使然；後者則是自發的行為。由康德道德教育來看，造成這項差異的關鍵，是要使學生有反省，並瞭解德行意義的機會。而這就有賴第二階段德育目的的達成。所以這階段扮演了使學習者由習慣，過渡到出於義務而表現德行的中介角色。而當學習者能出於義務實踐道德時，也就實現了前述康德在《實踐理性批判》一書中，對於德育「方法學」的定義。也就是使「人們如何為純粹實踐理性之法則，取得進入人心靈的途徑，而影響他的格律（Maximen），亦即能使客觀 — 實踐的理性，也能成為在主觀上是實踐的。」（*Kant, 1788/1977:*

287）簡要而言，康德德育方法學關注的是，要如何透過教育，喚起學習者的道德意識，使道德原則成為個人行動的格律。因此康德提出的德育措施，雖可分為上述不同階段，但以達成這項提振個人實踐理性為最終目的。這項德育目的，也就成為統整上述各項德育主張的原則；同時也因為這項最終目的的統整功能，使得不同階段的德育目的間，產生關聯性。而德育目的又是引導教材與教法的基礎，所以後二者也就透過前者，與培養學習者道德意識的最終目的，產生關聯。這指的是，這項德育目的，形成了個別德育措施的意義脈絡，也賦予了個別德育主張在整體德育活動中的意義。

　　經過上述對於康德道德教育的詮釋與建構，可以清楚看到他道德教育的系統性。同時也發現康德在探討道德教育時，學習者在不同階段的實踐能力，或是實踐能力不同的學習者，都被納入考量當中。所以康德道德教育的主張，是對應著學習者的能力發展所提出。

　　上述對康德道德教育階段的陳述顯示，教師應當要能掌握學生處於哪些階段，因而具有何種行動能力。只有滿足了這個條件，道德教育的推動才有可能產生效果。然而康德對教師在德育當中的角色，並沒有進行陳述。所以接著要試圖由康德的德育主張中，推衍出其中蘊含的教師圖像。

五、康德道德教育中的教師圖像

　　在闡述康德的教師圖像之前，應當要先釐清，雖然由康德道德教育主張中，可以整理出上述的系統性。但教師似乎不應當只是個掌握這些系統性與瞭解學生之後，就可以直接實施道德教育了。換言之，上述的系統性，不應當是使教師淪為在培養學生道德能力的技術操作員，反而是能由這個系統中反映出，教師在推動道德教育時，除了能瞭解、掌握系統性外，還應當具有的態度；而這也就形成了對於康德德育系統背後教師圖像。如此，可以避免教師成為純粹只是實現道德系統的執行

者，而忘卻了道德教育是以陶冶人實踐理性的原初目的。

基於此，由康德德育主張中所衍生出的教師圖像，應當具有哪些內容？

在上述的論述中顯示，首先教師要具有敏於感知的能力。也就是他要能夠感受到學生的實踐能力是處於哪個階段。只有在這條件下，教師才能知道應當要以哪些教法以及學習主題，實施道德教育。

其次，教師應對學習者有耐心。主要是因為，道德教育不只要求學生外在行為，更要使他能深入瞭解道德實踐的意義。當教師只重視學生表現的行為，學生雖然能符合教師的要求，但並不一定是出自於內心真正的意願，或是已經瞭解這項要求的道德意義。所以教師在掌握學生實踐能力的程度後，對於理性尚未成熟者，應要能容忍學生在遵守與違反要求之間的擺盪，逐漸引導他們能形成行為的習慣。而對於理性能力成熟者，則應當要循循善誘，透過不斷對話的過程，激發其實踐理性的作用，並在使學習者瞭解道德行為的意義後，能以道德原則作為行動的依據。而不論是就理性尚未成熟者，或是理性能力已經具足者，教師都應當要耐心地教導或引導，以培養一個具有成熟實踐能力的道德行動者。

最後，則是教師本身即是一個道德學習的範例。如同康德提到的，可以以道德典範作為師生討論或是學生學習的主題，由此而激發學生道德意識。但實際上，教師本身就能成為學習的典範，尤其是在師生互動的過程中，教師有時會對學生的行為有所影響；學生也會對教師的行為，有意無意地的加以學習。所以教師也能以自己日常生活當中，所遇到的一些情境為例子，說出自己對這些例子的看法，陳述其中所具有的道德意義，並與學生討論或交換心得，由此激發學生對類似問題進行道德思維。如此，就能將教師對學生的潛在性影響表面化。而這也使學生瞭解，學習範例不是遙不可及或虛幻的，而是可以具體體會，直接學習的。藉此歷程，教師也能發揮他具有的身教功能。

綜合來看，由康德的道德教育中所顯現的教師圖像，再加以衍生後，可以看出其中所包含的教師應具有敏於感知的能力、耐心以及範例

的作用。這些實際上可以作為教師在進行道德教育時，自我反省的依據。

六、結論

在康德的哲學系統中，由道德哲學所衍生出的道德教育，是康德對於教育論述當中較多與較完整的部分。透過本文的分析與詮釋，能夠發現他道德教育主張的系統性。這個系統性是依據不同行動能力的學習者，分為三個不同階段的道德教育。

然而，這些不同階段的道德教育，雖然只是針對學習者所提出。但是在教育過程中，卻也反映出教師應當扮演的角色。所以本文由此推衍出康德在他道德教育主張中，所隱含的理想教師圖像，以作為教師在實施道德教育時，學習或反省的依據。

參考書目

朱啟華（2006）。I. Kant 道德教育之方法學探討。教育研究集刊，52（3），21-42。

歐陽教（1964）。康德的哲學與教育思想。臺灣師範大學教育研究所集刊，7，163-274。

Beck, L. W.（1988）. Introduction. In L. W. Beck（ed.）, *Kants Selections*（pp.1-16）. N. Y.: Macmillian Publishing Co..

Herbart, J. F.（1824/1974）. Rede zu Kant's 100. Geburtstag. In J. Kopper & R. Malter（Hrsg.）, *Immanuel Kant zu ehren*（105-108）. Frankfurt a. M.: Shurkamp.

Kant, I.（1785/1977）. Grundlegung zur Metaphysik der Sitten. In Wilhelm Weischedel（Hrsg.）, *Werke in zwölf Bänden. Band VII*（pp.11-102）. Frankfurt am Main, Germany: Suhrkamp Verlag.

Kant, I.（1788/1977）. Kritik der praktischen Vernunft. In Wilhelm Weischedel

（Hrsg.），*Werke in zwölf Bänden. Band VII*（pp.107-302）. Frankfurt am Main, Germany: Suhrkamp Verlag.

Kant, I.（1797/1977）. Die Metaphysik der Sitten. In Wilhelm Weischedel（Hrsg.），*Werke in zwölf Bänden. Band VIII*（pp.309-634）. Frankfurt am Main, Germany: Suhrkamp Verlag.

Kant, I.（1803/1977）. Über Pädagogik. In Wilhelm Weischedel（Hrsg.），*Werke in zwölf Bänden*. Band XII（pp.695-761）. Frankfurt am Main, Germany: Suhrkamp Verlag.

8

黑格爾主僕論與
教學的哲學省思

── 王俊斌

通過辯證性思維與主僕論之論點，我們或許可以找出一種觀照教育之獨特視野供教學者參考。以下即就主僕論之辯證性開展為基礎，就「自我與客體之關係：學生與課程」、「自我與他人之關係：教師與學生」以及「自我與自然之關係：人類與生態」等三個層次加以討論。

一、黑格爾的生平與思想

哲學家格奧格·威廉·弗德里希·黑格爾
（Georg Wilhelm Friedrich Hegel）1770 年 8 月
27 日出生於德國西南部的斯圖加特（Stuttgart），
這一個地區包括了現代德國巴登 — 符騰堡邦
（Barden-Württemberg）以及巴伐利亞邦（Bayern/Bavaria）等地區。
他的父親格奧格·路德維希·黑格爾（Georg Ludwig Hegel）是當時符
騰堡公國（Duchy of Württemberg）宮廷中的低階文職公務員。家中共
有三個兄弟姐妹，黑格爾排行老大，在接受正式學校教育之前，他便在
母親的指導下接受拉丁文教育。1788 年 10 月，黑格爾進入符騰堡邦一
所新教神學院〔即現在的杜賓根（Tübingen）大學〕；在此一期間，他
與同時就讀的史詩詩人賀德林（Friedrich Hölderlin, 1770-1843）以及
客觀唯心論者謝林（Friedrich Schelling, 1775-1854）等人過從甚密。
這一段求學過程中，他除受到同儕間思想的激勵外，也受到 1789 年法
國大革命鉅變之影響。在當時青年黑格爾早已逐步奠定他初期對 Kant
及其後繼者費希特（Johann Gottlieb Fichte, 1762-1814）的唯心主義
哲學批判之基礎。在 1801 年時，他移居至當時德國的哲學重鎮耶拿
（Jena），經過幾年大學編制外講師的工作經歷，後來才在歌德（Johann
Wolfgang von Goethe, 1749-1832）與 Schelling 等人的支持下於 1807
年獲得正式大學教職。在此之後，他隨著自己許多重要著作的問世而日
漸享有盛譽，因此在學校的邀請下於 1816 年接任海德堡（Heidelberg）
大學哲學教授職務。兩年後，他則是在普魯士國王正式任命下轉至柏林
（Berlin）大學任教。1829 年 10 月黑格爾被選為柏林大學校長並兼任
政府代表。黑格爾生命最後的幾年正處於歐洲極度紛擾的年代，而他
最後出版的作品也正是 1831 年連載於《普魯士國家匯報》（*Allgemeine
Preussische Staatszeitung*）的〈論英國改革法案〉一文；該文因為普魯
士國王的禁令而未能通過新聞檢查，致使該文未完整發表。在同年的

11 月 31 日，他因腹瀉症過世，死後安葬於 Fichte 墓旁。

　　就黑格爾個人而言，我們若將其與 Immanuel Kant（1724-1804）或 Baruch Spinoza（1632-1677）等一流哲學家相比，他個人的人格與生活實在平凡不過，自然而然，他得以出人頭地全在其學術的績業而不在其為人（賀麟譯，1993：1-2）。當黑格爾在杜賓根神學院就讀時，他受 Kant、Spinoza 甚至 Jean-Jacques Rousseau（1712-1778）等人的思想影響。在大學時期階段，黑格爾尚未形成自己的哲學思想體系，他仍然認為宗教高於哲學，認為哲學作為反思的思維不能把握生命和精神的無限性。一直到了耶拿之後，黑格爾才放棄了這一觀點，轉向探討絕對知識之相關議題。他在 1801 年撰寫〈費希特和謝林哲學體系的差異〉（Differenz des Fichteschen und Schellingschen Systems der Philosophie）一文，參加當時的哲學爭論，這是黑格爾發表的第一篇哲學論文。在此之後，他於 1805 年開始寫《精神現象學》（*Phänomenologie des Geistes*），並且在 1807 年 3 月出版。在這本書中他清楚論證人類意識的發展史，也就是說他主張人類意識的發展應歷經不同階段，這包括由意識、自我意識到理性的主觀精神階段；由精神性所彰顯的客觀精神階段；以及最後的絕對精神階段。在《精神現象學》之中，他已展現出正反合辯證的獨特哲學體系。其哲學的辯證性開展特色可以藉由不同階段間之推演關聯來表現（蘇永明，2006：81）：

　　　主觀精神→客觀精神→絕對精神

　　　主觀精神：靈魂 → 意識 → 精神
　　　客觀精神：家庭 → 市民社會 → 國家
　　　絕對精神：藝術 → 宗教 → 哲學

　　顯而易見，黑格爾的「偉大績業」均足以從《精神現象學》之意識發展史分析中獲得有力的奠基。除了此一重要著作之外，他在紐倫堡（Nürnberg）時又分別於 1812、1813、1816 等三年分 3 卷出版

《邏輯學》（*Wissenschaft der Logik*）一書。後來隨著黑格爾轉至海德堡擔任哲學教授，他則是以其講課提綱之基礎編輯成《哲學全書》（*Enzyklopaedie der philosophischen Wissenschaften*）（其中包括邏輯學、自然哲學、精神哲學等三部分）。當他最後轉至柏林任教，此一時期主要教學課程與學術著作則是包括《法哲學原理》（*Grundlinien der Philosophie des Rechts*）、講授歷史哲學（Lectures on the Philosophy of History）與宗教哲學（Lectures on Philosophy of Religion），他也進行 6 次哲學史講演（Lectures on the History of Philosophy）以及足以反映其美學思想的《美學講演錄》（*Lectures on Aesthetics*）等等豐富著作。

　　縱觀黑格爾哲學體系，學界一般皆認為其體系之根源一方面係承接赫德（Johann Gottfrid Herder, 1744-1803）浪漫主義（Romanticism）之表現論（expressivism）觀點，也就是認為現象為精神的具體表現；另一方面，他也依循 Aristotle 哲學中之形質論主張〔即形式（form）與物質（matter）之結合〕以及生命形式之界定（即主張生命要落實在具體的生命個體之中）（*Taylor, 1975: 87*）。黑格爾哲學體系的複雜性，誠如學者之評論可見一斑：「其學說向來以艱深著稱，要瞭解他，要介紹他使得別人也能有所瞭解，實非易事。」（賀麟譯，1993：2）從其思想長期對學界發揮著廣泛影響性來看，在他所有的哲學著作之中（諸如《精神現象學》、《邏輯學》、《哲學全書》、《法哲學原理》、《美學講演錄》、《哲學史講演錄》、《歷史哲學講演錄》等等），「最能代表其個性與獨創性之《精神現象學》，此書向來以艱深精惡著名。」（賀麟譯，1993：40）另外，不管是支持或批判黑格爾思想，幾乎任何重要的哲學著述都很難迴避黑格爾學說，在本文（「黑格爾主僕論與教學的哲學省思」）之中，作者無意也無力於極有限的篇幅之中評斷黑格爾哲學思想，僅期待尋覓在其思想中可能蘊含之教師圖像側寫；為達成此一目的，本文擬以其在《精神現象學》中就主人／奴僕之分析的辯證法（Dialektik/dialectics），以及其對於主僕論說明之詳細內容為核心焦點，再進一步探究其具有之教學哲學意涵。

二、哲思的核心概念：矛盾辯證法

　　黑格爾在《歷史哲學》的前言中便曾論及：「意識是存在於它無限多的概念之上，也就是說，意識是存在於自由的、無限多的型態之中，而對立的抽象內省型態只是它的一種反映。意識是自由的、獨立存在的、有個性的，僅僅屬於精神。」另外，他在《精神哲學》（*Philosophy of Mind*）一書中則是將自我意識的發展分成本能慾望（appetite or instinctive desire）、被認可的自我意識（self-consciousness recognitive），以及普遍的自我意識（universal self-consciousness）（*Hegel, 1971: 165-178*）等三個部分（*Hegel, 1971*）。同樣的，他在《精神現象學》一書中則是將是主觀精神的發展區分為從「意識」到「自我意識」，再到「理性」的階段性。歸結上述著作所呈現的一致性思考進路，即在於不斷反映動態發展的觀點：「以動態的方式，且加入時間的因素來解決萬事萬物的演變，用矛盾對立事物的結合，並產生新的、更高層次的事物來說明演變的過程。」（蘇永明，*2006：79*）

　　無庸贅言，為黑格爾所側重的動態演變觀明顯地貫穿其不同時間之著作，因此有學者便曾指出：從知識論來看，他的知識觀即為一種「主客合一」（知與所知合一），其宗教哲學之立場則為一種「天人合一」的態度，他的社會學主張則是「人我合一」，至於他的自然哲學則是特別側重「內外合一」（賀麟譯，*1993：5*）。因此，在黑格爾哲學中，矛盾顯然不是完全不相容的，這就如同「一種正確的論點，它的相反是錯誤的論點；但是，一種深度的真理，它的相反仍是深度的真理。」（楊深坑，*2002：33-4*）亦即，真理本身無所謂正確或相反，但對真理的描述卻可以是由很多角度來說明；對同一對象有很多不同的思考方式，可能提出不同的論點。簡言之，我若僅按照古典邏輯之基本假設為之——即一個語句（sentence）是正確的，其否定句一定是謬誤的，亦即兩個語句是互相矛盾的（contradictory）——我們就只有兩種選擇的選項。相反的，當我們能夠從動態演變的觀點切入，兩個不同的敘述未必是矛盾

的，而是互補（complementary）而且可能達成同一（identity）的。因此，「矛盾存在於事物的本身，也存在於事物之間。矛盾並不是指單純的對立，如南極與北極的對立。」（*Inwood, 1983: 450*；轉引自蘇永明，*2006：80*）據此，黑格爾清楚提出其獨特且精到的哲學方法──辯證法。他主張此一方法包含著三個階段的遞變過程：即「正題」（thesis）、「反題」（anti-thesis）、「綜合」（synthesis）。「綜合」會有一些原先「正題」和「反題」的內容，而「綜合」本身又會變成是一個「正題」，再進行下一個回合的辯證。故而，矛盾所產生的辯證是指有互動關係的對立雙方，可以進一步揉合產出新事物，而且更是不斷地處於辯證開展過程之中。

普遍一般人皆採日譯稱之為辯證法，根據賀麟的看法他認為這其實是一種矛盾法（dialectical method）（*賀麟譯，1993：5*）：其意即在於反對當時走簡捷路線去囫圇苟且的假合一趨勢，他認為須經過艱苦磨練、矛盾衝突，始能調和那極生硬不相容的矛盾現象使成為有機的統一，這才是真實。[1] 根據此種理解，黑格爾的辯證法的性質和內容，可以從以下三個層次來說明（*賀麟譯，1993：6-16*）。

---

[1] 賀麟認為若以日人譯德文之Dialektik為「辯證法」實在文不對題，令人莫名其妙。他主張應將之譯為「矛盾法」（*1993: 16*）：普通哲學家用以駁倒對方之dialectics──即譯近於詭辯而實非詭辯的矛盾辯難法為「辯證法」，這或許勉強講得通，但亦欠確當。因為「證」字含有積極地用實驗以證明一個假設，或用幾何推論以證明一個命題之意，而矛盾辯難法的妙用只是消極地尋疵抵隙，指出對方的破綻，以子之矛，攻子之盾，並不一定要證明一個命題或假設。顯然，賀麟此一主張似乎將「證」字的意義限縮於邏輯學的理解範疇之內，譯成「矛盾法」自然又不易與邏輯學矛盾律之「矛盾」相區隔。再者，若從近來學者對於科學理論之分析（*如楊深坑，2002*）或是科學哲學的發展〔如Karl Popper「否證論」（falsificationism）的提出〕，將Dialektik譯為「辯證法」此刻已為學界較一致的譯法，在本文因此仍選擇採取「辯證法」來翻譯Dialektik一詞。

（一）矛盾法可以說是一種實在觀

　　所謂矛盾的實在觀就是認為凡是非真實的東西必是不合理的，自相矛盾的。凡是實在的東西必是合理的，必是整個的，圓滿合一的。簡言之，凡實在皆經過正反合的矛盾歷程以達到合理的有機統一體，所以他以為非用正反合的矛盾方式不能表達現在之本性，此即其所謂正反合的三分範疇方式（triadic scheme of catagories）。然而其所指之矛盾，又與邏輯學之 A ≠ ~A 的矛盾律不同，其差異在於：

1. 相反的矛盾：如有（*Sein*）無（*Nichts*）之相反其合為「變」（*Werden*）。又如質量之相反，其合為權。因有質無量，均屬抽象，實等於無。真的存在必為有定質有定量之權。

2. 遞進的矛盾：如《精神哲學》中之主觀意識（正）進而成為客觀意識（反），再進而為絕對意識（合）。又如《邏輯哲學》中之三大綱領，由於存在（*Sein*）（正）進而為本性（*Wesen*）（反）再進而為總念（*Begriff*）（合），亦為遞進的矛盾。

3. 相輔的矛盾：如在《精神哲學》中藝術宗教哲學均同為絕對意識之表現。藝術為正，宗教為反，哲學為合。藝術宗教用象徵或寓言以表現為絕對實在，而哲學則用理智以表現絕對實在，故均屬於絕對意識而有相輔的關係。

（二）黑格爾的矛盾法又是一種矛盾的真理觀

　　真理係為包含相反兩面的全體，須用反正相映的方式才能表達出來。譬如「死以求生」或莊子所謂「方生方死」就是黑格爾所謂矛盾的真理，老子的「無為而無不為」也是矛盾的真理。

(三) 矛盾法是一種矛盾的辯難法，也可以說是以子之矛攻子之盾的辯難法

辯難法始於盤詰他人，然後察出別人的破綻。即用對方的前話來攻擊後話，或用後話來攻擊前話，一直到對方辭窮理屈、悵然若失為止。這樣的辯難法如合於邏輯，且辯者實志在求得真理，則稱為矛盾辯難法或簡稱矛盾法（dialectics）。如下定義、不合邏輯、為辯難而辯難，徒以取快一時或求辯勝他人為目的，這便叫詭辯法（eristic）。由此足見詭辯法與矛盾法間之界限實甚微；普通人甚至於將二者分辨不開。[2]

另外，我們若再從「思辨方法」的推演環節來看，矛盾辯證本質上係包括「開始 — 進展 — 目的」之過程（張世英，1991：527-528）。

(一) 開始

邏輯學的體系開始於存在，它既是直接性，又是作為自在的概念的普遍性。因此方法的出發點既是分析的，又是綜合的。

(二) 進展

概念把它開始時所具有的直接的普遍性予以否定，把它自己的直

---

[2] 所謂的詭辯法，就如同Plato《*Euthydemus*》中提及的例子：從正面來看，求學的人必是聰明人，因為求學可以使人聰明，而且必聰明人方求學。同樣的，從反面來看，求學的人必愚昧，因為必愚昧人方求學，聰明的人何需求學？顯然，不論從正、反來看，它們雖又自言之成理卻又有所偏謬。矛盾辯證法則非如此，這如同Josiah Royce在《近代理性主義演講錄》中論及：「我很喜歡別人反對理想主義，因為他反對理想主義愈烈，則他走向理想主義的領域愈深。因為他反對理想主義就是根據他自己認為合理的理想來觀看這世界。」矛盾辯證是以求得真理為導向的。

接性降低為一個環節。它既是對開端的否定，也是對開端的規定。這樣，原先的直接的普遍性便有了相關者，對相異的方面有了聯繫，從而進入「反思」的階段，即間接性的階段。這樣由直接性到間接性，從原始的統一到分化的過程，就叫做「進展」。就這種進展是把「那已包含在直接的概念內的東西」發揮出來或分化出來而言，它是分析的。但另一方面，正是通過這種進展，才表明概念自身正面和反面的關聯。這也就是說，它的對象還是一個單純的普遍性，它在進展中表明自身即是他物，而這正就是綜合法。

（三）目的

這是全部邏輯學的終點。這終點是對起點的否定，但又與起點有同一性，所以目的也是對於它自身的否定。它是起點潛在內容的展開和總結，是多樣性的統一體。在這個統一體中，起點和終點結合起來了。這樣，概念從它直接的自身存在出發，通過分化、差異，到差異之被揚棄，就成為「實現了的概念」──即包括著展開了的一切規定、範疇在內的獨立自為的東西，即「理念」，是前此一切規定的根源；從絕對的最初來看，終點、目的即「絕對理念」原來就體現在起點以及整個展開的過程之中，因此它就是唯一的全體。這一階段也表明思辨方法既是分析的又是綜合的。就絕對理念是全部邏輯的規定性的分化和展開而言，方法是分析的；就絕對理念是這些規定性的總結和統一而言，方法又是綜合的。總之，「思辨方法」的特點就在於無論就開端來看，或者就進展和終點來看，都同時既是分析的又是綜合的，這樣的方法乃是內容的靈魂和概念；而思辨方法就是理念諸環節之向著整體的開展，就是矛盾進展、自身運動的理念本身：這就是黑格爾唯心主義的概念的辯證法。

總結前述對矛盾辯證方法之性質、內容以及推演環節之分析，我們知道黑格爾的辯證法乃是一種矛盾的實在觀以及一種三分式的範疇。除此之外，它又是一種真理觀，指那用反正相映以表達出來的矛盾之

理。矛盾辯證法之實際作用乃在於分析意識經驗人生宇宙之矛盾所在，而指出其共同之歸宿點，這自然與邏輯學者用以駁倒對方之矛盾分析法不同。

三、辯證法的具體展現：《精神現象學》中的主僕之爭

在《精神現象學》中有關主僕論之爭一節的文字之中，黑格爾首先分辨意識有生命的關聯性，他甚至也提到了死亡。顯而易見，他認為自我意識的主僕之爭即意指一種生存與死亡間的對立性張力，若是沒有經過生命存續與否的競爭關係，任何意義皆不會產生；相反的，唯有意識體會死亡的可能與可怕，那麼意識肯定生命的態度才會是真切的：

> 通過生死鬥爭來證明自身的存在之過程，它既揚棄了由此所獲得的真理，同樣也因而又揚棄了對他自身的一般確信；因為正如生命是意識自然的肯定，有其獨立性而沒有絕對的否定性，同樣死亡卻是意識之自然的否定，有否定而沒有獨立性，因而這種獨立性就沒有得到承認所應有的意義。通過生死鬥爭無疑地獲得了這樣的確定性。……這兩者並不通過意識彼此互相給予或獲得，反過來，他們只是各自讓對方自由且互不干預地把對方當成是「他物」（things），其行動是抽象的否定，並非意識的否定，意識的揚棄反倒應該是：他保存並維持住那個被揚棄者，致使他自身也足以承擔他的被揚棄而持續活下去（Hegel, 1977: 114-115；賀麟、王玖興譯，1997：150）。

從主人與奴僕之間互為爭鬥的角度來分析，其爭鬥的本質即為意識為了自外界或對象返回自我的必然，意識為了追求獨立性，其必須藉由與另一個他我之意識的區別過程來彰顯彼此差異。用更簡單的話來解釋，主人與奴僕間的爭鬥本質，其意即期待藉由對另一個意識的否定過

程而返回自我。在主人與奴僕間爭鬥關係甫一開始，當主人意識從對象在通過意識來返回自身之際，他早已能夠認識到自我意識之自主性，使得主人意識是「自為存在」且是「自主的」。與此相反，奴僕意識卻是相對地呈現出依賴性，它雖也是「自為存在」（因為存在著一種明顯依附於主人意識而存在的從屬意識），可是它卻是「非自主的」或「他為」的。表面主人意識是凌駕或宰制著奴僕意識的。可是當我們理解前述討論之辯證法要義，那麼對於主僕之爭的理解便不能就此打住。質言之，緊接而來的問題便是：「自為存在」且「非自主的」的奴僕意識，縱使它是一種被「物化」的意識，它是不是仍是一種自我意識？若我們從正 — 反 — 合的角度來掌握對黑格爾思想的合宜理解，那麼奴僕意識雖然是從屬於主人意識，可是其仍具有轉變為具有自主性之可能。究其原因，即在於奴僕自我也能夠真正意識到自我意識的依賴性本質，單憑這一點，它就足以證明奴僕意識的「自主性」已獲得初步彰顯，它是一種與主人意識相對立的他我意識（即另一個不同意識）。顯而易見，主僕之爭也同時呈現出一種不同的樣態：也就是從上對下的控制轉變為彼此的對立。但是，我們仍必須緊接著再從另一個層次，來思考將奴僕意識視為與主人意識不同之他我意識的可能問題為何。例如，與主人之自我意識相對的若不是另一個他者的自我意識，那麼主人意識仍有資格稱之為自我意識嗎？如果說奴僕之自我意識的覺知必須仰賴另一個自我意識來促發，那麼當主人之自我意識之發生無此一促動之來源時，主人意識從何而來？等等之質疑似乎也成為嚴肅問題。與此同時，主人意識的獨立性好像也一併消失了。與主人意識之問題悖反，奴僕意識雖然一開始便無其獨立性，但是，從前述意識的轉折性發展過程，我們不難看出主人意識與奴僕意識由不對等變為具有同等的獨立性：

> 主人通過其獨立的存在間接地使自己與奴僕相關聯，正是因為這種關係，奴僕才得以成為奴僕。這就是他在爭鬥所未能扭脫的鎖鏈，並且證明了他自己不是獨立的，只有在物的形式下他才具有獨立性。但是主人有力量支配他的存在，

而這種存在又支配他的對方（奴僕），所以在此一推移的過程中，主人就把他的對方置於自己權力的支配之下。同樣主人通過奴僕間接地與物發生關係。奴僕作為一般的自我意識也對物發生否定關係，並且能夠揚棄物。但是對奴僕而言，物也是獨立的，因為通過他的否定作用，他無法一下子就把物摒除，亦即，他只能將之予以加工改造。反之，通過此一中介，主人對物的直接關係，就變成對物的純粹否定，換言之，主人就享受了物。那單純慾望所未能獲得的東西，他現在得到了，並且把它加以享用，於享受中得到了滿足。光是慾望並不能獲得這些，因為物亦有其獨立性。但是主人把奴僕放在他自己與物之間，這樣一來，他就只有把他自己與物的非獨立性相結合，而予以盡情享受；他對於物的獨立性這一面卻讓給奴僕，讓奴僕掌握了對物進行加工改造的主動性（Hegel, 1977: 115-116；賀麟、王玖興譯，1997：151-152）。

根據黑格爾對於主僕之爭過程中不同轉折歷程的分析，顯然主人的獨立意識仍是與奴僕意識緊密關聯的，其關係並非如邏輯矛盾律之非此即彼的二元性抉擇，在某種程度上主人意識的彰顯也要仰仗奴僕意識的作用。即使主人將奴僕當成了「物」的對象，意識慾望的對象就是「物」，慾望的單純對象就是對「物」的直接否定。無怪乎，為何主人會把奴僕直接當成「物」，因為奴僕是生存競爭之中的失敗者，他卻沒能為維持自己作為一個人的尊嚴而努力，奴僕在生存的鬥爭過程中顯然是怯懦的，他在面對死亡時更表現出屈服的態度，因此他甘願淪為勝利者的奴僕，其目的只為換得生命的苟延殘喘。所以奴僕在此成為被動的「物」。但是，我們若從另一個角度再次檢視主僕之爭的評價，其狀況卻又有所不同：也就是奴僕通過掌握對物進行加工改造的主動性而在某種形式控制著主人（高全喜，1993：98）。簡言之，主人由原先勝利者地位迫使奴僕承認其行使主人角色的權利，在逐行享用奴僕勞動成果的習慣下，主人雖然不再需要親自勞動以滿足他自己的自然慾望。純粹自然的

「物」（諸如可供料理烹煮的食材）有些不能夠直接滿足主人的慾望，為了嚐到美味佳餚，主人轉而依賴奴僕的勞動與服侍，因此把奴僕置於他與自然「物」之間，而使得主人與奴僕之爭的失敗者獲得某種轉機。

在這種主僕之爭的層層轉折過程之中，主僕之爭的結果在於：如果奴僕是跟生命的存續相妥協，那麼主人便是由於對自身慾望的妥協進而無法否定奴僕；再者，當奴僕又跟自身的慾望妥協時，他自己自然無法吃到烹煮的美食，必須將之讓渡給主人享用，可是這卻也讓自身具有與主人不同的獨立性。從主人的角度來看，「把對手打死對他沒有好處。他必須『辯證地』（dialectically）克服他。他仍留給他生命和意識，只剝奪他的自主性（autonomy）使之成為奴僕，而他必須在對手反對或反抗時才加以壓制。」（Kojève, 1969: 15）我們不難看出，主人與奴僕之間的生命間的差異，正在於其是否能夠正視自身之獨立性與差異性與否。如同主人之自我意識一開始認為意識的獨立即為其對外界的否定，但如果真的全盤否定，主人的自我意識反倒沒有存在的空間，所以主人的自我意識如果存在而且能夠被生命肯定的話，意識因此不能採取絕對的否定性；否定只有在一開始時意識的誤認，誤認其可以否定外界的一切，據以協助意識可以獨立完成自我意識。但反過來說，死亡是不會造成意識誤認的，因為死亡是一切的結束，意識的死亡與生命的死亡都再次使意識從獨立性脫離出來，就意識的獨立性而言，類似回到意識沒有獨立之前；就生命的狀態而言，時空一切就不再有意義。這誠如黑格爾所言，主人對於奴僕的貶抑或者是揚棄，他最後卻非得保存那個被揚棄的奴僕不可。換言之，所謂通過辯證來揚棄的手段並不是一般的丟棄意涵：

> 揚棄所帶來的第一個概念是「否定」，「保存」是揚棄所帶來的第二個概念。揚棄本身所帶來的第三個概念是「確定性」，透過揚棄，我們才能知道我們確定了些什麼，揚棄了意識自身以外的意識，才能確定自我意識的存在。總結來說，意識的揚棄透過了保存被揚棄者，進而確定意識自身的存在。

> 另外一方面，意識的揚棄還有一重大意義……意識的揚棄概
> 念通常是為了這種反身性而存在，反身性就是意識在揚棄對
> 方的過程中，自我也遭到對方的揚棄，意識努力地去否定對
> 方，其實是否定、揚棄自己（郭庭嘉，2004：44-45）。

在主僕之爭的關係中，主人意識和奴僕意識所呈現的逆轉性變化，它一方面呈現主人後來只能依賴奴隸才能夠取得慾望的滿足而失卻原先具有的自主性；相反的，奴隸卻是從勞動過程中將自然的物轉化為被主人享用的加工品，最後卻讓自我又取得某種自主性。原先獨立的主人與依賴主人的奴僕，後來則是變成主人必須依賴奴隸，而使得主人不再是獨立的（Hegel, 1977: 117）。由於奴僕的生存狀態等於隨時面臨死亡，所以是「一種存在的死亡狀態」（a living death），是處於「絕對的否定」（absolute negativity）狀態，可是當他經由勞動時，自己卻變成是直接控制自然之物的主人，而且更是非直接地宰制著自己的主人。

四、教育實踐問題的省思

依據本文前述對於黑格爾生平、辯證法的內涵乃至於其對主僕之爭的分析，在這一節我則是嘗試進一步探索其在教育上存在的意義，也就是針對其足以提供教師反省其教學之可能問題而言的。換言之，通過辯證性思維與主僕論之論點，我們或許可以找出一種觀照教育之獨特視野供教學者參考。以下即就主僕論之辯證性開展為基礎，就「自我與客體之關係：學生與課程」、「自我與他人之關係：教師與學生」以及「自我與自然之關係：人類與生態」等三個層次加以討論。

(一) 自我與客體之關係：兒童與課程

如果說 John Dewey 早年的思想被稱為黑格爾時期（賀麟譯，1993：5），毫無疑問地，Dewey 的理論洋溢著十足的矛盾辯證特色。例如，

他在出版《兒童與課程》（*The Child and the Curriculum*）一書開章便道（*Dewey, 1956*）：無論任何問題其實皆會有矛盾或對立的情形，往往只有嘗試從一種新的角度來觀察與分析，我們才有可能擺脫原有概念意涵的侷限並得出新的見解。探取這種方法其實對於問題的思考而言是極為辛苦的。要我們放棄已知的事實，轉而去尋找一些新的論點和理據，也就試圖拋棄已形成概念和擺脫已熟悉的事實，這自然是吃力的工作。相反的，依循既有的概念也就相對容易許多。他說明這些，其目的便是企圖表明自己努力的方向與志業即在於開創一種前所未有的觀點。

依據 Dewey 的評論，他認為我們通常都太受自己的立場與所處情境的侷限，或為堅持自己的觀點而犧牲他人。例如，太過強調課程教材內容遠甚於兒童自己的經驗內容，根據此種看法，兒童只是等待成熟的未成熟個體，教育的目的即在於擴展其狹隘的視野，而兒童本身只能夠按部就班地聽任安排而已。與此相反，另外有學者主張兒童才是學習的起點與中心，同時也是終點。任何的學科皆以輔助學生成長為目的，也就是說，只有當學科教學是兒童成長所需的，教材才能被視為是有價值的工具。舉出這兩者，Dewey 卻進一步認為這兩者都是極端，他建議我們應該正視：教育過程中的許多情境它們都是彼此互有關聯的，一方面我們應該不要把教材當作某些固定不變的，它不是兒童經驗之外的；另外一方面，兒童經驗也不是截然不變的東西，反而是快速變化、處於形成之中的，而且是有生命力的展現。Dewey 要我們體認兒童和課程係位於單一過程的兩極，它們有如兩點所連成的直線，兒童當下的立足點以及學科教材之中的事實與真理兩者，它們共同決定了應有的教學方法。因此，Dewey 眼中的教學是一個連續歷程，它將學生從自身當下的經驗中，透過學科教材的學習讓其學會系統性呈現的事實。

仔細體會 Dewey 在《兒童與課程》中之看法，除了他在字裡行間所清楚展現的辯證法操作之外，我們若以主僕之爭的角度再行分析，不論是兒童本位或學科本位，在某種特定立場支持下，其或許仍可以具有某種獨特之主人姿態，將另一個他我（即不同之教學主張）打為受壓制之奴僕，只是當這樣的對稱關係成立，整全或全面性的教學實踐，無疑

地，它必定會有所偏廢。

(二) 自我與他人之關係：教師與學生

我們若從整個教學活動過程的主動性來區別所謂「教師本位」或「學生中心」之教學樣態的差異，過去「師範取向」的師資培育理念正反映著傳統文化中尊師重道之價值：諸如儒家思想在中國傳統文化中扮演相當重要的角色，而儒家思想中對教師的看法也代表社會普遍對於教師角色的印象與期望。例如，韓愈在〈師說〉中描繪出「師者所以傳道、授業、解惑」的圖像，這便表現出一般人認為「老師」這個角色應該在道德、學問以及文章等不同面，應該都足以為人表率的要求。換言之，我們對足堪為師表的角色界定這就是所謂的「師範」。師範教育強調未來的教師培育應該注重生活教育、人格修養以及品格禮儀的陶冶等。因此，整體的師範教育必須對於受培育學生之行為與品格皆能符合某種標準或典型與常態（normal）（王俊斌，2007：78）。隨著社會條件的急遽轉變，我們除了於 1994 年時將〈師範教育法〉修正為「師資培育法」，確立師資培育多元化制度外，我們似乎也將教學活動過程的主動性地位由「教師本位」讓渡給「學生中心」。此一轉換的明證，即在於國民中小學九年一貫課程內涵中清楚明列的知識論述形式一般：即九年一貫課程的推動係以綱要（guide lines）而非標準（standards）的形式呈現；其以學生的生活世界（life worold）為出發而非以教師為中心的教學；強調學生能力（capability/ability）的開展而非學科知識（knowledge）的堆積；重視以領域「統整」（integration）的整體性學習而非學科分化的片斷知識拼湊（王俊斌，2007：79）。

進一步分析這種轉變，顯而易見，過去以「教師為本位」的教學，其徹底賦予教師專家之姿態來主導整個教學活動，其關係如同如前述黑格爾主僕之爭，原先對於奴僕（諸如學生）具有完全掌控能力的主人，當他順任並完全聽從學科教材之知識結構來進行教學時，他便在不自覺間失卻原先具有之自主意識，進而淪為某種自然物（例如固定教材）

之奴僕，而這也無怪乎批判教育會提出「增權賦能」（empowerment）來喚醒「主人」的自主意識。與此相同，另一種極端的「學生中心」之教學主張，從矛盾辯證之角度，它自然也會失之偏頗。因此，在「教師本位」與「學生中心」之間，它自然存在著一個綜合的可能性。質言之，這樣的師生關係應在於一方面體認教師並非學生學習活動的知識主宰者（dominator）；另一方面，教學活動更非徹底消極地「任其生長」之活動，教學的本質應該是要讓教師扮演課程教學活動的促發者（facilitator）的角色才是。

（三）自我與自然之關係：人類與生態

面對全球化在經濟、文化、資訊科技等不同面向深遠影響，其實這不需我們耗費唇舌解釋，只要我們有機會駐足於國際性大城市的街頭，隨處可見麥當勞、同步首映的好萊塢電影、跨國金融服務、用 Windows XP 系統收發電子郵件，這些景像總會給人既熟悉卻又陌生的複雜情緒，而且凡此種種更反覆提醒我們必須牢記這個世界已是共有的而不再是獨占的（*Singer, 2002: 1-13*）。顯然，全球化將 21 世紀人類置於從未遭逢的遭遇之中：諸如國際頻繁的交流帶動了區域經濟榮景；基因複製或奈米科技等成果更讓人類未來看似前程似錦。但是，全球化的步伐卻也造成生態危機、文化殖民、疾病蔓延與全球資本主義（global capitalism）的各種問題（王俊斌，*2004：63-64*）。特別就目前生態問題以及教育應有的作為來看，當世界各國皆已嚐到氣候急遽變化的苦果，亦即全球暖化與溫室效應造成海平面上升並淹沒土地、全球產生暴雨或乾旱、土地沙漠化、生態改變、農作物產量驟降等等災難性問題，人類才開始重新認真思考「人類與自然」之合宜關係：例如為了避免上述問題的嚴重性加劇，聯合國際教科文組織早在 1974 年便已提出國際環境教育方案（International Environmental Education Programme, IEEP），在 1993 年時通過「氣候變化綱要公約」、1997 年於日本京都召開第三次締約國會議中通過法律約束力的「京都議定書」等等。

截至目前為止，我們發現有關「京都議訂書」、「全球暖化」、「史騰報告書」（The Stern Review Report on the Economics of Climate Change）、「不願面對的真相」（An In-convenience Truth）等許多生態議題之討論，它們不但反覆訴求生態問題的嚴重性外，它同時也意味著全體人類對此所應負起一種之無可迴避之共同責任（co-responsibility）。職是之故，我們必須從人類與自然對應角色之改變來著手，其間之關係其實正如主僕之爭的立場遞移，這種微妙的轉變好比 R. F. Nash 在《自然的權利：環境倫理的歷史》（The Rights of Nature: A History of Environmental Ethics）一書指出人與自然之關係的三階段演變分析一般（Nash, 1989）：

> 人類的環境信念：
> 人類中心論（anthropocentrism/homocentrism）→生命中心論（biocentrism）→生態中心論（ecocentrism）。

簡言之，人類面對自然之合宜關係不再是「萬物具備於我」之主人地位或役物者之姿，而是重新學習如何與自然和諧共在。其實，這樣的立場並不是什麼新鮮的發現，如同 Martin Heidegger 早曾看見，只是我們體會得不深而已：

> 對於現代科技而言，其展現出一種人類對於自然極度苛求的特質，要自然源源不絕地提供本身可以被開採和儲存的能量。但是，難道舊時代的風車磨坊不也是在運用自然的力量嗎？仔細想想，它們卻是不同的，風車的葉片雖然在風中不斷轉動，但葉片始終直接聽任風的吹拂。很重要的是風車並不開發氣流中的能力並加以儲存。相反的，當人渴望能從自然界開採出煤和礦石，原本的土地自身在轉眼間便展現為煤區與礦床。這與農夫從前耕種的田野表現不同，農民的耕種並不強求土地。在播種穀物時，農民的活動便是把種子交

托給生長力，並看守著它，讓它成長茁壯……。現在，為了發展可以隨時使用這一股能量，並將之儲存以備不時之需，我們從礦石中分離出鈾，並讓鈾交付出可以用來產出茲供利用的原子能。就此，人和自然就不再是和諧與對稱的狀態……（*Martin Heidegger, 1977*）。

思忖其思，這如同讓我們重新體會黑格爾的主僕之爭並據此省思當前的生態問題一樣，如何進一步轉化為實際的環境教育行動，並且據此追求一種未來辯證綜合的可能境遇，這應是閱讀黑格爾思想的意外收穫與啟示吧。

五、結論

黑格爾哲學是集 19 世紀德國古典哲學之大成，其思想呈現出如百科全書般的豐富，從哲學的角度來看黑格爾的倫理思想雖然是唯心論，但是從其種種著作議題觀之，他仍緊扣對於社會現實問題之反省而來，而其矛盾辯證的方法的特色如同前述種種分析，除此之外，他對後來 Karl Marx 的唯物辯證與資本論之形成更發揮著重要影響。若說他的哲學直至此刻仍然受到廣泛重視，這種評價必定是沒有絲毫地浮誇的。然而，在本文之中，我僅就其矛盾辯證方法之性質、內容以及推演環節之加以分析，另外也將討論的範圍侷限於《精神現象學》一書中的主僕之爭，據此突顯「矛盾辯證法」的具體例證。另外，我在文中也以主僕論之辯證性開展為基礎，藉由「自我與客體之關係：學生與課程」、「自我與他人之關係：教師與學生」和「自我與自然之關係：人類與生態」等三個層次，來指陳黑格爾思想對於教師投入教學實踐可資借鑑之處。黑格爾哲學體系的深邃及其可能的教育蘊意，除了本文討論的層面之外，當然不止於此。其間必然仍有缺漏產生之可能，這自當是作者自己力有未逮罷了。

參考書目

王俊斌（2004）。論全球化的道德處境與論辯倫理學的先驗回歸。師大教育研究所集刊（教育史哲專輯），Vol.50（3），61-89。

王俊斌（2007）。後現代教育哲學專論——在多元與同一之間。臺北：心理出版社。

高全喜（1993）。自我意識論。臺北：博遠出版有限公司。

張世英（1991）。黑格爾辭典。長春：吉林人民出版社。

郭庭嘉（2004）。從《精神現象學》主奴之爭一節中看慾望詮釋的可能性。國立中央大學哲學研究所碩士論文。未出版。

賀麟、王玖興譯，Georg Wilhelm Friedrich Hegel 著（1997）。精神現象學。北京：商務印書館。

賀麟譯，Josiah Royce 著（1993）。黑格爾學述。臺北：臺灣商務印書館。

楊深坑（2002）。科學理論與教育學發展。臺北：心理出版社。

蘇永明（2006）。主體爭議與教育：以現代與後現代為範圍。臺北：心理出版社。

Dewey, John（1956）. *The Child and the Curriculum, The School and Society*. Chicago: The University of Chicago Press.

Hegel, Georg Wilhelm Friedrich, W. Wallace（trans.）（1971）. *Hegel's Philosophy of Mind*. Oxford: Oxford University Press.

Hegel, Georg Wilhelm Friedrich, H. B. Nisbet（trans.）（1975）. *Lectures on the Philosophy of World History*. Cambridge: Cambridge University Press.

Hegel, Georg Wilhelm Friedrich, A. V. Miller（trans.）（1977）. *Phenomenology of Spirit*. Oxford: Clarendon Press.

Heidegger, Martin（1977）. *The question concerning technology, and other essays*. New York: Harper & Row.

Inwood, Michael（1983）. *Hegel*. London: Routledge.

Kojève, Alexander（1969）. *Introduction to the Reading of Hegel: Lectures on the Phenomenology of Spirit*. Ithaca and London: Cornell University Press.

Nash, R. F. （1989）*The Rights of Nature: A History of Environmental Ethics*. Madison: University of Wisconsin Press.

Singer, Peter（2002）. *One World*. New Haven, CT: Yale University Press.

Taylor , Charles（1975）. *Hegel* . Cambridge: Cambridge University Press.

赫爾巴特哲學中的教師圖像

—— 梁福鎮

從赫爾巴特核心哲學概念推衍出來的教師圖像，顯示一位理想的教師必須具有良好的品格道德、專業知識、廣泛興趣、教育智慧和重視審美教育，才能勝任教師角色的要求，培養一個具有品格道德的人。

一、哲學家背景簡介

哲學家赫爾巴特（Johann Friedrich Herbart,
1776-1841）1776年出生於歐登堡（Oldenburg），
父親擔任政府法律顧問，母親才華洋溢，家庭環
境很好。後來父母親因為感情不睦而離異，母親
於1801年遷居巴黎。赫爾巴特自幼體弱多病，因此耽誤入學的機會，
同時由於父母仳離，造成幼年鬱鬱寡歡的性格。赫爾巴特從小接受嚴格
的家庭教育，喜歡學習希臘文、數學和邏輯學。12歲進入歐登堡拉丁
學校，對於哲學和自然科學逐漸發生興趣，喜歡閱讀康德（Immanuel
Kant, 1724-1804）的哲學著作，1793年在中學畢業典禮上發表「有關
國家內影響道德成長與墮落一般原因」的祝賀演說，深受大家的好評。
因為父親希望他將來成為法官，所以赫爾巴特於1794年秋天進入耶納
大學攻讀法學。但是他對法律實在沒有興趣，為了不違背父親的意願，
只好暗中繼續研究哲學。當時耶納大學是德國哲學的重鎮，赫爾巴特
因此成為著名哲學家費希特（Johann Gottlieb Fichte, 1762-1814）的學
生。1797年赫爾巴特離開耶納大學，在瑞士因特拉肯（Interlaken）擔
任家庭教師的工作，教育總督的三個孩子。三年家庭教師生涯所獲得
的教育經驗，對赫爾巴特教育學術的發展有決定性的影響。同年，赫
爾巴特前往柏格道夫，拜訪著名教育學家裴斯塔洛齊（Johann Heinrich
Pestalozzi, 1746-1827），並且參觀他所創辦的學校，倆人因此建立深厚
的友誼。1800年赫爾巴特辭去家庭教師的職務，轉赴德國布萊梅大學，
在好友史密特（Johann Schmidt）的資助下恢復中斷的哲學研究。兩年
之後，赫爾巴特轉到哥廷根，在哥廷根大學獲得哲學博士學位。其後，
哥廷根大學請他擔任教育學講師的工作，兼授哲學和心理學。1806年
出版《普通教育學》，深受教育學術界重視，逐漸建立其聲譽。1809
年赫爾巴特受聘寇尼斯堡大學，繼康德和克魯格（Wilhelm Traugott
Krug, 1770-1842）之後，擔任哲學講座教授。在這段期間裡，他完成

了普通教育學的體系。1811 年赫爾巴特在寇尼斯堡大學和英國的德瑞克（Mary Drake）小姐結婚，1831 年赫爾巴特曾經前往柏林大學應聘，希望繼承黑格爾（Georg Wilhelm Friedrich Hegel, 1770-1831）的思想路線，可惜柏林大學已經另聘他人，以致赫爾巴特敗興而歸，遭受生平最大的學術挫折。1833 年他結束寇尼斯堡大學哲學講座的工作，應哥廷根大學的邀請前往任教。1841 年赫爾巴特聲望正隆之際，不幸地突患中風，最後終告不治去世（梁福鎮，2006；詹棟樑，1989；葉坤靈，2006；Benner, 1993）。

二、核心哲學概念

赫爾巴特的哲學思想淵源有下列幾項（吳宗立，1993：36；梁福鎮，2006；詹棟樑，1989；洪仁進，2003）：

(一) 吳爾夫的理性論

赫爾巴特的雙親深知愛兒失學的痛苦，因此聘請余爾琛（H. W. F. Ültzen）為家庭教師，余爾琛是一個飽學之士，對吳爾夫（Christian Wolff, 1679-1754）哲學造詣很深，所以對赫爾巴特的思想產生直接的影響。其次，赫爾巴特 12 歲時，進入拉丁學校就讀，對自然科學和哲學產生興趣，跟隨哈雷姆（Gerhard Anton von Halem）進行學習。哈雷姆是吳爾夫學派的哲學家，透過哈雷姆的介紹，赫爾巴特開始接觸理性論，深受吳爾夫哲學觀念的影響，主張人類具有理性，強調理性思維的重要，將數學方法應用於心理學上，以建立其哲學心理學。而且從理性論的觀點出發，探討教育理論的問題。後來，受到康德批判哲學的影響，修正理性論的觀念，建立實在論的哲學主張。

（二）康德的批判哲學

　　赫爾巴特曾經研究康德的著作，深受康德批判哲學的影響。康德的批判哲學包括三大範疇：(1)純粹理性批判：主要在確定理性的認知能力，以探究其在知識領域的可能限度；(2)實踐理性批判：以探討倫理道德問題為重點；(3)判斷力批判：討論審美判斷和目的判斷的問題。赫爾巴特的知識論和倫理學受到康德哲學的影響，從倫理學的觀點來決定教育的目的，從心理學的觀點來發展教育的方法，主張人類具有精神性，不受自然法則的支配，強調道德的自主性，認為教育在培養一個具有道德品格的人。

（三）費希特的理想論

　　費希特繼承康德的德國觀念論哲學，發展康德唯心論的觀點，倡導理想論的哲學。費希特主張外在的客觀世界並不存在，客觀世界只是人類精神的投射，認識的根源是自我，心是一切事物構成的基礎。雖然，赫爾巴特是費希特的學生，但是這種唯心論的哲學，忽略客觀世界的存在，受到赫爾巴特的批判。赫爾巴特主張客觀的世界是知識重要的來源，因此外在的世界也相當重要。

（四）哥德和席勒的人文論

　　赫爾巴特受到哥德（Wolfgang von Goethe, 1749-1832）和席勒（Friedrich Schiller, 1759-1805）的人文論和世界觀的影響，反對德國觀念論的主張。赫爾巴特尋求教育學形上學的基礎，主張形上學是從古希臘「埃里亞學派[1]」（Eleatics School）本身的觀念而來，而與知識相

---

[1] 埃里亞學派是古希臘時代哲學的派別之一，著名的代表有色諾芬尼（Xenophanes）、芝諾（Zenon）、赫拉克利特（Heraclitus）和巴門尼德斯（Parmenides）等人，他們

對立。由於哥德、席勒和「埃里亞學派」的影響，而使赫爾巴特注重教育實踐的層面，建立實在論的教育理論。

赫爾巴特受到前述哲學思想的影響，形成其實在論的觀念。這種實在論主張實在存有者不繫於我們的意識而獨立存在，面對此存有者知識的目標是符合它，一如其本身所是地把握到它，相信知識的上述目標在某種限度之下可以達到。實在論涉及時空中的外在世界和普遍概念的實在性，主張實在獨立存在於觀察者之外，相信理論可以成功的符應實在，因為理論的解釋有些符應真正的實在。實在論肯定人類感官經驗和批判思考的重要性，相信我們只是在接近實在中，任何新的觀察都使我們更瞭解實在（Brugger, 1978）。赫爾巴特認為這種實在具有多元而殊異的面貌，因此他提出的概念皆具有「多面性」（Vielseitigkeit）。例如：個人和社會的五大道德觀念、六種興趣、四個教學步驟等，皆是「多面性的」。他在 1806 年的《普通教育學》中，指出要求教育目的的統一，乃是不可能的事，因為人生的目的是多方面的，所以老師必須顧及的地方也是多方面的（詹棟樑，1989：25-26；Herbart, 1806/1989）。赫爾巴特認為在建立教育理論之前，先要考慮到實踐哲學的本質和價值，因為實踐哲學決定教育的目的。他不僅反對康德的「無上命令」學說，而且不滿費希特將「我」（Ich）的概念作為倫理學的基礎，所以他認為在處理品格訓練之前，必須消除一切超越「我」的混亂。主張我們必須找尋哲學的系統，真正完整的教育是哲學。斯多亞學派（Stoizismus）主張「唯美為善」，赫爾巴特受其影響，才將「美」（Schön）用在道德判斷上。他認為美同時為真，真同時為美，唯有此種「美」始能稱之為「善」（Gut）。因此，在赫爾巴特的哲學中美學與倫理學具有密切的關係（詹棟樑，1989：25-26；Herbart, 1804/1986）。

從形上學的抽象來討論存有的問題（Windelband, 1993）。

三、核心哲學概念中的教師圖像

根據個人對赫爾巴特相關文獻的分析，其核心哲學概念中的教師圖像具有下列幾項特徵：

(一) 具有品格道德

赫爾巴特在 1841 年的《教育學講授綱要》一書中，主張德行是整個教育目的的代名詞，它是一種內心自由的觀念，將在一個人身上發展成為根深蒂固的現實。從這裡就產生雙重的工作，因為內心自由是明智與意志兩種成分之間的關係，而教育者要關心的是：首先使每個成分成為現實，以便使它們有可能結合成根深蒂固的關係（Herbart, 1841/1989）。而且在 1831 年的《簡明哲學百科全書》一書中，對教育的本質做出相當精闢的論述。他認為教育中各種的活動莫不是為達成品格的陶冶，赫爾巴特主張創造或改造一個人的整個品格，是超出了教師的能力範圍，但是教師所能做的和我們期望他做的，就是使學生在品格的發展上避免迷惘和錯誤。他認為學生品格的養成，不是單憑教學和各種試驗所能奏效，而是將道德的標準和判斷，經常地移植於學生的心靈形成統覺，才能培養一位具有品格的人（Herbart, 1831/1989）。赫爾巴特認為教育的本質不存在於人類歷史的實際，而來自於人性歷史的目的中。陶冶理論不直接告訴我們教育的本質和使命，因為教育的本質經常隨著時空的不同而改變，但是它能夠協助我們從整個人類的歷史分析出人性的目的，找到教育的本質和使命。赫爾巴特認為個人品格的發展，培養社會性的道德，使其用於社會生活，將知識和意志相結合，並涵養多方面的興趣，以激發學生心理統覺的機能，以便吸取知識，從而健全人格，形成一個「文化人」，使知識和意志結合，才是教育最高的理想（徐宗林，1983：226-227；Benner & Schmied-Kowarzik, 1967: 90-91）。赫爾巴特論教育目的之處，散見於他的著作中。他主張道德是表明教育全部目的的

一個名詞（*Herbart, 1806/1989*）。其次，在〈論世界審美的表達作為教育的主要課題〉一文中，強調教育唯一或全部的課題，可以包含於道德這個單一概念之中（*Herbart, 1804/1986*）。因此，道德的培養是教育的終極目的。教師必須具有良好的品格道德，才能以身作則，影響學生的思想和觀念，達成教育的理想。

（二）具有專業知識

　　赫爾巴特在 1841 年的《教育學講授綱要》一書中，主張教育學作為一種科學，是以實踐哲學和心理學為基礎的。前者說明教育的目的；後者說明教育的途徑、手段與障礙（*Herbart, 1841/1989*）。赫爾巴特要求教育者必須具有科學與思考力，因為科學是一隻人們可以用來觀察各種事情的最好眼睛。而教育者的第一門科學也許就是心理學，因為心理學首先描述了人類活動的全部可能性。其次，教育者也需要哲學。哲學本身歡迎其他科學審慎地接受它，而哲學讀者非常需要為他們提供多種多樣不同的觀點，以便從中可以做出全面的考察。再次，教育學是教育者自身所需要的一門科學，但他還應當掌握傳授知識的科學，因為「無教學的教育」和「無教育的教學」的概念是不存在的。有鑑於此，我們需要一系列教育學專著，但是這些專著必須按照一個計畫來編著。赫爾巴特曾經在《直觀教學 ABC》一書中提供範例，儘管這種範例不能對任何新問題的探討給予幫助。但是事實上存在著許多可以撰寫這類著作的資料，例如植物學研究、莎士比亞讀物和其他相關的研究。接著，赫爾巴特指出他對於教育的熱愛大部分要歸功於古希臘的文學，例如《奧德塞》等作品。他認為應該讓孩子學習希臘文，應該讓孩子直接閱讀荷馬的詩歌，不必透過教科書來做各種準備。而在歷史和神話方面，教育者必須做事先的準備，才能減輕解釋的難度，提高學生學習的效果。最後，教師應該帶著語言學和教育學的頭腦，來進行兒童閱讀的教學，而且幫助和關心兒童，增進兒童學習的歡樂，維護兒童智力的活動（*Herbart, 1806/1989*）。從這些觀點來看，赫爾巴特認為一個稱職的教師

應該具備專業的知識，才能做好教師的角色，達成教育的理想。這些教師必須具備的專業知識包括哲學、心理學、教育學、語言學、教學方法、古希臘文學和各種科學。

(三) 具有廣泛興趣

赫爾巴特主張興趣在教育中，是我們的整個興趣在世界和人類中唯一的表現（*Herbart, 1806/1989*）。興趣在赫爾巴特的教育學中，占極重要的地位，因為興趣是教學的主要條件，可以誘發學生從事學習，同時也是學習的重要條件，可以引起學生的注意，由此可見興趣的重要性（*詹棟樑，1989：140*）。赫爾巴特認為興趣表示一種心理活動，而此心理活動是教學時的創造，往往是由於知識的不足。因此，我們想到供給或儲存一個人可能持有或缺少的事物，它要得到他的知識或更多的知識，必須參以興趣才有能達成（*Herbart, 1841/1989*）。赫爾巴特認為興趣的主要來源有兩方面：一為人與事的接觸；一為人與人的交往。人與事的接觸所獲得的是「知識」（Erkenntnis），也就是知識的追求；人與人的交往所獲得的是「同感」（Teilnahme），也就是社會生活。赫爾巴特是重視個人與社會的，這兩者平行。他是一個經驗論者，以知識來自經驗，而經驗來自感官，感官是接觸各種事物的，因而歸根結底，知識來自事物；同時他又是一個道德論者，極力推崇道德的價值。所以教育或教學有兩個目的：一為供給事物的知識；一為人類之愛，這兩者並重，赫爾巴特將這兩方面的興趣，稱為「平衡和諧的興趣」（*詹棟樑，1989：143；Herbart, 1806/1989*）。他相信良好的教學，必須以兒童的興趣為起點，但興趣可分為兩方面：一為「自動的興趣」；一為「強迫的興趣」。自動的興趣是兒童自由的與其自己的意見一致，是自然產生的一種興趣；強迫的興趣是由於勸誘而產生。他認為兒童最好能產生自動的興趣，就是不能產生自動的興趣，強迫的興趣也是好的。赫爾巴特不但相信興趣是教學和學習的先決條件，而且是不可或缺的。他主張創造兒童的興趣是教師的工作，提倡多方面興趣的培養；因此，教師必須具有

廣泛的興趣。興趣在所有學習活動中，是心理活動的必要條件。多方面的興趣是不可或缺的，因為它可以達到教育的目的，符合人類更高的要求。赫爾巴特要求人類的心靈必須廣闊，喚醒對各種事物的興趣，從事各方面的活動，具備各種的知識，這便稱為「多面性」。教育在多方面興趣的培養，應該立下完整的計畫，但必須避免兒童產生不良的興趣、某些互相排斥的興趣，以及可能造成的錯誤（詹棟樑，1989：148；Herbart, 1806/1989）。

（四）重視審美教育

赫爾巴特主張一位教師應該重視審美教育，他在 1804 年的〈論世界的審美表達即教育的主要課題〉一文中，認為世界的審美表達就是教育的主要工作。赫爾巴特主張教師的每一個觀點應當儘早經由審美的描述加以決定，使情感的自由行為不是來自世俗的聰明，而是來自法則實際的考量，以便培養具有道德的人格（Herbart, 1804/1986: 66-68）。而且在 1806 年的《普通教育學》一書中，主張鑑賞的綜合教養的任務似乎就是使美的觀念在兒童的想像中產生：首先我們必須在可能的範圍內提供材料，然後通過交談讓兒童想像材料，最後才把藝術作品拿給兒童觀賞。關於古典戲劇，我們可以先講述一齣戲劇的內容，力求找出其間的關係情境，使情節連貫起來，把各方面形象地描繪出來，最後將由詩人的作品本身來說明那些我們感到困難的問題。我們也許必須力求使各種情節的要素理想化地體現出來，這可以是任何藝術作品，我們可以把它們作為一種組合表現出來（Herbart, 1806/1989）。赫爾巴特強調審美最初產生於留意的觀察中，通常少年和兒童僅把一種物質看作與其他各種物質一樣的東西。最初他們覺得彩色的、形成對照的和運動的東西都是美的，而當他們看夠了這一切，並處在一種躍躍欲試的心理狀態時，我們就可以嘗試讓他們去探討美了。首先我們應該把美的現象從一系列在審美上無關緊要的現象中揭示出來，從而說明這些美的現象；然後把它分解為各個部分，使其中的每一部分本身具有鑑賞的價值。此外，

我們也必須將美的最簡單形式、組合之美的連結形式和重新合併產生的美詳細瞭解，並且綜合起來（*Herbart, 1806/1989*）。例如我們在教導學生欣賞音樂家柴可夫斯基（Peter Ilyitch Tchaikovsky, 1840-1893）1892年所作的「胡桃鉗組曲」時，可以先講述柴可夫斯基的生平故事，然後說明這首樂曲與德國作家霍夫曼（Ernst Theodor Amadeus Hoffmann, 1776-1822）童話《胡桃鉗與鼠王》的關係，接著指出「胡桃鉗組曲」的內涵，包括小序曲、進行曲、糖李仙子舞、阿拉伯舞、中國舞和花園舞曲的旋律特色，讓學生能夠體驗到不同組曲的優美。最後，將這些組曲的內涵綜合起來，使學生瞭解整首樂曲的美感（*梁福鎮，2001：105*）。

（五）具有教育智慧

赫爾巴特在 1802 年的「首次教育學」演講中，為了說明教育理論與教育實踐的關係，曾經提出四種理論 — 實踐 — 模式（Theorie-Praxis-Modell）。第一種模式主張理論與實踐差異的認識只在類型上，亦即實踐忽略了理論。它描述了從實踐者到理論可能的觀點，實踐的活動在沒有理論的引導之下被進行。因此，這種模式還不是理論與實踐連結的模式。第二種模式主張哪些經驗在實踐循環中形成行動，可能經由實踐進行的不同形式同時存在或先後出現。要知道這些經驗的差異性，可以進一步的區別知識與經驗的不同。誰想要知道歷史 — 社會的限制和連結其思想和行動，自己必須經常在其自身的經驗循環中進行。實踐發現自身不再僅在其自我的，而且也在陌生經驗的循環中，實踐循環的模式擴展自身成為詮釋的循環。這個模式指出理論與實踐屬於不同的空間和時間，必須在個體的經驗中才能連結在一起。第三種模式來自數學化的自然科學，主張從理論可以推衍出實踐。自然法則不再演繹的經由探究和經驗來認識，而是歸納的經由理論的實驗和科學的經驗加以建構。理論提出假設經由因果關係來解釋自然的過程；實踐應用理論建構和科學實踐證明的知識，以便人類應用科學理性來控制自然。第四種模式主張理論與實踐之間存在著差異，理論與實踐連結的機制既不能經由理論

自身，也無法經由個別的實踐來達成，而必須經由教育行動的「行動能力」（Handlungskompetenz）或「智慧」（Takt），才能消除理論與實踐的差異，使理論與實踐連結在一起（*Herbart, 1802/1986*）。因此，赫爾巴特提出了「教育智慧」（Pädagogische Takt）的概念。康德為了解決純粹理性和實踐理性分離的問題，在其美學中提出審美判斷力的觀念，作為連接純粹理性和實踐理性的橋樑。赫爾巴特深受康德哲學的影響，其「教育智慧」脫胎於康德的審美判斷力，希望經由教師教育智慧的培養，在教育的歷程中有效的結合教育理論與實踐，以解決教育理論與實踐分離的問題。這種「教育智慧」係在實踐中逐漸成長，而又受教育理論指引，形成教育工作者的思想圈，資以拉近教育理論與實踐的距離（*楊深坑，1988：89*）。赫爾巴特相信在實踐中自然形成的圓融智慧，足以推衍出教育本質在理論上的意義決定，因此它服務於理論。同時它又是實踐的直接橋樑，以迅速的判斷和決定，使具體的實踐逼近於教育理論所揭示的理想（*Schmied-Kowarzik, 1974: 144*）。

四、教師圖像的教育反省

從赫爾巴特核心哲學概念推衍出來的教師圖像，顯示一位理想的教師必須具有良好的品格道德、專業知識、廣泛興趣、教育智慧和重視審美教育，才能勝任教師角色的要求，培養一個具有品格道德的人。這種教師圖像具有幾個優點：(1)可以作為師資培育的理想：教師圖像的優劣影響教育的成敗，因此教師圖像的確定非常重要。目前師資培育制度不僅缺乏明確的教師圖像，而且方向有所偏頗，造成師資培育課程規劃的不當。這個問題的解決必須先經過相關人員的討論，確定未來教師的圖像，然後提供給師資培育機構，作為師資培育課程規劃的參考，才能培養出理想的教師。(2)可以作為課程規劃的參考：目前師資培育機構的課程，比較重視教學技術的訓練和課程發展的能力，而忽略道德教育和審美教育的陶冶，因此無法培養赫爾巴特心目中理想的教師。事實上，赫爾巴特的教師圖像可以作為師資培育課程規劃的參考，在現

行的課程中加入道德教育和審美教育課程，重視教師的實習活動，增進其教育智慧，培養教師廣泛的興趣，應該能夠將赫爾巴特的教師圖像，落實到目前的師資培育工作中，為國家社會培養出優秀的教師。(3) 可以作為學生學習的楷模：赫爾巴特心中理想的教師必須具有良好的品格道德、專業的知識、廣泛的興趣、圓融的教育智慧和重視審美教育，這些內涵不僅相當的具體，而且能夠經由教育活動的推展，作為所有學生學習的楷模，培養學生成為一個有教養的人（educated person），達成人類教育最終的理想。當然，赫爾巴特的教師圖像也存在著一些問題：(1) 忽略批判能力的培養：赫爾巴特的教師圖像忽略教師批判能力的培養，這種教師容易受傳統觀念或權威思想的影響，成為社會階級再製的工具，無法擺脫各種意識型態的宰制，培養具有批判能力的公民。因此，在師資培育的課程中可以開設教育哲學課程，增加批判思考教學和溝通行動理論的內容，培養教師獨立思考和反省批判的能力，才能避免教師成為社會階級再製的工具，達成學校教育的理想。(2) 過度強調現代論的觀念：赫爾巴特的教師圖像深受吳爾夫、康德、費希特、哥德和席勒等人哲學的影響，比較重視現代論的觀念，主張以歐洲文化為中心，注重知識的疆界，強調歷史的連續性，偏重科學化的傾向，這些都已經受到後現代論的批判，因為後現代社會已經不同於啟蒙運動時期，教師的圖像也應該重新調整，才能符合時代潮流的需要。

五、結論

綜合前面所述，赫爾巴特深受吳爾夫、康德、費希特、哥德和席勒等人哲學思想的影響，形成其實在論的觀念。這種實在論主張實在存有者不繫於我們的意識而獨立存在，面對此存有者知識的目標是符合它，一如其本身所是地把握到它，相信知識的上述目標在某種限度之下可以達到。從赫爾巴特哲學實在論的核心概念，可以推衍出其理想的教師圖像。他認為理想的教師必須具有良好的品格道德、專業的知識、廣泛的興趣、圓融的教育智慧和重視審美教育，這種教師圖像首先可以

作為師資培育的理想，依照理想的教師圖像來培養優秀的教師；其次，可以作為師資培育課程規劃的參考，以彌補當前師資培育課程規劃的不足；最後，也可以作為學生學習的楷模，培養學生成為一個有教養的人。但是這種教師圖像忽略教師批判能力的培養，容易受傳統觀念或權威思想的影響，成為社會階級再製的工具，無法擺脫各種意識型態的宰制，培養具有批判能力的公民。而且，這種教師圖像比較重視現代論的觀念，主張以歐洲文化為中心，注重知識的疆界，強調歷史的連續性，偏重自然科學的傾向，這些都已經受到後現代論的批判，因為後現代社會已經不同於啟蒙運動時期，教師的圖像也應該重新調整，才能符合時代潮流的需要，培養出對國家社會有貢獻的教師，實現學校教育的目標，達成人類教育的理想。

參考書目

吳宗立（1993）。赫爾巴特教育學說之教育倫理涵義研究。臺灣教育，514，35-39。

洪仁進（2003）。赫爾巴特——教育科學化的推動者。載於賈馥茗、林逢祺、洪仁進、葉坤靈編著。中西重要思想家（頁209-227）。臺北：空大。

徐宗林（1983）。西洋教育思想史。臺北：文景。

梁福鎮（2001）。審美教育學：審美教育起源、演變與內涵的探究。臺北：五南圖書出版公司。

梁福鎮（2006）。教育哲學——辯證取向。臺北：五南圖書出版公司。

詹棟樑（1989）。赫爾巴特教育思想之研究。臺北：水牛。

楊深坑（1988）。理論·詮釋與實踐。臺北：師大書苑。

Benner, D.（1993）. *Die Pädagogik Herbarts*. 2. überarbeitete Auflage. München: Juventa Verlag.

Benner, D. & Schmied-Kowarzik, W.（1967）. *Prolegomena zur Grundlegung der Pädagogik I: Herbarts praktische Philosophie und Pädagogik*. Ratingen: Henn Verlag.

Brugger, W.（1978）. *Philosophisches Wörterbuch*. Freiburg: Herder Verlag.

Herbart, J. F.（1802/1986）. Die erste Vorlesung über Pädagogik. In Benner, D. & Schmied-Kowarzik, W.（Hrsg.）. *Johann Friedrich Herbart: Systematische Pädagogik*（pp.55-58）. Stuttgart: Klett-Cotta Verlag.

Herbart, J. F.（1804/1986）. Über die ästhetische Darstellung der Welt als das Hauptgeschäft der Erziehung. In Benner, D. & Schmied-Kowarzik, W.（Hrsg.）. *Johann Friedrich Herbart: Systematische Pädagogik*.（pp.59-70）. Stuttgart: Ernst Klett Verlag.

Herbart, J. F.（1806/1989）. Allgemeine Pädagogik aus dem Zweck der Erziehung abgeleitet. In Kehrbach, K. & Flügel, O.（Hrsg.）. *Johann Friedrich Herbart Sämtliche Werke*. Band 2.（pp.1-139）. Aalen: Scientia Verlag.

Herbart, J. F.（1831/1989）. Kurze Encyklopädie der Philosophie. In Kehrbach, K. & Flügel, O.（Hrsg.）. *Johann Friedrich Herbart Sämtliche Werke*. Band 9.（pp.17-338）. Aalen: Scientia Verlag.

Herbart, J. F.（1841/1989）. Umriss pädagogischer Vorlesungen. In Kehrbach, K. & Flügel, O.（Hrsg.）. *Johann Friedrich Herbart Sämtliche Werke*. Band 10.（pp.65-196）. Aalen: Scientia Verlag.

Schmied-Kowarzik, W.（1974）. *Dialektische Pädagogik*. Munchen: Kösel Verlag.

Windelband, W.（1993）. *Lehrbuch der Geschichte der Philosophie*. 6. Auflage. Tübingen: Mohr Siebeck Verlag.

10

齊克果思想中的教師圖像

—— 程湘嵐

　　齊克果哲學觀的起點在引發每位教師檢
視個人生活的意願，好的教師必然是一位願意
且樂意自我檢視、省思並且改進的教師，當教
師在自我檢視中瞭解到自己同樣是一位學習者
時，才能設身處地的以學生能接受的方式教
學。

　　神恩給了每個人某些性格，因而生命中的要事就是去發展這些性格，因它必然與環境接觸而產生的折磨而加強並且堅定。

　　然而人類的教育卻腐敗，是有意地教人不要有任何態度，不用任何一個字，不做任何最微小的事情——非有保證在他之前已有許多人曾經這樣做過……（齊克果日記，孟祥森譯，1992：246）。

前言

　　索倫‧齊克果（Søren Aabye Kierkegaard, 1813-1855），19世紀丹麥詩人、宗教家、文學家及哲學家。誕生於哥本哈根的基督新教家庭，自幼接受父親嚴厲的宗教式教誨，年輕的齊克果曾不堪極端基督教思想的包袱，選擇沉溺紙醉金迷的生活中，但最後仍因無法解脫心中的陰霾，決定重拾學業並以宗教為生命寄託。1830年，考取哥本哈根大學，開始學習心理學及哲學，1840年，與黎貞‧歐兒森（Regine Olsen）訂婚，但不到一年後便解除婚約，此事被認為是啟發齊克果日後寫作的關鍵。1841年，出版以蘇格拉底思想為主軸的碩士論文《反諷的概念》（*The concept of irony*）。1845至1848年間，與當時雜誌《海賊》（*The Crosair*）的編輯打筆戰，該刊物對他的謾罵與嘲諷，使他在人群中更顯孤立。往後的歲月裡，齊克果持續出版宗教訓義作品，以展現他對基督的熱情與虔誠，1855年，遭逢意外逝世，臨終前不肯接受丹麥教會的聖餐，以表達他對當時教會的不滿。齊克果的中心思想關切「如何成為一位真正的基督徒」，基於此，他認為當時社會上風行的形式化宗教、黑格爾體系都是阻礙人們成為真正基督徒的兇手。由於齊克果重視個人，推崇存在，強調主觀以及倡言具體

（陳俊輝，*1989：23*），他堅持一切真理應依主體而生，並捍衛個人存在的根本價值，其返回蘇格拉底注重認識自我的思考，被 20 世紀興起的存在主義思想視為最重要的先驅。

不同於一般哲學慣於以正向論述人生處境，齊克果更強調正視生命中憂懼、不安、絕望等面向，一般人面對這些處境可能選擇逃避或麻痺感受，但齊克果相信是這些力量，將個人從紛擾的俗世價值脫離，重回自身，內向性的感受能使人願意尋找失落的自己，重新回歸自己，以成為真正的基督徒。

一、齊克果存在思想

齊克果的存在思想圍繞「個人」生存處境為基礎，來論述成為真正基督徒的可能。因此齊克果對人類生存處境有著深刻而發人省思的描述，其對人類處境可分成兩個面向來探討，從人的組成而言，人是同時具有無限與有限的綜合體；從縱向的人生階段而言，齊克果認為人經由選擇，而產生不同人生樣態。無論縱向或橫向來看人生，兩者同時交互影響人的處境。

(一) 橫剖面：人是綜合體

在談論人的綜合體形式之前，應先瞭解齊克果所認定的人類本質。齊克果提出一種簡明的譬喻：「人是被設計作實現精神的一種靈肉的綜合體，那好比一幢有地窖的房子，他是被設計好讓人住在地面上的，如果一個人只過感性的生活而遺忘了他的精神，就恰如居住地窖而讓樓上空著，那是件可笑的事。」（*Kierkegaard, 1843/1957: 176*）換言之，人因結合靈肉兩者而成為異於動、植物的精神體。齊克果相信精神是人的自我，而自我是將自己關聯到自己的一種關係，也就是自己對自己所產生的意識，當自我認知到自己的整體，自我才真正產生，因此，人擁有精神而擁有自我。

　　而人的自我意識又是如何產生的呢？在齊克果的存在思想中，他提出「人是有限與無限、暫時與永恆、自由與必然性之綜合體」（*Kierkegaard, 1849/1980: 13*）。也就是人類的自我在有限／無限、暫時／永恆、自由／必然性的協調中成為自己，然而，兩種因素的協調並非理所當然的存在，而是透過人的選擇與實踐才有可能完成，所以人生就是不斷協調這些綜合因素以成為真正的自我。

（二）縱剖面：人生三階段

　　若從人生歷程來檢視人的選擇與實踐，齊克果認為人的存在可分為三階段，依序是感性階段（aesthetical stage）、倫理階段（ethical stage）與宗教階段（religious stage）。

1. 感性階段

　　齊克果以文學作品人物——唐璜（Don Juan）為例說明人的感性生活。唐璜以追逐女性戀愛享樂為目標，沉溺於感官逸樂之中。感性階段的特色就是依感覺、衝動、情緒行事，由於他們未意識到存在的意義，因此並不將存在視為一種責任，且避免進入生命中的束縛。簡言之，他們認為所有的關係只有短暫的瞬間，沒有延續的意義，因而沉淪於追求片刻的享樂。

　　此階段雖看似隨心所欲，但齊克果形容為「像植物的生命受到土地限制一樣，因為他迷失在一種永遠存在的渴望之中。」（閻嘉，*2007：87*）他們飽嘗一切，卻依舊感到飢餓，不斷向慾望奔馳的結果最終帶來憂鬱（melancholy）。因為憂鬱是「精神的歇斯底里」，將空虛及無意義呈現在人的面前，使人看見自己的存在是怎樣的破碎與不安（李天命，*1986：31*）。

　　透過感性的歡樂，人也許能滿足慾望，但隨之而來的則是空虛與無意義的憂鬱，隨著人的自我意識，也可能將人帶入絕望的處境。因為生命不斷的重複而沒有恆存的價值，內心世界沒有任何的保證，因此他

只能活在當下（傅佩榮，1995：50）。感性階段是一個試驗性的階段，感性者只去試探各種可能，而不願投入以做出真誠的抉擇，此階段的存在是表現了可能性，而缺乏實現性。

2. 倫理階段

在進入倫理階段後，個人提高其生命層次，注重道德意識、責任，並且追求自我選擇及意志力的展現，是實現義務的階段。此階段的人，開始聯繫自身與他人，在社會、婚姻、事業上擔負起責任與義務。齊克果形容此階段為「慾望的甦醒」，開始將慾望與人生目標連結，並注重人生的連續性，致力於成為有歷史的人，而非瞬間之人，他們正視命運，且願意投入，為未來的不確定性付出。

相對於感性之愛片刻的情感，倫理階段追求的是恆常、穩固的夫婦之愛，藉著投入與抉擇將浪漫升華為承諾。享樂主義者將感性絕對化，以感性有存在的自主性，「倫理者」則投入實踐，視浪漫愛情為不足，要經過超升才可以成為婚姻（李天命，1986：35）。

此階段的倫理並非完全由社會或傳統所規範，齊克果強調此種倫理應是「內向性」（inwardness）的抉擇，唯有抉擇者具有熱情，才可能實行內在德行與投入的真正倫理行為。

3. 宗教境界

從倫理階段躍升而至宗教階段必須踐行兩步驟：首先是悔罪，斷絕一切現世的執著，包括人倫、愛情、家庭、財富、名譽等等；其次是真實的信仰，有了信仰，便要從此抱定無限的熱情，踏進尋覓「永恆淨福」（eternal happiness）的天路歷程（傅偉勳，1986：159）。

宗教階段是人生中最高的，同時也是最難到達的階段；要達到這個階段，不能依靠參加社會活動，只能徹底回到自己內心深處去尋求，它要求放棄與社會的聯繫、擺脫社會的束縛，也就是說：要體驗到上帝必須依靠自己（唐陳譯，2005：197）。換言之，在經歷純粹個人私慾與公眾道德的體驗後，在走過生命的逸樂與理性的行為後，最終仍是要回到

個人的心靈層面，而這心靈層面的生成，是與上帝對話的關係，人需要一種超脫世俗的存在，這是人對自我最不可理喻卻也最純然的抉擇：信仰。

總括齊克果人生三階段說，我們有幾點發現：首先，三階段是透過抉擇而來，並非必然發展的歷程，有些人可能終生停滯於感性或倫理階段，也有可能有些人直接停留在倫理階段而未經歷感性階段。其二，每一階段的選擇都是一種生命的實踐，學者傅偉勳（*1986：162*）曾言：「自從齊克果標榜存在的抉擇與主體性真理起，存在哲學開始採取『實踐者』（actor）理路，斷然宣言黑格爾專以『旁觀者』（spectator）或『思辨者』（speculator）姿態出現的哲學理論無補於人存在問題的探究工作。」其三，三階段的抉擇具有「跳躍」（leap）的超升，每一次的跳躍，我們都會看見人生不同的視野，唯有經歷跳躍，人才能真正認識自我。

二、人存在狀態分析──絕望

前述齊克果提出人類身為綜合體與人生階段的自我超升，都並非理所當然的路徑，而需要人自身不斷抉擇與努力方能達成，但在過程中，人往往因為軟弱逃避或錯誤意識而無法產生真正的自我，故齊克果在《恐懼與戰慄》（*Fear and treambling*）（1843/1957）、《憂懼的概念》（*The concept of dread*）（1844/1957）、《致死之疾》（*The sickness unto death*）（1849/1980）等書中，都不斷論及人在形成自我、回歸上帝的途中所遭遇的困頓與恐懼，盼能藉由探討這些人生樣貌，以提醒世人深刻反省，重回與上帝的關係之中。

> 一個人想要不步入永劫──不論是由無知於憂懼或由於沉淪於憂懼──必須面對一項冒險，就是去習知何為憂懼。能夠正確習得憂懼的人，就是習知了最重要的事情（孟祥森譯，*1969：155*）。

　　學者劉小楓曾言：「尼采崇尚生命的強力，齊克果珍惜生命的脆弱。」（閻嘉譯，2007：1）相較於尼采強而有力的抉擇，齊克果更關懷人們面對生命的態度。人生在世，不免對自己採取一種態度，無論消極、積極都算是一種態度，態度決定人的選擇，齊克果關切的正是如何建立正確的態度，誰能說自己從來沒有恐懼、憂懼與絕望的態度呢？更重要的是，齊克果相信是這些所謂的負面體驗能將人重新回歸自我、重拾信仰，因此齊克果相信人必須正確地學習憂懼、絕望等人生課題。

（一）形成絕望的原因

　　人之所以陷入絕望，與其存在處境相關，無論憂懼或絕望，都起因於人是綜合體（synthesis），因為人是有限／無限、可能／必然的綜合體，既然是綜合體就潛藏著自我失調的可能，齊克果將此種失調稱為「關係失衡」（misrelation）（Kierkegaard, 1849/1980: 15）。隨著人的自我意識，人的「關係失衡」可能是陷於過度無限或過度有限，這些狀況都可能使人塑造出一個不真實的自我，簡言之，真正的絕望是因人無法成為真實的自己而產生。

　　對齊克果而言，真正能使生命死亡的正是這種絕望，人生必然面臨疾病與死亡，這些屬於必然會帶走生命的形式，但有另一種死亡的形式便是「行屍走肉」（body as body），這類人受到外在環境影響，不敢或不欲做真正的自我而使精神、靈魂、肉體呈現分離狀態，這正是齊克果所要談論的絕望。

（二）絕望的類型

　　齊克果認為談論絕望必須建立在意識的範疇，依據一個絕望者是否意識到自己的絕望，會產生不同類型的絕望；根據齊克果的說法，正確的絕望概念有兩個條件：一是絕望意識，一是對自己的清晰認識。當意識愈強烈，絕望亦愈強烈；當一個人絕望概念愈正確，並意識到處

於絕望之中，其絕望也愈強烈。換言之，當我們愈瞭解自己的條件與處境，就愈可能感受到絕望。

在《致死之疾》一書中，齊克果根據人的意識有無，認為人有不自覺的絕望、不欲成為自己的絕望以及堅決成為自己的絕望三種類型，第一類絕望者是缺乏意識的絕望者，後兩者則是有意識卻以不同態度面對絕望的絕望者。

第一類為缺乏意識的情況下產生的絕望，齊克果認為世上最普遍也最危險的一種，但因為此種人缺乏意識，齊克果視此絕望為假的絕望。此絕望者受到感官（sensate）控制，也就是他們不願運用其精神。齊克果將他們比作只敢住在地下室的屋主，當旁人問他為何讓一、二樓閒置時，他還會勃然大怒，認為其幸福被破壞。學者 Theunissen 在《齊克果的絕望概念》（*Kierkegaard's concept of despair*）（*1993/2005*）一書中說道：「要免於絕望，唯有真正經歷過絕望。」（*Harshav & Illbruck, 2005: 22*）所以此種人，無論外表看來行屍走肉或身強體健，只要不欲運用精神，即是處於此種危險的絕望之中。

第二類絕望者較第一類絕望者具有意識，面對絕望他們選擇不願意成為真正的自己，這類絕望者因外界事物或對自身感到絕望，而選擇以不成為自己的方式來使自己感到舒坦，他解決絕望的方式便是成為他人或者壓抑真正的自我，以外界事物來認定自己，能夠過著一般人認可的生活令他們感到歸屬與安心。

第三類絕望者的狀態是：當人的自我意識更強烈時，絕望者發展出堅持成為自己的絕望態度。齊克果認為此階段的絕望者對於絕望以及自我處境都有高度意識，他的絕望不是來自環境或外來的痛苦，而是直接來自自己。此絕望者因為意識到一個無限的自我，雖然這個自我只是極端抽象的東西，而絕望者就是要堅決成為這個自我。齊克果將此種人比喻為「沒有領土的國王，他所建築的不過是空中樓閣。」（*Kierkegaard, 1849/1980: 67*）此絕望者沉醉在創造自己的滿足中，但最後，他將發現自我是個空無的謎。除了積極建構虛幻的美好，還有一種消極的可能性，就是絕望者意圖以自身的存在來證明世界的不美好，齊克果形容這種人

像是「不肯被修改的筆誤用來證明作家的低劣」，他以全身的痛苦及力量來對抗存在，他們拒絕任何的幫助，固執地成為錯誤的存在。

（三）超越絕望

齊克果提出絕望的公式：「絕望是因自身而絕望，因欲驅逐自身而絕望」（To despair over oneself, in despair to will to be rid of oneself—this is the formula for all despair），若要能從絕望中超脫，即是要能「將自身關聯到自身，並且願意成為自己，自身透明地置於建造他的力量之上。」齊克果相信唯有信仰能帶領人們脫離「關係失衡」的絕望中，而作為一個個人能達到最高的真理便是信仰；因為，在信仰面前，任何事物都有可能，這是一種讓可能性與必然性並存的信仰，讓我們願意去祈禱。此種信仰式的真理並非透過理性或客觀能得到，而是必須以深刻的內省性去獲取，真正的信仰必須具備謙遜的態度、接納弔詭並以熱情為支持的動力。這便是齊克果相信絕望所含的重大意義，透過人類無可逃避的絕望來認識自我，進而超越絕望，重歸與上帝的關係之中。

三、齊克果哲學思想的教師圖像

在教育上，教師必須面對學生、家長、學校與整體教育環境，教師是否也已失落個人聲音許久？在面對他人以前，教師是否應先關注個人內在聲音？立於自我瞭解的基礎上，將有助教師更為自信與有力的面對教育議題，以下透過齊克果的存在哲學分析，進一步探討相關的教師哲學圖像。

（一）自我檢視的學習者

對齊克果而言，一切存在自覺的產生，來自於個體對自我的檢視與期待，他曾以馴鵝與野鵝來譬喻眾人與自己的關係。他自比是頭想帶

領馴鵝體驗自由遨翔樂趣的野鵝，起先，馴鵝會好奇地跟隨他，最後因飛翔的疲累而怪罪野鵝的干擾，而寧願繼續當馴鵝。對眾人提醒所帶來更強烈的孤寂，使齊克果體驗到，唯有人願意自我檢視，才可能真正改進自我。誠如卡希勒（E. Cassirer, 1874-1945）在《人論》（*An essay on man: an introduction to a philosophy of human culture*）一書中所言：「人被宣稱為應當是不斷探究他自身的存在物——一個在他生存的每時每刻都必須查問和審視他的生存狀況的存在物。」（于陽譯，1991：9）齊克果哲學觀的起點在引發每位教師檢視個人生活的意願，好的教師必然是一位願意且樂意自我檢視、省思並且改進的教師，當教師在自我檢視中瞭解到自己同樣是一位學習者時，才能設身處地的以學生能接受的方式教學；當教師瞭解到個人對學生以及整個環境的重要性時，更不能捨棄自我省思的工作。經由教師在教學經驗中不斷反省思考改進，以提供學生更好的教育環境，並增強教師個人的工作滿意度與投入感，以達成齊克果所重視的不斷自我檢視的生活。

（二）展現主體性的自覺者

齊克果對黑格爾體系、基督教以及社會大眾的批評，其最終關切都是希望人能有所自覺，而不滿足於外在價值或習俗的規範，重新返回個人的範疇，才有可能成為真正的自覺個體；因為齊克果相信，唯有當人成為自覺個體時，才能真正瞭解與超越自我。基於對個體之主體性的重視，在教育上，隨著社會風氣的開放，教師已不再多見從前那樣扮演教室「山大王」的角色，卻有愈來愈多法令規範、社會價值約束教師的教育作為。的確，這些法令或價值的介入能使教育更為民主與完善，但也可能僵化教師的教育理念與作為，更可能使教師喪失工作的熱情與責任感。在各種價值、規範的要求下，教師應如何成為自覺的教師？教師必先體認到身為教育工作者的主體性，一切外在條件的規範，都應是教育現場的輔助，而不是教師為規範服務；有這層體認的教師，才不會成為教育的奴隸，成為真正的自覺個體。

（三）不畏絕望的存在者

齊克果言：「要到達真理，必先經歷一切消極性。」（to reach the truth, one must go through every negativity）（*Kierkegaard, 1849/1980: 44*）在過往的經驗中，我們慣於將不安、憂懼、絕望等概念視為生命中的缺憾而急於排除，而只是消極的忍受疾病或死亡；但對齊克果而言，這些狀態的產生往往是強化人生動能的開端，他相信「能夠絕望」是人的優勢。絕望的正向性在於能夠化絕望為希望。教學生涯難免遭遇懷疑、失落，教師無須因此對教育失望或感到無力，因為這正是自我反省的最佳良機，一帆風順的人生，往往難以激發人們向上的決心與動力，經歷苦痛的過程，能促使人們檢視自我、理解自我，並進一步將這些能量轉化為追求更強壯生命意義的動力。就像是要達到信仰，未曾瞭解自罪的人便難以將自我全然交付上帝，要達到全然信仰的人，必先體驗過絕望與罪；換言之，絕望是人類成長的契機，我們不能要求所有人進入絕望的狀態，卻可以試著去面對當絕望感湧上心頭時，不急著壓抑或改變自己，而是去聆聽內在的聲音，發覺造成絕望的主因，並從中獲得成長的力量，這便達到齊克果探討絕望概念的目的。

四、齊克果存在思想評論：代結論

（一）神秘的宗教性

在瞭解齊克果思想的路途上，不僅須適應其詩樣的語言、情緒性的思考，更令人感到困難的是他秉持不同於一般所認識的宗教意涵，許多評論者也認為他這種以宗教為始，宗教為終的方式，是排除了非基督教信仰者的哲學思考，齊克果幾乎將成為「真正的自己」與「真正的基督徒」劃上等號。我們很難真正從齊克果宗教式的敘述中，以理性的方式完全掌握人生的全貌，並讓所有人接受「信仰」是唯一化解絕望之

道，但透過齊克果的分析，我們仍能將信仰視為途徑之一，並積極尋求現代人超越絕望的方式。

（二）推廣的困難度

齊克果重視「個人」的觀點，很容易使其思想被認為太過主觀或排斥群體生活，在推廣上更容易走向偏激的極端思想，無論在齊克果所處的時代，或存在主義思想蓬勃的 20 世紀以至今日，都難以成為一種普世價值，或許齊克果的思想最終追求的就不是一種能禁得起市場衡量的價值，而是一種人人能確立自我價值的思考態度。

事實上，齊克果無論在倫理或宗教階段，闡述的都是一種真正發自內心而為的倫理或宗教作為，它所需要的不是那些形式上的盲從道德規範，或單純的跪拜於上帝面前，因為群眾的聲音往往盲目地吞噬了本質的珍貴，他要人發自內心與熱情來實踐這些人生面向。其思想雖然在初接觸時容易造成誤讀，但只要人們願意投入，唯真誠能使人的作為具有生命力與感染力。

參考書目

干陽譯（1991），E. Cassirer 著。人論。臺北：桂冠。

李天命（1986）。存在主義概論。臺北：臺灣學生書局。

孟祥森譯（1969），S. Kierkegaard 著。憂懼之概念（*The concept of dread*）。臺北：臺灣商務。

孟祥森譯（1992），S. Kierkegaard 著。齊克果日記。臺北：水牛。

唐陳譯（2005），M. Morgenstern & R. Zimmer 著。哲學史思路。臺北：雅書堂。

陳俊輝（1989）。齊克果。臺北：東大圖書。

傅佩榮（1995）。自我的意義。臺北：洪建全基金會。

傅偉勳（1986）。從西方哲學到禪佛教「哲學與宗教」一集。臺北：東大。

蔡美珠（2002）。齊克果存在概念。臺北：水牛。

閻嘉譯（2007），劉小楓主編，S. Kierkegaard 著。或此或彼（*Either/or*）。北京：華夏。

Kierkegaard , S. A.（1957）. *Fear and trembling, and The sickness unto death*（W. Lowrie, Trans.）. New Jersey: Princeton University Press.（Original work published 1843）

Kierkegaard , S. A.（1980）. *The sickness unto death*（H. V. Hong, Trans.）. New Jersey: Princeton University.（Original work published 1849）

Manheimer, R. J.（1977）. *Kierkegaard as educator*. California: University of California.

Theunissen, M.（2005）. *Kierkegaard's concept of despair*（B. Harshav & H. Illbruck, Trans.）. New Jersey: Princeton University.（Original work published 1993）

11

尼采哲學中的教師圖像
——從駱駝、獅子到孩童

—— 方永泉、杜明慧、王怡婷

　　教學本就是一場藝術，是教師用其生命與學生積極產生共鳴的偉大旋律。所以，蘊藏在尼采精神三變哲學中的最為理想的教師圖像，即具有創造能力、永遠虛心求教的孩童教師，他告訴教師們，在面對不同階段的轉變時，應永遠滿懷希望與熱忱，以和學生共創曼妙的教學藝術旋律。

> 人類之所以偉大，正在他是一座橋樑而非
> 目的；
> 人類之所以可愛，正在於他是一個跨越的
> 過程與完成。

——《查拉圖斯特拉如是說》
（*Nietzche, 1884/1967: 8-9*）

前言

　　查拉圖斯特拉（Zarathustra）對老者說：「我愛人類。」（*Nietzche, 1884/1967: 4*）樂於布施與奉獻智慧的他，瓊漿玉液已滿溢出杯子，他需要領取這智慧的眾手，自我教育完成的他並不滿於此，決定下山成為全人類的導師（吳增定，2005）。《查拉圖斯特拉如是說》（*Thus spake Zarathustra*）的副標題是這麼寫著——「一本為所有人，也不為任何人而寫的書」（A Book for All and No-one），正是尼采寫給全人類、給少數人、甚至是沒有人的一齣教育寓言，希冀藉著查拉圖斯特拉教育大眾、教育門徒甚至是查拉圖斯特拉教育自己的演說與獨白，喚醒人類的存在意識，尋回人之為人的價值與尊嚴。第一卷開宗明義三種精神的隱喻，正是這位良師為眾生所預備的課程大綱，要教的並非「我們是什麼」，而是「我們將成為什麼」，不論是上帝、父母、社會與宿命都不能先天決定個人的本質與命運（鐘慧卿，2000：40），人之所以異於禽獸者，豈不就是人類擁有不斷超越自我的能力！尼采發揮赫拉克利特（Heraclitus）宇宙永恆流變（eternal becoming）觀念，主張人是一座橋樑，聯繫著人類與超人的過渡，是需要不斷超越的過程，是動態歷程而非靜態終點，是成長而非停滯，是周而復始的回歸而非直線性的終結，從動物走往超人的繩索上，永遠向著未來走去，經驗可以累積、價值可以重估、精神可以三變！

一、作為人類導師的尼采

尼采曾言：「哲學家生產的首先是他的生命，其次才是他的作品；生命是他的藝術品。」（黃添盛譯，2007：17）的確，光從尼采作品看尼采，囿於一隅，從尼采的生命入手，擴及交友、書信、詩篇、音樂，才能拼湊出這位用生命活出自我主張的哲學家的全貌，以下就其生平與思想轉變做一概述。

（一）尼采的生平概述

尼采（Friedrich Wilhelm Nietzsche, 1844-1900）用他的一生證明他所熱愛的前蘇格拉底哲學家赫拉克利特的名言：「性格就是命運。」（周國平，1986，21）他首先假設自己是波斯人的後裔，再追溯起來有波蘭人的血統，自詡是酒神戴奧尼索斯（Dionysos）的最後一個弟子，亦為永恆回歸的教師，查拉圖斯特拉是他那放蕩不羈的兒子（李潔譯，2006：2），他將他的獨生子獻出，說是給予人類前所未有最偉大的餽贈──如同上帝曾經做過的那樣。看哪！那個人的狂言似末世警鐘響徹了下個世紀，可他的生活總在靜默中度過；他的性格絕對、情感熱切真摯一如赤子，卻得到時人與好友一再的譏笑諷斥和冷淡回應；生於宗教家庭、祖上七代為牧師，反倒成就了揭「反基督」大旗之人；他從小在女人堆中成長，卻叫人去女人那裡別忘記帶鞭子，瞧！那個矛盾的人哪！他住在杳無人跡的「距離人與時間六千英尺的高處」，於是注定強者一生的孤獨；他相信在旅行中他將重獲健康，因此長年在歐洲大陸上漂泊。不求幸福只求努力工作，因為他奉行導師叔本華所說的「幸福的人生是不可能的，人類所能達到的僅僅是一種英雄式的生涯，最終以高貴的姿勢，帶著高尚的面容屹立著。」（Nietzsche, 1983/1874）他完完全全「不合時宜」的個性決定「寧為怪物，不做聖人」的悲劇命運。尼采曾藉查拉圖斯特拉之口言及自己只努力於工作，不努力於幸福，以血著

述、以鐵鎚做思考、立志當眾生的炸藥，尼采（*1982/1908*）在自傳《瞧！這個人》（*Ecce Homo*）自云：「一生以喚醒人類自覺為職志。」兢兢業業無一刻或忘，稱其為全人類的導師該當無愧。

（二）尼采生命思想的精神三變

尼采，這位死後方生的人類導師，思想脈絡正如《查拉圖斯特拉如是說》所提到精神的三種變形（the three metamorphoses），也就是「精神三變」一般，分成思想的三個轉變時期，從駱駝、獅子到孩童。自《悲劇的誕生》（*The Birth of Tragedy*）肇始，繼承著希臘悲劇中酒神意志的概念，賦予酒神戴奧尼索斯以全新的風貌，而酒神精神正是尼采權力意志思想的最初雛形，在相隔數年後他推翻年少時的精神導師[1]，不合時宜地批判當時期的文化毒害者，主張對現存價值進行全面重估。最後，尼采以《查拉圖斯特拉如是說》宣布上帝已死，提出人類的權力意志將創造世間的所有價值。故以下跟隨著尼采思想的腳步，將可發現精神三變是如何在人類導師的生命經驗中流轉著。

1. 駱駝階段──希臘悲劇中的酒神意志

尼采在 1872 年的處女作《悲劇的誕生》以兩種對立的精神揭櫫了人生不斷上演的鬥爭與痛苦的本質。早在尼采之前，叔本華

---

[1] 尼采的精神導師可分從兩部分來看，也就是尼采青年時期從音樂與哲學中，汲取了相當的智慧並影響到後其來的思維與行徑。首先是華格納（R. Wagner, 1813-1883）的音樂，華格納是當時極富盛名的音樂家，華格納的曲風將德國傳統音樂精神發揚得淋漓盡致，而從小極有深厚音樂素養的尼采，從華格納的音樂中得到了無限的靈感與泉源；另外則是叔本華的哲學，叔本華（A. Schopenhauer, 1788-1860），德國哲學家，哲學上反對黑格爾等人的唯心論，主張唯有生命意志才是終極實在的展現。尼采在青年時期閱讀過叔本華的著作《意志與表象世界》（*The World as Will and Representation*）後，隨即沉迷於叔本華所設之意志世界之中，並以詮釋、補充叔本華之哲學理念為職志。

（Schopenhauer, 1788-1860）就已提出了痛苦是人生的本質，人生就如同鐘擺般搖盪在永無饜足的慾望與衝動間。尼采除了接受叔本華這種悲觀主義的人生觀外，但卻不同於其採取厭世的生活態度，反而從希臘悲劇的歌隊中發現希臘藝術的極致展現，同時也是希臘人高貴無懼的生命情操。

尼采從古希臘悲劇發現了兩種悲劇精神，即日神阿波羅（Apolo）與酒神戴奧尼索斯。首先，日神阿波羅所代表的是一種夢幻之美，營造出世界的美麗形象。當人們處於日神所編織的紗幕中時，就彷彿沉淪在各種虛幻的世界，在那裡一切事物都是井然有序、有條有理，它節制了各種慾望與衝動，唯有阿波羅，才可使人們暫時忘卻各種不滿足與痛苦；酒神戴奧尼修斯則以沉醉為本質，使人在各種原始的衝動、慾望中達到忘我滿足之境界。而當人處於酒神酣醉的狀態中，彷彿脫離了理性律則的幻象，而愉悅享受無拘無束的快樂，唯有酒神，才是人最為原始的衝動、力量與意志。

尼采曾說：「兩種如此不同的本能彼此共生並存，多半又彼此公開分離，相互不斷的激發更有力的新生，以求在這新生中永遠保持著對立面的鬥爭……酒神用日神的語言說話，而日神用酒神的語言說話；這樣悲劇以及所有藝術的最高目的就達到了。」（*Nietzche, 1908/1982*）悲劇由此誕生，在人們不斷活在酒神與日神相互衝突的戰場中，恍若一齣齣不斷上演的人世悲劇。在此戰場上，酒神被迫在充滿幻象、規律的世界中活動；而日神也無法真正戰勝酒神，因此，兩者雖然性質相反，卻也相成（劉昌元，2004）。這正是尼采認為希臘人透過悲劇音樂展現出一種日神與酒神相互競逐與涵攝，而能笑看一切人生悲劇。

在這個階段中，尼采繼承了叔本華的哲學，認為人生充滿著痛苦與悲劇，但他已從希臘悲劇中重新發現了希臘人高貴的藝術精神，希臘人希冀透過藝術的轉化與提升，而以一種美學的態度重新肯定這個世界（陳鼓應，2005）。

2. 獅子階段——曙光中的蟄伏

尼采他的精神導師——華格納及叔本華那裡吸取夠多的養分後，在《查拉圖斯特拉如是說》之前，他歷經了一段懷疑與反抗的時期。在1874至1887年間的著作《人性，太人性》（*Human, All Too Human*）、《曙光》（*The Dawn*）、《快樂的科學》（*The Gay Science*）等，他已學會對他的導師說「不」。他反對叔本華教人溫順地放棄希望、人生及求生意志，叔本華說藝術能讓意志解脫，但人豈是天生下來否定自己而走向自我毀滅？因此，尼采對叔本華的「藝術悲劇是教人捨棄意志與聽天由命」的理論持反對意見，他認為藝術本身就是人類意志的最大展現，論意志必須訴諸藝術家本身，所以「藝術是生命偉大的興奮劑」（周國平 譯，2005）；所以他說：「不是求生意志，是權力意志（will to power）。」（*Nietzsche, 1884/1967*）；另外，尼采反對華格納後來的戲劇愈來愈走向嘩眾取寵，帶有過度的浪漫悲觀主義與喜劇色彩。而此時的尼采已模糊透露出了權力意志即永恆回歸（eternal return）的教育（*Tubbs, 2005: 382*），這即是他創造《查拉圖斯特拉如是說》一書前的蟄伏時期，他已如同一頭獅子般蓄勢待發，以其充滿批判的精神向當代文化中的頹廢提出挑戰。

3. 孩童階段——查拉圖斯特拉的新生

這個時期的尼采，在歷經無數的蛻變轉化後，已能從傳統規範、道德框架中掙脫出來。他曾說「現在我要告訴你們關於我的《查拉圖斯特拉如是說》的故事。它的基本概念，即『永恆回歸』的觀念，也就是人類所曾獲得的最高肯定的方式。」（*Nietzsche, 1908/1982*）尼采藉由查拉圖斯特拉之口替酒神精神建立了形而上學的詮釋——權力意志，並為權力意志找尋運行的軌跡與歸處——永恆回歸

查拉圖斯特拉正是尼采身為人類導師的化身，他不斷地尋找自己作為一位教師的信念。在他教導其門徒有關「超人」的教育中——也就是希望人們能破除對上帝、偶像的迷戀，而能做個自我超克的人。雖然

他的教育遭遇一次次的失敗，但他卻逐漸瞭解到一種肯定失敗、從失敗中學習的權力意志，以及權力意志的永恆回歸。

「權力意志是酒神精神的形而上別名，超人的原型是酒神藝術家，而重估一切價值就是用貫穿酒神的審美評價取代基督教的倫理評價。」（周國平，1986）權力意志既是人類原始的生命意志，也是創造的本能，更是酒神醉舞歡唱的狀態，

所以尼采曾說：「生命曾親口向我說出這個秘密。『注意，』它說，『我就是那個必須不斷超越自己的東西。』不錯，你們稱此為創造的意志，或是追求目標、更高、更遠、更複雜之一切的動機 …… 只要有生命的地方，就有意志 …… 是『權力意志』！」（周國平譯，2005）查拉圖斯特拉在歷經一次次的失敗後，瞭解到生命痛苦的不斷回歸，這是一種尼采稱之為「最沉重的負荷」，也是查拉圖斯特拉的「危險和疾病」及「大痛苦」。然而，帶有權力意志的永恆回歸卻能在危險、痛苦中創造新的價值，也是一個重獲新生的孩童在現世生命中自我超克、肯定生命的價值，這就是作為查拉圖斯特拉的「命運」，而在失敗中學習到這點的查拉圖斯特拉則是「永恆回歸的教師」（Nietzche, 1884/1967）。

二、駱駝、獅子、孩童
——精神三變（Three Metamorphoses）的意涵

> 我要告訴你們有關精神的三種變形：
> 精神如何變成駱駝，駱駝如何變成獅子，最後獅子如何變成孩童。
> —— Nietzche（1884/1967:23）

（一）繼承之變——任重致遠的駱駝

人類之所以強大，不在其肉體而在其意志，一種肩負世間苦難的

權力意志，如同尼采在《超越善與惡》（*Beyond Good and Evil*）說道：「他由於苦難，所知道的比最精明的人還要多。……深入地受苦受難會使一個人更傑出。」（黃文樹，1993）這任重致遠的意志如同奔走於荒涼沙漠的駱駝，「什麼是重負？堅忍的精神這般問道；然後如一匹駱駝般屈膝跪下，願意擔起重負。」（*Nietzsche, 1884/1967: 23*）堅毅而虔敬地、虛懷若谷地包容與繼承世間傳統價值，嘲笑自身的恐懼、輕蔑、驕傲與智慧，凡事不囿於自身，以謙卑抑高傲，讓人的意志接受千錘百鍊，動心忍性，曾益其所不能，如此才能拒絕一切的誘惑與恫嚇，孟子云：「天將降大任於是人也，必先苦其心志。」因此精神一開始必須是駱駝。

（二）自由之變──否定破壞的獅子

然而，駱駝終將發現在他的世界只有名喚「你應」（Thou-shalt）的龍，只存在外來的傳統道德規範與價值標準，「至高無上的龍如是說道：『世間一切價值都在我身上閃耀，所有價值已經被創造，我就是所有的價值，其實，「我要」（I will）根本不應該存在。』（*Nietzsche, 1884/1967: 24*）」駱駝仰望「你應」如同信徒等待上帝的垂憫，雙手把自主權奉上、甘願四體被縛，養成病態盲目服從的奴隸道德，「這樣的道德不過是鞭笞下的痙攣。」（余鴻榮譯，2001）正當此際，不知哪裡傳來一聲厲吼，震天價響，駱駝終於覺醒，化身為獅子，一口反噬了「你應」之龍，用「我不要」（I will not）否定過去的「你應該」來重獲「自由精神」（the free spirit），唯有如此，人類才能重掌評估一切價值的權柄，才有向未來走去的可能。

（三）創造之變──天真爛漫的孩童

「你應」消滅之後，人的價值世界開始呈現真空狀態，很容易就墮入虛無主義的泥淖裡，獅子對此束手無策，因為他只會掠取自由，卻不會創造。可這自由並非真自由，因為尼采說「只有在創造中才有自

由」（周國平，1986：145），他認為唯有成為創造者，你才能成為你之為你者、做你自己的神，超越自己而走向超人的彼岸。故獅子勢必再變為孩童。為何變成孩童才有創造的力量？因為「孩童是無邪且善於遺忘的，是一個新的開始、一個遊戲、一個自轉之輪，一個初始的運動，一個神聖的肯定。」（Nietzsche, 1884/1967: 25）「我不要」焚燬過去僵化吃人的法則戒律，在一片焦土灰燼中孩童如鳳凰涅槃般地重生，他遺忘生前種種譬如昨日死，再也沒有任何條件與前提甚至是記憶可以限制住他譬如今日生，人類終於回到起點，展開下一輪的旅途，尼采在《教育家叔本華》（Schopenhauer as Educator）確定這段旅途裡：「我們必須在自己面前對我們的生存負責；因此我們要做生存真正的舵手，不容許我們的存在類似一個盲目的偶然。」（周國平，1986：164）頭一次，人類意志對自己的生命發出神聖的肯定之聲，say Yea to your Life！

尼采認為他終生工作是替人類準備一個自覺的重要時機，而查拉圖斯特拉便是尼采為人類挑選的超人教育導師，教會他們永恆回歸的真理，即是命令與服從的權力意志的循環是普遍性的，人類生命本質皆固有之。查拉圖斯特拉在上山與下山的循環中，不斷地歷經教育的失敗，查拉圖斯特拉曾經為此哀嘆道：「他們不理解我，我說的他們並不愛聽。」（Nietzsche, 1884/1967）但當他重新回到山上盛讚永恆回歸的真理時，他卻茫然了，誰來領取他的智慧？如果教育陷入停滯，永恆之輪要如何轉動？他終於明白痛苦與失敗都是永恆回歸的一部分，如果痛苦與失敗都是教育必須經歷的過程的話，那麼，教師的意志會告訴自己：「那就是教育嗎？好吧！讓它再來一次吧！」（Tubbs, 2005: 381）

而精神三變，便是尼采所主張從認知到創造的教育歷程。繼承、自由、創造分別對應駱駝、獅子、孩童，人初生於世，從小受父母訓誨、師長教授傳統文化價值，既明白要以生之有涯追知之無涯，便宵旰憂勞地學習以充實知能；及至年長，才發現學而不思，反而困頓於所學之中，產生規矩限制心靈、禮教吃人的現象，人思而奮起，以批判的眼光與革命的精神嘗試追尋既有價值外的自由空間，化身為無邪爛漫、

反璞歸真的孩童，不存善惡之成見地重新審視並評估一切價值，最終辨明自身價值的存在，這就是尼采所謂的幸福（*Nietzsche, 1884/1967*）。孩童將義務化作意欲，將他律改為自律，道德之於他，代表的不再是束縛，而是自我完成的意志，如一支憧憬的箭射向任何他意欲到達的彼岸。充滿生之勇氣，大無畏地去接受永恆回歸的挑戰，當自己「存在的主人」，查拉圖斯特拉的教育才算完成。因此，精神三變正是尼采對教育最深切的隱喻。

三、尼采教師圖像的精神三變

若說人生如戲，則在人生舞臺劇中，上演著「教育劇」的主角除了學生外，就是教師了（*歐陽教，1973*）。隨著不同時代、社會背景之遞嬗，教師角色之形式與內涵也有所更迭。當時空輪轉至當代社會環境脈絡底下，若細細審視之，則可發覺教師在面對實務上的困頓與挑戰時，正如同尼采的精神三變般，為因應不同來自內外在的衝突，而必須隨時做出角色面貌的調整與轉化。以下即由尼采的精神三變說，來說明教師圖像的轉化過程。

（一）現代教師角色：從駱駝、獅子至孩童

當鐘響時，教師們開始手中拿著一本本的教科書，逐步往課堂教室進發，他們心中想著：「我希望我的學生都能學會這些書本知識！」但當學生無法在預期之內達成要求時，他大概又會想到：「這些學生個個都不成材，我真是對牛彈琴、浪費口舌！」上述的景象彷彿是現代教師們從懷抱著對教育的無比熱忱與理想到向現實妥協、照本宣科，每日面對的是繁瑣的事務，從學生、家長到學校行政人員，似乎永無止盡地接收著來自四面八方不同教育關係人的要求與負荷；這些沉重的工作壓力已經讓教師們成為在忍受各種衝突挑戰下，只能依樣畫葫蘆、奉命行事的「駱駝」教師，心中的怨懟無從發洩，卻只能強壓忍受，最後使自

己成為教育戰場下的犧牲者。教育現場充斥著一齣齣的悲劇，報導時有所聞的教師與學生、家長的衝突，正可充分解釋現代教師在不堪各種來自外在環境及個人內心的挑戰後，所發生的種種不幸事件，如下述報導例子。

校園版白色巨塔——女老師燒炭自殺

「臺北市長安國小一名陳姓教師，疑似被同校資深老師謾罵欺負，在過年期間燒炭自殺，並留下遺書要這名老師知道，家屬指控校方不但沒有調查，還要求家屬說自殺的老師是意外死亡，否則將領不到公保的死亡理賠。陳媽媽悲痛的說，一切都是因為學校就是封閉的白色巨塔，逼死了她的女兒。陳華婉母親：『向輔導組還有主任反應，反而怪罪我的小孩，說人家跟她處得來，妳為什麼跟她處不來？還叫我們不要再找他們。』」（周欣怡，2006）

在《悲劇的誕生》中，尼采找到了作為解除人生痛苦之藥方，這帖藥方是日神之夢與酒神之醉，其中酒神的意志更是潛藏於人的原始情感中。身為一位「駱駝」的教師，在其階段內雖然可承受著許多傳統的價值觀與意識型態，但教師的主體性該如何展現呢？此時的教師雖然精於各種前人留下的教學技能與教學專業知識，但他們尚未成為一位勇於向挑戰的「獅子」教師。

直到有一天，教師們發現自己長久所深信不疑的權威或命令，充其量只是現代教育的毒害者，從此開始，他全身細胞叫嚷著反抗，希冀展現教師自我的主體性，他不甘於屈就在傳統威權的科層體制下，此時的教師正好比一頭獅子，他大聲的說出了：「我要！」，以對抗各種不合理的壓迫，如同下述報載：

「今年 5 月 13 日，由勞動者家長聯盟、全國教師會等民

間團體舉辦『反教育商品化』遊行，今天號召上百人走上臺
北街頭，並在教育部前集合，大聲疾呼要教育部落實教育公
共化。」（劉嘉韻，2006）

　　從反對教育商品化之遊行，似乎已看到了微小的教育反動，正亟
欲對來自於社會、現行教育體制之不公做出反動，一群群勇於對抗現實
社會以尋求解放力量的教師，如同獅子般的大聲怒吼，希冀獲得主體性
的自由。至此，現代教師已歷經了從駱駝至獅子，自我精神上的變化，
但除了批判、否定不合理的現世價值外，他們該如何才能扭轉局勢、創
造新機呢？反抗無效，只有尋找一種新的教師圖像，才可免於教師淪為
無止盡、不斷重複的精神緊張。

（二）尼采哲學中的教師圖像：孩童教師

　　透過《查拉圖斯特拉如是說》，尼采要告訴人們的即是關於教師精
神三變的故事，查拉圖斯特拉則是尼采用以告誡眾人的角色。當教師
身為查拉圖斯特拉時，在面對教學過程中一次次的失敗與挑戰，他會用
其權力意志不斷開創新的契機，使其從駱駝、獅子後，得以成為深具有
創造價值的孩童。而「孩童教師」正是尼采賦予教師最深的隱喻與最適
切的圖像。與教師朝夕相處的是一群質樸自然的孩子，如果拿你來我往
的爾虞我詐、老生常談的陳規舊例和以上對下的睥睨姿態來對付學生，
則不能與之交心。唯教師化為孩童天真之姿，一方面擁有永遠留有餘裕
的空杯，可以不斷更新與自我充實；一方面用創新的教學勾勒出成長的
全貌，藉此激發學生創造力。以無偽真誠的心回應學生每一個問題與需
要，秉持無外在目的、單純為教學而教學的心情，盡情地進行一場與學
生同樂的遊戲，如此，教育的可能才可能無限延展開來。學校雖然是
大社會的微型縮影，卻也是殘酷現實中我們該捍衛的最後純真保留地，
是教師為學生打造的專屬空間，讓師生的自由精神得以在此舒展，孩童
教師的生命在此進行一次又一次的回歸，鳳凰花開時送走三年來朝夕相

處的畢業生，9月開學時又見到似曾相識的初生之犢，孩童教師年年都比去年更長了些智慧，對孩子多了個想法，基於遍目所及的現實苦難與對學生的不忍之情，對自身能做些什麼又多了分期待，這就是孩童教師的具體樣貌。下面引自電影「春風化雨1996」（Mr. Holland's Opus）中的一段描述，來看看孩童教師如何創造現實悲劇中新的人生與教育契機：

> 「賀蘭老師原本只是因為生活經濟壓力上的負擔，短暫委屈自己教授音樂，而他真正所期盼的，是能利用教學空暇時間創作一首永銘於世人心中的交響樂曲。隨著兒子的出生，經濟壓力日益沉重，『教師』這份職業，成了賀蘭老師用來糊口、得以生存的飯碗罷了。但漸漸的，賀蘭老師在與學生相處的過程中，除了陪伴學生一同面對困難、挑戰，他自己也不斷在學習成為一名老師，他一生中影響並改變許多學生的生命；然而，最大的生命改變是他自己，教書成為他第二次的生命學習，並且榮譽地畢業。」

賀蘭老師在教學中遭遇的一次次挫折，不僅來自於學生、同僚甚至自我的種種困頓失意，但其用無比堅韌的意志力及笑看一切人生悲劇的態度，終至轉化種種危機，並得以在其教學生命中陪伴學生一同成長。他雖然知道自己會不斷面臨困難，卻仍是勇於開創自我生命的價值，在教與學二元循環之中，學生因老師而重生，老師因學生而重生，這便是尼采教師的圖像——孩童教師。

四、結語

從《悲劇的誕生》開始，尼采以其酒神精神，貫穿於他後來的全部哲學中，它實際上就是尼采所提出的對世界和人生的新解釋，以重獲新生孩童之力來救贖人生，孩童正是尼采所重視的創造價值，他擁有

轉化悲劇、絕處逢生、創造新契機的能力，這就是藝術創造般的力量，也是擁有藝術家視野的人生觀。所以，透過尼采的故事彷彿可以告訴現代教師，不管在面臨到自我內心矛盾、師生關係、親師關係、理論與實務的脫節時，都應有自我的權力意志。悲劇的永恆回歸並非相同事物的重複上演，而是在一次次的挑戰之後，教師已如同尼采般歷經了精神三變，這是屬於教師的教育。

　　教育的作用不僅只發生於學生，精神三變提醒教師從失敗中汲取智慧與教訓，以作為下一次新生的預備能量，這正是駱駝、獅子與孩童三階段的永恆回歸，也代表一位教學藝術家生命樂章的起承轉合，他的教學生涯也是呈現在世人面前最為豐美的音樂饗宴。教學本就是一場藝術，是教師用其生命與學生積極產生共鳴的偉大旋律。所以，蘊藏在尼采精神三變哲學中的最為理想的教師圖像，即具有創造能力、永遠虛心求教的孩童教師，他告訴教師們，在面對不同階段的轉變時，應永遠滿懷希望與熱忱，以和學生共創曼妙的教學藝術旋律。

參考書目

李潔譯（2006），A. Pieper 著。動物與超人之間的繩索：《查拉圖斯特拉如是說》第一卷義疏。北京：新華。

余鴻榮譯（2001），F. W. Nietzsche 著。查拉圖斯特拉如是說。臺北：志文。

周欣怡（2006，2月15日）。校園版白色巨塔——女老師燒炭自殺。2007年1月1日，取自：http://tpctc.tpc.edu.tw/2000/wwwboard/show.asp?repno=18901&page=1。

周國平（1986）。尼采：在世紀的轉捩點上。上海：上海人民。

周國平譯（2005），F. W. Nietzsche 著。悲劇的誕生。臺北：左岸。

吳增定（2005）。尼采與柏拉圖主義。上海：上海人民。

歐陽教（1973）。教育哲學導論。臺北市：文景書局。

陳鼓應（2005）。尼采新論修訂版。臺北：臺灣商務。

黃文樹（1993）。尼采精神三變的創作背景及其教育涵義。高市文教，48，

51-60。

黃添盛譯（2007），Peter Zudeick 著。瞧一眼尼采。臺北：商周。

劉昌元（2004）。尼采。臺北：聯經。

劉崎譯（1969），F. W. Nietzsche 著。瞧！這個人。臺北：志文。

劉嘉韻（2006 年，5 月 13 日）。反對教育商品化，民間團體號召百人走上街頭。2007 年 1 月 10 日，取自：http://news.yam.com/cna/garden/200605/20060513664783.html。

鐘慧卿（2000）。尼采生命哲學及其教育意涵研究。政大教育研究所碩士論文，臺北：未出版。

Nietzsche, F. W.（1982）. *Ecce Homo: How One Becomes What One Is.*（R. J. Hollingdale, Trans.）N. Y.: Penguin Books.（Original work published 1908）

Nietzsche, F. W.（1983）. Schopenhauer as Educator. In R. J. Hollingdale（ed. & Trans.）, *Untimely Meditations*（pp.127-194）. N. Y.: Cambridge University Press.（Original work published 1874）

Nietzsche, F. W.（1967）. *Thus spake Zarathustra.*（T. Common, Trans.）N. Y.: Heritage Press.（Original work published 1884）

Tubbs, N.（2005）. Nietzsche, Zarathustra and Deleuze. *Journal of Philosophy of Education, 39*（2）.

12

卡西勒哲學中的教師圖像

—— 楊忠斌

從對卡西勒（Cassirer）哲學的探討中，引申出教師的理想圖像。一位理想的教師應能兼有人文與科學的視野與學養，對於理想的學生圖像有周全的認知，能啟發學生批判意識、解構教育神話，並能提升學生的心靈架構、開發潛存的巨大力量。

一、卡西勒之生平與思想背景

　　卡西勒（E. Cassirer）於 1874 年生於德國，父親為猶太富商。1913 年任職漢堡大學哲學教授，1930 年榮任校長。因納粹的迫害，於 1933 年流亡至英國牛津大學任教，1935 年至瑞典哥德堡大學任教。1941 年就任美國耶魯大學訪問教授，1944 年轉任哥倫比亞大學訪問教授，1945 年去世。卡西勒是新 Kant 主義馬堡學派（Maburg School）領袖 H. Cohen 的學生，早期以研究科學哲學及知識論成名，後來則走向語言、神話、歷史、宗教、藝術等方面的研究，終而形成其獨特的文化哲學體系。著名的著作如：《語言與神話》（1925）、《符號形式的哲學》（三卷，1923-1929）、《人文科學的邏輯》（1942）、《人論──人類文化哲學導引》（1944）、《國家的神話》（1946）等。卡西勒學識淵博，人文與自然科學兼治，是個全方位型的學者，無怪乎《在世哲學家文庫》譽其為「具有百科全書知識的一位學者」。卡西勒在邏輯與科學哲學方面受到 M. Schlick 與 F. L. G. Frege 等邏輯學家的高度肯定，在美學方面則影響了美國 S. K. Langer 的符號美學。卡西勒也是著名的哲學史家，代表作如《近代哲學和科學中的認識問題》（四卷：1906、1907、1920、1940）、《文藝復興哲學中的個人與宇宙》（1927）、《啟蒙運動的哲學》（1932）等（甘陽譯，1990：譯序 1-3）。

　　卡西勒除了傳承自德國 Kant 以來的觀念論傳統之外，也廣泛吸取各領域的研究成果。他在探討問題時，時常追溯其歷史上的發展，也因而徵引了不少各種的材料，其範圍廣及哲學、心理學、人類學、神話學、社會學、文學、科學、數學、生物學、物理學等。而且不只能旁徵博引，也能加以分析批判並統整成一個主軸。無怪乎劉述先在談論《人論》中的〈藝術〉這一章時，稱讚卡西勒學問好、無書不讀，不僅對科學有深入瞭解，在文學、藝術上的造詣也比當前念文科博士的人多讀好幾倍的書，而且還能有自己的見解（劉述先，2004：29），顯見卡西勒具有

既博且深的卓越學術能力。

卡西勒早期的代表作《實體概念與功能概念》（1910）標示了其哲學思想的轉變，也被 Cohen 嚴厲指責背叛了馬堡學派的立場。卡西勒在研究科學的發展過程中，發現希臘哲學以來的發展十分強調「實體」（substance）的概念。但到了現代，伴隨著科學的高度發展，功能（function）的概念則愈來愈占優勢。他一方面探索實體向功能的轉變發展，一方面也追溯了這些哲學與科學的起源（甘陽譯，1990：譯序 3；劉述先，2004：24），並以功能的概念為核心去理解人類文化的發展，終至形成以符號為中心的文化哲學體系。

二、卡西勒的核心哲學概念

(一) 文化哲學的方法：批判觀念論

卡西勒認為文化並非一種純思辨、理論的東西，而是語言、道德、歷史等活動的整體，因而無法以傳統觀念論的方法去掌握之，必須代之以其「批判的觀念論」來理解之。卡西勒指出，Kant 為區別其與 Berkley、Descartes 觀念論之不同而提出了所謂先驗觀念論，著重於考察認知主體自身、認識對象的方式，而不是對象本身，以純粹分析的觀點取代了先前本體論式的探究，此為其優越之處。Kant 在建構其批判哲學時原本只關注自然與道德問題，後來發現藝術無法以理論及道德探究的原則加以含括之，而又建構了第三批判，超出了其原本的構想。卡西勒認為，雖然 Kant 並未提及文化哲學的名稱，但 Kant 對邏輯、科學、倫理、美學、歷史與宗教的具體形式的考察，已形成了一種文化哲學的形貌。不過 Kant 把歷史、宗教加以道德化，而錯失了對歷史、宗教生活現象的真實理解，而且也未能瞭解神話為宗教、語言、藝術與科學的共同基礎，因而侷限了文化哲學的視域，此即是卡西勒要加以超越的（羅興漢譯，1990：22-24、40-41）。

與 Kant 相較，Hegel 的絕對觀念論以形上學與邏輯的方式演繹出

文化的每一步，將藝術、宗教與哲學視為是絕對精神的不同階段與必然發展，因而文化只是統一性的絕對理念之不同開展。不過卡西勒反對以此種形上的思維方式來描述文化，因為文化形式並非遵循某種預先定好的普遍原則進行的。其批判觀念論主張，雖然人類的精神法則有其統一性與普遍性，但此須由具體的語言、藝術、宗教與科學中分析而得出。對卡西勒而言，批判觀念論並不自大地認為能預見與規定文化史的進程，而是希望更謙虛地由人類精神的不同形式與功能中，洞見人類精神的普遍法則，而能更理解人類自身的世界（羅興漢譯，1990：26、43-45）。由此，卡西勒認為人類發展的普遍原理是存在的，只是不能先預設一先驗的普遍原理，再削足適履地找資料來印證之，而是反過來由大量的經驗資料中去尋得普遍原理。

（二）以符號為核心的文化哲學

在西方哲學史上，從最早的宇宙論探索轉向人事論時期後，人的問題漸漸成為哲學思考的對象，尤其蘇格拉底更是強調認識自我的重要性。卡西勒認為，在各種哲學流派的爭論中，認識自我始終被公認為哲學探究的最高目標。但即使蘇格拉底詳細分析了人的各種品格，如善、正義、節制、勇敢等，也從未貿然對「人」下一個定義。卡西勒認為這顯示了我們不能靠經驗觀察與邏輯分析，而只能在人與人的實際互動中來理解人。他認為對蘇格拉底而言，人是能不斷探究自身的存在物，即是能對理性問題給予理性回答的存在物（甘陽譯，1990：3、8-10）。換言之，理性是人的根本特性。如同亞里斯多德將人定義為理性的動物，以理性作為人的主要特性並以此區別人與動物，事實上也是西方哲學的主流觀點。

卡西勒追溯哲學史的發展指出，後來的斯多葛學派（Stoicism）仍強調理性的力量，但又加入了人與宇宙的平衡和諧思想。人同宇宙同等重要，又相互和平共處。但基督教的理論打破了此種平衡，貶抑人的獨立自主性，高舉宇宙（上帝）的重要性。不僅 Augustine 批判人的理性

優位觀，視其為人的原罪，即使較肯定理性的 Thomas Aquinas 也主張若得不到上帝的指引與啟發，理性也不可能正確地使用其權利。人必須使自己沉默，聽從更高、更真實的聲音——上帝。在近代哲學時期，現代科學精神開始發展，不再完全以神學解釋人。Copernicus 的新宇宙論主張人非宇宙的中心，人只是無限宇宙的一小部分而已。Galilei、Descartes、Leibniz、Spinoza 等人對數學知識的發展，以此探究物理宇宙的普遍規律，高舉了人的數學理性。直到 19 世紀時，生物學的發展取代了數學獨大的局面，達爾文的進化論取得了更高的地位。但卡西勒認為進化論只指明了有機生命的偶然轉化，但是否能推及整個人類文化的世界？其背後是否有一明確的目的論結構？卡西勒指出，上述對人的形上學、神學、數學及生物學的四種解釋，加上社會、政治、心理、人類、經濟等各門學問的研究，使得答案更形複雜，並未有公認的統一觀點。卡西勒企圖從各種學科提供的大量資料中，統整出一個共同的中心或觀點（甘陽譯，1990：12-33），這就是其所提出的符號形式哲學觀。

卡西勒認為，我們無法以形上學的內省或經驗觀察的方式來給人下定義，人的特點既不在其形上本性也非其物理本性，這些定義都是屬於實體性的定義，而非功能性的定義。人的獨特性就在於其勞作或活動（work），即語言、神話、宗教、藝術、科學、歷史這些符號活動（甘陽譯，1990：102）。卡西勒利用生物學的研究成果指出，人不只如同一切生命有機體一樣具有感受器系統與效應器系統，在這兩套系統之間還具有符號系統，這是人與其他生物之最大區別。人藉由自身創造的語言、宗教、藝術等符號系統來理解外在的世界，而非簡單地進行刺激反應的活動。這些符號系統組成了整個人類文化活動。因而卡西勒認為只有將人定義為「符號的動物」，而非「理性的動物」，才能指明人的獨特之處（甘陽譯，1990：37、39）。換言之，人的獨特性在其能使用符號，而超越動物本能的反應模式。這些符號活動也即是文化活動，所以說人是符號的動物，即等於說人是文化的動物，這就是卡西勒文化哲學的主旨。

問題是，其他動物不會使用符號？何謂符號？卡西勒援引了耶克斯（Yerkes）、柯勒（Koehler）等許多動物心理學與語言學的研究成果

指出，動物雖然也能表達恐懼、絕望、懇求、快樂等豐富的情感，但這只能算是具有情感語言能力，還不能達到人類具有客觀指涉的命題語言層次。狗即使能辨識人的行為、表情與聲音的複雜變化，這些變化對狗而言也只是信號（signs）而非符號，屬於刺激反應的條件性反射。但符號則涉及意義、思考與反省。人能對這些行為與表情的變化之意義做思索與回應，而非做反射性、單一性的回應或理解。信號是物理的存在世界，仍具有某種物理或實體性的存在，符號則屬於人類的意義世界，只具有功能性的價值（甘陽譯，1990：44-48），此說符應了前述卡西勒對「功能」概念的重視。

依卡西勒之意，一個東西若只是機械式的直接連結到所指涉的物體或事件，即是信號。若中間加入了意義的思考，則變成了符號。以海倫・凱勒學習語言的過程為例，海倫・凱勒原本已學會某一手語字母與某物或某一事件之間的固定連結，但她只是將其視為信號來使用，直到她某日忽然瞭解到凡物都有一個名稱，而且此名稱可普遍適用於一切事物，她才恍然大悟，由記號的天地進入了符號的天地（甘陽譯，1990：52-53）。海倫・凱勒開始會思考名稱的意義，並瞭解某一名稱適用於所有相同的東西。也因此，符號的一大特性即在其普遍適用性。

除了普遍性之外，符號還具有變化性與抽象性兩個特性。就變化性而言，意指我們能用不同的符號表達相同的意思或思想，但信號卻是以一種確定而唯一的方式與其指稱事物相對應或連結，如同巴伐洛夫（I. P. Palov）對狗所做的刺激反應實驗中的現象。亦即符號所代表的意義是靈活多變的，信號則否。動物是活在信號的世界中，還達不到符號的世界。就抽象性而言，意指同一個符號能用來指稱不同關係中的同一個對象。卡西勒認為，人類已發展出能分離各種關係的能力，這是一種抽象的能力。如同幾何學並不重在對具體事物的理解，而是要研究普遍的空間關係，因而發展出一套適當的符號系統來表示這些關係（甘陽譯，1990：54-57）。卡西勒對抽象性的解釋其實並不清楚，似乎是意指符號是一種從各具體事物中抽象出的形式。如同幾何學是研究物體的形狀、大小及位置關係的一門數學分支，其對圖形、三角形、正方形等方

面之研究是在探討其內部的形式關係。因而抽象性即意指形式，也即是普遍性之意；如同普遍性是來自對具體事物即質料中抽象出形式而來。對卡西勒而言，人能運用符號以創造自己的「理想」世界，向著「可能性」前進，不像動物永不能超越「事實」、「現實性」的規定（甘陽譯，1990：譯序 5）。

　　若依上所述，運用符號不即是運用理性？人不就是「理性的」動物？其實卡西勒提出符號並非意在排斥理性。但符號不只有理性的成分，還包含情感、想像的成分，因而符號的內涵要比理性還廣，以此來定義人就能比用理性更周全。事實上，在藝術、宗教與神話等符號活動中，情感與想像的力量甚至比理性或理論性的力量更大、更重要。以藝術為例，語言與科學是對實在的縮寫，因而使實在變得貧乏；藝術則是對實在的誇張，此豐富了實在。事物的各個面向是數不清的，且時刻在變化。即使是某一個山水景色，在早晨或中午、雨天或晴天都不是「相同」的。對審美知覺而言，「太陽每天都是新的」。我們的審美知覺比起普通知覺更多樣化與複雜，它不會滿足於一些共同不變的特徵，審美經驗的豐富性是普通經驗永無法企及的。藝術是以欣賞者的審美知覺、直覺及對象的感性形式而非理性思考、推理的方式來理解實在（甘陽譯，1990：210-212、215）。藝術能釋放想像力，穿透事物的表面，表現整個人類的情感、內在生命，是一種創造性與建構性的力量（羅興漢譯，1990：170-171；甘陽譯，1990：218）。

　　卡西勒認為，人類在種種的符號活動中，「人所能做的不過是建造他自己的宇宙——一個使人類經驗能夠被他所理解和解釋、連結和組織、綜合化和普遍化的符號的宇宙。」（甘陽譯，1990：320）但難道人只能瞭解人類的世界，而無法洞見自然界、宇宙本身的「實在」嗎？針對此一形上學問題，如同卡西勒所指出的，科學逐漸發展出一套客觀系統的分類法，如同林耐在《植物哲學》中建立的植物學系統。但這樣的系統是人為的，是把自然現象納入人類的概念與原則中，而不是在描述「自然的事實」（甘陽譯，1990：304-305）。換言之，自然科學對自然的描述與解釋不是「自然本身」，而是我們「對自然的看法」。由此或許可推測，

卡西勒可能謹慎地堅守 Kant「物自身不可知」的立場,不願進一步主張人類可洞見宇宙的普遍實在。但也可能是主張,宇宙的實在是多變、多面向的,人類能掌握的是暫時性、局部性的實在而已。

(三) 解構現代神話的政治哲學

　　卡西勒在美國訪問時,有一些學者希望他不只能談論過去的歷史文化與科學,也能談談當今的世界問題,因而催生了《國家的神話》一書（范進、楊君游、柯錦華譯,1992：4）。書中引用了其以前對神話研究的成果,並進一步連結到政治理論史上的發展,最後歸結於對當代政治神話現象的批判。卡西勒指出,在當代政治思想發展中,最重要也最令人驚恐的現象可能是神話思維力量（power）之出現。在人們的政治生活中,神話思想戰勝了理性思想,這種現象應如何解釋（范進、楊君游、柯錦華譯,1992：11）？卡西勒其實意指著第一次世界大戰後納粹政權的崛起,與現代神話的運用與創造有密切的關係。此種現代神話是古代神話的復現與改造。

　　卡西勒在早期的《符號形式的哲學》中已深入探討了神話思想,《人論》中也專章簡要說明了神話的形式。他在對圖騰崇拜、祖先崇拜、葬禮、巫術、禁忌等主題的人類學探討中,指出神話並不如一般人所認為是完全非理性的,其解釋自然與社會的方式雖不同於科學的觀點,但仍呈現一種理論的統一性,此即是對萬物的情感。依卡西勒之意,創建神話的原始人認為萬物的生命具有統一性與連續性,因而人或動植物在死亡後仍持續存在,輪迴、祖先崇拜、葬禮等觀念與儀式才會不斷存續下來。對生命的不可毀滅性的看法是基於原始人對萬物的情感,此形成了其解釋世界的基礎。雖然解釋的基礎與方式是情感的,而不同於現今科學的解釋方式,但仍是合乎理性、邏輯的。原始人不以分析、二分的方式來看待其世界,而是綜合式的。原始人對自然界的看法是以同情共感（sympathetic）為基礎的,也因而卡西勒說:「神話是情感的產物」、「神話的基質不是思維的基質而是情感的基質」（甘陽

譯，*1990：120-126*）。換言之，神話是以情感為基礎來對世界做解釋，此種解釋有其一貫性與合理性，因而不是非理性、無理或混亂的。事實上，原始人的藝術時常表現了其對各種動物形式有著驚人的瞭解，而獵人對動物生活的微小細節也非常熟悉，否則就無法生存（甘陽譯，*1990：121-122*）。此外，我們的語言也找不出如印第安方言般的眾多細微差別（范進、楊君游、柯錦華譯，*1992：23*）。卡西勒認為，人的三種世界可分為情感性質的世界（內在的情感直接性）、感知世界及科學世界，每一種世界都有其功能價值，都是步向實在的臺階，不能說哪一種最正確、真實，而且三種世界也是彼此互有關聯、相互滲透的（甘陽譯，*1990：115*）。神話、藝術與科學可說是分屬於三種世界，每一種符號形式都是人類文化生活的一部分。以此而言，情感也有其邏輯性與合理性，情感與理性並非截然對立的。

　　卡西勒認為，現代政治神話與古代神話有其相似之處，兩者都是集體希望的表達。原始人在生活中也存在著某些不受神話魔法影響的世俗活動，如製造農具等，但當多數人面臨無法解決的問題而形成一種強烈的集體願望時，就不得不求助於神祇。神就代表著集體願望的人格化，並由巫師做法溝通之；因而巫師成為神的代言人，成為擁有最高權威與力量的領袖。如同在現代社會中，當一切法律、正義、憲法都失去其作用時，便寄望於能實現集體願望的領袖。以德國威瑪共和時期為例，整個社會與經濟體系面臨崩潰的威脅，一切正常的辦法都解決不了問題，乃提供了納粹、希特勒極權政府崛起的養分（范進、楊君游、柯錦華譯，*1992：360-363*）。

　　但現代政治神話比古代神話更為複雜，加入了更精密的技術，形成一種新型的神話。人類文明由巫術人或魔力人的時代，進至了製造工具的技術人、技藝人的時代，而現代政治家卻能融合這兩種似乎相互對立的活動，亦即既是神秘新宗教的代言人或牧師，又能精巧而理性地規劃與計算每一個方案。因而現代神話就以生產軍事武器一樣地方式被製造出來，甚至「軍事武裝只是政治神話所造成的精神武裝的必然後果」（羅興漢譯，*1990：216-217*；范進、楊君游、柯錦華譯，*1992：364*）。政治神話的

效果或許如同 Gramsci 所說的「文化霸權」一樣，其所產生的是一種內在意識上的控制，此比外在的武力霸權之力量有過之而無不及。

卡西勒指出，現代政治神話主要有三個新技術。首先，有意地改變語言的功能。在語言具有語義上（描述、邏輯的）與巫術上（情感的）的功能。前者在描述對象或對象之間的關係，後者在表達人的情感，兩種功能在正常情況下處於和諧一致的平衡中，目的在於社會溝通與相互理解。但在原始社會中，語言的巫術或情感功能比語義或描述功能更占有支配性的地位。現代神話以一種更為精細的方式承接了此種現象。卡西勒以《納粹德語：當代德語用法彙編》一書中的字為例，Siegfriede 與 Siegerfriede 兩詞似乎具有完全相同的意義，表面上皆代表「勝利後的和平」之意（Sieg 意為勝利，fried 意為和平），但實際上隱含著連德國人也不容易聽出的重大差異。Siegfriede 意指德國勝利後的和平，Siegerfriede 意指盟軍占領軍所頒布的和平。其中的差異在於語法或型態上的差異，Sieg 是單數，Sieger 是複數。單數只能用於德國人，因為其為一個團結的同質整體、統一體。而德國的敵人雖號稱為盟軍，其實只是四分五裂的東西之組合。卡西勒認為，杜撰此兩詞的人能在一個音節中貫注進所有人類情感，注入全部的仇恨、憤怒、狂暴、傲慢、輕蔑等，以此來激起大眾強烈的政治熱情，實為一極高明的政治宣傳藝術大師（羅興漢譯，1990：217-219；范進、楊君游、柯錦華譯，1992：365-367）。

其次，除了語言功能的改變之外，建立一種新的儀式也是很重要的。在納粹時期，每一種政治活動都有其特殊的儀式，任何階層、年齡、性別、朋友甚至鄰居之間的活動或互動都有其固定的儀式，若是忽視了這些儀式，會被視為觸犯領袖與極權政府而入罪。如同在原始社會中，儀式是神聖而不可冒犯的。儀式的主要作用在使民眾失去其個體性，作為一個整體而行動與思考，個人沒有自由意志。卡西勒認為，外在的政治鎮壓未必能達成統治者的目的，因為總是會有個人自由意志去反抗壓迫。但政治神話卻能使人放棄了自由意志，使受過教育的人、知識分子、普羅大眾甘於受控制。以往文明人不安於受原始神話的控制，

而打破了許多錯誤的儀式禁忌，但現在的文明人為何卻能忍受現代的神話儀式？卡西勒認為，究其原因實為個人在社會政治生活面臨崩潰的危機時，對個人的力量失去了信心，不願再負起為自由而奮鬥的責任，此時政治神話與黨派就趁機介入，承諾要負起整個責任，並解除一切個人的責任。他們自己定義自由的意義，並藉由語言與儀式的不斷操演，削弱了批判思考與個人責任的產生（羅興漢譯，*1990：219-222*；范進、楊君游、柯錦華譯，*1992：367-371*）。

最後，新的政治技巧仍需預言的配合。在極權主義國家，政治領袖承擔了原始社會巫師的職能。他們許諾會治療一切的社會罪惡，並預言未來；只是不是透過觀察鳥的飛翔或被殺死的動物之內臟，而是透過想像的力量來打動人心，即預言某一特定民族的未來盛世。如同 O. Spengler 的《西方的沒落》於 1918 年出版後，立刻造成了轟動，乃因一開始其書名即點燃了讀者的想像之火，引發人們的閱讀衝動。書中直指西方文化的沒落為不可避免的結果，其對世界文明未來的宿命論預言，如同是一種歷史占星術，激起了讀者的情感，引發人們重建新世界的企望。納粹政權以相同的手法預告著日耳曼民族的千年盛世（所有希望皆已實現、所有邪惡都已被消滅的時代），激發民眾重建世界的熱情（羅興漢譯，*1990：200*；范進、楊君游、柯錦華譯，*1992：371-375*）。

此外，就屠殺猶太人方面而言，神話中通常含有光明與黑暗、善與惡、神與惡魔之間的二元對抗。納粹的新神話同樣將猶太人的形象妖魔化，塑造出代表神聖的納粹必須對抗邪惡的猶太人之姿態，以至於鼓動人民必須完成消滅猶太人的神聖使命。對卡西勒而言，國社黨之所以會在德國快速擴展並不在於社會的經濟危機，而是由於其新政治神話的創造與操縱，激發了強烈的情感，此並不亞於軍事武器的力量。所以即使在現代的政治生活中，神話的力量也並未消失，只是改變了形式，隨時等待著機會復出。人永遠都會是神話的動物，神話是人性的組成部分（羅興漢譯，*1990：198-201；208-209*）。

在當代哲學中，卡西勒的符號文化哲學實獨具一格，而從神話學的角度解析極權主義政治也頗有創意。但他雖然對於人的理解有其深

入之處，也批判了現代政治神話，主張哲學應關心政治（羅興漢，1990：192-194），惟仍侷限於理論性與歷史性的分析，缺乏實務性與現時性的分析，此為美中不足之處。此外，各種符號是否具有共同性與普遍性也值得商榷。科學符號是捨異求同而形成其抽象性，但藝術符號反具有捨同求異的特性，兩種符號是否可等同於一普遍原理下？凡此皆待進一步的探究。

三、卡西勒核心哲學概念中的教師圖像及其教育反省

教育包含了教與學的活動，教學者與學習者皆是人，對人性的深度瞭解自然有助於教與學的進行。因而卡西勒所建立的人的圖像不只在哲學人類學上有其重要性，對教育人類學也有所啟發。卡西勒的符號文化哲學提供了我們對人性的另一種認識。人性只能透過其所創建的各種文化（功能性）活動來認識，而無法以各種靜態性、實體性或本質性的特徵來定義。因此若定義人為具有理性、感性、善、惡等本性的動物，皆不完備，應視人為會使用符號、創建文化的動物，人是符號人、文化人。教育也即在教導學生認識與使用各種符號形式，傳承與改造人類文化。Spranger 亦認為教育是一種文化的傳遞，所以要慎選文化材（財），並注重人格的陶冶。

卡西勒的哲學雖未直接談及教師的議題，但我們仍可由其哲學中引申出理想的教師形象或對教師圖像的啟示。基於卡西勒的文化哲學，一位理想的教師應具有如下特點、理念與作為。

(一) 廣泛吸收知識，人文與科學兼重

卡西勒之所以被譽為具有百科全書知識的學者，在於其不只精通人文，又能深入瞭解自然科學，而且又能提出獨到的見解，殊為不易。卡西勒本人也時常鼓勵學生對其主張做出批判，表現了謙虛的學者風範。此外，卡西勒在思考某一問題時，常常會回溯歷史上的發展，此成

為其學思風格。因而卡西勒本人實代表了某種教師圖像的典範。當然我們並不是要教師都能如此具有全方位的知識，但至少人文科與自然科教師若能對另一方的領域有所瞭解，或許可有更多教學創新。將科技融入人文學科的教學，將人文理念、藝術原理運用於自然科的教學，都是可行的方式。此外，在教導某一科目、主題、問題或概念時，若能追溯其歷史上的起源與發展，或許也較不易落入意識型態中，避免一直順服於以往的錯誤習慣、社會習俗與信念而不自知。

（二）對於人的圖像的適切瞭解

受到升學主義的影響與壓力，教師雖然不得不向升學取向的教學模式低頭，但只要有機會，教師的教育哲學理念或多或少仍會顯露在教學、輔導、行政等教育活動中。教師對於教育的目的之看法也影響著其教育的實踐活動。究竟教育的目的在培養什麼樣的學生呢？此實涉及一個「理想的人」的圖像。分析取向的教育哲學家如 R. S. Peters 等人主張教育的目的在培養「教育人」（educated man），即具有愛好真理、專精的技能與知識、整體性的知識觀與理解力並能運用於生活中、自主性等能力的人，但此有過於強調知識與理性層面之嫌，已引發一些爭議與批評（簡成熙，2004：71-82）。依卡西勒，人類文化生活包含了理性、情感、想像等活動，各具有其重要性。因而不能偏頗地忽略感性的教育人形象，只獨尊於理性。

甚且，在生態危機日益嚴重的今日，人還更應該是生態人。如同 C. A. Bowers（1995: 317, 319-321）所言，我們應重視原始民族的生態智慧，使人置身於一包含萬物的精神世界中，建立一種互生共存的社群關係，而不是物質供取的關係。此可作為矯正目前充斥於課程、教室中那種消費者／科技／人類成就的風氣之基礎。生態中心的民族文化之時間觀不是直線性的，是連續、循環性的，並致力於發展藝術、音樂、舞蹈與敘述的精神性語言，這些語言能使人與更大的符號宇宙連結在一起。「所有教育即是環境教育」，教育中應更重視與教導古人的生態智慧，

重建人與自然的親密關係。事實上，卡西勒符號哲學對神話的重視與解釋、對原始人文化的肯定，雖非有意提倡生態觀，但也與 Bowers 的觀點有所呼應，因而也可說具有生態教育學的理念。因此，理想的人的圖像不只是理性人，也應是感性人、文化人與生態人。教師心中應對此種理想的人之圖像有更多的認識，形成正確的教育目的觀，在教育學生的道路上才有一正確而明白的指引，鼓勵與引導學生朝向此目標邁進。

(三) 解構教育神話與符號

卡西勒認為政治會利用神話來塑造政治集體認同，操控人民。其實不只政治會運用神話的力量，教育論述中也充滿了教育神話。如同 P. Freire 所言，統治者或壓迫者總會創造許多神話或迷思（myths）以馴服人民，這些神話故意創造了一個虛假的世界，使世界成為一個固定的、美好的、既定的實體，而排除對世界的提問與質疑。如「任何人只要勤勉，就可以成為老板」、「普遍教育權」的迷思，刻意忽略了社會環境的不平等及只有少數人才能進大學的事實。壓迫者致力於改變受壓迫者的意識，而不是社會環境。並透過囤積式的教育，消滅思考，致力於意識的沉淪，而不是意識的浮現，意在麻醉創造的力量而不是在揭露社會的現實（方永泉譯，2003：119、186）。

卡西勒指出，神話語言偏重於情感而非描述的功能。Sheffler 也揭示了教育口號重在激起情緒，而非其字面意義。國內近年來的許多教育改革中不乏各種教育的口號，這些口號時常扮演著教育神話的功能，如「培養帶著走的能力而不是背不動的書包」、「一個都不能少」、「把每個學生帶上來」等。每一個口號都能激起民眾配合主政者改革的熱情。問題是，何謂帶著走的能力？能力與書包、知識是否必然衝突？把每個學生帶到什麼程度？真有可能一個都不少？事實上，主政者一方面並未真的積極投入經費於改善弱勢學生，一方面也未能改善整個社會生活與工作結構，致教育問題陷入惡性循環。如果社會問題未改善，如何消減中輟生、弱勢生乃至家長的升學主義觀念？最近為了配合十二年國教政

策，政府又提出了「窮不要窮教育，苦不要苦孩子」的口號，彷彿我們政府非常關心孩子的痛苦、教育經費的短絀，並認為十二年國教必可解除學生的升學壓力。但只怕這又是另一個教育的神話與迷思。政府若真有決心與誠意，投入數百億的改善經費實非難事，但卻寧願花數千億投入軍購、花數億猛打政治行銷廣告及整修官廳等。這樣的口號意圖塑造出主政者勤政愛民、重視教育的形象，改變民眾的觀感與意識，只是一種政治宣傳手段罷了。事實上，不論主政者是哪一黨，都免不了要製造一些教育神話以繼續維持其政權，此實非教育之福。

面對此情形，教師必須成為 H. Giroux 所說的「文化工作者」、「轉化型知識分子」，不再只滿足於本身專業知識的教導，還要能啟發學生的社會批判意識。教師不只須協助學生檢視自身的族群、性別、階級、政治等認同是如何形成的，所學的知識課程如何可能有利於統治階級的利益（*Ozmon & Craver, 2003: 354*），還要能在教室中引導學生破解各種教育神話。教師可以主題、時事等教學方式與學生討論這些口號的政治意義。此外，學校也為一種文化形式，本身即充滿了各種符號，從教室布置、教室標語、圖案、色調安排到升旗儀式、制服、校園口號與傳統規範等，皆是一種符號。教師應敏於注意每個符號背後的正負面意義，並協助學生覺知之，以深入瞭解與揭露日常學校生活中潛存的各種意義。

（四）重視心靈的能動性，提升心智架構

如同卡西勒所言，人的獨特性就在於其所創建的語言、神話、宗教、藝術、科學、歷史等各種符號活動。但為何人能發展出符號系統？除了人在生物學上的演化能力外，也因人具有「理想」與「可能性」，無法只滿足於「現實」。以此而言，人心靈的能動性、心智能力的自我不斷提升才是人能不斷創造、建構符號系統的根源。教育的目的之一其實也在啟發潛伏於受教者心靈深處的巨大力量，那是一個具有無限可能性的地方。教育是一種感動心靈的志業，深層的教學也即是師生之間心靈的感通。教師本身須不斷地充實知識、反省思索、沉靜心靈、培養敏

感力，以提升自我的心靈、心智能量，如此的教師必能經常有源泉活水與新思維注入於教育活動中，而創造不同的教育新風貌。教師也應積極地尋求各種開發學生心靈能動性的方法，轉變學生的心智架構，使能從不同角度去看世界。

雖然以卡西勒而言，科學、語言、神話、歷史等符號活動都可作為提升心智架構的方法，但卡西勒曾特別提到藝術的教育價值問題，哲學一開始也不得不面對此問題。在希臘時期，荷馬的詩歌是希臘教育的核心，任何兒童皆須記誦這些詩歌。但 Plato 卻攻擊詩歌，認為這些藝術會激發心靈的低賤部分（情感），破壞理性的部分。Aristotle 則認為詩歌反而具有「淨化」的作用，能釋放心理的恐懼與憐憫情感而得到安寧。其後的種種美學理論對藝術的價值雖做了不少的討論，但也未有一致的見解。卡西勒認為藝術其實是一種主觀情感的客觀形式之表現，藝術並不真能使觀者感染作品欲表現的情感，我們不會因為看了莎士比亞的戲劇就變得跟馬克白、奧塞羅一樣，而是感受到一種情感的、內在生命的形式，從而使我們產生某種新的感受與視野，因而 Plato 等人的擔心是多餘的。美感經驗是一種動態的、創造性的活動，始於心智架構的轉變。當我們以藝術家之眼去看待自然風景與人物時，所有的事物都獲取了一種新的型態。藝術想像給予我們的是一個活生生、運動的形式（如光、影、音、律、線、圖）世界。藝術為通往自由之道，是人類心智自由的象徵（羅興漢譯，*1990：157-178*）。教師若能運用自然美與藝術美於教學之中，培養學生以藝術家之眼看世界，當有助於轉變與提升學生的心靈架構。

四、結論

卡西勒的符號文化哲學體系頗為龐大，所引述的資料既廣又深。在哲學中能如此全面性考察神話、宗教、語言、藝術、歷史、科學等領域，旁徵博引又能貫串統一者實不多見。雖然卡西勒並未建構一套教育哲學，但其思想模式與理論值得教育工作者加以借鏡。教育畢竟是有關

人的活動，自也不能脫離人類學與哲學。

　　依前述，本文從對卡西勒哲學的探討中，引申出教師的理想圖像。一位理想的教師應能兼有人文與科學的視野與學養，對於理想的學生圖像有周全的認知，能啟發學生批判意識、解構教育神話，並能提升學生的心靈架構、開發潛存的巨大力量。每位教師都應不斷提升自己的智慧，不斷重建與調整自己的教育哲學觀，才能在教育工作上有日新又新的作為而臻於至善，如此實為廣大的學子與國家教育之幸。

參考書目

方永泉譯（2003），P. Freire 原著。受壓迫者教育學。臺北：巨流。

甘陽譯（1990），E. Cassirer 原著。人論──人類文化哲學導引。臺北：桂冠。

范進、楊君游、柯錦華譯（1992），E. Cassirer 原著。國家的神話。臺北：桂冠。

劉述先（2004）。Cassirer 論藝術。中國文哲研究通訊，*14*（4），23-35。

簡成熙（2004）。教育哲學──理念、專題與實務。臺北：高等教育。

羅興漢譯（1990），E. Cassirer 原著。符號‧神話‧文化。臺北：結構群。

Bowers, C. A.（1995）. Toward an ecological perspective. In W. Kohli（ed.），*Critical conversations in philosophy of education*（pp.310-323）. N. Y.: Routledge.

Ozmon, H. A. & Craver, S. M.（2003）. *Philosophical foundations of education.* Upper Saddle River, N. J.: Merrill Prentice Hall.

13

布巴哲學中的教師圖像

—— 林建福

教師或教育者在教育關係中經歷到發自
他者的種種限制，譬如來自學習者的接受、拒
絕、真正需求等，同時也導致前者確認到自己
只是眾多影響因素之一，確認到針對夥伴所需
要者自己現在哪些能或尚且未能提供，因此會
有謙遜或必須自我教育的感受。

一、背景簡介 [1]

布巴（M. Buber）1878 年 2 月 8 日出生於 Vienna，具有猶太人血統，父母親 Carl Buber 和 Elis née Wurgast 在 1882 年離婚，因此，之後的十年他和祖父母 Solomon Buber 及 Adele Buber 一起住在 Lemberg（Lvov）。14 歲時回到父親身邊和父親的新太太三人同住，這個時候布巴閱讀了 I. Kant 的《*Prolegomena*》和 F. Nietzsche 的《*Zarathustra*》[2]，在之後的作品中可以明顯發現 Nietzsche 先知式語氣及警句式風格。1896 年至 1899 年之間分別在 Vienna、Leipzig（1897/98）、Berlin（1898/99）和 Zurich（1899）等地從事探究，其中包括對於 W. Dilthey 以生命哲學（lebensphilosophisch）途徑來探討人文學科也表示興趣，於 Vienna 時參與了猶太復國運動錫安主義（Zionism）並成為其官方機關報《世界》（*Die Welt*）的編輯，同時在 Zurich 則遇見了自己未來的另一半 Paula Winkler。

1900 年布巴在 Berlin 結識了無政府主義者 Gustav Landauer，成為他最親密的朋友之一，後者於 1916 年批評布巴對德國戰爭行動公開的熱中，使他從唯美的（aestheticizing）社會密契主義轉向對話哲學。1903 年時布巴接觸到哈西德派（Hasidism）創立者 Baál Shem

---

* 師大教研所博士班陳伊琳同學協助本文文書處理，特此致謝。

[1] 這一小節的介紹請參考Kauffmann（*1970*）、Schmidt（*1995-2005*）、Smith（*1958*）、Smith（*1963*）、Smith（*2000*）、Wikiwords（*2007*）、Yaron（*2006*）、Zank（*2004*），其中有些細小的差異，譬如Buber往生日是6月6日或13日、於1937或1938年至耶路撒冷、1923或1924年擔任Frankfurt大學教職、何種教職等，後續探究者可加以確定。

[2] Prolegomena: Prolegomena zu einer jeden künftigen Metaphysik, die als Wissenschaft wird auftreten können《未來形而上學導論》；Zarathustra: Thus Spoke Zarathustra《查拉圖斯特拉如是說》。

Tov 的作品，進一步促使他對猶太教（Judaism）的深入探究與宣揚，包括 1909 年至 1911 年於 Prague 對猶太學生組織 Bar Kochba 發表猶太教方面的演講。1916 年布巴帶著 Paula 和兩個小孩離開大城市，搬到接近 Frankfurt 的小城 Heppenheim，他在 Frankfurt 則遇見了 Franz Rosenzweig，兩人發展出智性上親密的友誼。Rosenzweig 1920 年於 Frankfurt 建立自由猶太成人教育中心（Freis jüdisches Lehrhaus），布巴受邀擔任講師，強調猶太人的認同與社群的凝聚，Rosenzweig 也說服布巴 1923 至 1933 年在 Frankfurt 大學擔任猶太宗教與哲學的教職；此外兩個人也合作把希伯來文聖經翻譯為德文，Rosenzweig 1929 年辭世之後這項工作布巴在自己臨終前加以完成。1933 年布巴創立了猶太成人教育中心（Center for Jewish Adult Education），自己在離德之前一直擔任該中心主任。Adolf Hitler 統治德國之後，布巴仍然住在 Frankfurt 但減少教學工作，最後於 1938 年離德赴巴勒斯坦。

　　1938 年布巴前往耶路撒冷希伯來大學社會學系，接受社會哲學的講座而辭退教育學的講座。布巴在這裡繼續強調與宣揚對話及希伯來人文主義，致力於促成猶太人和阿拉伯人之間的合作，試圖建立雙國政府（bi-national state）組織，重新開啟和德國思想家及其機構之間的對話。1949 年在 Jerusalem 建立成人教育學院（School for Adult Education），旨在培育成人教育者使其能夠處理 1948 年以色列建國之後大量移民者的文化整合問題。布巴在耶路撒冷期間進行了多次演講旅行，不過 1958 年 Paula 在 Venice 往生之後，布巴更常生病，最後於 1965 年 6 月 13 日於家中與世長辭，埋葬於耶路撒冷 Har-Hamenuchot 墓地。

二、相關的核心哲學概念

　　要瞭解布巴心目中的教師圖像，但基於篇幅及作者能力等各方面的限制，本文第二節只能選擇並說明布巴五個重要概念：對話（dialogue）、關係（Beziehung, relation）、吾－汝（I-Thou）關係與

吾 — 它（I-It）關係、含納（Umfassung, inclusion）。

（一）對話

布巴最常被提及的當屬他所倡導的對話或對話原則，譬如 M. Friedman 直接把布巴的學說稱之為對話哲學（1965: 7, 11, 13），甚至 M. K. Smith 認為 20 世紀之中對話的教育價值在布巴的作品裡真正獲得理解（2000: 1）；不過，他所指的對話有什麼特別的意義呢？

布巴曾經區分三種對話——真正對話、技術性對話、獨白。真正對話中參與者真正有心於此刻且特定的對方，帶著要和對方建立活生生相互關係的心轉向對方；相對地，技術性對話完全只追求客觀的瞭解；而獨白則偽裝為對話，其中兩個或更多的人們相遇，以相當扭曲且迂迴的方式彼此交談，但卻想像著他們已經擺脫被迫依靠自己的這種痛苦（1963: 37）。

因此，布巴所主張的對話是上述分辨之中真正的對話。換言之，真正對話的參與者必須有心地敞開生命走向對方，且要有能力想像地覺知對方夥伴的具體性、獨特性與整體性，同時在彼此互動中感受到對方靠近我而要求我的回應。此外，對話並不侷限於言談對話或人與人之間，靜默的情況或人與一隻動物、一棵植物、一個石頭或神之間也可以有真正的對話（1963: 19-27, 37-42; 1965: 78-88）。

（二）關係

布巴強調人我互動中不同關係形式的重要性，也就是除了雙方各自的心理狀態和相互連結的因果情形之外，彼此相互間（das Zwischenmenschliche, sphere of the between）所存在的領域（sphere）與所形成的關係更具有根本性與重要性；這裡所說明的對話、吾 — 汝關係與吾 — 它關係也是出現在這個領域之中。也就是說，在確認對方為獨立的他者這種「採取距離」（setting at a distance）的行動下，必

須還要有轉向對方並締結關係的行動，才可能形成吾 — 汝關係（*Buber, 1965: 60-63, 67-69*）。相對地，在吾 — 它關係中，布巴使用經驗（Erfahrung, experience）乙詞表示人們利用事物的情況（*1958: 9, 13, 60, 62, 71*），這在底下對吾 — 它關係的介紹中明顯可見。

（三）吾 — 汝關係與吾 — 它關係

布巴指出人可以採取二重（twofold）態度來面對自然、人與精神體（spiritual being），而且實際上對應著這二重態度的是吾 — 汝關係與吾 — 它關係。

以吾 — 它關係來說，我並非直接具體地體會到對方的整體，對方只是一個不具主體性的對象（林建福，*2001：166-167*；*Buber, 1958: 20-21, 30, 60-65*）。舉例而言，假如我執著於某些理念架構，原初體會中主客未分的你將會成為類別與集合中的對象，被納入且定位於井然有序的時空或因果連結網絡中；如果我充滿利用（use）的慾望而瘋狂追逐，對方即成為我利用的對象，遂行我個人為所欲為的任性，依照我的需求、想要（want）等，我只考慮對方能滿足我的片面特性，甚至完完全全視對方只是滿足我的工具。在這種情況下，我清楚地成為經驗他者與利用他者的功能性主體，這種主體不適於形成吾 — 汝關係。

就吾 — 汝關係而言，我與他者的交會不以任何理念體系作為中介，他者得以展現其特性，同時是以具體活生生的對話夥伴（partner）方式臨現（presence），因此不是抽象或化約後的理念對象，更不只是滿足我個人欲求的工具而已。在這種關係之中，我時常覺知洞察你的獨特性，這是無法以既有分類架構、理念框架、因果關係網絡加以侷限的，你的臨現更足以提醒我一般分析式化約或理念式沉思的可能不足之處。不同於吾 — 它關係之中經驗的或利用他者的功能性主體，吾 — 汝關係與相互臨現所需要的是自我與彼此相互的開放（林建福，*2001：166-167*；*Buber, 1958: 11-13, 51-54；1965: 80-83, 175-176*）。

以布巴自己所舉的例子來說，當採取吾 — 它的態度面對一棵樹

時，這棵樹可能被視為一幅畫、運動、分類或探究的種類或類型、法則的表達、數字或數的關係等對象，但卻無法呈現出這棵樹單一整體的生命（*1958: 6-8*）。相對地，假使依布巴對吾 — 汝關係的識見來說，一旦和這棵樹建立吾 — 汝的對話關係，我可能覺知其獨特的不可取代性，甚至修正或揚棄既有架構或理論體系。

（四）含納

布巴使用含納的概念進一步說明對話關係的重要成分，也就是如果要決定人和人之間的關係是否是對話關係，並不在於參與者的外在時空狀況，譬如說有否交談或相聚在一起，重要的是其中必須要有含納的成分。含納指的是個人具體性的擴展、生命實際情況的實現，及所參與之實在（reality）的完全臨現，它具有三個重要元素：是兩個人之間的關係；要有他們共同體會的事件，而且至少有一者積極參與其中；這個人在不失去對自己活動的真實感受下，同時能夠從他者的觀點來經歷此共同事件（*1963: 124-125*）。布巴也使用雙極的（bipolar）情境或關係來說明含納，即參與者在覺知並肯認夥伴的整體性時，他同時從自己和從對方兩方面來經歷情境（*1958: 131-133*）。不過，在教育者和被教育者的關係中只有前者能表現出含納，此種人和人的關係還不具有完全相互性，因此只是一種特殊的吾－汝關係，這就是底下要談的教育關係。

三、教師圖像

在重視關係的對話哲學中，布巴所認為教師的圖像是什麼呢？需要哪些重要的特質或條件？或許可以從下列五方面來呈現。

（一）教育者選擇世界的正向力量協助兒童開展創生與交融的本能（*1963: 110-117, 129, 134*）

布巴認為兒童可以展現出兩種獨立自主的本能，即創生的本能（instinct of origination）和交融的本能（instinct for communion）。前者探求製作、創造事物，使人們熱情地從事有助於個人成就的活動，譬如發表精彩的演說、完成卓越的作品等，雖然它不至於令人熱衷於擁有或占有而變成貪婪，但也只是回應世界而非與世界相遇（meet）；後者則讓人們真正能夠與他人或世界共同參與而形成夥伴關係（community），也就是得以在吾－汝關係中具體臨現。基於這個理由，教育若只單單地著力於培育創生的本能，最終會導致人們落入痛苦的孤寂厄境，真正的教育也必須開展被教育者交融的本能。

因此，雖然布巴確認到世界上形形式式的各種力量對受教者的品格形成產生影響，但是教育者是其中比較特殊而重要的影響因素，也就是能夠有意地從事這件事，而且教育者的這種意識向受教者具體展現出本身所選擇的「對」或應然。在這種情況下，兒童本能的釋放能夠和獨特的教育力量（educative forces）相遇，教育者成為正向力量的有益媒介，引導受教育者同時開展創生與交融的本能。

（二）教師身教的教育力量：教師（teacher）與大師（master）（*1963: 116-117, 122, 132-133*）

當教師或教育者有意地選擇影響受教育者的世界時，教育之中的關係因為具有目的而和其他產生影響的教育活動劃分開來，即其他所有事物可能產生沒有目的但有影響力的教育活動，教育關係從中提升出來。但如此一來，教育者仍然是世界中影響兒童的因素之一，不過特殊的是教育者也透過有意和兒童建立的關係進行教育。也因此，教師的一舉手、一投足等可能就是大師（master）的自然流露，但也可能是教師為了建立教育關係而有意如此做罷了。布巴提醒教師使用有意影響力時

可能的根本限制，尤其是進行品格教育時引發的抗拒，在沒有要影響學習者這種念頭之下，發自具體整體生命的影響力是最強烈且純粹的。

　　假使教育者或教師只是有意和被教育者建立關係，而完全缺乏親身生命開展的示範，布巴提出這恐怕會導致教育意志（will to educate）的危險。譬如，教育者會以干涉的姿態選擇有影響力的世界以進行教育，如此可能引發上述抗拒的回應；更嚴重地，教育者的教育意志可能淪為恣意，教育者只從自己本身及自己關於學習者的想法進行選擇與影響，而不是從學習者真實的情況出發。

（三）教師的教育態度：含納的愛（*1963: 120-124*）

　　那麼教師需要何種特質或條件才適於協助學習者開展潛能或發揮教育力量呢？針對這個問題，布巴首先排除了權力意志（will to power）和 Eros 這兩項候選的可能態度[3]。「舊」的教育者是傳統穩固而有力價值的載體，具體代表過去的歷史世界，灌注兒童這些價值或引導他進入這些價值，由於此種歷史權威增強個人的權力意志，促使這種教育者只訴諸自己並專注於自己的憧憬。其次，布巴認為 Eros 必然會有以人為享樂對象的慾望，加上其中發自好惡的偏好選擇，但這些卻正是真正的教育所要摒除的。

　　含納的愛又有何不同呢？布巴以現代教師首次進入教室的情況為例——他看到具有眾生相的學生趴在桌子上，不分你我地玩在一塊……就如同這個被創造的宇宙；他的一瞥歡迎並接受了他們。這種含納的愛具有第二節所述含納的特性，其中包含對他者具體生命的完整領悟，如此才可能建立教育關係。

---

[3] Buber對Eros的討論也出現在其他脈絡（*1963: 47-50*），其中涉及雙極的體驗及對話的Eros，似乎Buber並不是反對對話的Eros，而是反對獨白的Eros。此外，在談論含納的愛時，Buber也是使用Eros，參見底下的討論。

（四）師生間的教育關係（*1958: 131-133; 1963: 125-128*）

假使教師或教育者展現含納的愛，為何如前所述師生關係或教育者和受教育者之間的關係還不具有完全相互性，而只是一種特殊的吾一汝關係呢？布巴指出教育者和兒童之間的關係是建基於含納的行動，含納的行動同時是教育領域的構成（constitutive）與調節（regulative）要素，但是這種關係之中的相互性只是單向性（one-sidedness）而尚未完全相互。

依據對話之中含納體驗的具體性與相互性，布巴區分三種主要的對話關係：(1)建立在抽象但相互含納體驗之上；(2)建立在具體但片面含納體驗之上；(3)建立在具體且相互含納體驗之上，而教育關係係屬於這當中的第二者。教育關係中的父母師長當不斷地從他者方面來體會自己的含納行動，在此他者並不只是一種精神人格而已，作為不斷交會的夥伴，他者是一個完全具體的存在與生命。這種含納的對話係建立在具體的含納行動之上，不過，布巴提醒我們雖然教育者和學生的真正關係是建立在含納之上，但教育關係之中的相互性尚且不完全，這和它片面性的特質有關。換言之，在教育者和學生的互動過程之中，他體會學生正在受教育，學生卻無法體會教育者在進行的教育，在這種情況下，教育者能站在共同情境的兩邊，學生則只位於一邊，這就是這裡所指的片面性。一旦學生能跨越而從一邊來體會，教育關係將破裂而停止，可能轉變為友誼——建立在具體且相互含納體驗之上的對話。清楚地，片面性的存在代表著教育關係之中的相互性尚未完全開展。

（五）教師作為自我教育（self-education）者的謙遜與責任（*1963: 22, 129*）

教師或教育者在教育關係中經歷到發自他者的種種限制，譬如來自學習者的接受、拒絕、真正需求等，同時也導致前者確認到自己只是眾多影響因素之一，確認到針對夥伴所需要者自己現在哪些能或尚且未

能提供，因此會有謙遜或必須自我教育的感受。同時，教師或教育者在此感受到本身是唯一想要影響學習者整體生命的存在，感到有責任為學習者選擇並具體展現某些實在，以協助其生長。

四、教育反省

持平而論，布巴的作品是不容易理解的，造成這種情況的原因是多重的。首先，所使用的文字晦澀難懂，譬如針對《*Ich und Du*》這本書的閱讀來說，Kaufmann 曾經指出大部分德國讀者蠻難說出其中任何一頁可能的意思（*1970: 18-19, 24*）。其次，其思想中西歐傳統及哈西德派傳統形成主要的質素，因此也處處顯示出追求具體性及整體性的特色（*Smith, 1958: v; 1963: 11-12*）。對於習慣於抽象思考、理念推理或因果分析的人而言，要清楚瞭解這裡的具體性及整體性並非易事。再者，猶太教的思想瀰漫在他的作品中，例如布巴指出當人們建立吾 — 汝關係時，神作為永恆的汝（eternal Thou）也在其中臨現，但是在只是經驗你或利用你的吾 — 它關係中，神被拒絕了（*1958: 6; Kaufmann, 1970: 28, 32; Yaron, 2006: 1, 4*）。所以，假使讀者出自不同文化背景而不熟悉猶太教思想，想要一窺布巴哲學思想暨教師圖像的堂奧勢必難度不小。

儘管如此，本文第四節將對前述布巴的教師圖像加以反省，希望能和布巴及其思想形成對話關係。

(一) 師生整體生命的具體臨現與貶抑人性（dehumanization）

布巴心目中的理想教師能夠和學生形成教育關係，本身能選擇並示範正向力量以協助學生開展潛能，使後者發展成熟而得以和人們形成吾 — 汝的對話關係。那麼，假使教師和學生形成的是吾 — 它關係，能否說教師在貶抑學生的人性，沒有把學生當人來對待呢？

的確，布巴強調吾 — 汝關係的重要性，不過，他對這兩種關係的敘述是「它是永恆的蛹（chrysalis），而汝則是永恆的蝴蝶（butterfly）。」

也就是說，世界上的每個汝必然會成為它，但這兩者會有交替的變化（*1958: 17-18*），而且儘管「沒有它人無法存活，但僅僅只有和它同居而活者不是人。」（*1958: 34*）相信布巴體悟到吾 — 它關係在人類生活中的必要性與必然性，他所極力反對與憂心的是人們只把對方視為它，甚至這種態度或對待方式逐漸成為時代的趨勢（*1963: 34-35; 1965: 80-81*）。如果以師生教育上的互動來說，師生兩者都可能成為彼此的它，但是如果完完全全只能形成吾 — 它關係，這就落入上述布巴「不是人」的情況，不是人的教師似乎失去了成為教師的根本基礎。

假使教師完全只是和學生形成吾 — 它關係，可以說是完全把學生當作物而不是人來對待。更具體來說這又是指什麼情況呢？以前述第二節的說明而言，當教師心中完全只充滿利用的慾望而恣意追求自己慾望的滿足，或者學生只是理念架構中分類上或集合裡的對象，或者純粹只是因果連結網絡裡的項目，在這些吾 — 它關係的可能情況中，除了第一種情況明顯地以學生為工具，道德上且教育上都不適當之外，其他情況似乎在教育的情境中有其存在的價值。但是，在這些情況中不僅師生整體生命還無法具體臨現，甚至還有貶抑人性之虞。譬如，R. S. Downie 等人曾經指出三種看待人的可能方式，其中前兩者是把人視為總稱（generic）的人，例如凡是人都具有理性這項稟賦，因此必須給予應有的尊重；或者把人視為歸屬於某個一般類型或類別的成員，例如凡是具有某些特質的人都被視之為學生、教師等社會角色，但這兩種對待方式都還不是視對方為特殊的（idiosyncratic）個人——Downie 等人第三種看待人的方式（*Downie et al., 1974: 134-171*）。教育當中追求適應個別差異或因材施教的理想，吾 — 汝關係中具體生命特殊性的臨現永遠具有不可取代的重要性。

（二）人類種種關係的教育基礎──教育關係

人與人之間可能形成種種不同的關係，諸如親子、夫妻、兄弟、朋友、買賣、醫病等，這些關係分別由於生物的血緣、社會制度的設計

或人類生活的需求等而成立，而當中的人們如果要維持適當的關係或扮演好各自的角色，單獨依靠天生自然的本能是不足的，其中蠻大部分必須要有有意的教及有意的學，這在比較複雜的社會中尤其如此。也因此，社會中師生間或教育者與被教育者間的教育關係遂成為種種人與人關係教育上的基礎，即透過此種關係教育者協助被教育者習得參與或改善各種關係的信念、知識、態度、情緒素養或技能等。即使以布巴理想的吾 — 汝關係來說，基於人類社會中存在著相對成熟者與相對未成熟者的這項事實，也需要有教育的吾 — 汝關係或教育關係才能實現。

布巴所討論的教育關係有二點值得一提。第一，教育關係的發展在使其中單向的相互性消失，使建立在具體且相互含納體驗之上的對話能夠出現，Kant 把這種特性稱之為「教師的教育性自殺」（the pedagogical suicide of the teacher）或「教育的弔詭」（pedagogical paradox）（引自 *Kansanen, 2003: 229*），西歐精神科學（Geisteswissenschaften）教育學代表人物之一 H. Nohl 更直接地指出這一點——「教育關係試圖使自己變成多餘而消失……」（引自 *Spiecker, 1984: 204*）。華人世界雖然也有「青出於藍而勝於藍」的說法，但似乎關注的焦點有所不同 [4]。基於這個識見，假使教師有意阻礙學生的成長以維持師生關係中單向的相互性，顯然這不是一個適當的教育行動。第二，從成人教育的觀點來看，師生關係可能具有平等夥伴者之間的完全相互性，布巴主張在此情況中真正的教育者詢問問題而較少提供解答（*Yaron, 2006: 8*）。對於成人教育學（andragogy）的教育型態，師生關係似乎友誼（philia）的成分加重，人們在這種關係之中分享所知（林建福，*2006a：187*）。

---

[4] 請參考林建福（*2006b*），再論教育關係——社會變遷中課程改革的根本基礎，「社會變遷與課程改革」國際學術研討會（*2006, 11/17-11/18*）論文光碟（於臺灣師範大學教育學院大樓）。

（三）教育活動的根本源頭──含納的愛

　　教育活動發生在教育者和被教育者彼此締結關係之中，或者說至少教育者積極參與其中，教育者之所以能夠如此必須源自於生命中含納的愛，才能讓自己從被教育者的觀點來經歷共同事件，以協助其夥伴能夠與世界建立吾 — 汝關係。儘管布巴稱之為含納的愛（inclusive Eros）（1963: 124）[5]，事實上可以說是教育愛。相較於文化學派對教育愛（pedagogical love）的見解來說，E. Spranger 同樣提到教育愛使教育者單方面地超越自我來含納學習者的整體人格，不過也論及這種愛的其他兩個特性──以發展者即將開展的潛能為愛的對象，以及依被教育者成長的法則來召喚其回應及成長（林建福，2006a：185-186；Spranger, 1971: 541-545）。這種差異可能有一種解釋，即布巴極強調人們彼此相互間所存在的領域及所形成的關係，因此會特別觀照到教育愛中含納的特性。

　　是不是有教育愛就解決了所有教育問題呢？答案可能是否定的，解決教育問題而實現教育理想需要智慧、知識、技術、制度設計等，甚至可能還必須加上些許運氣。不過，這裡或許可以思考兩種情況。首先，當教育者具有包括含納行動在內的教育愛時，為了回應被教育者的真實情況並履行責任，自我覺知到不足並進行自我教育，可能逐漸具備解決教育挑戰並實現教育理想的條件。其次，假定所謂種種教育行動不是源自於教育愛，徒具空殼的師生互動或種種教育措施等不以協助被教育者的成長為鵠的，可能完全只為了教育者的經濟利益或某執政者的政黨利益，這正是布巴所擔憂的吾 — 它關係，更遑論建立真正的教育關係。

---

[5] 參見註3。

五、結論

　　本文介紹、討論並反省布巴哲學中的教師圖像，必然掛一漏萬，但期盼能引發後續有心者持續關注並探究這位重要思想家教育方面的識見，以便進行不同傳統之間的對話，讓真正理想教師圖像的全貌能夠臨現，進而感召有志者弘揚理想師道，造福千萬學子。

參考書目

林建福（2001）。教育哲學——情緒層面的特殊觀照。臺北市：五南圖書出版。

林建福（2006a）。德行、情緒與道德教育。臺北市：學富。

林建福（2006b，11月）。再論教育關係——社會變遷中課程改革的根本基礎。論文發表於國立臺灣師範大學教育學系、中國教育學會、臺灣教育社會學學會主辦之「社會變遷與課程改革」國際學術研討會，臺北市。

Buber, M.（1958）. *I and thou*（R. G. Smith, trans.）. New York: Charles Scribner's Sons.

Buber, M.（1963）. *Between man and man*（R. G. Smith, trans. & intro.）. London: The Fontana Library.

Buber, M.（1965）. *The knowledge of man*（M. Friedman, & R. G. Smith, trans.）. London: George Allen & Unwin Ltd.

Downie, R. S. et al.（1974）. *Education and personal relationships*. London: Methuen & Co.

Kansanen, P.（2003）. Studying-the realistic bridge between instruction and leaning. *Educational Studies*, 29（2/3）, 221-232.

Kaufmann, W.（1970）. I and you: A prologue. In M. Buber, *I and thou*（W. Kauffman, trans.）（pp.9-48）. New York: Scribner.

Schmidt, A.（1995-2005）. WWW. Buber. DE. Retrieved March 26, 2007 from http://www.buber.de/en/work.shtml

Smith, M. K.（2000）. *Martin Buber on education*. Retrieved March 23, 2007, from http://www.infed.org/thinkers/et.buber.htm

Smith, R. G.（1958）. Translators' preface to the second edition. In M. Buber, *I and thou*（pp. v-xii）. New York: Charles Scribner's Sons.

Smith, R. G.（1963）. Translator's introduction to the Fontana library edition. In M. Buber, *Between man and man*（R. G. Smith, trans. & intro.）（pp.9-13）. London: The Fontana Library.

Spiecker, B.（1984）. The pedagogical relationship. *Oxford Review of Education*, 10, 203-209.

Spranger, E.（1971）. The role of love in education. In J. P. Strain（ed.）, *Modern philosophies of education*（pp.536-546）. New York: Random House.

Wikiworks（2007）. *Martin Buber*. Retrieved March 26, 2007 from http://schome.open.ac.uk/wikiworks/index.php/Martin Buber

Yaron, K.（2006）. *Martin Buber*. Retrieved October 10, 2006, from http://www.csudh.edu/dearhabermas/bubereduc.pdf#search=?buber%20yaron

Zank, M.（2004）. *Martin Buber*. Retrieved March 26, 2007 from http://www.seop.leeds.ac.uk/archives/fall2004/ertries/buber/

14

沙特哲學中的教師圖像

—— 郭實渝

　　一位具有存在主義理念的教師，不會執著於是否應該依照傳統或創新的課程或教學方法，任何課程或教學都是由學生自由選擇，也是教師自己的選擇。所有的教育程序都是基於「存在先於本質」的理念。

一、哲學家背景簡介

沙特（Jean-Paul Sartre, 1905-1980）法國存在主義哲學家、戲劇家、劇本創作家、小說家與批判學者。一生之中經歷兩次世界大戰，尤其是第二次世界大戰，被徵召服役，被德軍俘虜，在戰俘營中度過 9 個月。釋放之後，與一生的友人 Simone de Beauvoir 、Merieau Ponty 等組織自由社會主義陣營，提出存在主義的哲學主張。他可以說是生存在一個動亂的時代，也是一個動亂的歐洲。

1943 年，沙特完成早期最重要的哲學著作《存在與虛無》（*Being and Nothingness*）（1953 年出版）。之後，他開始一連串具體的行動，贊同共產主義（未正式加入共產黨）；以行動反對法國對阿爾及利亞的殖民，支持阿爾及利亞爭取自由；與羅素一起反對越戰，兩人一起主持對美國戰犯的審判（*J. P. Sartre, 2006*）。

他是一個嚴謹的哲學家，但令他聲名大噪的是他在文學與戲劇上的成就。尤其是他寫的《自由之路三部曲》（*The Roads to Freedom*），內容不是嚴肅的哲學文本，卻受到廣泛重視。在 1964 年，他放棄文學，他認為文學是貴族階級的事業，轉而以實際行動為世界自由奮鬥。同年，被列為諾貝爾文獎得主，他拒絕接受。1975 年以後，因為操勞過度，身體日益衰弱，晚年眼睛幾乎全盲，於 1980 年 4 月 15 日，因為肺水腫去世，享年 75 歲。

二、核心哲學概念

沙特的哲學訓練是完整而且嚴格的，批評笛卡兒思想及新康德學派理論，思想上較接近現象學學者海德格及謝勒（Scheler）等人。在第一部重要的哲學著作《存在與虛無》中，首先對笛卡兒的意識理論加以批判與否定。又在認識海德格理論之後，進一步說明「在世界中存

在」的知識論意義。但因為受伯格森思想的影響，造成他自己哲學的風格（*Sartre, 2006*）。

　　雖然沙特的哲學理論重點是在存在論與知識論，但他的核心哲學性格是以存在主義理念來表達的。他認為形上學的理論往往想要回答我們無法回答的問題，而存在論主要是在描述與分類，因此，他主張將最抽象的描述方法回到最具體的人存在問題上，他將「存在與虛無」的副標題定為「現象學的存在論」（Phenomenological Ontology）。分析存在的兩個相互排斥的範疇，即 being-in-itself 與 being-for-itself。[1] 整本著作就是在分析此二範疇的特性，尤其對後者，就是人在世界中的存在。此二範疇雖然是相互排斥，卻有著相互超越的動線。前者是堅實的，被動的及不動的，完整同一的。它就是「is」；而後者是活動的、動態的，始終是無法自我同一的。此二分就是「事實」與「超越性」的分辨。人存在的周遭、環境、過去的選擇等等情境都形成我的「事實性」（facticity），也就是充滿著 in-itself 的存在者，我始終是在情境之中；另一方面，我又要超越此情境，因為我面對的是許多未決定的、需要我做選擇的、始終不能完全肯定、同一的存在，也就是 for-itself 的存在者。因此，我們是永遠在比我們情境更多一點的自由存在基礎之中。用他自己的話來說，我們是「被命定」要自由（We are "condemned" to be free）。

　　我們用較為非哲學性的思考來瞭解這兩個主要概念，首先，沙特不是在使用笛卡兒的二元論，雖然，「being-in-itself」與「being-for-itself」具有二元論的色彩，前者是指「物體」（thing），後者是「非物體」（no-thing），同時前者無意識，後者是有意識者；唯有前者可以達到完全認同（identity）的地步，後者是無法做到的。過去與未來的差別正如同 in-itself 與 for-itself 的不同功能。前者是事實，後者擁有可

---

[1]　此二概念，在文中有不少翻譯，常用的是「即自存在」（being-in-itself）與「對自存在」（being-for-itself），但此二詞意不易令人瞭解，因此，我只使用上述英文的表達方式。

能性（facticity 與 possibility）。說得更清楚一點，分析存在者，being-in-itself 是完整的、安定的、不動的，也是安全的，但是沒有意識、不能活動、已經被認定的；而 being-for-itself 是流動的、未完成的、未能認定的，面對各種可能性也是自由的，始終在選擇的存在者。「人存在」（human being）是含蘊著這兩個存在特性，「人存在」站在時間的一點上，過去已經成為 being-in-itself，是完成的；未來是 being-for-itself，是未完成的、不安全的，是完全自由的、面對可能性的，但也是具備全然本然性的。在心理上卻是沮喪的，想要找到藉口慰藉，但卻是不可能由他人幫助負責（*Sartre, 1957*）。

除了上述存在論的基本概念，沙特對於人類心理的探討也很深入，因為離開了我們的主題，所以不在此論述。沙特的著作相當豐富，許多文學作品都是在表達他的哲學理念。我們也不在此討論。真正以存在主義的各項主張影響到世人的是一篇論文，是沙特為存在主義辯護的演講稿〈存在主義是一種人文主義〉（Existentialism is a humanism）**2**（*Kaufmann, 1962*）。在本篇演講稿中，沙特分別對於當時存在主義受到的叱責與誤解提出辯解。

二次世界大戰以後，沙特提出的存在主義主張，面對許多來自傳統思想，尤其是傳統宗教學者的批評與指責，他們指陳的內容包括，造成人們絕望的沉寂、仍舊是另一種屬於中產階級哲學形式；來自基督教的指責是否定人類的實在本質與嚴肅的看待人生，造成悲觀主義。面對這些指陳，沙特一一予以辯解，在他的說明之中，我們看到了樂觀主義，也看到主張存在主義的教師圖像。下面提出在本篇講稿中展現的存在主義的一些重要主張。

沙特首先指出，在存在主義者的陣營中，可分為二組，一些人主張仍以基督教的理念為終極目標，另一組則是無神論的存在主義者，也

---

2 這是Mairet所使用的譯名，法文的名稱是L'existentialisme est un humanisme，在英國，譯為Existentialism and Humanism，在美國譯名為Existentialism，被廣泛誤認是存在主義的定義。

就是沙特自己，與海德格等人。但兩組哲學家們都對人存在有一共同基本信念，那就是「存在先於本質。」這句話是什麼意思？若以一項人類製造的產品為例，在成品產生以前，它們的本質就已經被確定了，也可以說產品性質先於它的存在。若是以上帝是創造者來說，上帝也是以祂的概念來創造「人」，那麼，就是本質先於存在。

對於一個無神論的存在主義者而言，若上帝不存在，那麼只有一個存在者是在其本質之前就已經存在的，此一存在者，可以用任何概念來定義自己。這就是人，或者，是海德格所稱的人類實體（human reality）。此一先於本質的存在，意義是人先存在，面對自己，在世界中湧起，然後定義自己。這就是存在主義者的虛無主義主張，在一開始，人是虛無的、空的，要成為什麼，那是存在以後人自己造就的，因此，沒有什麼人性，或由上帝賦予的性格，人就是人（man simply is）。人是自己想要的存在者，這是要等到他存在之後才能定義自己，也才有意義。在這個根本立場之下，存在主義的理論可以歸納出三個原則，並深入瞭解人存在的心理特徵。[3]

存在主義的第一原則「人在造就自己以前，是空的」（Man is nothing else but that which he makes of himself）。人具有主體生命，不同於動物及人造產品。此一主體生命永遠面對不定未來，無法認同，需要自己有意識的做出選擇與決定，任何決定都是我的決定。假若存在是先於本質，那麼，存在主義第二原則就是，若此一立場是真的，則人就要為他成為什麼存在者負責。也就是說，在第一原則之下，人對自己的存在擁有完全決定權，那麼，他存在的所有責任也必須由他來承擔（If it is true that existence is prior to essence, man is responsible for what he is）。更進一步，第三個原則是，人不但為自己個人負責，而且要為所有人負責。在此「主體主義」（subjectivism）有二層意義，一方面是

---

[3] 本文只以沙特提出的存在主義為論述重點，因此，下面所提之「存在主義」是較為狹義，以沙特的立場為主。

指個人主體性的自由，另一方面，此自由是不能超越人類主體的自由，卻始終努力在超越它，以便達到完全整體的存在。但是這種努力是沒有成功的希望的，這是存在主義的更深一層意義。當我們說我們中個人必須選擇自己，這也意味著在為自己做選擇的同時也是為所有人做選擇。如此的結果是，一個人的所有行動都是為了自己要成為的存在者而創造的，同時，他也是在他相信他應該成為的存在者而創造；因此，在做價值判斷時，他不會選擇價值低的行動，如對我是好的，對所有人也應該是好的。我們的責任就是相當沉重了。

若存在者依循上述三個原則，就不難瞭解存在主義者常使用的語詞，悲痛（anguish）、放縱（abandonment），與絕望（despair）。人是在悲痛或煩惱之中，當一個人決定做什麼，認清自己不但為自己，而且為所有人做決定，這時，不可避免的，必須承擔所有的責任，而產生不安及悲痛感。若有人沒有這種感覺，那他是在自我欺騙（self-deception）[4]；如 Abraham 面臨上帝要他犧牲兒子時，若是其他人便會質疑是否有天使？或如何證明我就是 Abraham？對具責任感的人存在而言，是一種純粹而且簡單的悲痛。當一位軍人將領承擔進攻打戰的責任，造成一些子弟兵的戰死，基本上這是他個人的決定，儘管命令是來自上級，但仍是他個人對命令的解釋，承擔著為 14 到 20 位部下的生死，他會感到悲痛與不安的。

放縱或自棄的意義，似乎是指因為上帝不存在，則人是可以放縱，或完全的自由，如 Dostoevsly 說的「若上帝不存在，任何事可以做。」但這是存在主義的起點，在沒有上帝的情況下，我們的行為沒有了依靠，沒有藉口，我們如同被棄置了，但也是完全自由了。就好像，在上帝消失的同時，所有找到有意義的價值的可能性也消失了。沒有先然的善，以前可以用天性、上帝的命令或上帝給予的價值觀為理由也不復存

---

[4] 自我欺騙（self-deception）是Kaufmann的翻譯，同一字在Barnes的《*Being & Nothingness*》翻譯中是使用bad faith的譯詞。

在。在我們之前或之後，沒有什麼價值領域也沒有可以使行為合法化的理由，這就是沙特提出「人存在是註定自由」的意義。更清楚的說，人存在是「註定」自由的，因為人不是自我創造的，一旦被丟入世界中，那就要為自己所做的每件事負責。存在主義者不能以激情，或他人的要求作為自己行為的藉口，前者是個人的情緒，個人負責；後者是藉著他人的建議，而做的選擇，其實仍是個人的選擇，也就是在內心中已經預知他人會提出什麼建議了。

最後，絕望的概念是非常簡單的。它的意思是我只能依靠我自己的意志，只在我的意念中，我的行動才有可能，在這些可能性之外的任何考慮都不會影響我的行動。換言之，我的決定就是我個人的決定，雖然，我要依靠其他與我有共同信仰或在同一團體的人的協助，但是我是不能依靠我不知道的人，我不能將信心建立在他人的好心，或基本人性善上。我的死亡也就終結我的存在，我不能希望他人會承繼我的遺志。如此，我是在絕望的。

由上面的討論，可見到，存在主義被批評的不是它的悲觀想法，而是存在主義者的樂觀主義的嚴肅性質。在文學作品中，脆弱、低級、懦弱的性格角色的描述，若在存在主義理念之下，這些性格不同於左拉小說中的「認命」角色，而是若以懦弱角色性格呈現的話，則此一角色必須為其懦弱性格負責。就存在主義者來說，懦弱的人是他自己造就成懦弱的，英雄是個人造就自己成英雄。當然，懦弱者有可能會放棄其懦弱個性，英雄也不再是英雄。人存在為自己造就自己的同時，也在造就了其他人，人存在於一個「相互主體性」（inter-subjectivity）的世界中。人存在，不論出生條件如何，都是在世界中的存在者，為自己做選擇，也選擇了這種選擇的壓力，同時，也為他人選擇了自己；更重要的是，人存在一開始就是自由的，他不能不自由，也不能不慾望他人的自由，甚至不做選擇也是人存在的選擇。那麼，存在主義者絕對不應該是不負責任的。人的意義就在不斷的選擇製造過程中建立，在生存以前，生命是空的（Life is nothing until it is lived）。一旦存在，便不斷的想肯定自己的存在，也就是不斷的往前追求，超越自己，一切都是以人存

在為中心的追求，這就是沙特所說的存在主義就是一種人文主義。

三、核心哲學概念中的教師圖像

　　上面簡單陳述一些沙特的存在主義哲學主張，雖然並不是他思想的全部，但卻是對一般大眾影響至深的一些概念。也許有些人注重的要點並不一樣，尤其對存在主義已經有些一知半解，或道聽塗說的人們來說，只會看重存在主義在於解放，完全自由的說法，也就是沙特所提的第一原則，卻沒有注意到第二與第三原則。只考慮人存在的自由，卻忽視自由之同時是完全的責任，不但為自己自由負責，也為所有人負責。那麼，人存在並不是放縱，不管他人，只考慮自己的存在性格，而是嚴肅的、認真的思考各種選擇，因為任何選擇，不但為自己，也是為所有人。作為沙特觀念中的存在主義信徒的教師們，會顯示出怎樣的圖像呢？下面我從兩方面提出一些想法，一方面是教師面對學生時在教導與作為人師的角色上，另一方面，教師在選擇作為一個教師的職業上。

　　一位具有存在主義理念的教師，不會執著於是否應該依照傳統或創新的課程或教學方法，任何課程或教學都是由學生自由選擇，也是教師自己的選擇。所有的教育程序都是基於「存在先於本質」的理念。在教育領域中，面對學生，是讓學生認清人存在的地位及力量，學生個人有完全的自由的，在行為、讀書及成長上，沒有任何的資質優劣，本性善惡與否的問題，一切都決定於存在者個人的自我選擇上，在此，學生似乎是可以由外在束縛中脫離，或可以放縱自己。但是教師更要進一步提醒學生，既然學生可以自由的做選擇，也就是由自己決定來成為什麼樣的人，那麼同時也要為自己的選擇負完全的責任，沒有任何先天性格或基督教上之原罪為藉口，後果也需要自己來負責。使得有人認為英國的夏山小學是頗能實踐這種教育方式的實例。兒童是有自由選擇上課或不上課，一旦決定要上課，那就要對個人的決定負責。必須每次出席。在行為上，也是如此，破壞公務的行為，沒有人會苛責，但這是個人行為，個人也有負賠償的責任（*Neill, 1960*）。夏山學校的創辦人 A. S.

Neill 雖然不是存在主義學者，而且他也主張兒童的本性是善良的，但他的教育體系卻顯示了存在主義的原則。

更進一步，在自由與責任之外，存在主義者可能更需強調，個人自由的決定，不但是為自己做選擇，同時也為他人做了決定，做了選擇，那麼，個人的行為就不僅僅是屬於私人的行為了。例如青少年有了吸菸的習慣，雖然吸菸是自己的決定，也許其他人可以不必干涉，但是，吸菸的決定，也同時為周遭的人做了吸二手菸的選擇；當然，周遭朋友自己也可以在決定要不要吸二手菸與交朋友之間做選擇。如此看來，在教育人的基本目的上，存在主義的理念是相當嚴肅、理性，更具反省力量的教育觀。也因為這種對自己及人生的態度，在行為上，沒有藉口、沒有理由、沒有指導，或上帝的指引，那麼，對人存在而言是沉重的負擔。

其次，教師本身的行為及意願，在一位相信存在主義的教師而言，可以不考慮社會或傳統對於一位老師的期待或道德的條件，但是在做任何決定時所思考的原則是存在主義的三個原則。教師認識到自己是一位自由存在者，在決定時，可能是以個人良心或必然道德命令為原則，但是，這些太過抽象的原則，在個人行動時並不能幫助我們做決定；任何決定都是在面對一具體現實情境之下所做的，抽象原則不能作為判斷的工具，唯一的考量是這些決定是否在自由的名義下做的。

因此，教師在決定擔任教育下一代的工作時，他（她）是在自由意志下決定從事這項職業，傳統儒家的老師圖像並不會影響他的決定。選擇教師一行是自己的決定，不管有什麼其他的理由。一旦進入教師一行，那麼，隨著教師職業而來的師生關係、課業與教學工作、人師與經師的擔當等等都有著各種選擇可能，一旦做了選擇，便負有完全的責任，為自己，同時也是為所有學生做了選擇，如在體罰學生、自己的激情行為等的決定。自由與責任是相連的，自由愈多，責任也愈重。那麼，一位存在主義意義下的教師圖像是嚴肅的、積極的，也是沉重的。

四、圖像的教育反省

　　若我們從教育活動的整體體系來反省存在主義教師圖像時，我們會有一些不安的感覺。原因是什麼？

　　首先，存在主義者（按照沙特所描繪的無神論存在主義）將所有決定的責任交給人存在本身，那麼，對於年紀甚小的兒童來說，如何要求他們（她們）在未成年之前對未來、自己與行為做理性的思考，邏輯推演個人面對的情境，然後做出選擇，更進一步要求兒童為自己的行為負責，這些都是令人不安的。

　　其次，教育工作含蘊著指導與帶領的意思，教師們依照存在主義的原則，促使學生認識自己有自由決定權，也認知到有為自己行為負責的必要，但是教師更需要為學生提供指引；如沙特所舉出的例子：一位學生在參戰與留在母親身旁之間做決定時，若他尋求一位牧師或神父的指引，其實他心中已經多少知道牧師或神父會給予什麼建議了，但若向沙特尋求指引，他只能說「你是自由的，因此，做選擇吧！也就是自己找理由吧！沒有任何道德戒律會指引你應該如何做的。」對於已具備反省、理性思考能力的年輕人而言，這種勸導是可能的，但對於未成年的兒童，教師應做怎樣的勸導，卻是需要思考的。

　　再有，沙特在其存在主義原則下，解釋人存在的一些感覺或情緒，尤其是絕望、放棄及悲痛的情感。這些情緒的產生是因為人存在在世界中，並不是已經穩定了、充滿了或已具完整的本質的物體，而是需要不斷的追求自我超越，期望能完成自己。所有的人存在面對著不定的未來，持續在發現自己，因此，這是永遠無法完成的工作；而一旦要完成自己時，也是面對死亡的時刻，這種工作是孤單、寂寞的，而且絕望的存在意念。相對於這樣的思考，教育活動總是有階段性完成的目標。雖然存在主義的教師們在使學生認識到個人的自由、創發能力，甚至負責行為上有其力量，但若造成絕望、放棄及沉重悲痛的情感，那麼這是否是教育的終極目標，仍值得思考。

五、結論

　　從沙特描繪的存在主義者圖像，我們看到他對人存在的積極、嚴肅一面，不預設人存在具有什麼本質，而是完全看個人要造就自己成什麼樣的人。同時也看到他加諸在人存在的沉重而且嚴謹的責任，個人無法逃避作為一個人存在，也無法逃避個人的選擇，甚至不做選擇也是一個選擇，那麼對於在世界上擔任各種角色的人存在者而言，這並不是件輕鬆且簡單的事。

　　沙特的主張，以嚴肅及嚴謹的看待「人存在」，我並不認為這些存在主義原則與 20 世紀 80 年代的後現代思潮有關係。沙特並不是一位教師，所以他的存在主義思考不會涉及任何教學的問題，但我們卻可以藉助他所提出的原則，運用在學生的行為或規範教導上，明顯的應該有其功能。

　　最後，存在主義學者的思想仍是屬於現代性的產物，沙特著作中彰顯清楚的理性的與邏輯的推論，因此，依他描繪的存在主義教師圖像，不會是後現代主義的教師圖像。我們看看現在的教師們，讓學生獲得頗多的解放與自由，但是似乎並不強調行為上的負責態度。

參考書目

Kaufmann, W.（1962）. *Existentialism from Dostoevsky to Sartre*. Cleveland, Ohio: Meridian Book.

Sartre, J. P.（1962）. Existentialism is a humanism, in W. Kaufmann,（ed.）*Existentialism from Dostoevsky to Sartre*.

Stanford Encyclopedia of Philosophy（2006）, Jean-Paul Sartre. Retrieve from http://plato.standford.edu/entries/sartre/2006/11/7 2006/11/7

Wikipedia, the free encyclopedia（2006）, Jean-Paul Sartre. Retrieve from http://en.wikipedia.org/wiki/Jean-Paul_Sartre 2006/11/7 2006/11/7

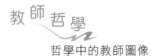

Sartre, J. P.（1957）. *Being and Nothingness: An essay on phenomenological ontology*. London: Methuen & Co. Ltd..

Neill, A. S.（1960）. *Summerhill: A radical approach to child Rearing*. N. Y.: Hart Publishing.

15

知識分子的「反叛主體性」

──馬庫色批判哲學中的教師圖像

───── 方永泉

身為一個能夠向現實說「不」的「反叛性
主體」，這樣的教師既不隨波逐流，也不曲學
阿世，在舉世滔滔的洪流中，他依舊能夠堅持
自己的理想，默默地進行新社會的人性解放改
造工作。這就是馬庫色哲學對我們所揭示的教
師圖像。

一、前言

在一般人的眼中，教師雖然仍被視為是某種程度意義的「知識分子」，然而這種知識分子卻非具有抗拒意識及反對精神的自主個體，而是象徵了社會中的某一種群體甚至階層；此一群體或階層往往是以傳承舊有文化、維護既有體制為己任，他們具有社會統治階級所賦與的權威及責任，其存在的目的則是為了捍衛這個社會中所一向珍視的思想及文化遺產，並且將社會中的下一代教育為當時社會主流所需要的人才。在這種看法的影響下，教師因而變成了社會中傳統的代表者，也許他們不一定是思想最為守舊封閉的保守派人士，但在大眾的認知裡，教師也絕對不應該成為對抗體制的異議人士。

不過，傳統社會所賦與教師的權威，到了現代社會面臨了崩解的局面。以往，教師也屬於社會中的宰制階級之一，其地位堪與「天、地、君、親」相比擬；然而在今日的社會中，教師卻必須蛻去以往的「聖職」角色，轉變成為與社會凡夫俗子平起平坐的「專業人士」角色，甚至有人還認為，教師也該和社會中的勞動大眾一樣，成為為自己權益不斷奮鬥的「勞工」。

細究起來，教師這種角色或圖像的改變與當代社會環境的轉變有著密切的關係，現代的社會是一個高度發達的工業化、資本主義化社會，與傳統社會不同的是，以往的社會多半由明顯可見的、具有強制性的政治菁英權力來主導（例如君主、貴族或是獨裁者），其權力行使往往都是由上而下、單向進行的。而在當時的社會中，統治階級很自然便會賦與並運用教師所具備的知識及道德權威，透過對於傳統文化的傳承，達成捍衛既有體制的目的。然而在今日的社會中，由於社會日趨民主多元化，在批判理論（critical theory）者的眼中，社會中的主導權力已逐漸由一個不可見的、默默運作的資本主義商業及市場邏輯所取代，而在市場邏輯的運作下，教師所具有的權威不再是由上而下所賦與的，

也不再是牢不可破無法接受挑戰的，教師的「權威」必須放在整個市場中接受檢驗，教師的「專業」也必須和其他專業人士放在同一個天平上來競爭。

其實教師在現代社會中所面臨到的挑戰，頗類似於西方歷史上某段時期的遭遇。在西元前 5 世紀左右，古代希臘出現了可說是西方教育史上第一批的專業教師──辯者（sophist），辯者大多受到專業的訓練，傳授修辭及口才之術，在社會上受到一定的尊重；然而辯者以物質利益來衡量一切的標準，以市場接受度來決定自己所擁有的社會地位，卻使得當時希臘社會出現價值破產、社會失序的空前危機。惟辯者的盛行，也激發了西方第一位真正偉大的哲學家兼教師──蘇格拉底（Socrates）的出現。與辯者不同的是，蘇格拉底在進行教學時，他從未刻意地突顯自己教師的權威地位，相反的卻是站在與弟子或朋友相等的立場上，與他們不斷地進行論辯及討論。蘇格拉底所使用的是一種諷喻（irony）的方法，這種諷喻方法的目的，是在將學生心中的先天觀念（innate ideas）引發出來，它因而在教育史上常被稱為產婆術（maieutics）。除了這層意義外，蘇格拉底教學方法中真正重要的意涵，在於其總是提出不同於流俗的「另類」看法，他總是教導他的弟子要從反面或否定現實來立論。蘇格拉底的心中似乎總是存在著另外的一個理想世界，但這個世界卻不同於當時現實社會或是其他學者提出的理論。我們或許可以這樣說，正是這種「否定」的思維，成為蘇格拉底不斷追求真理的動力來源；也正是這種「否定」的勇氣，使得蘇格拉底身為一個知識分子的「主體性」（subjectivity）遠遠超出當時的辯者同儕，一躍而為真正偉大的教師。

在面對著當代發達的資本主義以及其所塑造的「單面向社會」（one-dimensional society），當代最著名的批判理論學者──馬庫色（Herbert Marcuse, 1898-1979）也如同蘇格拉底一樣，他提醒了我們，就算在不同於古希臘社會的現代社會環境下，我們也應該具備「否定」的思維與勇氣這種「反叛的主體性」（rebellious subjectivity）。也因此，即便馬庫色並沒有直接與教育相關的著作，但他的思想卻一直是當

代批判教育學（critical pedagogy）最重要的哲學理論泉源之一，甚至於從馬庫色哲學思想中所映照出來的教師圖像，也足以成為我們這個時代中反思教師角色的最重要的一項借鑑。

二、新左派及學生運動的思想導師──馬庫色的生平及思想特色

馬庫色曾被《時代》（*Time*）雜誌稱為「歷來哲學家中於在世時對其時代發揮最大影響力的一位」，他也是當代批判理論法蘭克福學派（Frankfurt School）重要的代表性學者之一。馬庫色早年研究德國文學、黑格爾（G. W. F. Hegel）及海德格（M. Heidegger）思想，後來轉向至馬克思（K. Marx）與佛洛依德（S. Freud），對於集權主義及資本主義都有著深刻的研究與批判。他所關注的領域甚為廣泛，除了集權主義與資本主義文化批判外，亦曾被選為 20 世紀十大政治哲學家之一，在 60 年代各地風起雲湧的學生運動中，馬庫色因而被青年學子視為思想與精神導師。此外，美學也是他影響力極為深遠的一個研究領域，他的激進主義美學在西方美學史上獨樹一幟。簡言之，馬庫色的學說可說對於叛逆的年輕世代充滿了莫大的吸引力。

馬庫色是猶太人，1898 年生於德國柏林。一次大戰時曾服務德國陸軍。後來，馬庫色至弗萊堡（Freiburg）大學學習，並於 1922 年獲得文學博士學位。1928 年，馬庫色又返回弗萊堡，隨海德格學習哲學。馬庫色第一篇出版的著作是在 1928 年的〈歷史唯物主義現象學概要〉（Contributions to a Phenomenology of Historical Materialism），在該文中，他試圖統合現象學（phenomenology）、存在主義（existentialism）與馬克思主義，這似乎也預示了他日後研究馬克思主義的取向。馬庫色認為，馬克思主義已經退化為一種僵化的教條，因此需要具體的「現象學式」經驗使馬克思主義重新活化。此外，他也認為馬克思主義忽略了個人的問題，因此窮其一生，馬庫色都關注「個人解放」的問題（*Kellner, 2000*）。1932 年，馬庫色寫作了申請教師資格的論文〈黑格爾的存有

學與歷史性理論〉（Hegel's Ontology and Theory of Historicity），該文頗有助於黑格爾思想在歐洲再度受到重視。1933 年，馬庫色加入了法蘭克福的社會科學研究所（Institut fur Sozialforschung），這也使他日後常被視為是法蘭克福學派（Frankfurt School）的一位重要成員。馬庫色參加了該所進行的一些科際性的研究計畫，這些計畫包括形成批判社會理論的模式、發展出一套有關壟斷式資本主義（monopoly capitalism）與國家的新階段的理論，並且構作哲學、社會理論與文化批判之間的關係，還對於德國的法西斯主義作出有系統的分析與批判。馬庫色非常認同社會科學研究所的「批判理論」，而且他也一直與研究所中的重要成員霍克海默（M. Horkheimer）、阿多諾等人維持密切的關係。由於馬庫色是猶太人，為了躲避納粹，1934 年時移居到美國，此後他一直居住在美國。

　　1930 年代到 1940 年代初期，馬庫色在哥倫比亞大學（Columbia University）服務，1941 年時出版了他的第一本主要的英文著作《理性與革命》（Reason and Revolution），在該書中他探討了黑格爾、馬克思與現代社會理論的源起，並且說明了黑格爾與馬克思之間的相似性。1942 年，馬庫色在情報局擔任戰爭資訊的資深分析員，1943 年馬庫色又轉至秘密情報室（Office of Secret Services, OSS）任職，一直到二次大戰末了，他都在該室的中歐研究與分析部門任職。1945 年馬庫色又至國務院任職，擔任中歐部門的主管，後來他一直任職至 1951 年離開政府部門為止。

　　經過了約十年的公職生涯後，馬庫色又回到了學術領域中。1955 年，他出版了《愛欲與文明》（Eros and Civilization），在書中他綜合了馬克思與佛洛依德的論點，鋪陳了一個非壓迫性社會（non-repressive society）的綱領，他對於「解放」（liberation）的觀點也預示了 1960 年代興起的「反文化」（counterculture）中許多的價值觀，這使得他影響力大增。1958 年，馬庫色接受了布蘭德斯大學（Brandeis University）的教職，出版了《蘇俄馬克思主義》（Soviet Marxism），對於蘇聯的共產主義多所批判，不過他指出了蘇聯共產主義中具有潛在

的「解放傾向」，而後來蘇聯的解體也的確驗證了他的說法。

1964 年，馬庫色出版了他的代表作之一《單面向的人》（*One-Dimensional Man*），他在該書中對於發達資本主義（advanced capitalism）與共產主義社會有著廣泛的批評，他分析了資本主義社會中革命潛能的失落以及新型社會控制的發展。他認為，發達工業社會創造出一些「假需求」，透過大眾傳媒、廣告、工商管理與當代的思想模式，將個人統整入現存的生產與消費體系。結果就會使個人的思想和行為「單面化」，失去了批判思考與否定思維的能力。在《單面向的人》一書中，馬庫色提出了不同於正統馬克思主義的觀點，對於革命無產階級與資本主義必然的危機加以質疑。他特別珍視那些未被同化的少數、局外人、激進的知識分子的力量，希望能呵護否定思考與抗拒行為的發生。當然他的觀點也遭到了不少人的批評，特別是來自正統馬克思主義者的批判。

1965 年，馬庫色接受了加州拉‧喬拉大學（University of California at La Jolla）的教職，一直到他 1970 年代退休為止。在 1960 年代中，馬庫色支持激進的革命與反對力量，使得他一方面贏得激進行動者的尊重，但一方面又被一些既有勢力所厭惡。在這段時間內，他出版了一系列的專書與文章，對於新左派（New Left）的政治學及其對於資本主義社會的批判啟發甚多，這些著作包括了《壓制性容忍》（*Repressive Toleracne*）（1965）、《論解放》（*An Essay on Liberation*）（1969）、《反革命與反叛》（*Counterrevolution and Revolt*）（1972）等。就在 1960 年代中，馬庫色以「新左派導師」（the guru of the New Left）聞名於世，他到處旅行演講，而他的著作也常在大眾傳媒上討論，這使他成為少數受到大眾注目的知識分子。馬庫色也投身美學的研究，他在最後一本著作《審美的面向》（*The Aesthetic Dimension*）中，簡要地敘述他對於審美形式所具有的解放潛能的看法，而這些審美形式是存在於所謂的「高級文化」（high culture）之中的。馬庫色主張，偉大藝術中應該包含了解放的可能性在內，文化革命（cultural revolution）正是也正是政治革命所不可或缺的一環。

　　儘管飽受正統馬克思主義者的批評，但馬庫色一直到 1979 年去世前，其實一直都是在為其所主張的馬克思學說及人性解放所辯護著的，而他也的確留下了許多的思想遺產，這些遺產與其他批判理論學者相比毫不遜色。特別是其對於「解放」的看法──馬庫色所指的是「解放」是指在一個非壓迫性社會（non-repressive society）中個人完全的發展。此外，馬庫色也就當代各種宰制與壓迫的形式進行了尖銳的批判，他揭露了科學、科技與理論本身所具有的政治面向，而這些特色都是我們在介紹馬庫色哲學思想時所不能忽視的。

三、馬庫色學說與教育間的關係

　　由於馬庫色從未進行過對於教育的系統性分析，因此其有關教育的觀點必然大部分都是來自於其社會理論的推演（DeVitis, 1974: 259）。最早闡述（或批評）馬庫色教育論述的 DeVitis 就認為，若從馬庫色的角度視之，學校教育已經徹底政治化，它成為「剩餘壓抑」（surplus-repressive）[1]的執行者，教育的功能變成了維繫壓迫性現狀（repressive status quo）及階層體制，而且還去捍衛現有的領導者與非必要性的社會階層結構（DeVitis, 1974: 260）。由此一觀點來看時，馬庫色對於學校教育的批判可說與批判教育學的觀點極為類似，故其成為後者的理論源泉可說是相當自然之事。

　　此外，馬庫色的著作中也特別強調了藝術及審美的重要性。曾著有專書闡釋馬庫色思想的 Reitz 就認為，馬庫色思想的重要性在於提供了激進教育哲學的要素，將批判教育學與現有可能的教育計畫連結起來（Reitz, 2000: 240）。因為 Reitz 關注的焦點是 Marcuse 的美育思想，所以他似乎認為馬庫色的教育計畫是在以一種批判理論（其目標在於解

---

[1] 「剩餘壓抑」一詞指的是由宰制團體和體制所遂行的社會─歷史限制，它常常是非必要的與多變的。它不像「基本壓抑」（basic repression）一樣，後者對於生物的存續是必要的。有關此一詞語的解釋，可參見Marcuse（1987）的《愛欲與文明》一書。

放及建立非壓迫性的社會）來調和美育、人文學科及科學之間的差距。而專研馬庫色的學者 Kellner 也認為，若從 Marcuse 所進行的社會批判來看時，其教育觀點應該會對於現有的教育體制進行激進的批判，同時他也會另行尋求解放的可能性（emancipatory alternatives）因此馬庫色對於教育所造成的挑戰可以說是一種在宰制與解放之間的辯證（*Kellner, 2006*）。

　　Brookfield 則從成人教育的角度分析了 Marcuse 理論對於教育所可能造成的挑戰，他的研究範圍是以 Marcuse 四本英文文獻——包括《審美的面向》、《單面向的人》、《論解放》、〈純粹容忍之批判〉（A Critique of Pure Tolerance）——為主，他認為這四本文獻對於成人教育最具啟發性，而他的研究焦點則特別集中在三個主題—— 主體性（subjectivity）、批判性（criticality）、包容性（inclusivity）——之上。Brookfield 指出，馬庫色認為風格化（styled）與形式（formal）藝術可以觸發出主體的批判動力，馬庫色稱此一具有批判力量的主體為「反叛的主體性」（*Marcuse, 1978: 7*），這種主體性並不會耽溺於自我，對於外界的壓迫性現實（oppressive realities）視而不見，也不會侷限於個人日常的問題或特殊的體驗，相反地，其反而能夠對於不同的多元觀點抱持包容的態度。另一位將馬庫色理論應用至課堂教學情境的 Wakefield 則指出了，馬庫色的目標在解放，但他也明白這種解放的目標不可能經由資本主義達成，身為一位理論家，馬庫色的任務是在讓人們能夠意識到在一般社會滿足背後隱藏的壓迫及暴力（*Wakefield, 2001: 433*）。

　　綜觀前述學者將 Marcuse 觀點應用於教育上的論述，我們可以發現到其中非常有意思的是，這些學者中許多都是以馬庫色思想對於教育所提出的「挑戰」為名，來思考馬庫色學說對於教育可能有的啟示。換言之，儘管馬庫色從未有教育方面的專著，我們也不能完全忽略其學說中的教育蘊義，特別是其對於教育現狀的「批判」。基本上，馬庫色學說中批判的色彩極為濃厚，他的批判亦往往是從反面著眼，帶有深刻的否定性（negativity）在內。惟必須強調的是，馬庫色的學說也絕非

一味地否定，他乃是基於一種對於「人性解放」所抱持的理想來進行批判，其對於人類的未來社會還是有著自己的觀點及展望的。以下我們就從這些觀點及展望，來省思現代社會中的教師圖像。

四、批判與解放——馬庫色人性解放學說的要點

在《單面向的人》一書中，馬庫色曾說到當代的工業社會常向集權主義（totalitarian）靠攏。他認為，當代社會之所以會變成一種集權主義，不僅是由於恐怖主義的政治手段之故，也是由於看似非恐怖主義的經濟—技術措施，其透過對於既有利益之需求的掌控來進行運作；它因而會排除一個有效率的反對（指反對整體者）出現（Marcuse, 1966: 3）。易言之，在現代的工業社會中，整體對於個人的壓制，並非僅有政治手段一途，而是轉以更為精巧的手法（包括經濟及技術的措施）的包裝，特別是藉由商業手法來創造並操縱個人的需求，使人以為這些新的需求是和個人基本的生存需求分不開的。「一個發達的工業社會其可能性應該是這樣的：生產力的大量發展，擴充了對於自然的征服，也逐漸地增加了更多人在需求上的滿足，創造出新的需求與官能。但是這些可能性卻是逐漸以下列的方式來實現的，那就是藉著各種方法與制度來取消其解放的潛能 ⋯⋯。這些生產性與進步的工具，組織成一個集權主義的工具，不僅是決定了現實中的運用，也決定了運用的可能性。」（Marcuse, 1966: 255）。馬庫色對於現代工（商）社會的分析雖已距今 40 年之久，然而證諸當今社會中一窩蜂追逐商業流行及名牌的風潮，還是相當準確地捕捉到資本主義對於人心及慾望的掌控。

馬庫色發現在這種單面向社會的集權主義下，會造成對於個人本能及慾望的壓抑，他認為現代資本主義社會中的文明是一種壓抑性文明（repressive civilization）。而在《愛欲與文明》中，他也如同佛洛依德一樣，認為社會文化的形成是基於「現實原則」（principle of reality），也就是源於對於人類本能的壓抑；但是他更進一步以為，某些特定的歷史制度與特定形式的「現實原則」，其實會對於人類本能造

成「額外的」（additional）的控制，也就是超出了對於人類的社會性聯合所不可或缺的控制範圍之外，而形成了所謂的「剩餘壓抑」（*Marcuse, 1987: 37*）。而這種剩餘壓抑隨著人類對於自然宰制的日益嫻熟，加上勞動生產力的提升，會使得人類需求的發展及實現僅僅成為一種「副產品」：增加的文化財富與知識，反可能會成為人類漸趨毀滅與增加本能壓抑的素材（*Marcuse, 1987: 87*）。簡言之，當代文明背後的技術理性與宰制，反會造成人類本能的「額外」壓抑，技術理性因而可能壓倒人類本能感性，造成人類本性的壓抑甚至變形。

除了對個人的本能及慾望形成壓迫外，當代社會中所盛行的文化工業（culture industry）[2] 也會造成對於文化本身的傷害。馬庫色早在其 1937 年〈文化的肯定性質〉（The Affirmative Character of Culture）一文中就有下列的論述：「肯定性的文化……。自成一個獨立的價值領域……。它的決定性特質乃是肯定一種普遍強制性的、永遠較好的，且更有價值的世界，而這種世界是無條件必須予以肯定的：這種世界本質上不同於日常為生存而掙扎的事實世界，然而這種世界卻是每個人為他自己，從其『內在自我』之中可加以實現的，而不必去改變事實狀態。」（引自 *McLellan* 著，*1989：390*）[3] 資本主義社會中文化的最大問題在於它成為社會大眾廉價的安慰劑，製造一些美好的假象，從肯定另一個世界的過程中，遮掩現實世界中種種的不公與不義，或是說，它藉由對新

2　「文化工業」這個名詞是批判理論學者霍克海默（M. Horkheimer）與阿多諾（Th. Adorno）在《啟蒙的辯證》（*Dialectics of Enlightenment*）一書中，對當代社會文化生產與分配步向「工業化」，成為一種「大眾文化」（mass culture）所使用的描述。批判理論學者使用此一名詞時常帶有負面及批判的意涵。而馬庫色雖未直接就「文化工業」一詞本身進行詳細的分析，不過他最著名的代表作《單面向的人》其實也正是對於資本主義社會中文化工業的批判。

3　馬庫色對於「肯定文化」的評價，有負面亦有正面之處，他批判的是肯定文化中唯心的那一面，但也體會到原屬資產階級的肯定文化可以將美的意念高度淨化，將人類的苦難失望與沮喪賦予神聖的價值，不會使人安於生活在庸碌的事實（史文鴻，*1991：89-90*）。

世界的幻想，間接地「肯定」了既有的世界與現實。

甚至於，單面向社會的文化工業最終會造成文化的平庸化（flattening out of culture），變成一種「單面向的文化」。馬庫色認為，在文化工業的影響下，「現在幾乎每個人的手指尖都能有出色的藝術作品，只要他轉動電視機旋鈕，或走進雜貨店就行，這點固然是好事。然而在這種擴散中，人們變成了重塑其內容之文化機器上的齒輪。」（*Macintyre* 原著，1992，頁 67；*Marcuse, 1966, p.65*）這種不假思索，唾手可得的文化，可能使得原本「多面向的人」被平化為「單面向的人」。過去傳統的文化中，也許由於科技尚未完全發展與工商消費主義未完全成熟，即便個人接受之知識資訊並不完整，人類的否定思維（negative thinking）還尚未完全遭到窒息。但是在現代的「富裕社會」（affluent society）中，那些無所不在的權力形式與生活理念，卻使得人類本能解放的聲音受到壓抑，否定性思考遭到弭平。「這些抗議與超越的模式，不再與現狀（status quo）相互矛盾，也不再是否定性的。它們成為實用行為主義（practical behaviorism）儀式中的一部分，它們不帶傷害性的否定，很快就被現狀當成是健康食品一樣消化掉。單面向的思考（one-dimensional thought）是有系統地受到政治的玩家與大眾傳播的供應商所推動。在他們論述的空間中，充塞著自我驗證的假設（這些假設無盡且獨斷地重複），成為催人入眠的定義或命令。」（*Marcuse, 1966: 14*）簡言之，在資本家與政客的操弄下，同時會使得文化本身平庸化及民粹化，人們的否定性思維因而消失（或是誤以為否定思維與肯定思維取得和諧），在這種情形下，社會上只能存在一種聲音，人們原有的創造力也將遭到扼殺。

面對著現代工業社會對於人性的掌控與削平，馬庫色所寄望的是一個「非壓迫性文明」（non-repressive civilization）的存在，他相信「非壓迫性文明」並非抽象的與烏托邦式的思辨對象 [4]，而是來自人性

---

[4] 馬庫色引用了 E. Bloch 的詞語，稱此種有實現可能的烏托邦為「具體可行的烏托邦」（concrete utopia）（*Kellner, 1984, 469-470*）。

全面解放之文化革命（cultural revolution）的結果。相較於正統的馬克思主義者，為了對抗資本主義對於人性生命各個面向的戕害，馬庫色採取了更深入及全面的主張，他認定現有社會的問題不能僅靠點滴的（piecemeal）改革來解決，我們所需要的新的社會應該要能提供最大的自由與幸福（well-being）。馬庫色心中理想的社會改革是以社會主義（socialism）為本的嶄新改革，這種社會主義所要建立的是一個「截然不同的社會，其中人們之間的關係，包括人與自然的關係，都必須徹底地翻新」，這個社會主義並非史達林式的（Stalinist）或是後史達林式的社會主義，而是解放的社會主義（libertarian socialism）（*Kellner, 1984: 320-322*）。解放的社會主義需要的是全新的制度、生產關係、技術與勞動器物（labour apparatus），而在這個新社會中的人們將會有「一種不同的感受性（sensitivity）與意識（consciousness）：人們會說著不一樣的言語、表現不一樣的姿態、依循不同的衝動（impulses）；人們也會產生本能上的藩籬（instinctual barriers）去對抗凶暴、殘忍與醜陋。」（*Marcuse, 1969: 21*）為了徹底解決現有社會的問題，Marcuse 認為與資本主義所進行的政治鬥爭絕不能僅限於政治領域，而必須同時從事文化與藝術的解放。是以他除了希望建立能夠將藝術與科技融於一爐的「新科技」外，也希望能建立解放人們感覺（senses）的「新感性」（new sensibility），進而產生一種具備審美面向的「新文化」（new culture）（*Kellner, 1984: 329-330*）。他堅信，只有透過這種全面性的重建，才能促成人性的真正解放。

在追求社會及人性解放的過程中，馬庫色特別指出了藝術的重要性。相較於正統馬克思主義者，雖然馬庫色與後者都同樣重視藝術所具有的政治功能，但是馬庫色更強調藝術所具有的自主性與社會的救贖性格。他認為藝術不只是某個階級的意識型態，藝術所觀照的應是具體而普遍的人性（*Marcuse, 1978: 16*）。馬庫色主張，藝術就是一種「回憶」，「藝術揭示了社會情境中的普遍性，也就是揭示了處在一切客觀性中而始終回憶著、渴望著的主體；藝術保留著一種永恆性，這種永恆性就是對過去生活的回憶——在幻想與實在、虛假與真理、歡樂與死亡之間的

生命正是被回憶的對象。」（*Marcuse, 1978: 22-23*）馬庫色相信，藝術中的「回憶」不僅可以是解放的媒介，它甚至也是人們從事改造世界之鬥爭中的動力。

惟藝術也不能等同於現實。藝術之所以具有政治潛能，並非來自於它對現實的描寫與模仿，而是來自藝術所具有的審美形式（aesthetic form），「一件藝術作品的真誠或真實，不是因著它的內容（也就是能否正確地代表社會情境），也不是因為其『純粹』的形式，而是因其『已經變為形式的內容』。」（*Marcuse, 1978: 8*）藝術作品固然不能完全脫離現實，但它也必須具有自主性，審美形式便是它的自主性，正因為藝術具有審美形式，遂使得人們在欣賞藝術時，不致立即陷入藝術所要模仿的異化現實中。另外藝術的自主性，也會使人產生一種與「既有者」（the given）對立的反對意識（*Marcuse, 1978: 8-9*），不至於一味服膺於統治階級所塑造的假意識（false consciousness）。

在馬庫色的認知中，藝術具有革命的性格，但它的革命不是直接去改變世界，而是要在個人（或是普遍的人性）的層面上，對於那些可能去改變世界之男女人們的意識與驅力進行改變（*Marcuse, 1978: 32-33*）。藝術可以釋放人們的感覺、想像甚至理性、愛欲等生命本能。「藝術致力對於世界的知覺（perception），透過這種知覺，藝術能把個體從他們在社會中的功能性存在與功能性表現中異化出來。藝術也致力於將主體性和客觀性的所有領域中的感覺、想像和理性解放出來。……藝術的肯定性格中還有另一個來源：就是在藝術對於愛欲（Eros）獻身中。在藝術與智識性及社會性壓迫的戰鬥中，它對於生命本能有著深深的肯定。」（*Marcuse, 1978: 9-11*）

總的說來，在馬庫色的學說中，他先開展了對於資本主義社會中單面向文化及對於人類本性造成壓抑及扭曲的批判，然後希望透過人性的解放來重建新的社會及文化。但在重建的順序上，正統馬克思主義者是將社會的改造與解放置於個體的主體性及解放之前，強調個體的解放必須以社會整體的解放為前提；馬庫色卻獨樹一幟地主張社會的整體性必須以個體的主體性為基礎，認為應以個人的解放來帶動社會的解放。

相較於前者，他更重視的是個人的解放（而非整個階級的解放），這種「以人（個人）為本」的思考方式不僅代表了馬庫色與其他馬克思主義者的最大差異，同時也使得他的學說別具有教育上的意義。

五、代結語── 從馬庫色觀點看現代社會中的教師圖像

從前述馬庫色的人性解放學說來看，他可說充分地體現了席勒（F. Schiller）所講的「人不只是物質，也不只是精神」主張；而他的「個人解放先於社會解放」的主張也的確能提供教育工作者更多發揮的空間；特別是在變遷快速的今日社會中，當我們重新省思教師的圖像及角色時，筆者認為，馬庫色所主張的「反叛的主體性」（rebellious subjectivity）更可以激發我們許多的靈感。

「反叛的主體性」一詞原先出現在馬庫色《審美的面向》一書中（*Marcuse, 1978: 7*），馬庫色認為，藝術可以將現實生活進行審美的升華（aesthetic sublimation），而藝術對於日常現實的超越，可以粉碎現有社會關係中已被物化的客觀性，並且開啟了一種新的經驗向度── 便是「反叛的主體性」。是以對於馬庫色來說，「反叛的主體性」可以說是源於藝術對於現實的超越，而筆者也相信，它應該是現代工業社會中，馬庫色心目中的一個理想的人類圖像。而若「反叛的主體性」此一觀念應用在教師的圖像上時，一位理想的教師到底應該是怎樣的教師？筆者以為，儘管馬庫色的某些角度未必能得到社會大眾的認同，但我們可以從他的角度來進行以下另類的思考：

1. 馬庫色所講的「反叛的主體性」將徹底顛覆傳統對於教師角色的認知，教師的「主體性」不再是從傳統文化的捍衛或是社會下一代的再製才得以彰顯。相反的，教師的「主體性」是來自於他敢於並且能夠對既有文化及體制從事顛覆與反抗，是來自他的「離經叛道」。這種「反叛的主體性」絕非「為反叛而反叛」，在馬庫色的看法裡，一位知識分子之所以要進行反抗，主要是因為在

他心中懷抱著對於人類社會進行解放的高遠理想，對於人性的全面解放有著堅定的信念。惟由於它與現實世界中存有不小的差距，故此一理想不是透過漸進式的改革即可達成，而必須是經過革進式的重建才能達成。惟也由於此一理想過於高遠，故它更可能成為教師一生中念茲在茲的使命。

2. 馬庫色主張的社會解放之理想還是必須回歸至人性的全面改造及解放（包括人的感性、想像、理性與愛欲等）的基礎工作來進行，但人性的全面的改造解放談何容易，它絕非一蹴可幾的工作，所以馬庫色對於解放的追求帶有一點烏托邦的味道。然而與其他社會的成員相比，此一近於空想的工作對教師而言，卻是屬於一種「具體可行的烏托邦」（套用馬庫色語）。因為若要進行人性的全面改造工作，捨教育工作之外別無他途；也因此，教師面對著社會及人性解放的艱鉅工作，可以說是責無旁貸，教師應該是社會及人性重建過程中最重要的「人性工程師」之一。

3. 面對著資本主義高度發達的現代工業社會，教師必須具有高度的批判能力。馬庫色重視對於現存社會的批判，他的批判目的是要在社會的表層之下，發掘社會整體對於人性本能的壓迫。但值得注意的是馬庫色的「批判」並不能完全等同於某些著名成人教育工作者——如弗雷勒（P. Freire）等——所講的「批判」，後者的批判是要從民眾或社會底層的切身經驗中喚醒民眾的批判意識，他們的批判通常是與日常現實緊密相關的，然而馬庫色的「批判」無疑較屬於知識分子的批判，包括他所強調的抽象思維或是藝術中審美形式的自主性，其實都帶有某個程度「高級文化」（high culture）的意味。在馬庫色的看法中，批判的動力，正是來自於理想與現實之間的差距以及經由此一差距所造成的張力而來。惟我們在此也不能將馬庫色歸為柏拉圖（Plato）式的唯心主義者，因為馬庫色的理想還是脫胎於現實（特別是對於普遍人性的關照），只不過他更進而將此一現實予以高度的抽象化。

4. 從前述馬庫色的觀點來看，要成為馬庫色式的教師實屬不易，

因為他除了必須具備否定思維的勇氣與態度，以及對於當代社會及文明進行批判的能力外，由於藝術是進行人性解放及文化救贖的最佳途徑，因此要成為一位理想的教師也必須具備深刻的藝術修養及美學涵養。唯有教師能具備相當程度的藝術素養後，他才能發掘具有人性解放意義的真正藝術，並且提供給學生欣賞及省思。教師必須體認到，藝術的目的是在「回憶」，是在釋放人們壓抑已久的感覺、想像力甚至被窄化的理性；藝術並非「娛樂」，甚至更非「麻醉」或「掩飾現實」的工具。唯有這樣的體認之後，教師所從事的審美教育，才能真正成為人類「新感性」的準備活動。

5. 教師的工作應該是要回復（或是重建）學生在資本主義社會的集體主義下被壓抑或扭曲的本性及慾望。因此教師在進行教學時，可能必須時時思考下列的問題：我們目前所進行的教育工作，會不會對於學生的本能、慾望以及思考能力造成壓抑甚至扭曲？我們目前所從事的教育（包括美育在內），有無過度屈從現實，使得教育活動喪失了超越現實的潛能及動力？我們是否有時會為了吸引學生，提供廉價的教學內容當成安慰劑，而使得學生失去了思考的張力與空間？我們的教育是否已經變質為為了塑造「單面向社會」、「單面向文化」與「單面向心靈」而準備的「單面向教育」？對於這些問題的思考，透過馬庫色理論的提醒，教師或許可以產生不一樣的思考方式與解決方案。

總之，馬庫色的學說不僅對於整個教育造成了挑戰，同時也對於教育工作者提出了高難度的挑戰。想像著以下的景象：身為一個能夠向現實說「不」的「反叛性主體」，這樣的教師既不隨波逐流，也不曲學阿世，在舉世滔滔的洪流中，他依舊能夠堅持自己的理想，默默地進行新社會的人性解放改造工作。這就是馬庫色哲學對我們所揭示的教師圖像。

參考書目

方永泉（2000）。「馬庫色的人性解放美學觀及其在教育美學上的蘊義」，臺灣教育，第 600 期，頁 10-22。

史文鴻（1991）。馬庫色──馬庫色及其批判理論。臺北：東大。

李醒塵（1997）。西方美學史教程。北京：北京大學出版社。

邵一誕譯（1992），Macintyre, A. 原著。馬庫塞。臺北：桂冠。

陳昭瑛譯（1987），Marcuse, H. 原著。美學的面向──藝術與革命。臺北：南方。

陳學明（1996）。文化工業。臺北：揚智。

蔡伸章譯（1989），McLellan, David 原著。馬克思後的馬克思主義。臺北：巨。

Brookfield, S.（2002）. Reassessing Subjectivity, Criticality, and Inclusivity: Marcuse's to Adult Education. *Adult Education Quarterly*, 52: 4, pp.265-279.

DeVitis, J. L.（1974）. Marcuse on Education: Social Critique and Social Control. *Educational Theory*, 24: 3, pp.259-268.

Held, D.（1980），*Introduction to Critical Theory*. London: Hutchinson.

Kellner, D.（2006）. Introduction—Marcuse's Challenges to Education. *Policy Futures in Education*, 4: 1. Online. http://www.wwwords.co.uk/rss/abstract. asp?j=pfie&aid=2716.

Kellner, D.（1984）. *Herbert Marcuse and the Crisis of Marxism*. Berkeley: University of California Press.

Kellner, D.（2000），American National Biography: Herbert Marcuse. Online. *Illuminations: The Critical Theory Website*. Internet. Available: http://www. uta.edu/english/dab/illuminations/kell12.html.

Marcuse, H.（1966）. *One-Dimensional Man*. Beach Press.

Marcuse, H.（1969）. *An Essay on Liberation*. Boston: Beacon Press.

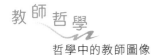

Marcuse, H.（1987）. *Eros and Civilization—A Philosophical Inquiry into Freud*. London: ARK Paperbacks.

Marcuse, H.（1978）. *The Aesthetic Dimension—Toward a Critique of Marxist Aesthetics*. Boston: Beacon Press.

Reitz, C.（2000）. *Art, Alienation and the Humanities*. Albany, N. Y.: State University of New York Press.

Wakefield, P. W.（2001）. Class in the Classroom: Engaging Hidden Identities. *Metaphilosophy*, 32: 4, pp.427-447.

16

西蒙娜・薇依宗教哲學中的教師理想圖像

——教師是等待生命成熟的無私奉獻者

—— 鄭玉卿、蘇致嫻

在教與學的互動中，教師給予學生教材與練習的素材，目的並非在於以教材限制學生的思考範圍，為學生畫出一張只有一條路徑的地圖，而是帶領學生練習思維的方法，給予學生時間與空間練習凝聚精神，在聚精會神之中活絡思維的運作。

一、生平概要

西蒙娜‧薇依（Simone Weil, 1909-1943）是法國著名的道德和政治哲學家、教師以及社會哲學家，影響當代神學、哲學、社會學等領域的思潮，更為關懷倫理學的開展提供重要的理論基礎，其死後出版之著作達 16 大冊，對今日英語系和法語系社會有特殊的影響。美國詩人艾略特（T. S. Eliot, 1888-1965）便曾形容她是一位「帶有一種聖人稟賦的智慧女性」（Gray, 2001: 227）。而佩特雷蒙特（Simone Petrement）也曾指出薇依的生活與思想著作間的聯繫，比人們能夠想像的更加緊密，認為沒有人能像薇依那樣，非常英勇地將自己的行動與思想互相結合在一起（Petrement, 1988: 2）。可知若要瞭解薇依的思想，必先理解其生平。故以下先簡述其生平。

薇依於 1909 年 2 月 3 日出生法國巴黎，一個物質環境相當優渥的猶太裔醫生家庭中，生活經驗和學習機會都十分豐富。雖然家境物質環境優裕，但是她一生卻飽受病痛折磨[1]，或許也因此培養出她忍受痛苦的堅強毅力。她個性鮮明有主見，自幼即表露出擇善固執的獨特性格[2]，而這獨特的性格也使她總是有許多與眾不同的思想與價值觀。在學習上，她是耀眼而早熟的學生，12 歲時就精通古代希臘文，之後也學會了梵語。1925 至 1928 年間，她進入法國高等師範學院（The Ecole Normale）就讀，是應屆畢業生中唯一的女性，在此求學期間，她主要是受哲學老師阿藍（Alain，原名 Emile Chartier, 1868-1951）的

---

[1] 薇依一生飽受嚴重的頭痛、鼻竇炎、肢體缺乏協調等病痛纏身。請參考http://en.wikipedia.org/wiki/Simone_Weil有關之介紹。

[2] 在佩特雷蒙特（Simone Petrement）為薇依執筆的傳記中，描述薇依自幼便顯露出她對於社會各種不公平現象的敏感與不認同。在她年僅3歲時，曾當面拒絕過她的姑姑要給她的一枚戒指，並說：「我不喜歡奢侈品。」（Petrement, 1988: 8）

影響，對古希臘思想、笛卡兒哲學和康德哲學都有深入而廣泛的研究，傾心追求一種完美思想，而漸漸轉向於對上帝堅貞的信仰，也形塑了屬於她自己的哲學思維（*Weil, 2002*）。1931 年獲得高等師範學院文憑後，薇依曾短暫地進入勒浦伊（Le Puy）中學教授哲學，她同時參與各種社會運動，並深入分析局勢，對社會問題進行思考。然而，她獨樹一格的理念與身體力行的行事作風，不久便使她被迫結束教職的工作。這段期間陸續完成了討論權力、平等、勞動階級的幾篇論文，顯現出她馬克思主義的思想，以及對勞動階級受壓迫的苦難深切的感受（*Stuart, 2007*）。

1934 年離開浦勒伊中學之後，她更積極地投入社會運動，甚至進入工廠和工人一起從事體力的勞動，讓自己親身經歷並體驗貧困、不平等、制度的專制壓迫對精神的摧毀，以驗證她的社會理論。此時，她深刻體會到相對於革命，宗教更是使遭受苦難的人獲得救贖的力量。因此，轉而積極地批評她原本服膺的馬克思主義，反對其以革命代替宗教的思想；另一方面發展她的政治哲學理念。其後，西班牙爆發內戰，她數度自願加入前線工作，以行動實現她對於社會與政治的理念。在二次大戰爆發之後，她被迫離開故鄉法國，輾轉至紐約、倫敦等地，最後因肺結核病逝於英國倫敦，當時她年僅 34 歲[3]。

薇依終其一生為尋求人類的愛與關懷而努力，儘管她信仰上帝，但她堅持信仰不是用來炫耀的，而是艱難的重負，是承受苦難的超自然能力（*Weil, 2002*）。換言之，信仰是她藉以感受、分擔他人苦難，將自身奉獻於他人的媒介。因此，她終生未加入教會，而是選擇以思想上的信仰與尊崇表達她對宗教的情懷。在她的作品行文之間讀者常可見類似於上帝的完美概念，但更難得的是，比起一般的思想家，她的愛並不只停留於文字中，而是不斷地以具體的行動反覆驗證，並在實踐之後，修正並確定自己的想法。她是一個思想家，更是一個思想行動者，用她一

---

[3] 以上有關薇依生平概述，綜合整理自王蘇生譯（*2004*）、http://en.wikipedia.org/wiki/Simone_Weil、http://members.aol.com/geojade/Introduction.htm、http://www.abc.net.au/rn/relig/enc/stories/s116621.htm。

生的經歷與精力,以生命的力道將她深刻的人生和社會體驗,試圖為人類刻畫一個實踐信仰力量的典範。而她對人誠摯的關懷,以及執著的實踐熱情,實足以為後世教育工作者之典範。

二、薇依的核心哲學概念

　　薇依的哲學思想主要受到馬克思思想、宗教上的新柏拉圖主義以及神秘的宗教體驗所影響。她對於受苦之人的強烈同情與關懷,使她的哲學思想具有相當程度的實踐色彩。她曾自述這種與世界的同難共苦,不僅是一種自我的性格,更是一生的志業(王蘇生、盧起譯,2004),而這種共同的體驗,則讓她的生命更加完整(Tubbs, 2005)。在宗教方面,薇依則認為「基督精神不等同於基督宗教,信仰基督不等於信仰基督教,成為基督徒不等於成為基督教徒,反之亦然。」(杜小真譯,1994:2-3)。整體而言,薇依哲學思想中有幾個重要而相互關聯的概念,試圖從基督精神與宗教的區分中,領悟宗教的精神,重新詮釋信仰之愛,並轉化為對人的愛。茲介紹如下:

(一)關注(Attention)

　　　　關注包括懸置我們的思考,使其處於超然,空無,並準備好受事務的孕育 …… 在我們的思考之上必須淨空,等待,而不探求任何事物 …… 所有我們笨拙的思考或觀念上錯誤的連結,都是來自於我們過於急促的想法,與過早持有定見,而無法向真理開放(Weil, 1951/2001: 62)。

　　一般而言,「關注」是瞭解並掌握薇依思想一個最重要的關鍵核心概念(Miles, 1986: 5)。其乃指精神上的專一投入,或可被視為是一種精神上的超我奉獻,是一種徹底的想望(desire),其無法也非透過

意志（will）這種心靈的自制力之強迫所能達成（*Weil, 1997/1952: 171*）。其次，關注亦不等同於心理學上對於某件事情感官上的「注意」，或是行為主義心理學中個人觀察學習的初步「注意」階段（attentional phase）之意（*張春興，1996：197、225*）。那麼關注究竟為何意呢？薇依認為若一個人能全心投注於某一對象（無論為人或活動），那麼必定是經由身心協調而成，而意義的指向便自此種精神的凝聚中展現出來，無須經由意志的強迫便能渾然天成。簡單地說，這種精神的凝聚就是「關注」。

　　在概念上，關注則可以從兩個面向的意義進行理解，首先為認知上的意義，其次則為倫理上的意涵。在認知上，關注具有「不信之懸置」（*Tubbs, 2005: 304*）的意涵：將心中的疑慮及雜念淨空，使靈魂具有等待真理降臨的空間；對於對象的全然相信、信任、不分心，猶如虔敬的祈禱，亦同時暗示著信念與愛（*Weil, 1997/1952: 170*）。

　　在倫理上，關注則可以被視為是人認知世界及他人之責任關係的方式，故亦具有倫理式關注（*Bowden, 1988*）的意涵。當人真正達成關注時，精神應該是純淨簡單、專一的。人便能通過這種方式，從中創造美，接近真，並透過對他人的關注而達成或掌握真正的善。此種狀態即如她所言：

> 詩人藉由確立他對於某些真實的關注而創造美。愛的行動也是同樣這麼一回事 …… 真誠與純淨的價值，真、美與善，是通過同一種活動而達成的結果，是由某一種對於客體全面性的關注所致（*Weil, 1997/1952: 173*）。

薇依並將關注比擬為宗教上的祈禱，人能夠在這種高度的關注中達成某種精神上的提升或解放，進而具有創造的能力，是一種關於創造的活動。她指出：

> 關注，如達到最高層次，就如同祈禱，預設著信實與

愛 …… 最高度的關注便構成了人創造的機能 …… 有多少極度的專注，就有多少創意的天分（*Weil, 1997/1952: 170*）。

而除了在倫理思想上的發揮外，薇依更將此一概念延引至她對學校教育的看法之中。她認為學校教育中的每一個練習都必須反映出精神生活，所以，學校的訓練應講究方法，最重要的任務即是引導學生透過形而下的練習，培養形而上的精神專注。例如：透過拉丁文的翻譯或數學幾何的推算，便是一種練習關注的方式（*Weil, 1997/1952: 173-174*）。她認為教育的真正意義並非在於實際的成就高低，而是透過學習目標的達成，使學生在精神上獲得成長。換言之，即便學生在解決數學習題的過程中沒有獲得任何進展，但在專注於解題的過程中，學生已然獲得了某種精神上的進展，而這種進展「人們感覺不到，也無人知曉，從表面上看來並無結果，但它給靈魂帶來了更多光輝 …… 這種的聚精會神即是靈魂。」（杜小真譯，*1994：56-62*）而薇依這樣的教育觀也的確落實在勒浦伊中學的短暫教師生涯中，她在教學之中只求學生的專心與投入，而非在分數與表現上要求。不難想見的，這樣的教學理念與做法當然引起了部分家長們的質疑，但長久來看，她在教學之間顯露的智慧，卻讓她教過的學生印象深刻、受益良多。

（二）解除創生（de-creation）

關注相對於意志，顯然是指向精神層面，而非生理層面的。前者嚮往的是一種精神處於高度寧靜境界下的心靈開放狀態，而後者則由於人無法捨棄自己的勞動力（labor），而汲汲營營地進行外在目標的追求力量（*Weil, 1997/ 1952: 170*）。人多半傾向於將有可見之利作為追求的目標，利益愈多則人的追求動機往往愈強。這類功利主義導向的計算方式並不難理解，因為人性中的確藏有對慾望、利益的渴求；但薇依認為人的欲求並不是問題，真正的問題是人總是無法放棄自己的生理力量，害怕在放下生理力量之後，必須面對自己的空無狀態，彷彿不使用外力就

是自動卸下自己的屏障，像是沒有了皮膚保護的身體；也失去自己最有「力」的工具。對於自身空無的恐懼，以及人不自覺地想要以意志與之對抗的反應，正是來自人無法達成關注的原因之一。然而，關注的實踐並非天生的本能可以達成，它需要後天有方法的練習才能完成。

對此，薇依確切地提出「解除創生」的概念，來說明達成關注的途徑。薇依認為解除創生是「讓被創造的事物視為非被創造物」（ *Weil, 1997/1952: 78* ）。如何能夠使被創造物「不被創生」但依舊生成？薇依提出了耐人尋味的觀點：

> 我們藉由去除我們自我的創造（ by de-creating ourselves ），參與世界的創生。…… 上帝只能藉由隱藏自我而進行創生。否則（世界）將空無一物，只有祂自己（ *Weil, 1997/1952: 80; 85* ）。

她進一步解釋，當一個人處於沉澱寧靜之中，進而讓關注的精神滿溢時，我（Ｉ）將會消失不見（ *Weil, 1997/1952: 171* ），此時，關注者與受關注者便無高低之分別；當視野中的自我愈少，個體所能見的世界相對地會更寬廣。過多的參與與執著，將關上創造的生機，反而導致創生物無法獲得「創造」。薇依指出唯有將自身抽離，去除對於創造「他物」的我執，才能讓各種事物充滿屬於他們自己的活力。簡言之，當個體放開緊握的雙手，他才能擁有更大的世界。

所以，去除主宰他人或他物的執念與期待，接受人超越意志的空無狀態；讓萬物於其中參與自己的創造與發展，使他人成為自己，而非自己眼中的他者，才能使人真正達到關注的狀態。換言之，真正的關注狀態，能讓自我在空無中創生，亦能讓萬物自我創生。

（三）空無（ void ）：留白與等待

在愛與關注之中，薇依透過一種精神的指引，點出了等待的必要。

「在我們所有的思想必須是空無的，等待，不尋求任何事物，但要準備好接受滲透赤裸真實的事物……靈魂淨空自我內在，便是為了接納他正注視著的這個人，接納他最真實的樣子。只有具備關注能力的人才能做到這些。」（Gray, 2001: 224）

薇依認為主體精神最好的狀態是關注，並且在達成關注的過程中，讓個體精神凝聚，讓關注者與受關注者在過程中融合，達到無我的境界，同時使心境達到澄明之境。而在這段過程中，空無正是不斷累積和必經之路，主體必須在空無之中等待，不預設未來任何可能的等待。否則人很容易在對未來的某種期待中，落入失望的深淵（Weil, 1997/1952: 66）。正如杜威（J. Dewey）在《思維術》（How We Think）中，提及思考的歷程有一段專注期與潛伏期，在這段時間中人的思維的材料是多樣紛雜的，需要一段專注時間，讓想法清晰浮現，是為專注期；而專注的過程中亦需要穿插潛伏期，讓思維有足夠的時間沉澱（林逢祺，2004：69）。這種在精神凝聚中的空無並非「空無一物」，而是另一種精神充實的形式，它能使善與慾望完全分離，是使聖靈進入自己靈魂中，所必須呈現的一種內在空無（Weil, 1997/1952: 65-70）。此空無的狀態猶如畫家在畫作上的留白。而畫家之所以在畫作上的留白，是為了讓畫家本身以外的更多他人能夠對作品投入意義的理解與創作，同時也讓畫家透過留白的畫面呈現實體以外的抽象意義。而以畫家的角度來看，這樣的留白並非無所作為，反而是給予觀賞者與畫作本身有更多詮釋與創造的可能，此有如莊子所謂「無用之用」的審美態度（劉昌元，1994：87）。簡言之，薇依認為在純然的善來臨之前，精神的專注必須經過一段時間的空白與沉澱，儘管這段空白無法帶來立即可見的利益，但「這種空無卻比所有盈滿（fullness）更加充盈實在（Miles, 1986: 258）。」因此，薇依強調等待也許不一定能獲取華美的寶石，但「最可貴的財富並不應是尋求而來的，而是等待而來的。」正所謂時間是一種永恆（Weil, 1997/1952: 65），薇依所提出的這種指向精神性的「留白」，在現代急於追求實效與講究快速的社會中更顯然可貴。

三、薇依哲學概念中的教師圖像

（一）教師作為學生生命智慧的啟領者

　　人生的美感來自於化解自身的困境與升華自身的喜悅，將生命的層次自實際的遭遇提升至可回味的感受，而這種轉化能力卻有待於人能同理及想像他人的苦難與喜悅。在教育的目的中，提升學生同理心與感同身受的能力，正是除了實際的知識與技能之外，更高一層次的課題。

　　對於薇依而言，人的一切善性動力，來自於人類本能中對愛追求與實踐的能力，這是人與人之間的聯繫，更是真理的特徵。因為透過愛與被愛，人的存在方能被證明（*Weil, 1997/1952: 111*）。在這其中，善與真之間隱含著一種共生的關係，而將真與善於實踐中展現的，即是一種「愛人」的能力：透過愛他人的力量來愛自己。這種愛的概念同時是一種對於他人苦難境遇的同情，對於他人喜樂的同理，透過這種人與人之間共享的感受，進而推衍至對於萬物的同情與愛，於是順利獲得民胞物與的寬廣之心，如此的教育才算是達到真、善與美齊一的境界。

　　透過不同的教育活動，教師必須引導學生以自身的經驗去體會他人的感受；透過同理心的培養與想像力的激盪，體會如同海德格所謂的「境遇感」，觸發學生本性中即有的憐憫之心，從同理之心的「仁人」精神引渡至「兼愛」精神的體會，在學生身上種下精神之愛的種子，讓學生關注的對象不僅止於自身，更能擴及他人。

　　而在不斷地體會與感受的旅程中，透過愛與被愛的歷程，學生將不斷地透過自我生命之喜悅與哀傷，體驗生命的況味。這樣的教育過程不僅僅是教師帶領學生的教育，更是賦予學生自我教育的能力的過程。教師扮演的是學生生命智慧的引領者，帶領著學生走向自我開啟、自我教育的路途。

(二) 教師是教育活動中的隱逸者

在人的精神中最珍貴的是能夠引領生命方向的善性，以及對追求善的執著與堅定。因此，教師藉由活動所傳遞和培養的，不僅僅是形式上的技能與知識，而是學生人格與精神的涵養，是追求真理或存在真實的嚮往和追求，在這方面，薇依主張以訓練學生對事物專一投入的關注與關懷，來培養人內在的靈性。她在自己的教學活動中，同時也實踐了這個概念。對她來說，讓學生練習聚精會神地思考，即是一種練習集中精神，提升心性的過程。

因此，她主張在一個人的活動中，真、善、美的真正價值之掌握，是透過對某個對象全神的專注而產生的。教育的目的就在於透過注意力的訓練，為專注的行為做準備，至於其他的教學便沒有什麼意義和效果了（Weil, 2002/1947: 170）。換言之，在教與學的互動中，教師給予學生教材與練習的素材，目的並非以教材限制學生的思考範圍，為學生畫出一張只有一條路徑的地圖，而是帶領學生練習思維的方法，給予學生時間與空間練習凝聚精神，在聚精會神之中讓思維運作得以活絡。每一個學生皆具備不同主體的性格，不同的素質組成不同的個體；而個體透過凝聚心神的關注，亦是一種練習開展自身素質的過程，讓每個不同個體的素質都能形成不同的獨特樣貌與姿態，即是教育賦予生命獨特性的意義。

「關注」意指一種全心、無私的精神投入，這不但是教育學生的目標，在進行教育活動過程中，其本身亦具有價值。當教師能夠給予學生無私的關注，便代表師生之間並無高低之別，而是一種主體與主體之間的互動，教師不再視自己為教育活動的唯一主導者，而是以學生為存在的對象進行思考，保持學生一定的自主能力，適度維持自己的指引與學生學習之間的距離，使學生自己創造出屬於自己的價值。簡言之，教育是一種具有創意與生命力的活動，是老師給予學生創造可能的連續不斷之活動，如此教育活動才能不斷地充滿創意與驚奇。這個的教學相長的過程，便如同薇依所說：「我們藉棄絕自我（decreating ourselves）

來參與這個世界的創生（creation）。」（*Weil, 2002/1947: 80*）可見教師雖然存在教育活動中，但必須讓自己隱身於其中，才能讓生命有自我創造的機會。所以，透過這種具有隱身寓意的自我棄絕，教師必須是一個隨身而侍，卻又不強制介入或主控學生思維活動的精神引領與提升者，讓學生在自由的空間中形塑自己生命的樣貌，完成自我實現的理想。

（三）教師是陪伴生命成熟的智慧者

從薇依的理論，我們得知「等待」在教育上，是必須透過一種形式與精神的距離才能達成的工作。教師不應只是一種方法的傳遞者、訓練者，更應該是一位善於等待與欣賞個體成熟的陪伴者。

若將人一生的教育視為一個漫長的旅途，那麼這段旅途的喜悅，不應僅限於抵達終點時的快樂，教師應有不限制任何終點的容忍力，也就是無渴望的期待。如此一來，過程中的任何變化，都將變得精彩而令人期待，即時是失敗或痛苦，學習者也都能從中獲得力量，進而更深刻地體會自己存在的價值。在這段長長的旅途中，教師便扮演最真誠的友伴，以無私的心情分享學習者的歡樂與痛苦；以主體性的關懷，欣賞學習者在這段旅途中各自獲得的不同意義；以包容的等待和無盡的愛，期盼學習者體悟自我的真實存在。

四、薇依哲學思想在教育上之啟示

薇依所主張的關注概念運用在教育的關係中，實隱含著三個基礎：希望、信任、愛。當教師能夠傳達給學生希望的語言時，那麼師生之間的信任便能夠進一步完成；而當師生之間彼此有所信任時，教育中無私的愛才得以實現。此三基礎同時緊扣著薇依關注思想的內涵，亦回應著皮德思（R. S. Peters, 1919- ）所提出的學生在教育中之合自願性之促成。

(一) 希望

> 每一種認知形式，都是開放的、脆弱的、有益於內在和外在
> 的世界……
> 每一種認知形式，也是一種關係存有的形式，是一種相互關
> 懷與愛的關係……
> 每一種認知形式，也是一種等待的形式——懷有希望和期
> 待……
> 每一種認知形式，都參與在持續地創造宇宙——自己、他者、
> 世界的居所……
> 每一種認知形式，都見證著超越的可能性，人類的生命亦是
> 其中的一部分……
>
> Huebner（ *1985: 170-172* ；引自甄曉蘭，*2004：88* ）

　　教育本身就是一種充滿希望的活動，正如教育哲學家兼課程理論者修伯納（Dwayne Huebner, 1923- ）所述，任何一種認知形式都蘊藏等待與希望之意，知識的開啟與傳遞，本身就是一種帶有希望的活動，而這也正是教育的重要內涵。若教師對於所教的內容、所教的對象，不抱希望甚或認為教育活動與希望無關，那麼充其量只能算是一種傳遞知識內容的活動，無法充分展現教育的價值。

　　教育者對於學習者的信念或觀點，往往會對學習者造成一種無形的阻力或助力，唯有當教育者本身保持一種開放的態度，能夠以希望的語言詮釋教育活動與學習者的表現，才有可能為學習者不斷開拓「可學習的空間」。因為希望的語言常常是一種正向的鼓勵，讓學習者肯定自我的可能性與價值，進而願意進一步探索可學習的範圍，即是一種可學習空間的拓寬，亦是自我成長空間的開展。

（二）信任

信任則是薇依關注概念隱含的核心意義之一，亦是教育活動中師生雙方能否能夠在其中心靈交會的重要因素。信任在教育活動中，並不是高層次的目的，卻是最為基礎的條件。教師對於學生的信任促使學生的可能性得以展現，而學生對於教師的信任則在於教育活動中的心性開展。就如同兒童學步一般，只有在信任環境的狀況下，才能夠踏出第一步；同樣地對於學習者而言，一個可靠的環境與可信任的引導者，開放而自由的學習內容，都是使其能夠相信教育活動價值的重要關鍵。簡言之，一個對於教師沒有信心，不認為學習內容能為他帶來任何好處的學生，自然不會認為教育活動有其價值，而自己又有何需要接受教育？

然而，師生之間的信任雖然必須是足夠，但也必須有所調節，因為過多的信任將轉成依賴，教育很可能轉而成為單向的活動，教育過程全由教師主導，學習者僅是接收者，而無法進一步的反省與創造，將失去教育引導學習者成為自我教育者的內涵；但信任不足時，彼此的關係亦容易變質，教育者亦很難找到在教育上對學生成長的施力點，無法使學生獲得具有品質的學習。因此，信任的培養必須同時朝向教育的目標，才能掌握其精神。

（三）愛

關注，以其最高程度來看，與祈禱同義。它預設了信念與愛
（ *Weil, 1997/1952: 170* ）。

斯普朗格（Eduard Spranger, 1882-1963）認為教育是一種精神之愛的施與（ 歐陽教，*2002：144* ）。而薇依則將愛詮釋為關注的基礎條件，認為愛即是「深信他人如其樣態的真實存在」（ *Weil, 1997/1952: 113* ），亦即對他人的信任，因為「人的心靈無法被迫去相信任何事物的存在，

這正是為何我們感知『存在』的方法便是去承受，而這即是愛。」（Weil, 1997/1952: 113）她同時以友誼之愛為例，說明良好品質的友誼之愛應是無私的品德 [4]，而不是一種規範或形式（Weil, 1997/1952: 116）。換句話說，愛應該是一種無私的給予，而前提必須是雙方都持有對對方完全的信任與包容，以無求償的態度關注對方。其所論述之愛的品質與條件，就是教育中理想師生關係的最佳詮釋，可作為教育愛的分析：以信任感作為基礎，以關注的達成為方法。

> 就如同詩人孕育的美來自於對真實事物關注凝視，愛的
> 活動亦復如是（Weil, 1997/1952: 173）。

其次，在愛的互動中必然包含著愛人者與接受愛者。然而，在教育活動中較常討論的是教師如何施與學生教育愛，而這的確也是教育活動中教育者應努力達成的要件。因此，如何教育學生愛他人的能力亦相當重要，必須理解愛的基礎，才能瞭解如何教學生「去愛」。換句話說，教導學生以愛為基礎，進一步理解他人的世界。事實上，真實而完全理解他人的世界並非不可能，其關鍵在於理解的方式，如帶著錯誤的預設與目的去理解他人，那麼理解將帶來更多的拒絕與誤解；然而若是帶著愛的力量理解他人，以信任的支持與希望的空間作為理解的手段，如此理解將能成為生成力量的來源。若理解他人是如此，那麼對學生的理解亦然。

五、結論

社會與教育的現況是相連的，社會中發生的每一件事情都將影響人心，人在種種經歷與淬鍊又將成為價值觀與信念的來源，對於一個從

---

[4] 薇依認為，友誼應該是一種不求償的喜悅，就如同生命的藝術所給予我們的一般。
（Weil, 1997/1952: 116）

事教育工作的人而言，他可能在無意識或有意識中實現他自己的價值觀與信念，具體反映出來的即是其教育活動的內涵。薇依以其短暫的一生，身體力行的證明了生命存在的價值，即使是那麼短暫，依舊充滿了光和熱；即使是一連串的苦難，卻化作散發人性光輝的堅定力量。儘管她神秘的宗教哲學，難以完全被平凡的我們所理解，但她轉化神的愛，在她生命中所展現的存有，使得她以擁有如神般的愛來愛世人的胸懷與行動，卻真實地展現在我們的眼前，值得我們敬佩；而她一生追求自己心中不朽價值的執著，將人生難以承受的苦難和不幸，作為追求喜樂的毅力，實足以作為我們的精神表率；而她以無私無我的精神，無渴望的期待，追求心靈的自由，等待生命實現真正的存有，為我們搭起了創造生命的源泉，更值得作為我們行為圭臬之參考。然而，如今我們通過薇依的理論，試圖為教師找到一個足以參考的理想圖像，卻也領受了最深切的當頭棒喝，那即是除非能夠捨棄無實的「我」，否則無法逃脫外在社會的種種強大壓力，自然無法獲得完整心靈的自由，也失去了追尋與實踐真、善、美的力量。作為一個引領生命價值展現的教育工作者，如何去除我執，彼此的信任，無私的關注與愛，等待個體的成熟與開展，將成為我們重要的課題。

參考書目

王蘇生譯（2004），S. Petrement 著。西蒙娜‧偉伊（Simone Weil）。上海：上海人民。

朱光潛編譯（2005）。柏拉圖文藝對話錄。臺北：網路與書。

杜小真譯（1994）。在期待之中（*Attente de Dieu*）。北京：三聯。

林逢祺（2004）。教育規準論。臺北：五南圖書出版公司。

洪一賓（1991）。*Iris Murdoch* 道德哲學及其在德育上之意涵。國立臺灣師範大學教育研究所碩士論文，未出版，臺北。

徐衛翔譯（2003），S. Weil 著。札根：人類宣言緒論（*L'enracinement: Prelude á une dé claration des devoirs envers l'etre humain*）。北京：三聯。

張春興（2001）。教育心理學：三化取向的理論與實踐（修訂版）。臺北：臺灣東華。

甄曉蘭（2004）。課程理論與實務：解構與重建。臺北：高等教育。

劉昌元（1999）。西方美學導論（第二版）。臺北：聯經。

歐陽教（2002）。教育哲學導論（14 版）。臺北：文景。

顧嘉琛譯（1998）。重負與神恩（*La Pesanteur et la Grace*）。香港：漢語基督教文化研究所。

顧嘉琛、杜小真譯（2003）。重負與神恩（*La Pesanteur et la Grace*）。北京：中國人民大學出版社。

Bowden, P.（1988）. Ethical attention: Accumulating understanding. *European Journal of Philosophy*, 6, 50-77.

Gray, F.（2001）. *Simone Weil*. London: Penguin.

Miles, S.（1986）. *Simone Weil, An Anthology*. New York: Grove Press.

Stuart, A.（2007）. Weil's life. 2007.4.01 取自 Simone Weil Home Page. http://members.aol.com/geojade/Introduction.htm

Tubbs, N.（2005）. Philosophy of the Teacher. *Journal of Philosophy of Education, 39*（2）.

Weil, S.（1978）. *Simone Weil: Lectures on Philosophy.*（H. Price, Trans.）London: Cambridge.（Original work published 1959）

Weil, S.（2002）. *The Need For Roots.*（A. Wills, Trans.）. New York: Routledge.（Original work published 1949）

Weil, S.（1997）. *Gravity and Grace.*（A. Wills, Trans.）. Lincoln: University of Nebraska Press.（Original work published 1952）

Weil, S.（2002）. *Gravity and Grace.*（E. Crawford, Trans.）. New York: Routledge.（Original work published 1947）

Wikipedia, the free encyclopedia（2007）. Simone Weil. 2007.3.12 取自 http://en.wikipedia.org/wiki/Simone_Weil

17

卡繆哲學中的教師圖像

—— 葉坤靈

　　為了彰顯教育是社會正義之最後一道防線
之職責，教師應該自許為「轉化社會結構的知
識分子」，發揮良心自律，揭露教育場域之不
公情事，並加以抗拒，或至少秉持教育正道，
不淪為不義制度的幫兇，傳播「瘟疫」，相反
地，應期許自我成為貧困學子的人生之「光」。

卡繆（Albert Camus, 1913-1960）是當代頗負盛名的存在主義（Existentialism）哲學家，不僅關懷個人存在處境，也關注人類整體命運之課題，其思想極富人道精神。本文首先介紹卡繆的生平，其次藉由其代表作《異鄉人》與《瘟疫》二書，引介其存在主義哲學的核心概念──「荒謬感」，接著描繪卡繆理想的教師圖像，最後做綜合反省。

一、卡繆其人

　　卡繆生於 1913 年法國屬地阿爾及利亞，父親是釀酒工廠的地窖工人，母親口耳皆有障礙，不識字。父親在第一次世界大戰爆發時，即被徵召入伍，後來戰死沙場，可能因為卡繆對父親沒有印象，所以在其重要著作中，幾乎沒有出現父親的角色，總是由一個母親帶著子女一起生活的景況。父親過世後，其母親就帶著他和哥哥投靠外祖母，外祖母是個過氣的演員，矯情蠻橫，舅舅是個殘障的酒桶工人，母親由於耳聾，不多言，以打工做雜役維持家計。他們五口，居住在勞動階級聚居的工人區，公寓狹小，只有兩間房間。這就是卡繆的幼年成長環境，卡繆認為在困頓的生活中，仍然有慰藉，慰藉來自大自然，因為大自然對人類沒有貴賤之分，他在《裡與表》的序文就說：「支配著我童年的美麗太陽，消弭了我所有的怨恨之情。我雖然過著貧困的生活，卻也享受著生活。我一直感受到一種無限的力量。……貧困並未成為這種力量的阻礙。在非洲，海和太陽是免費的。能成為阻礙的，毋寧是偏見和愚蠢。」（引自莫渝譯，1982：14）

　　1923 年，卡繆進入阿爾及耳中學，因成績優異，獲頒獎學金，還參加足球隊，擔任守門員，但 17 歲時卻罹患肺結核。中學畢業後就讀阿爾及耳大學，雖然領取獎學金，卻仍須半工半讀，以換取生活所需，他所從事的工作十分多樣，頗有「吾少也賤，故多能鄙事」的味道，如擔任過氣象調查員、販賣汽車零件、海運公司職員、市政府辦事員以及

電臺舉辦的巡迴劇團等。這些人生閱歷，豐富了其對人生的體察。卡繆
大學專攻哲學，打算將來從事教職，卻在 1937 年，肺結核病復發，喪
失教授考試資格。而卡繆在大學期間，畢業後以至二次世界大戰前夕，
雖然深受肺病之苦，卻仍積極參與政治和文學活動，如 1938 年，擔任
《阿爾及耳共和報》的編輯記者，撰寫有關文學和政治的文章，尤以報
導卡比利里地區的阿拉伯人的生活慘狀最受矚目，披露法國政治的缺
失。《阿爾及耳共和報》在二次世界大戰爆發後停刊，其因是該報的左
傾色彩濃厚，又同情阿拉伯人，所以受到阿爾及利亞政府當局的箝制。
1942 年，他因事赴法國本土，但因盟軍登陸阿爾及利亞，被迫與妻子
分開，直至戰爭結束，這種隔離的痛楚具現在其 1947 年完成的《瘟
疫》，影射納粹德軍的暴行，造成家人、情人以及同志的生離死別。
1943 年，卡繆目睹納粹處決抗德運動的勞工，遂毅然決然加入地下抗
德運動，參與組織發行的《戰鬥報》之編輯與撰寫工作，從卡繆所寫的
社論中，可以窺出此時期其思想旨在超越「荒謬」處境，尋求積極的人
生意義，即是卡繆所言：「荒謬只是開端，不可能是目的。」

　　卡繆於 1957 年獲諾貝爾文學獎，年僅 44 歲，獲獎的評語是「由
於卡繆的重要作品，透過敏銳與真誠，闡明了我們這個時代人類良知的
問題。」其後，卡繆在法國南部買了一幢小房子，計畫在這幽靜處所，
專心寫作。熟料在 1960 年 1 月 4 日，搭乘親戚的車赴巴黎途中，因車
禍而「荒謬」離世，得年 47 歲（莫渝譯，1982：11-33）。

二、從「荒謬的人生」出發

　　為了深入瞭解卡繆存在主義哲學之核心概念，先引介其重要代表
作《異鄉人》與《瘟疫》之大要，闡釋其以「荒謬」概念作為核心的存
在哲學理念。

(一)《異鄉人》與《瘟疫》述要

1.《異鄉人》

《異鄉人》（莫渝譯，1982）藉由描述阿爾及利亞青年莫梭的一生，來勾勒現代人存在的荒謬處境。由開頭媽媽的死：「今天，媽媽去世了。也或許是昨天，我不能確定。我接到養老院來的電報說：『令堂去世。明日出殯。深表哀悼。』沒有別的說明。或許就是昨天」，寫到莫梭自己的死：「生了這麼大的氣，替我洗滌了痛苦，挖空了希望，面對充滿預兆與星辰的夜晚，我第一次向宇宙溫柔的冷漠打開心扉。覺得是那麼的像我，那麼彷彿兄弟般，我終於領悟到我曾經很幸福，目前還是很幸福的。為了讓一切圓滿，為了讓我不覺得孤單，我還希望臨刑那天，有許多觀眾，他們用怨恨的叫喊迎接我。」

《異鄉人》全書主要分三部分，第一部分描述出殯時莫梭和母親生前的養老院好友守靈以及送葬過程。第二部分敘述莫梭在守喪期間與女子瑪莉在泳池邂逅，並發展為男女朋友關係；其次描寫代朋友雷蒙寫信痛斥阿拉伯女友，而與阿拉伯人結怨過程；也刻畫鄰居老人沙拉馬諾與狗的情感，平日沙拉馬諾對狗並不友善，但當狗走失後，沙拉馬諾卻夜夜哭泣，使得莫梭想起母親年老孤寂的景況；最後在與雷蒙、瑪莉造訪雷蒙朋友的海邊度假屋時，因阿拉伯人的挑釁，在烈日下，陽光映射出來的刀光劍影，莫梭出於本能自衛，誤判形勢，殺死阿拉伯人，也開啟他不幸之門：「我整個人緊張起來，手中握緊槍枝，扣動扳機，觸及槍托的光滑槍肚，就這樣，隨著無情震耳聲音，一切發生了。我震動了汗珠與太陽。我曉得自己破壞了白日均衡，破壞了我歡樂過的一處海灘特有寂靜。於是我朝那具無法動彈的屍體再開四槍，子彈深入體內看不見了。彷彿以那簡短的四槍，我敲開了災禍之門。」第三部分則是莫梭被關入監牢與接受審訊的過程，在法官聽取檢察官與莫梭律師之間的辯論以及傳喚相關證人過程中，莫梭仍一貫以旁觀者之事不關己的態度，冷眼觀看他人對自己的審判。最後終於死刑定讞，檢察官認為莫梭犯

的惡比起明日要審理的兒子謀害父親的案子，更加罪無可逭，因為「一個人在精神上謀害母親，比起親手殺害生養他的父親，更不容見於人類社會。」在臨刑前夕，神父希望莫梭能在主的面前深深懺悔，以求主的寬恕，但是莫梭悍然拒絕了，莫梭認為「他（神父）的任何信念都比不上女人的一根秀髮。他根本不能肯定活著，因為他像一具屍體。我，看來兩手空無一物，但我能肯定自己，肯定一切，比他更肯定，我肯定我的生命，也肯定即將來臨的死亡。」在最後的監牢日子裡，莫梭想到瑪莉，想到過往歲月，想到母親在養老院的人生最後旅程所結識的男友貝瑞，想到母親告訴他父親目睹行刑的場面，回家嘔吐的樣子。想到這麼多，莫梭認為母親在風燭殘年接近死亡之際，一定覺得快要解脫，而準備迎接新生活，所以沒有人有權替她哭泣，而自己有一樣，也感到該準備一切，重新生活。

2.《瘟疫》

《瘟疫》（孟祥森譯，1995）描述阿爾及利亞鄰近地中海的一個小城——俄蘭城，因爆發鼠疫，封城十個月的故事。該書以李爾醫生為主角，觀察鼠疫肆虐下的人生百態，並穿插幾位代表性人物，作為闡釋卡繆存在主義的論點。李爾醫生則如同《異鄉人》中的莫梭，是卡繆哲學思想的代言人。

剛開始城裡發生大量老鼠暴斃時，許多人並不在意，但當有人發燒引發呼吸困難時，才喚起人們的關心，而在發病的人愈來愈多時，民眾開始恐慌，謠言四起。雖然醫界開了幾次緊急會議，也不敢斷定是鼠疫，政府為避免群眾惶恐，導致社會失序，也遲遲不敢做裁決，最後因死亡人數不斷攀升，才倉卒封城。封城之後，造成許多家庭的分離，再加上罹患鼠疫的人數不斷攀升，死亡人數不斷累加，民眾彷彿被關入「黑死病的監牢中」，成了囚犯。在這愁雲慘霧，沒有盼望的景況中，民眾開始出現自我放逐的行為，他們在咖啡廳和電影院中消遣，以消磨難耐的時間，過著「今朝有酒今朝醉」得過且過、麻木不仁的日子，卡繆以「每個人都眼色空茫，顯然由於剝奪了一切對他們有意義的生活

而痛苦。而由於他們不可能整天都在思考自己的死亡，就變得一無所思。」在鼠疫猖獗的高峰時刻，有些人因為家人生病而遭到隔離，隔離期滿重回家園時，已失去理智，竟縱火燒屋，以為如此就可以將鼠疫根除，因而導致政府一方面要應付鼠疫，一方面又要救火，疲於奔命的窘境。然而在這生靈塗炭，民生凋敝之際，有些商人仍不能共體時艱，囤積居奇，發災難財，使得民眾生活更加艱困。

卡繆藉由幾位代表性人物之作為與言談來刻畫災難下的人性。首先是李爾醫生，也是整個災難的核心人物。醫生的本務原是診斷與醫治，但李爾醫生卻被迫一旦有人被診斷感染鼠疫後，必須執行隔離病人行動，而家屬往往會哭著哀求李爾醫生「不要拿他做實驗」，這也是他最大的心理負擔。事實上，李爾心裡非常明白政府根本未做好各種醫療照護措施，連基本的血清也十分缺乏，病人被隔離等於等死，而所謂實驗也都談不上，李爾認為「現在市政府所採取的規定，已經到了可悲又不切實際的程度。至於說那些『特別設備』病房，他知道等於是什麼：兩棟額外病房，把其中原有的病人撤出去；窗戶都封得密不透風，外邊加了衛生警戒線。唯一的希望就是這場瘟疫自然壽終正寢。」李爾認為這種做法簡直愚蠢至極。隨著病人遭隔離後一去不回，家屬漸漸清楚病人被帶走後的結局，所以到後來，每當李爾診斷出病人後，家屬就連忙將房門深鎖，不願配合隔離措施，李爾說：「在早期只是打電話，然後匆匆忙忙去看別的病人，不必等救護車來，但不久後發現，當他走後，家人會把門鎖起來，寧可感染黑死病，也不願與親人隔離，因為隔離的結果他們太清楚了。所以其後發生的事情往往是責罵、抱怨、嘶叫以及砸門，警察採取行動，後來更出動武裝軍人，病人是被暴力搶走的。」李爾道出醫生的無奈，即是他無法醫治病人，反而引起病人及其家屬更加悲慘境地的無能為力的挫折感，他說：「任務已經不再是治療，而是診斷，是看，是描述，是登記，然後宣判──這是目前的唯一用處。」

其次是潘尼洛神父，他是學養豐富且熱情的約穌會修士，他在封城時，罹患鼠疫民眾激增，人心惶惶之際，舉行祈禱佈道會，他鏗鏘有力地說：「災難已經降臨你們頭上，你們罪有應得。」民眾於是紛紛跪

下，接受這不可抗拒的命運。但其後，在鼠疫更加猖獗時，潘尼洛神父又再度佈道，民眾在黑死病摧殘下，已無法藉由宗教力量獲得慰藉，「在死氣沉沉的俄蘭城中，潘尼洛神父告訴人們歷史中人類對抗黑死病的先例，根據馬賽黑死病記載，在慈恩修道院有 81 個出家人，其中只有 4 個逃過黑死病，而 4 個中，又有 3 個逃出修道院。潘尼洛神父拳頭落在講壇邊線，用震耳的聲音說，『兄弟們，我們每個人都必須做這留下來的一個！』」然而這種精神講話，對已經瀕臨絕望的民眾而言，已經使不上力，佈道會上民眾稀稀落落。《瘟疫》中最精采的對話之一是李爾醫生和潘尼洛神父，在鼠疫肆虐之際，一次邂逅中，李爾醫生說：「不，神父，我對愛的看法很不一樣。一直到我死的一天，我都拒絕去愛一個讓孩子受盡折磨的世界。」神父回答說：「我到現在才瞭解什麼是恩寵。」李爾醫生說：「這是一種我沒有得到的東西，這個東西我知道，但我不想跟你討論這個。我們兩個靠著某種東西結合在一起並肩作戰。這個東西遠遠超過瀆神和祈禱，也才是唯一重要的。」

　　塔霍也是《瘟疫》的重要人物，他在封城之後，號召城內有心人士組成志工隊，協助李爾醫生進行各種醫療照護工作。塔霍關懷周遭的情懷其來有自，他曾對李爾醫生說，他出生在一個書香世家，父親是檢察官，原本對父親的職業非常欽佩，但是有一次，當他親自目睹父親舉證嫌疑犯的罪證，用那冠冕堂皇的語詞來證明嫌疑犯的罪過，致使犯人被判刑，而犯人低頭不語並顯出極度恐懼的表情時，引起塔霍內心極大震撼；其後，又觀看過一次行刑的過程，更加無法認同父親的工作，因而決定離家出走。他對李爾說他的內心早已染上「瘟疫」，他說：「李爾，我已經害了瘟疫，是在我來到俄蘭城之前，就早已感染了。所以其實我跟每個人都一樣，只不過有些人不知道，有些人在這種情況下覺得自在；另外一些人知道，想脫出來。就我個人而言，我一直想脫出來。」在封城結束前，塔霍也染上鼠疫而過世。當李爾醫生診斷出塔霍罹患鼠疫時，他卻故意忽視，塔霍知道得很清楚，他說：「這是我第一次知道你給人注射治療，而不是下令送病人到隔離病房。」李爾醫生在塔霍過世後，眼角泛著淚光，是無助之淚，也是無能之淚。

致於記者藍伯，也是引人注目的角色，他原本是被派來採訪阿拉伯人的生活習慣，卻因封城而與巴黎女友隔離，所以千方百計想要拿到診斷書以逃離俄蘭城，他歇斯底里對醫生咆哮說：「該死，我並不屬於這裡呀！」但在用盡心機仍無法脫身時，他終於改變偷渡想法，留在城裡加入志工行列。其他人物如柯塔，則發災難財，是城裡危急時，少數快樂的人，卻在鼠疫退去時發瘋，被送進監獄。

經過十個月的鼠疫蹂躪，開城的時刻終於來到，人們又浮現一絲希望，但卻有著近鄉情怯的矛盾心情，所以「人們又十分小心地不願露出個人願望，故意用不相干的口吻。」當開城舉行慶典時，李爾醫生聽著那升起的歡呼聲，他想到這些歡樂永遠都是朝不保夕的，雖然群眾不知道，卻可能在歷史書籍中獲知：黑死病的病菌不會死滅或永遠消失，可以經年累月潛伏在家具和衣櫥裡，在臥室、地窖、箱子以及書架上等待，有一天，為了給人類帶來苦難和啟發，又可能將耗子轟起來，讓它們死在一座快樂城市的光天化日之下。

3. 荒謬感——卡謬思想的核心概念

荒謬性（aburdity）是存在主義學者對於個人存在情狀描繪時特別注重的一種「感受」。例如，沙特在《嘔吐》（*The Nausea*）中道出一切存在的荒謬性時說：「每一樣存在的東西，都是無緣無故的出生，軟弱地延續生命，也在偶然中消逝（Every existing thing is born without reason, prolongs itself out of weakness and die by chance.）。」（引自陳鼓應，1992：21）意指除非人類賦予存在以意義，否則存在、生命以及死亡都是荒謬的，無法說明與理解。對於這種無可解說，又莫可奈何的情境，即是所謂荒謬性，荒謬感也就油然而生。卡謬的《異鄉人》對於荒謬性的闡釋可謂淋漓盡致。他認為人類在世界上，由於跟大自然有隔絕，與其他人也有隔閡，甚至對自己也有幾分陌生感，於是人忽然覺得一個地方不屬於自己，或者自己不屬於這個地方，而有茫然無所歸的感覺，就是荒謬了（傅佩榮，1995：178）！茲以《異鄉人》或《瘟疫》的情節為例說明如后。

(1) 與世界的隔絕

《異鄉人》中敲開莫梭不幸之門的並不是他與阿拉伯人有深仇大恨，而是炙熱的太陽光的緣故，所以卡繆以「強烈的陽光」象徵「暴力」或「殘酷的現實」。而《瘟疫》中的俄蘭城也代表一個荒謬的世界，因瘟疫而造成人與人之間的分離、死亡以及剝奪人們的一切，瘟疫象徵著是暴力與邪惡。

所以揆諸實際，我們生活在一個環境，瞭解居住地的傳統、語言以及風土人情，就以為人親土親，對周遭環境瞭若指掌，與大自然融為一體。事實上，這僅是一廂情願的想法，我們實際上對所生活的環境所知有限，對於下一刻會發生什麼事情，有時是難以掌握的，這並非杞人憂天或是悲觀論調，而是人類的命運。所以卡繆首先要透過認識人與大自然的隔閡，來「瞭解自身的命運」，而不要有幻想，這種心理準備，對於如何「定位人生」有重大意義。

(2) 與他人的隔閡與疏離

《異鄉人》的莫梭雖然是社會的陌生人，且在被宣判死刑之前也對自己感到陌生。事實上，他對世界並不全然冷漠，還是有相當感受性，如喜歡游泳、散步或甚至做愛等都使他感到快樂，所以他的冷漠主要不是針對生命本身，而是其所處的社會。因為他看到社會措施的空洞與荒謬，尤其是社會觀念與宗教，這些都呈現在法庭的審問。例如，檢察官只關心他私人生活，而不討論其殺人問題。檢察官圍繞在他不知道母親年齡、將年邁母親送到養老院、沒有瞻仰母親遺容、守靈時喝咖啡以及安葬時沒有流淚，其次又譴責他在母親安葬後第二天去游泳、看喜劇以及帶女友回家，並認為他與皮條客雷蒙交往等均屬不道德行為，因此檢察官認定他「沒有良心、沒有靈魂，簡直是沒有人性的禽獸，一點道德觀念都沒有，在埋葬母親時，就顯示出犯罪心理，所以殺人是早有預謀。」（莫渝譯，1982：153）卡繆藉此說明莫梭因為不妥協的真誠，毫不隱瞞地說出其對母親的真實感受，結果被判死刑。揆諸當時社會，莫梭是屬於統治階級的法國人，只要他肯照檢察官旨意行事，肯相信上帝，肯向上帝懺悔，對於殺死阿拉伯人而言，罪應不至死，只要坐幾年牢即

可，但莫梭除了誠實說出對母親去世與生前相處的真實感受外，也對要相信上帝，以求得上帝的原諒，感到莫名其妙，因為這與他的殺人事件無關，莫梭不信上帝，他表示沒有多餘時間談論上帝的乏味問題，所以他一再拒絕監獄神父的禱告，最後當神父強行與莫梭會面時，莫梭暴跳如雷地吼叫：「他（指神父）還不是神色若定的樣子呢！然而他的任何信念都比不上女人的一根頭髮。他根本不能肯定活著，因為他像一具屍體。我，看來兩手空無一物，但我能肯定自己，肯定一切，比他更肯定，我肯定我的生命，也肯定即將來臨的死亡。」（莫渝譯，1982：171-172）所以當他說由於是「太陽光」的緣故才誤殺人，只引來陪審團的一陣笑聲，沒人相信。所以如果莫梭說謊，可能無罪開釋或減刑，但他忠於自己，反而被處死，卡繆藉此暗指法律時常放縱虛謊，而不同情真誠者。所以莫梭希望臨刑時，有一群觀眾來看熱鬧，並以怒吼對他狂嘯。

在《瘟疫》中，黑死病象徵社會的不公與邪惡，而不僅是有形的病菌而已，也象徵人與人之間的疏離與隔閡，例如當鼠疫爆發之初，人們開始面對死亡與親人隔離，還會感到驚恐與悲傷，但隨著疫情加劇，人們因目睹慘劇不斷發生，久而久之，卻逐漸「習慣」苦難與浩劫，而趨於麻木不仁，卡繆用「眼色空茫」來形容因過度驚恐而絕望之後的心理狀態──畏縮與退避，對未來不抱任何希望。甚至有的人還囤積居奇，發災難財。針對這景況，卡繆透過塔霍道出感染鼠疫並不可怕，最重要的是不要將鼠疫傳染給他人，尤其重要的是要發揮意志力來隨時對抗瘟疫，使得世界趨於和平，使這個世界充滿祥和與「愛」的氣氛；因為一個瘟疫橫行的世界，是一個暴力而缺乏正義的世界，而沒有愛的世界，也形同是死的世界。

(3) **對自己感到陌生**

《異鄉人》之所以能夠獲得共鳴，除了訴說現代社會制度的荒謬性，造成人與人之間的疏離外，也在說明現代人在工業化講求效率的步調下，缺乏意義感而產生內心的焦慮與空無感。表面上，我們雖然對自己所處的環境和傳統十分熟悉，莫梭每天早上起來上班、下班，中午吃飯，睡覺，週末放假，日子一天天過去，生活一層不變地循環著，好像

也很愜意，但是每當有空檔，需要面對自我，問自己這一切是為了什麼時，空無的感受就油然而生，因為似乎找不到特別的理由，生活變得沒有特別的目標，沒有目標的生活本身是會落空的，過一天算一天，只有量而沒有質。所以《異鄉人》中的「假期」（莫渝譯，1982：76-81）一節中記載莫梭在週末的焦慮：「我醒來時，瑪莉已經離開。她告訴過我，她必須到姑母家去。想起今天是星期日，我就很煩惱，因為我向來就不喜歡星期日。於是，我又回到床上，聞到瑪莉的秀髮留在長枕頭上的海水味。我一直睡到 10 點，然後抽煙，再睡，一直到中午。」所以莫梭的生活情態在死刑定讞前，似乎是行屍走肉般，除了肉體的感受外，對其他事物幾乎都保持冷漠以對的態度，所以當瑪莉問他是否愛她，或要不要結婚等事情，或是老闆要給他到巴黎一展長才的機會，或甚至面對自己的生死審訊，都維持一貫「局外人」的做壁上觀，無所謂的樣子，好像沒有魂魄一般的「稻草人」。這樣沒有自覺的人生是沒有意義且荒謬的。唯有到死刑定讞，莫梭才開始省察自身的處境，想到母親，母親口中的父親，以及母親晚年的養老院男朋友等。由這裡也可以看出「死亡」何以是存在主義哲學中的重要概念。唯有正視死亡，才能意識生命的有限性，因為個人的死期雖不確定，但死亡卻是一定的，「非真實存在的個人」（the non-authentically existing individual）不思不想地度日，以隱蔽死亡之必然事實與意念（陳鼓應，1992：26-27）。因此存在主義學者，當然包括卡繆在內，認為人要真實存在，而非像莫梭原本的生活情態，只是「活著」，猶如齊克果（S. A. Kierkegaard, 1813-1855）以酒醉農夫駕馬車的比喻來形容多數人終其一生都生活在習俗、觀念或師長所規範的生活模式中，表面上好像農夫在駕馬車，事實上，是老馬識途，帶農夫回家，沒有自我做「選擇」與「決定」，失去了個人「自由意志」，當然也失去了個人「主體性」，是「存」而「不在的」（陳鼓應，1992：8）。所以要有真實生命，必須對於自己的死有真實態度，瞭解真實生命乃聯繫自己的過去與未來，而得到存在的意義與方向。如果我們能將「必死」的事實預期計畫在存在結構中，在現在加以把握，也就能將人生的最後也加以把握，亦即人的存在在死亡之中達到了「完整性」。

　　卡繆的「荒謬性」概念猶如笛卡兒（Rene Descartes, 1596-1650）的懷疑方法，「荒謬」亦即「不合理」，卡繆首先揭露人生所有不合理的事實，將一切未經真實體驗而接受的幻覺都要加以清除，而當我們知道什麼是「不合理的」，當然就知道什麼才是「合理的」，所以將虛幻的加以摧毀後，才能積極的重新建立「生命的大廈」來安頓自己。因此他首重由「荒謬」出發，用意在「瞭解命運」，進而「接受命運」，以期達至「超越命運」的存在意義與價值。

三、「我教，所以我存在」──「西西弗斯」之「自強不息」圖像

　　沙特曾經為文「存在主義即是人文主義」（Existentialism as Humanism），闡釋個人存在的人道關懷，當然這種個人存在處境關懷與提倡個人主義者迥然有別（引自陳鼓應，1992：11）。卡繆曾說：「在我的作品的核心總有一顆不滅的太陽。」「太陽」對卡繆而言是有特別意義的，他自小在困頓環境中成長，物質雖然缺乏，但是地中海邊終年溫暖的陽光，卻不會僅照顧富有人家，對於貧寒之家同樣眷顧，所以卡繆將太陽比喻為光能、熱源與以及力量（引自傅佩榮，1995：202）。卡繆早期作品旨在運用「荒謬」概念來「揭示人生困境」，揭露種種不當卻又被合理化的社會制度，可由《異鄉人》窺出，所以該書在於刻畫個人存在處境的焦慮與對命運的無可奈何，但是後期的《瘟疫》卻由個人存在的關懷，轉而為對人類集體命運的省思與關心。從「荒謬」之揭露出發，即是從「我的反抗」走向「我的熱情」。看到「荒謬事實」後，為何要反抗？因為反抗即是對人生的一種肯定，卡繆說：「我反抗，所以我們存在」；因為生活在社會中，只要看到有人受到不公平待遇，只要有良心的人，就會像自己也受到不公平待遇般，要加以抗拒，所以我的反抗是為了沒有任何一個人應該受委屈（引自傅佩榮，1995：194）。基此，卡繆曾在二次世界大戰參加地下抗德運動，這種對抗暴政就猶如李爾醫生對抗瘟疫一樣，都不是僅為了自己，而是人類集體命運。而面對人生的困

頓潦倒，面對瘟疫無情肆虐與蔓延，代表科學家的李爾醫生與代表宗教信仰的潘尼洛神父，原本不相往來，涇渭分明，但此時卻攜手合作，病人痛了需要醫生，病人心裡苦悶需要神父，他們知道，沒有人能將他分開，連上帝也不能，雖然對抗瘟疫的鬥士一一倒下，那又有何關係？為什麼不在一切結束以前，讓自己的熱情表現出來，在人與人之間製造最大可能性，活得踏實而快樂。所以在《瘟疫》中李爾醫生與潘尼洛神父談到：「不，神父，我對愛的看法很不一樣，一直到我死的一天，我都拒絕去愛一個可以讓孩子受盡折磨的世界秩序。」神父安然地說：「我到現在才瞭解什麼叫做恩寵。」李爾說：「這是一種我沒有得到的東西，這個我知道，但是我不想跟你討論這個。我們倆靠某種東西把我們結合在一起並肩作戰，這種東西遠遠超過瀆神與祈禱。這個才是唯一重要的。」（孟祥森譯，1995：205-206）這個東西就是「愛」。回到教育場域，藉由卡繆的核心存在理念，試圖勾勒其教師圖像如下：

(一) 教師是勇於揭露社會與教育不公平的良知者

教育機會原本是社會弱勢族群往上層社會階級的希望之所繫，「功績社會體制」（meritocracy）認定給予每個人教育機會，透過教育機會的普及，即可彰顯社會正義的精神，這種假定窮人只要靠自己的能力與努力就能翻身的社會體制，卻禁不起馬克思主義者的批判，因為功績社會體制下的教育機會仍掌握在優勢族群手中，弱勢族群雖有一定的受教年限，但教育資源卻極為不足，教育制度究其實，僅是再製階級的工具而已，教師有淪為聽命上級或優勢族群家長的「教僕」之虞。

依此，為了彰顯教育是社會正義之最後一道防線之職責，教師應該自許為「轉化社會結構的知識分子」（transformative intellectuals）（葉坤靈，1999：16），發揮良心自律，揭露教育場域之不公情事，並加以抗拒，或至少秉持教育正道，不淪為不義制度的幫兇，傳播「瘟疫」，相反地，應期許自我成為貧困學子的人生之「光」。

（二）教師與學生是師友關係

　　卡繆的作品中處處流露對人存在境遇的描繪與關懷，尤其是世俗眼中的小人物，《異鄉人》（莫渝譯，1982）中對於老沙拉馬諾和他的狗之間的情愫之描繪，流露出卡繆對感情的觀察深度，老沙拉馬諾每天在固定時間遛他那長了癬的老狗，且在狗不聽話時臭罵牠幾句，可是當老狗走失，老沙拉馬諾卻夜夜悲鳴，卡繆藉此除了關懷老人內心世界的孤苦外，也訴說一些人表面上與其親人或寵物平日相處時好像態度不佳，但那僅是互動的一種模式而已，彼此的感情則相當依戀。在《瘟疫》（孟祥森譯，1995）中卡繆也描繪一個市政府職員格蘭，終日都希望學會表達自己的意思，每天總是努力寫稿，以感動多年前遺棄他的妻子，但在染上鼠疫發高燒時，他請求李爾醫生把他所寫的 50 幾頁稿子燒毀，李爾醫生卻發現這 50 幾頁稿子都寫同樣的句子，是關於「騎著馬走過一個街道」的句子一改再改，卡繆以此刻畫小人物每天構思寫作想成為作家之可愛又可悲的模樣。

　　依此而論，教師應該秉持教育之情操，伴隨學子走過「自我追尋」的人生關鍵期，尤其是處於社會不利地位家庭背景的孩童，傾聽他們的聲音，關懷他們的遭遇，做到如布巴（Martin Buber）所說師生關係是「吾與汝」（I & thou）亦師亦友的夥伴關係（歐陽教，1995：154）。學生如將教師視為其生命中的「重要他人」（the significant other），將會在情感上依戀教師，認同教師的啟導，從而開展其價值生命。

（三）教師是社會的淑世者──「挑起重擔的西西弗斯」

　　卡繆從荒謬感出發，意在揭露虛幻，以達真實人生的彼岸，因此他對人生充滿熱愛，縱使生命的存在無法由自己做決定，死亡也是最終的歸趨，但在生死之間，卻可以由自己加以掌握。雖然現代人每天惶惶生活之不暇，週一上班直到週五，接著是週末，接著又是週一，又要開始工作，又是緊張忙碌的日子，這一切周而復始，好像不得休息，沒有

快樂。這也是教師工作的寫照，週一開始上課，管理學生秩序，批改作業和考卷，執行校長指示的有關業務，親師溝通等，好不容易到了週末，稍稍要喘一口氣，又要備課，或處理家務。這樣的日子好像沒有品質，談不上情趣。卡繆觀察到現代人在工業化講求效率的生活處境，於是重新詮釋古希臘「西西弗斯」（Sisyphus）的神話，用以刻畫現代人的生命實況。西西弗斯為老百姓找到水源，觸怒天神，認為洩露天機，於是罰他推石頭上山，一般人以為將石頭推上山頂就沒事了，但事實是石頭一到山頂就會滾下來，西西弗斯就需要再推上去，於是推石頭成了西西弗斯永不止息的苦刑，因為眾神認為讓一個人去做一件永遠不能完成的工作，就是最大的懲罰。這不就是真實人生的寫照嗎？這樣的人生還有快樂嗎？卡繆持肯定的說法。因為人生在世雖然有沉重的負擔，但是人知道為何要擔負重任，為何要推石頭；其次，在承擔重任時，轉換心境，將其視為責任，就會感到愉悅。所以卡繆藉由《西西弗斯》的神話，除了刻畫我們的人生真實面外，也在讓世人「瞭解命運」，「接受命運」，最後「超越命運」（傅佩榮，1995：187-189）。

　　教師的工作極為忙碌，尤以中小學教師為然，教得好被視為理所當然，沒有鎂光燈的加持，也沒有豐厚的待遇，多是責難，常是使「夫子困頓」的因由；但是如果教師能以西西弗斯承擔重任自詡，師法孔夫子「亦為之不厭，誨人不倦」之情懷，保持「淑世」觀（While there is life, there is hope.），亦可從教師工作中獲得精神慰藉，這決不是唱高調，而在理想的衿持。

四、時移勢異之師道精神（結語）

　　臺灣社會近十年來，變遷極為快速，物質雖然豐裕了，但是精神生命卻失去了依託之所，群驅物慾的結果是人與人之間的嚴重疏離，社會人際間彼此關愛的現象逐漸隱微，多得是基於利益而彼此怒目相向或甚至惡鬥攻訐，這些社會光怪陸離現象都衝擊著教育。教育改革雖然進行相當時日，標榜注重學生主體性，重視人性化教育，把每個孩子帶上

來，卻成效有限，教師在這波教育改革中，也成為相當不快樂的一群，時移勢異中如何脫夫子於困，也是當前教育改革應該關注的課題。卡繆的存在主義哲學應該可以為教師帶來一些啟示，如針對不合理措施應該抱持何種態度，面對艱困的教育情境該如何自我期許。最後本文以德國哲學家尼采（Friedrich W. Nietzsche, 1844-1900）的比喻來輝映卡繆的教師圖像。尼采認為走鋼索的人是勇敢的，也是孤獨的。鋼索的一端是通往理想的大道，另一端則繫著惴惴不安的心。現代臺灣教育環境中，想要有所作為的教師就像馬戲團中走著鋼索的人，不走過去就在原地踏步，理想不能開展；走過去必須有自我超越的堅強意志，準備接受一切的磨難與考驗，如果失敗了要付出巨大代價，成功了就變成「超人」。雖然走在教育鋼索上不必付出生命代價，但是卻會招來社會價值的揶揄，如：「不是早就告訴你，教育理論都沒有用，棍子最有用，你偏偏不信。這下子學生成績不好，事實擺在眼前，你還有什麼話說？」走鋼索需要高度的覺知，更需要無比的勇氣，在世俗一片諷刺中，超然而行，與社會功利想法對抗，這種教師「勇者」才是教育園地中「永不止息的太陽」（引自林秀珍、徐世豐，2006：129）。

參考書目

孟祥森（譯）（1995），A. Camus 著。瘟疫（*La Peste*）。臺北：桂冠。

林秀珍、徐世豐（2006）。教育的實鏡與實踐。臺北：師大書苑。

莫渝譯（1982），A. Camus 著。異鄉人（*L'Etranger*）。臺北：志文。

陳鼓應（1992）。存在主義簡介。載於陳鼓應（主編），存在主義（頁 3-30）。
　　臺北：臺灣商務。

傅佩榮（1995）。自我的意義：齊克果、馬塞爾、海德格、卡繆。臺北：洪健
　　全基金會。

葉坤靈（1999）。結構主義取向的教育改革理念之探討——以柏恩斯坦的結構
　　主義為例。教育研究資訊，7（5），1-18。

歐陽教（1995）。教育哲學導論。臺北：文景。

18

李歐塔後現代知識論述
之教師圖像及其反省

—— 楊洲松

　　以教師圖像而言，在實作性效能原則下，知識的傳播與研究，也不再是專屬於學者與教師的工作，教師這個「職業」沒落中，教師地位將逐漸被電腦網路等現代科技所取代。但事實上，教師的地位與角色至今並未完全被電腦科技取代，雖然其功能的確逐漸逝去不復返。

一、哲學家背景簡介

　　被公認是「後現代主義之父」的法國思想家李歐塔（Jean-Francois Lyotard, 1924-1998）1924 年出生於法國凡爾賽（Versalles），後於索邦（Sorbonne）大學攻讀哲學與文學。1949 年至 1959 年間曾在中學教授哲學，之後他成為巴黎第八大學的哲學教授，並擔任此職務一直到 1989 年退休，1998 年過世。1956 到 1966 年間，李歐塔曾擔任社會主義期刊《社會主義或野蠻》（*Socialisme ou Barbarie*）及報紙《工權》（*Pouvoir Ouvrier*）的編輯委員，是一位活躍的 Marxism 者。但在 1968 年 5 月學生運動之後，他轉向思考處於後現代狀況下的知識分子的地位問題，開始去質疑「後設論述」（meta-discourse）與「大敘述」（grand narrative），而相信理性與權力的多元性，也質疑西方啟蒙運動的解放宣稱，轉向重視以「藝術」來反對西方思想中的「理中心主義」（logocentrism），而成為後現代主義最重要的思想家之一。

　　李歐塔著作頗多，而最為人熟知且影響較為深遠者則為 20 世紀 80 年代之後有關後現代的相關著作。其中 1984 年（orig. 1979）李歐塔為加拿大魁北克政府所進行的教育研究報告——《後現代狀況——知識報告書》（*The Postmodern Condition: A Report on Knowledge*）、1985 年（org. 1979）的《正義遊戲》（*Just Gaming*）與 1988 年（org. 1983）的《歧論》（*The differend*）三本書是 Lyoatrd 後現代論述的代表作，並以之奠定了他在後現代思潮中不可撼動的代言人地位。

　　在最為人熟知的後現代經典《後現代狀況——知識報告書》一書中，李歐塔分析了西方社會在進入「後工業社會」（post-industrial society）、「後資本主義社會」（post-capitalism society）或「後現代社會」（post-modern society）之後，由於科技與經濟的不斷發展以及資訊與訊息的激增，對於傳統知識結構觀點的改變而導致知識「正當性」

（legitimation）的危機，進一步地對於源自西方啟蒙運動的現代教育產生了嚴峻的挑戰。面對這樣的危機與挑戰，李歐塔主張必須以「語言遊戲」（language game）的多元性來解決知識的正當性危機，並提出「小敘述」（petit recit）取代「大敘述」（grand narrative）的「解正當性」（delegitimation）觀點，以及以「實作性」（performativity）作為衡量知識有效性的標準。

隨後 1985 年的《正義遊戲》一書則是在《後現代狀況——知識報告書》所建立的方法論基礎上去探討後現代社會中的政治與倫理狀況。「正義遊戲」，正如其書名所引出的雙關語，有關正義的問題也「僅是遊戲」。李歐塔的意思是，後現代狀況中的正義（關於政治與倫理）問題，必須從語用學（Pragmatics）的角度，尤其是前述「語言遊戲」的概念來加以理解。「正義」的觀念與原則等，並不具有無限永恆存有的本質，而是正如語言的規則一樣，是在社會歷史中不斷約定與創造出來的，而參與社會中的人就必須遵守這種約定。因此，「正義」是一種必須按照約定的遊戲規則來進行的活動，其僅是局部的、多元的、暫時的、隨情境而轉換的，而每個情境都是單一的，沒有絕對正確的指導性規範存在，而是一種由「實踐智慧」（phronesis）所得來的「搖擺中的規約」（dangling prescriptives）（*Lyotard, 1984: 59*）。在《歧論》一書中，李歐塔則強調了「歧識」（dissensus）的概念，主張語法體制（regime of phrases）的異質性。按照這樣的觀點，差異性應該獲得容忍，必須要為差異保留發聲的空間，進而尋求多元的理性而非統一的理性。基本上本書仍是延續了李歐塔在前面兩本書的觀點而已。

二、（富含教師圖像之反省價值的）核心哲學概念

李歐塔有關後現代的核心哲學概念可以概括為「對後設敘述的質疑」。李歐塔指出後現代呈顯出「敘述的危機」（crisis of narrative），此種危機是植因於高度電腦化所帶來的知識本質的轉變，使傳統科學知識的「後設論述」或「大敘述」遭受到了質疑，而危及其正當化的地

位。就知識的研究而言，從 20 世紀後半葉以來，由於電腦科技的日新月異與長足而迅捷地進步，傳統知識傳遞的方式與價值已經產生了重大的轉變。資訊與知識必須被「符碼化」（coding）成為電腦語言，才可便於流通、傳遞，甚至是販售，知識遂成為一種可操作運用的資料。「任何無法變成數字『符碼』而被儲存與流通的知識，都有被淘汰的可能，電腦因而在後現代社會中取得了優勢地位。」（*Lyotard, 1984: 5-6*）準此，傳統上認為，經由心靈與智慧的訓練以「獲得、分類、取得與開發知識」的現代性觀點，已被「知識是以外在符碼方式傳遞，教師與學習者則是成為『提供者』與『使用者』的商業關係，知識成為並被製造為商品販售。」（*Lyotard, 1984: 4*）的後現代觀點所取代。換句話說，後現代社會中的知識不再以知識本身的追求與心靈智慧的培育為最高目的，也不再是一種「陶養」（Bildung）的工具或精神食糧，而成為一種「商品」，並經由電腦資訊的管道販賣於各種網路上。任何人只要會運用電腦與網路，都將可以上網出價，獲取所需。對於知識性質的提問，就從「那是真的嗎？」（Is it true?）、「那是公平的嗎？」（Is it just?）、「道德上重要嗎？」（Is it morally important?），轉變成為「那有效嗎？」（Is it efficient?）、「可以出售嗎？」（Is it sellable?）、「能轉譯成資訊量嗎？」（Is it translatable into information quantities?）。「生活世界」在此種知識「有效性」（efficiency）準則的運作下，也被化約成為「輸入 — 產出」（inputs-outputs）規則的系統。傳統知識的正當性遂遭到了質疑。

李歐塔認為，在前述的後現代知識狀況下，傳統有關知識的正當性已然失效，而必須採用一種新觀點與新方法來「解正當性」（de-legitimation）並對「後設論述」提出質疑，以重新追求後現代知識論述的正當性（*Lyotard, 1984: 37*）。李歐塔因而大聲疾呼「不再相信後設論述」，而以一種局部、暫時、斷裂的「小敘述」來加以取代。而此種新觀點與新視野係借引自 Wittgenstein「語用學」觀點與 Kuhn 及 Feyerabend 多元研究方法論等概念，反對有任何共識統一與整體的後設論述，而主張不同的論述之間應該是具有異準，各自有自己的遊戲規

則與正當性基礎；因而在一個後現代情境之中，各種論述以多元而尊重做出發，呈現出來的是不斷播散蔓延的悖理邏輯情境。而在此種悖理邏輯的後現代狀況中，「實作性」（performativity）將成為衡量知識有效與否的標準。處在這樣的一種競爭、對抗、多元的後現代狀況中，所有的知識論述都能擁有其發言權，並不存在有一個統一整體性的原則，也沒有包山包海、無所不包的普遍後設論述存在。且不應以單一的理論或方法去消滅或弱化其他不同的理論或方法，而是讓各種理論方法都能共存、競爭，以保護各種可能性的存在。經由李歐塔所指出的論述間具有異準，過去那種以單一標準去裁定所有差異進而統一所有論述的後設論述已被瓦解，啟蒙運動以來追求自由解放和真理的正當性神話或大敘述已經消逝。

在此種狀況下，各種語言遊戲與論述的目的並不是像 Habermas 所要求的在於追求「共識」（consensus），而在於追求「悖理邏輯」（*Lyotard, 1984: 60*）。李歐塔認為，現代性以來如 Habermas 等啟蒙運動的捍衛者所追求的「共識」乃是一條遙不可及的地平線。李歐塔指出，所謂的「共識」其實不過是屬於討論時的某種特殊情況，並不是科學討論的終極目的；相反的，討論的目的應該是在追求「悖理邏輯」。所謂的「悖理邏輯」指的是知識語用學中的步法，它的目的在於打破追求「同一」的穩定模式，而強調「差異」的「不穩定性」（instabilities），且要透過對抗與競爭去不斷的發現與創造（*Lyotard, 1984: 66*）。換句話說，悖理邏輯所關心與創發的是「未知」（unknown），而不是「已知」（known）（*Lyotard, 1984: 60*）。因此，所謂科學知識的工作其實就是製造出更多的工作，產生新的科學理論或陳述，不斷地創新。

三、核心哲學概念中的教師圖像——教授時代敲起喪鐘

李歐塔指出，到了後現代社會中，由於對於知識的控制已從國家、大學轉移至電腦網路上，「如同過去人們為控制領土而戰，而今將為資

訊的控制權而戰」（*Lyotard, 1984: 5*）。而電腦科技的運作邏輯是實作性與有效性，因此接受教育其實也就意味著必須去學習實作知識。而在有效性的規準下，知識與教育的世界，將更像是一個超級市場。其不再去問「這是真的嗎？」而是它有何用？它出售嗎？它有效嗎？（*Lyotard, 1984: 51*），準此，傳統上高等教育作為知識製造者的優越地位就被顛覆了，傳統大學的角色也逐漸被所謂職業訓練所性質的現代大學所取代；而原來負責傳遞知識的專家與教授，其功能也已不如資料庫中的工作網強大；而在研究及創造新的「步法」與遊戲規則方面，單一個教授的研究能力，也將比不上企業研究機構大規模科際整合的研究，教授及專家的角色與功能在後現代社會中將會逐步地被取代，李歐塔因此宣稱：「教授時代喪鐘響起」（*Lyotard, 1984: 53*）。

傳統現代性大敘述的知識價值觀在語言與資訊的科技化下已經退卻，學習與其轉移不再要求聆聽智慧人士的權威。在大敘述退位下，教育機構成為功能性的，強調技術更甚於觀念，亦即實作成為教育的中心。李歐塔指出，在實作性教育過程的每一個層面，都要求要能達到有效性，教育的任務就在於以最有效的方法來提供學生學習。是以在後現代社會中，一定的操作技術是必需的，尤其是能應用於訓練遠距控制的知識，如電腦科學、語言學、數學等，都是教育中最先必須獲得的條件（*Lyotard, 1984: 48*）。教育的任務將不再是知識的轉移與計畫訓練有能力領導社會解放的菁英，而僅是「為社會體系提供一些能滿足個別職位需求的成員。」（*Lyotard, 1984: 48*）學生不再是所謂以一種關心社會進步的解放思想進入高等教育的「自由菁英」，而是要他們接受專業的訓練，「大學與高等教育的機構被要求去創造技術，而非創造理想」（*Lyotard, 1984: 48*）。在此種強調專業訓練的後現代教育體制下，學生將有三種類型：(1) 專業知識分子（professional intelligentsia）：大學傳授各種職業必備的能力給「自由菁英」的學生以成為專業知識分子；(2) 技術知識分子（technical intelligentsia）：大學透過各種管道與相同的訓練模式，成為結合新科技與技術的新知識領域聆聽者；(3) 失業人口：此為學藝術與人文科學的學生（*Lyotard, 1984: 49*）。在後現代社會中，前二種學生

將變得更為活躍，第三類則較無競爭力。而大學除了成為職前的技術訓練所外，也負起了在職訓練與繼續教育的新任務，這就強調了從轉移整體知識到年輕人的就業準備或成人，以協助他們改善技術與擴增工作視野（*Lyotard, 1984: 49*）。

　　總而言之，在解正當性的後現代脈絡中，知識不再是以知識本身為目的，不再是為了追求自由解放，而是從屬於實作性效能原則下，知識的傳播，也不再是專屬於學者與學生的責任了（*Lyotard, 1984: 50*）。準此，在李歐塔的觀點看來，教師這個「職業」是沒落的，教師地位將逐漸被電腦網路所取代。

四、該圖像的教育反省——教師不死，只是逐漸凋零——代結語

　　根據李歐塔後現代知識論述的闡釋，教育將會呈現出相當不同於傳統教育型態的風貌。知識不再是以知識本身為目的，不再是為了追求自由解放，而是從屬於實作性效能原則下。在這種情形下，專業與技術的知識分子更受到重視，而文科與藝術類科則漸受忽略以致失業。李歐塔在 20 世紀 80 年代的預言至今看來饒富意味。以今日臺灣學術研究環境而言，文科與藝術類科之地位與受重視程度的確遠遠不如專業與技術。文科與藝術類科無法以實作性來評估其效能使得其績效責任備受質疑；專業與技術類科則適用於實作性原則的評估而獲得肯定。又以教師圖像而言，在實作性效能原則下，知識的傳播與研究，也不再是專屬於學者與教師的工作，教師這個「職業」沒落中，教師地位將逐漸被電腦網路等現代科技所取代。

　　但事實上，教師的地位與角色至今並未完全被電腦科技取代，雖然其功能的確逐漸逝去不復返。就以近年師資培育的趨勢看來，教師的操作教學媒體的能力不斷被強調與重視，教材內容也不斷被要求必須要數位化與網路化，教育目的也不斷強調要能讓學生具備有「帶著走的能力」。在這樣的實作性邏輯下，教育活動不符合實作性規準的藝術

性格漸被摒棄，可見與可計算的部分則被切割成片斷零碎的操作步驟，教師圖像愈來愈像是個被普羅化的技術操作員，而不是如批判教學論者所期待的成為轉化的知識分子。教育研究也不斷強調與科技的結合，與媒體、科技、資訊相關之教育類研究所紛紛成立，傳統的教育史哲研究人口則大幅萎縮，教育理論課程逐漸從教育專業之核心課程成為邊緣課程。所謂透過「陶養」以涵育良師志業的圖像，也逐漸成為視教師為一個忠實執行任務的「職業」而已，而這個工作又可能被電腦科技所取代。然而，存在未必就是合理，總有更高的理想與理念有待追尋。教師工作雖然逐漸被科技取代而凋零逝去，但心靈的交流、榜樣的學習、愛與關懷、共同的成長等，依然有賴良師與成功的教育活動，典範良師及其精神仍為從事教育活動者值得追尋之圖像。

參考書目

Lyotard, J.-F.（1984）, *The Postmodern Condition: a Report on Knowledge.* Minneapolis: University of Minnesota Press.

本文主要參考：楊洲松（2006）。J. Lyotard：讚頌差異的後現代教育狀況代言人。載於譚光鼎、王麗雲編，教育社會學：人物與思想（頁235-255）。臺北：高等教育出版社。

19

培根哲學中的教師圖像

—— 賈馥茗

　　培根採取科學取向，教育是教人學習的活動，所以怎樣學習，要靠教師的教學。換句話說，也就是教師要教學生怎樣獲得知識。而選擇有價值的知識和獲得知識的方法，也就成了教師工作的重點。

一、生平與著作

培根（Francis Bacon, 1561-1626）是 16 至 17 世紀英國的一位政治家兼哲學家。父親是伊利沙白女王時的政治領導人物，所以他在 12 歲時便進入劍橋三一學院。但他並不欣賞亞里斯多德的哲學，遂至法國學習政治，並從此時開始愛好實驗與觀察。1579 年遭父喪回國，為了謀生，1582 年在格雷酒店工作兼學習法律。得其舅父柏福萊爵士（Lord Burghley）之助，在國會中得到一個席位。

1597 年，培根出版了第一本《論文集》（*Essays*），其中包括「善惡之色」（Colours of Good and Evil），是科學的偉大復興設計，倡導人能征服自然，且是其 1605 年出版《學識的進展》（*Advancement of Learning*）的先聲。（述者按：learning 現多譯為「學習」，本書譯名頗有不同，述者以為有「學」才能有「識」，可能比較符合培根原意。）

培根因得接近詹姆士一世，很快的進入政治圈。由撰寫護衛王室政治的文章，成為國王反對國會的領導者，1607 年成為法官，1613 年任首席監察官，1621 年晉封為聖・奧班子爵（Viscount St. Albans）。

因護衛王室特權，1921 年後培根與當時大律師寇克公爵（Sir Edward Coke）發生衝突。培根被指接受賄賂與禮物，雖未執行法律制裁，此後即退出政界。

培根的主要著作除論文外，有《學識的進展》（*Advancement of Learning*）（1605），《新大西洋》（*New Atlantis*）（1614-17），和《新工具》（*Novum Organum*）（1620）。

二、核心哲學思想

(一) 對學識的觀點

　　歐洲從 5 世紀到 15 世紀，經過一千年，思想與政治都受宗教信仰支配，歷史中稱為思想的黑暗時期（the dark ages）。經過文藝復興後，思想逐漸脫離宗教信仰，而想到了人的獨立性（the individual）；前此在宗教信仰中，相信人是「神」的創造物，沒有獨立性，只能依附於神。

　　培根在其《學識的進展》中，首先述說「學習與知識的優越處，即是知識能勃發，施惠能創建」（knowledge blows up, but charity builds up），不過需要知識「正確」，要從自然普遍的物性來求知。而過去求知的途徑錯誤在於：第一，不在知識中求幸福，忘了人有不可避免的死亡；第二，利用知識求某種滿足，且貪得無厭；第三，不知道從沉思（contemplating）自然來認識上帝的神秘。由此培根歷述不當的學識，歸結起來有三項：一是怪誕的學識（fantastic learning），如詭辯，咬文嚼字；二是好辯的學識（contentious learning），如強詞奪理，以非為是；三是枝節的學識（delicate learning），如冗長的「詞費」（無用的話太多），抓不住要點，捨重就輕。而最大的錯誤是誤置了知識的「最終目的」。

　　培根指出人們對自然歷史、人事史、人類生活史、藝術等略而不究，卻費了大量精力於對神的描述，甚至邏輯、修辭等的側重，用盡了追求學識的精力，卻無助於學識的進展。

　　然後培根指出累積學識要熟悉三件事：第一是儲蓄學識的地方，如圖書館；第二是書籍，書籍是知識的寶庫，求知識就要從其中去發掘；第三是學者，即是學識卓越的人。再加上剔除所有探討學識的缺點，才是追求學識的途徑。

　　培根繼而認為學識首在於歷史，因為歷史保留了記憶；次在詩辭，

詩辭表現出想像力；後是哲學，哲學顯示出理性。不過他最強調的是「自然史」。但就在這方面，對自然本身及其演化的研究，仍有不足之處。至於哲學，人類確是創立了三種知識，即是宗教哲學、自然哲學和人類哲學或人文。但三者各有堅持的內容，少了數量和驗證。

於是培根將重點放在自然科學上，用「自然科學」來闡釋所主張的「自然哲學」。他認為自然科學分物理與形上學。物理探討物（things）與物質（matter）之自然；形上學則探討自然中物與物質之理，在於自然的形式（formal）和其造因（final causes）。此二者都以數學為主，由數量可以推演至最基本的道理（reason）。所以自然哲學分實驗、哲學和魔術。魔術見於神話、迷信與熱情。

從實際自然現象觀察，「物」的形式和性質各不相同，且變化多端，認真觀察，看到細微處，才能真正的認識。培根就不厭其煩的舉出很多「實例」（instances）以見所說的真實性。

培根提到「真實」（truth）與「懷疑」（doubt），單就懷疑來說，先要把握住「疑點」，從疑點上探討「解疑」之道。然後要注意「疑中」還有「可疑」之處，就在釋疑之後，也會再生出「疑點」。因此「慎思熟慮」（沉思）是必需的工作。

「沉思」是心靈（mind）的官能（faculty）作用，這項作用之可貴，一是據之得到「瞭解」（understanding）與理性（reason），把從感覺而生的想像（imagination）導入「理性的判斷」；二是控制意志、慾望與情感作用。到了判斷的階段，其作用不但是理性的，且是藝術的。因為作用中包括把握驗證與動作，累積這些作用是「歸納」（induction）的歷程，由此而有了新發現或是「發明」（inventeth = invention），所以歸納會與發明同時並存。因為在所有的歸納作用中，無論其形式是好的或壞的，心靈的發現與判斷都相同，可以歸諸於自然。據此培根在用字和邏輯方面批評了亞里斯多德的三段論式。

在談到人時，培根認為過去也有論及人的慾望和意志的，不乏箴言與指向，但是如何實行，即是在行動上怎樣做，卻很少提及。由此培根說到每個事物都有兩種善性：其一是所有的物本身都是「整體的」

（total）或實體的（substantive）；其二是所有的物都是一個大體的一部分。從後者來說，其大小與重要程度，在於其所保持的形式的普遍性。

由此培根說到人要求心靈的統一與和諧，要保留其完整，勿因活動而使之破散。因為人致力於自私、自由，而忘卻生命，侷限於狹小的生活空間，不惜破壞了群眾生活。實際上一個人和社會的關係，在於「尊重」社會並知道「感恩」，這是「人的義務」。這項義務使人的心靈指向別人，會想到別人，心靈就是如此形成並安置的。一個人若不知道自己與社會有關，就不會懂得德性（virtue）；沒有內在傾向disposition），就不知道有義務（duty）。這一項若不熟悉科學人事和政治，就不會知道每個人都應該「管自己」，「不是管別人」。（述者按：人的義務感出自先天傾向，即是約束自己和勉強自己的意識。從本能方面說，雖然求食是由於保持生命，滿足生活的需要，但如求食時存在著生命危險，就要壓抑饑餓的需要，暫不取食，這種情形在動物界非常明顯。到人類生活於群體或社會後，演變出所謂之「應該」，即是義務。「應該做」的不一定願意做，然而卻「必須做」；不應該做的雖然「想要做」，然而卻「不可以做」。可以說這是人對自己的義務。）

這項義務又分兩部分：一是每個人既生而為人，是國家的一分子，就都有這項義務；二是對每個人都重要，卻又各不相同，因職業與地位而有別。第一部分已有不少論述，第二部分的說者則相當分散且欠周備，因為屬於一種行業的人，可能只重一方面，不能遍及所有的特點，不知道各種特別強調的德性和必需的努力。

如果相信每件事都是「實際的」，就要計及自己之「所能」與「不能」。因為在「文化環境」中，人沒有控制自然的力量，也沒有主宰自己幸福的可能。有了這兩種限制，人就只好靠自己的作為了。

人要吃苦（suffering），特別在智慧和作為方面，需要利用設計與發明求生活方便與應用的智慧。應用的智慧就在清明的知識，就像要做一件衣服先要量身，然後考慮所有的相關因素，其作用就在心靈的分化功能。

心靈的分化作用，所投注的事物有大小之分，但一次卻不能投注太多。俗話「分心」，就是指要注意的事太多時，心靈作用的效果將減低。

知識涉及情感，在這方面，培根對亞里斯多德的《倫理學》中著墨不多，頗有憾意。他以對身體的醫療為例，其順序是先要知道生理的複雜性與生理結構，然後要知道病狀，最後才是治療。至於醫治心靈所需要的知識，就要先瞭解人的自然本性，然後知道心靈醫療所，這二者的重要性絕不亞於情感失調，如憤怒以至最能影響情感的恐懼與希望，都要加以調整。如何調整？最好的方法是「以情制情」。用心力控制意志與慾望等，使「爭競」變為「禮敬」。如此做可以採取習俗、法律、書籍、典範等所呈現的道德項目。

對身心健全來說，身體健康在於健美強壯而愉快；心靈健康在於理性和道德知識。如此則心不煩亂，身體靈活而有力，能夠克盡生命的義務。但是這三者很難集於一身：有人智勇雙全，卻屢弱多病；有人強健而「無行」；有人有勇而欠忠實；有人忠厚而無作為。至於愉悅者，既使不至愚蠢，也難有所用。

於是培根指出，人應該周全的認識自己的能力和德性，以及欲求和缺點。因此應該考慮以下各點：

1. 性格與時機狀況。
2. 性格與行業。
3. 所需要的競爭者與共事者。
4. 擇友。
5. 自我驗證。

由此一個人的德性、命運與長處和缺點，可以成為指點自己的指標。可以確定德性於己有益。

(二) 科學方法

培根在科學中的地位，即是首倡以科學為取向的方法，主要是拋

開沿用已久的、亞里斯多德的、稱為「演繹的」（deductive）「三段論法」（syllogism），改而倡用「歸納的」（inductive）方法。在其所著的《新工具》（*Novum Organum*）中，開始便說：「人因關心事物與心靈，由觀察自然秩序而瞭解並說明自然，此外更無所知，也無所能。」從而批評過去哲學缺少對實際自然的瞭解，便是因為只用演繹法，不用歸納法。

　　培根有一句話，常被哲學界引為名言，即是說：「知識就是力量」，原文是「knowledge and human power are synonymous」。培根以為人如果不知道「因」，就不可能知道「果」，只有順從自然，才能征服自然。於是在沉思的哲學中，「符合實際科學的因」遂成為「法則」（rule）。科學的新發現存在於一般常見事務的深層，要進入自然的遠處和不為人所知的部分，用更確切的方法從事物中抽繹出觀點與定理（axiom）。

　　由此培根指出過去求知的方法大有失當之處，主要的是有四種偶象矇蔽了心靈。這四種偶象是：(1) 種族偶象（idols of the tribe）；(2) 洞穴偶象（idols of the den）；(3) 市場偶象（idols of the market）；(4) 劇院偶象（idols of the theatre）。然後分別說明這些偶象之弊如下：

1. 種族偶象來自人性遺傳，因為人對所感覺的事物，認定就是確切的標準，而這些感知並非來自自然，亦非事物的真相。

2. 洞穴偶象是每個人都相信自己對自然「不正確」的所知，無論來自學習、閱讀，或傳聞，對自己所重視的或喜歡的，深印腦中，確信不疑，成為不正確以至混亂的知識。

3. 市場偶象是由於人和人不免於接觸，在交談中傳達不正確的訊息，說者或是誤說，聽者或是誤聽或誤解，然後就誤信，於是造成許多錯誤。

4. 劇院偶象來自於教條、哲學和工做法則，無論見於言詞或是示範動作，都不免既不一致，又不免有誤。特別是過去的哲學系統與科學定理，都給人造成錯誤的瞭解。

以下是培根對求知方法論述的重點：

人類瞭解的特性，多在於設想事物都有秩序且相等。即使物各有

別，仍然要找出能夠類似或結合以至於相關之處，其實這些並不存在。只是認知如此，然而卻又不容許別人辯駁。

人類的「瞭解活動」無法停止且永無止境。意志與熱情使人樂於求知，不避困難，且能耐心的試驗，以求瞭解並解釋自然。

但是人類的瞭解也有一個特點，就是只注意順序和相同之物，需要深究時，往往卻又因畏難而止。另一方面受意志與情感的影響，只選擇自己所喜歡的，忽略了重點。再則受才智的限制，只憑感覺之所得，不再深究，難以進入自然的內涵；即是所知道的，只在現象，對於現象之形成與變化，置而不論。這情形乃是由於受「種族偶象」中心靈結構的蒙蔽，或是由於偏見，或是由於情感作用的干擾所致。

「洞穴偶象」源自於個人身心雙方的特徵，或是由於所受的教育，或是由於已有的習慣，也或是由於某些偶然的因素。因為有人可能置身於一種特殊科學或思想，醉心於作者或發明家；或因身體病痛得利於某個人幫助解除，便會把這些人視為不可多得的人物。這種認識顯然不能視為正確。

「市場偶象」使人把瞭解編織在言語和姓名上，因為人總是以為理性主宰語言，語言反映在瞭解上，致使哲學與科學停滯不前。因為語言中所用的字句，關係到正確的自然時，如果過分尖銳或觀察過分精細，而言詞卻不足以說明，就回到「通俗」的說法上，影響到觀點和定理。如物名的混淆，像星體運行軌道之類。又如濕氣（moist），這個字雖然簡單，卻有很多變化與說法。說濕度是指空氣中所含的水分，是由水蒸發汽化而成的；而水本來是液體，又可因溫度降低凝結成冰，而成為固體；這些不是一般語言能分得清楚的。

「劇院偶象」並非天生即有的，也非自行進入人的瞭解中，而是表現在理論中的幻想，或動作的歪曲表現所成。在哲學方面，一是希臘哲學狹隘而少實驗；二是有些哲學家只做了少數實驗，便大事「演繹」而成為「系統哲學」；三是宗教哲學堅持神創造萬物的信仰，不容有「異說」出現。

實際上，人應該認識自然科學的藝術，由於這項藝術相當簡潔，

可以據以瞭解萬物，但是卻被當成了「純藝術」（fine arts）。

所以人要從以上的偶象之弊解脫出來，從實際作業中，用實驗獲得科學的確實知識。自然中的物質有許多實例，可以驗證其「物理」（物之理）的形式與變化，但不見於過去的史實與認識中，實則都可以從實驗中瞭解並認識。而「實驗」就是認識自然的科學方法，「歸納」（induction）就是陳述實驗結果的方法，歸結多數相同的實驗結果，才做出一個結論，才是正確的獲得知識的科學方法。

三、培根思想對教育及教師的價值

培根對教育及教師的貢獻，可以說是對整體教育的貢獻，簡單扼述如下。

（一）開拓了教育的新方向

在培根之前，原來歐洲教育的取向，從希臘哲學到宗教神學，以至文藝復興，不但教材侷限在已有的所謂「知」的領域內，教學也只重「傳授」。教師的職責在傳授知識。而傳授知識的方法，就是教師用口，學生用耳，只在「口耳」的交互作用。用口者或曾出於心，但是卻「空言無實」；用耳者如果「一心以為有鴻鵠將至」，必然是「充耳不聞」。

培根採取科學取向，教育是教人學習的活動，所以怎樣學習，要靠教師的教學。換句話說，也就是教師要教學生怎樣獲得知識。那麼教師就要：第一，知道什麼是有價值的知識；第二，學習用正確有效的方法求知。而選擇有價值的知識和獲得知識的方法，也就成了教師工作的重點。培根對教育與教師方面的貢獻，可以用四個字概括，就是「除舊布新」。

1. 在除舊方面，培根認為要排除傳統知識的謬誤，像已有的「形上學」，不見於自然現象，只用「玄想」與「推測」；像迷信神學，

與實際並不吻合；像確信演繹的三段論法，不求實證；像偶象之誤，使觀念凝滯不通；都阻礙了知識的進展，使知識侷限在狹隘的範圍內，無從獲得「真知」。

2. 在布新方面，培根首倡用「歸納法」看向大自然，從個別的「觀察實驗」來瞭解自然事物，歸納後以求「科學知識」。此後科學的發展與進步，並由科學衍生出來的技術，改變了人類生活，已是人所共見的事實。

如此在教育方面，超脫出原來哲學與神學的桎梏，使學習者認識實際事物，可以從觀察「物象」喚起想像，引起心靈作用，使心無旁騖，可能得到比較深刻的印象，使心的主動作用出現，經過沉思而瞭解認識，學習才有效果。

（二）排除知識學習之弊

培根所說的偶象之弊，正是學習者一些可能的弊病現象。不過後來演變出更多的，培根不及看到的弊病，如「迷信權威與流行」、「畏難求易」、「以一知半解為滿足」、「習於道聽途說」，尤其研究必須提出一項所謂的「相關研究」，陷入既有的窠臼中，占據了相當的篇幅，並無必要。學習者免除了這些缺點，放棄自私和虛華的享樂，放開心胸，睜大眼睛，看向浩渺無垠的大自然，然後才知道一個人應該學的是從實際的事物，在宇宙萬花筒中，可以得到無涯的知識。以培根所舉的事例中「熱」（heat）來說，他就列述了陽光、火花、燃燒、融化、日光浴、反射等等數十種，才知道追求知識所應有的方向，才會應用正確的方法來求知。

（三）人所應該知道的

培根認為人因為「自私」而忽略了人生的意義，只生活在一個狹小的領域內，並不尊重群體或社會，沒想到自己得到了社會多少好處，

故而不知感恩，只想獲得，卻不想「人都會死」。這一點後來邱吉爾也曾說過，說人只想獲得，總是嫌得到的還不夠，而又不願付出，卻不知道自己「得到的」，比「付出的」多上多少倍。事實上，如果認真想一想，自己在生活中所需要的，有多少是完全靠自己做成的。有些東西，如果沒有製造和出賣的人，光靠有錢也買不到。所以培根認為人要知道「尊重社會與感恩」，這是「人的義務」。另一項人的義務是：「要管得住自己，不是管別人。」現在很多人睜大眼睛，只看「別人的錯」，卻「不知道同樣的錯就在自己身上」。「管自己」就是「人的基本義務」。

(四) 人要求心靈的和諧

　　培根認為人有意志和情感，就情感來說，學習就需要有熱情。有了這分熱情，才肯「不辭辛苦」的鑽研，因為人生也要有吃苦的精神。把熱情用到學習上，鑽進去，就不再覺得苦，反而會發現其中「樂趣無窮」。譬如醫生遇到一個病人，要知道病因，就要認真尋找，尋找不是唾手可得的，要發現，要分析，然後判斷，然後再尋找可能治療的藥物。這就給人一個啟示，世界上「沒有不勞而獲的」。當把熱情寄託在一項工作的時候，一心一意的都在這件事上，「辛苦」就被置於九霄雲外了。

　　又譬如人發怒是由另一個人所引起的時候，通常的反應是人人都知道的也發起怒來。後者如果能控制一下自己的怒氣，不讓它發作，可能會轉移到「禮敬」上。聽說在英國，人們在公車上擁擠不堪，一個人踩到另一個人的腳。照常情說，「被踩的人」一定不高興，瞪踩人的一眼，甚至罵一句。可是此時被踩者的反應，竟是「卑躬屈節」的說：「對不起，我的腳放錯了地方。」被踩的倒先道歉，未免有點反常！原來他道歉的「理由」是：「我的腳占據了你放腳的地方」。這樣一來，一定是「化干戈為玉帛」。

　　如此便轉到倫理方面的「德性」。培根在這方面主張最好要「以情制情」。可是在德性方面，有的是有普遍性的，但各種行業，又各有其

專業倫理，一個人不能盡數通達，那就要採取科學態度，分門別類，用對自然的宇宙觀來觀察每個可觀察的對象，人也是對象之一，看全部是一個「整體」，看其中的一部分，則是一個「小體」。若擴及到這一個整體之外時，又「另有整體」，而原來的「整體」便成了「部分」了。所以「科學觀察」不能不計及「一與多」的分野。

　　培根由此認為人要求心靈的和諧，要使身心健康，便要有多方面的知識。從大自然去探討，可以發現大自然就是一個和諧的整體。不過這個大自然，不能「概覽」，因為人的感官並不完全可靠，需要分項進行，然後集合多項觀察結果，歸納起來，才能得到正確的認識。

(五) 教師工作的基本精神

　　從這方面說，重要且基本的是：

1. 熱情

　　教師要有的熱情基本上是人與生俱來的「愛」，而且是「合理的愛」，即是愛得適當，不多也不少，無過或不及。這份愛一要用在工作上，二要用在學生身上。

　　用在工作上，所愛的是工作，不是工作所得的報酬——薪金或虛名。其實若論「報酬」，真正工作的報酬是在工作中所得的「快樂與成就感」，是「心靈的」或「精神的」，不是物質的。用在學生身上的，得到英才而教，固然是孟子所說的為師之樂；可是「教」英才以下的「庸劣者」，更是教師「大顯身手」的好機會。當然下愚不能教成上智，可是如果教他會了一些，便是「成就」。而使「頑劣者」變成循規蹈矩，成就將更大。

2. 基本認識

　　培根曾說人應該知道自己有所能，也有所不能。這話要用在教師對學生的認識上。教育中本就有一句箴言，說是要「因材施教」。「人

各有別」本就是常識，其中一項「別」所指的就是「能力或才能」，「上智」與「下愚」就是指此而言。現在要知道的是，「聰明才智」不是只就「讀書」而言，讀書之外，才智表現的方向多不勝數，教師必須知道這一點。

3. 以身作則

教學生不但要學生「知道」，更要使學生「做到」。因而教師自己就要「會做」並且「做到」。動作示範就是「必需」的。

四、結語──述者的話

培根提倡科學，其貢獻不僅在學識方面，更使整個世界都起了莫大的變化。人的生活方式變了，人所生存的環境──自然──也受到影響。知無涯，人不能達到「全知」的境地，但不能只重「偏知」。在培根之前，哲學本來是統括百學的，是從「普遍」（universul）處遍觀博覽，所知容或不全，但大自然和教育都在其中。教育所教的人，就生活在大自然的整體中，現在學識雖然日見宏富，而且分門別類，可是人的生活仍然是整體的，所以還要一些普遍的知識為基礎，另有其獨特之處，自有其性質與功能，教育應該知道這一點。

替上帝發言，為天國引路：杜威哲學中的教師圖像

—— 李玉馨

　　杜威的教育哲學是以經驗為基礎、以科學為方法、以民主為目標，在引領個體知識與道德成長的同時，也促進社會發展。杜威早期著作中的一句話——「教師永遠是真正上帝的發言人，真正天國的引路者」，卻恰如其分地描繪出他堅持了一生的理想教師圖像。

　　20 世紀著名教育哲學家杜威（John Dewey,
1859-1952）一生所處的歲月，史稱進步主義時
代，正是美國社會各層面迅速轉型的時候。此時代
的產生可追溯至南北戰爭（1861-1865）結束時，
由於戰後工商業快速成長，大幅改變了民眾的生活
方式。影響所及，大多市成為政治經濟重心，吸引
大批移民湧入；而大企業也因掌握經濟命脈，逐漸
壟斷社會資源。短短幾十年間，遂出現貧富差距擴大、環境擁擠髒亂、
文化衝突不斷、犯罪人口增加、政治貪污腐敗、失學失業率高、勞資嚴
重對立、決策權力過度集中於少數領導階級等嚴重問題。值此變動劇烈
之際，不僅舊社會的道德規範已不符合新社會的需求，傳統政治與社會
制度也已難應付新興局面。杜威看出要適切回應新環境的挑戰，人們的
心靈與人格就必須跟著重新調整，因此呼籲學校必須在教學方法和社會
功能上大幅變革，而教師尤應扮演重要的推動角色。下文將就杜威哲學
的核心概念及其所描繪的教師圖像分別論述，以幫助讀者瞭解「師道」
的實踐如何能在滔滔濁世裡開創出幸福天堂。

一、杜威的生平與思想

　　1859 年杜威出生於美國佛蒙特州小鎮，自小接受基督教義的薰陶，
個性內向而好學。1879 年從佛蒙特大學畢業後，他曾擔任過兩年的中
學教師，初次體驗教學生涯。其後經過一年的自我進修，於 1882 年進
入約翰霍普金斯大學研究所主修哲學，接著在 1884 年取得博士學位，
正式進入學術界。

　　杜威出生時適逢英國生物學家達爾文（Charles Darwin）發表震撼
知識界的《物種起源》（*The Origin of Species*）一書，而美國的主要經
濟型態也逐漸從農業轉向工商業。及至杜威完成研究所學業，美國製造
業已經大幅成長，大規模生產技術和科學化管理方法正方興未艾。在
這種宗教信仰漸弱而科學理性漸昌的環境下，杜威雖曾受教於實驗主

義宗師皮爾斯（Charles S. Peirce）和實驗心理學大師霍爾（G. Stanley Hall），他剛形成的哲學思想卻深受黑格爾學派的影響，偏重於客觀的觀念論。1884 至 1894 年任教於密西根大學期間，這個情況開始有了變化。杜威娶了關切社會及教育事務的紀普曼小姐（Alice Chipman）為妻，還大量接觸了新興的心理學研究，因而逐漸將其哲學思考的方向從古典轉向現代生活領域。在離開密西根大學之時，其獨特的實驗主義觀點已初具雛型。

（一）建立教育思想體系

　　1894 至 1904 年轉任於芝加哥大學期間，杜威成為該校哲學、心理學、教育學綜合學系的系主任，他的實驗主義思想漸臻成熟，研究教育學的興趣也逐漸濃厚。此時期有三位重要的進步主義分子——派克上校、亞當斯女士、楊格夫人，對杜威的教育哲學發展產生了重大影響[1]。第一位是曾於麻州昆西市進行過教育改革的派克上校（Colonel Francis W. Parker），他當時正擔任芝加哥庫克郡師範學校的校長（後來還成為芝加哥大學教育學院的院長），在師資培育與實際教育工作已有輝煌成績。其次是亞當斯女士（Miss Jane Addams），她當時已是著名的社會改革者，所創立的社會福利組織赫爾館正吸引全國目光。最後一位是後來成為杜威同事的楊格夫人（Mrs. Ella F. Young），她當時正擔任芝加哥市的學區督學，對學校教育具有極睿智的看法。於是在種種因素匯集下，杜威於 1896 年創辦了以實驗教育原理為目的的實驗學校（the Laboratory School），並以其獨特的思想體系為基礎，開始大量發表教育學方面的論著。

　　整體而言，杜威這十年間所逐步建立的教育哲學反映了他在實驗學校裡的思考與工作成果，所致力探討的多半是兒童的發展、學校的功

---

[1]　杜威曾在自傳裡提及此三位人物對他的重大影響，見Dewey（*1989*）。

能、社會的進步以及三者在民主政體裡的緊密關係。例如在針對當時教育問題而寫的第一部作品《*Interest in Relation to Training of the Will*》（*1896/1972a*）中，杜威著手調解興趣與努力兩種相對立的教學觀點，呼籲教育者應重視兒童內在的成長需求，才能讓意志的訓練成為可能。又如在說明自身教育信念的〈My Pedagogic Creed〉（*1897/1972b*）一文中，杜威將真正的教育定義為人類從出生起不斷生長與發展的過程，並首度揭示學校乃社會進步和革新的根本動力。而在最廣受閱讀的《*The School and Society*》（*1899/1976a*）一書中，杜威更進一步強調學校教育必須與社會生活相連結，主張透過基本的社會活動（如種植、烹飪、裁縫、木工等），來發展兒童智能並培養其民主精神。接下來在《*The Child and the Curriculum*》（*1902/1976b*）一書中，杜威嘗試解決兒童本位與教材本位兩派支持者間的衝突，認為課程的設計應從兒童的生活經驗出發，而教師應設法提供環境將兒童的興趣導向學科內容的學習。可以發現到，以哲學家身分涉足教育領域的杜威總是著眼於全體民眾的最高福祉，他所訴求的是教學理念與目標的根本改變，而不只是教材或教法上的細節調整；這是因為提出新的教育理論對他而言，不僅是為了改革傳統學校的教學弊端，更是為了在劇烈變遷的年代裡開創進步的民主社會。而這樣一個以民主為終極關懷的特殊立場，幾乎貫穿了杜威一生所有的教育論述。

（二）在教育界發揮影響力

在芝加哥大學 10 年的歷練，將杜威推向哲學界與教育界的領導地位；尤其他所創辦的實驗學校雖只有短短八年壽命（1896-1904），卻迅速成為全國教師矚目與仿效的焦點。隨後在 1905 至 1930 年執教於哥倫比亞大學期間，杜威備受國內外教育工作者的推崇，儼然成為進步主義教育的最佳發言人。綜觀這 20 多年間杜威所發表的教育論著，有部分是芝加哥實驗學校裡研究成果的延續，仍舊集中在兒童、學校、社會、民主等議題上，但探討得更為精闢深入；其餘的則是因應其實驗

主義思想發展而開創的新主題，包括對思考、行動、知識與經驗的獨到論述。例如在《*How We Think*》（*1910/1997*）一書中，杜威將人類解決問題的過程及結果定義為反省性思考，剖析其在建立知識與指導行動上的重要性，並說明教育者應如何培養學生科學思維的態度和方法。又如在《*Interest and Effort in Education*》（*1913/1985a*）一書中，杜威將興趣視為連結自我與課程目標的媒介，認為真摯的興趣會引發並支持真誠的努力，而克服挑戰後的努力又會提供成果以滋長興趣，真正的學習於焉達成。其後在與女兒 Evelyn 一塊合作的《*Schools of Tomorrow*》（*1915/1985b*）一書中，杜威介紹了多所美國當時著名的實驗學校，檢視其教育理念與實際運作，並指出這種融合身體與心靈、知識與生活、興趣與努力、通識與實業的新式教育將可創造出更民主的未來。

就在第一次世界大戰的不安氣氛裡，正值學術生涯巔峰的杜威，總結其大半生的教育思想精華，出版了《*Democracy and Education*》（*1916/1966*）一書。在這本享譽全球的著作中，杜威認為民主是人類社會最佳的組織型態，強調它不僅僅是一種政治制度，更是一種共同生活的方式。一個民主社會若要在不斷變動的環境裡長久發展，其中的成員就必須具備科學思考的能力，願意包容異見、共享利益，並在自由平等的基礎上進行最大程度的溝通與交往。學校既是民主社會培養成員之所在，校園就應該像個民主社區，讓學童能夠自由探究、充分參與並交換經驗，以培養其社會關懷和道德判斷的能力。杜威同時也反覆論證自古以來某些教育觀念的謬誤，像是精神與肉體、理論與實踐、文化與效用的分立等；他指出民主社會應該掃除這種基於專制統治而施行的教育，讓智慧的果實不再為少數人所壟斷，使所有的孩童都能擁有在社會中明智行動的工具。簡而言之，杜威視教育為不斷重組與改造經驗的一種過程，理想的學校教育會使個體在民主社會中持續成長；而經由個體此種成長，民主社會將可持續地往前進步並使未來的生活更加改善。

1930 年杜威以 71 歲的高齡從哥倫比亞大學退休，之後仍然著述不輟，對進步主義教育運動的發展方向尤其多所關注。在其晚年力作《*Experience and Education*》（*1938/1991a*）一書中，杜威指出進步主

教育原為矯正傳統教育之弊端而生，自身卻已面臨走入極端的危機
——例如過度以兒童為本位、敵視有組織的教材、限制教師的權威、學
習過程散漫而混亂等。從哲學角度來看，個人經驗與教育之間有著密切
關聯，因此他建議進步主義學校應正確瞭解「經驗」的內涵與理論，以
其決定教材、教法、組織與設備。而這種以經驗為基礎所建立起來的新
型教育，必須遵循連續性與互動性兩大原則：一方面要挑選能豐富未來
的現時生活經驗以促進學習者正向之發展，另一方面又要設計能引起活
動興趣的環境以助其建構有價值的經驗。教育經驗既是由社會互動所引
起，就有必要事先擬訂精細的計畫，以創造有利於維持團體秩序和培養
理智思考的學習情境。杜威因而認為，尊重兒童能力與需求的新教育不
能排除教師積極領導的角色，也不能只重視兒童身體活動的自由而忽略
其理智成長的自由。由於科學的工作模式是掌握日常生活經驗最可靠的
依據，杜威堅持教育體系應運用因果驗證的原則（亦即實驗方法）來安
排活動及組織教材，使「理智」能夠真正生根，讓「教育」不再流於口
號。

二、杜威哲學中的教師圖像

綜上所述，杜威的教育哲學是以經驗為基礎、以科學為方法、以
民主為目標，在引領個體知識與道德成長的同時，也促進社會發展。
基於對學校積極功能的深切認知，他對教育工作者有著近於宗教家的
深切期許。儘管成年後已逐漸放棄基督教信仰，杜威早期著作中的一
句話——「教師永遠是真正上帝的發言人，真正天國的引路者」[2]（*Dewey,
1897/1972b: 95*），卻恰如其分地描繪出他堅持了一生的理想教師圖像。為
達成此神聖之使命，教師到底該盡哪些職責？該扮演哪些角色呢？他在

---

[2] 原文為「I believe that in this way the teacher always is the prophet of the true God and
the usherer in of the true kingdom of God」。

其後發表的許多著作裡不斷地思考並解答這些問題。

在展開教學之前，杜威認為教師必須先認清受教的個體生存於社會之中，而社會又是由個體以有機方式所組成，兩者應該受到同等重視並且相輔相成。若將兒童所具有的社會因素抽離，只會剩下抽象的概念空殼；若將社會所具有的個體因素抽離，就會剩下了無生氣的群眾。因此真正的教育必須從對個體心理發展的認知出發，考慮其能力、興趣與習性，最終將這些力量轉化為社會服務的條件（*Dewey, 1897/1972b: 84-86*）。準此而言，教師在這個過程中主要的工作有三：

（一）選擇經驗並巧塑經驗

能正確體認個體與社會關係的教師必須瞭解到，學校基本上是一種社會機構，它其實就是一種社會生活的形式。這意味著在學校中所進行的教育，就是一種生活的過程。為了讓此過程有價值，學校教育必須儘可能從兒童的現時生活出發，才能確保經驗成長的連續性，不致因脫離真實世界而使兒童感到窒息與麻木。身為團體中的一分子，教師不應直接強加某些觀念或習慣於兒童身上，而應從兒童的生活經驗中選擇能夠產生影響力者，並協助他們適當地回應這些影響，從而形成更深更廣的新經驗（*Dewey, 1897/1972b: 86-89*）。

推而論之，學校課程中各個學科應以兒童的社會生活為中心貫串起來，亦即烹飪、裁縫、手工等基本社會活動應有其重要地位；它們扮演媒介的角色，可以使科學、文學、歷史、地理、語言等學科的社會意義清楚呈現。假如教育即生活，且所有的生活都有其科學、藝術、文化與溝通面向，那麼兒童的進步在於其經驗不斷有所改造，而非按照一定序列學完既定科目（*Dewey, 1897/1972b: 89-91*）。

為了選擇具影響力的現時經驗並巧妙地塑造出有意義的新經驗，教師必須先瞭解兒童之成長背景，並時時觀察其興趣趨向，將兩者視為可利用的資源而有計畫地加以發展。此外，教師還肩負安排環境的責任，必須由各式教材中挑選有社會價值者加以組織，並設計各種活動情

境將兒童的興趣導向對社會生活的理解與改善。如此，從具體日常生活
起步的兒童，終將獲得社會知識、社會能力，並形成社會關懷。換言
之，其不斷擴展的經驗最後將有助於處理未來產生之經驗，而這一切端
賴教師在教學過程中導入科學研究的方法（*Dewey, 1916/1966: 180- 193*）。

（二）運用科學並厚植科學

擅於選擇經驗並巧塑經驗的教師必須明白，科學研究的方法是認
識經驗世界唯一可靠的憑藉，它其實就是一種獲取知識的方法。這意味
著在學校中所進行的教育，必須具備科學思維的特質。為了讓此過程產
生成效，教師必須從兒童現時經驗中的各種情況提出問題，激發其主動
探索與驗證的好奇心，才能確保其思維進行時有一定的目標和充分的動
力。由於良好的思維品質取決於健全的思維態度，教師還應設法培養兒
童開放的心胸、專注的精神與理智的責任心，從而助長其判斷力、理解
力與行動力（*Dewey, 1933/1986b: 125-139*）。

除了健全的思維態度，良好的思維品質還與解決問題的技巧密切
相關。這種邏輯推理的原則廣為科學研究者所運用，它包括發現問題、
分析問題、提出假設、驗證假設、求得解答等幾個步驟，有其系統性、
客觀性與精確性。教師必須瞭解有效思維的基本方法，才能掌握有效教
學的正確方法；假如問題是促進思考的主要觸媒，那麼教材編撰與教學
設計就必須以問題解決為導向，才能真正培養兒童明智思考與行動的能
力（*Dewey, 1933/1986b: 196-209*）。

科學實驗的理智方法不只能用來改善人類的物質生活，也能用來
改善人類的社會生活。既然當代的政治經濟問題往往起源於商品的製造
和分配過程以及相關的服務事業，教師不該僅止於使學習者認識自然科
學的定律和產物，而應引導學習者理解各種社會勢力運作的事實和原
理，進而設想建立良好社會關係所需的策略。換言之，科學是促進社會
進步的要素；唯有厚植科學方法於社會成員的思維當中，並以之解決社
會問題，民主的理想才可能真正實現（*Dewey, 1938/1991a: 48-60*）。

（三）實行民主並深化民主

有意運用科學並厚植科學的教師必須體認到，自己不僅參與了個別兒童的成長，同時也參與了社會生活的塑造。這意味著教師這個角色最大的特點，在於有義務協助社會維持適當的秩序和良好的發展（Dewey, 1897/1972b: 94-95）；而其最大的挑戰，則在於如何促使未來的公民衷心認同並實踐民主的理念（Dewey, 1938/1991b: 307）。因此在教育目標上，教師不能只滿足於教導學生如何生存於現時世界，還應教導學生如何更平等、更自由、更豐富、更合作地與他人交流和共處，進而謀求更公正而人性化的未來（Dewey, 1916/1966: 81-99）。

既然真正的民主存在於社會互動關係上，且理智思考的發展也有賴於開放土壤的滋養，教師必須於教室內就實行民主：一方面應在學生能承擔的範圍內給予自由，以培養其為生活負責的態度（Dewey, 1902/1991e: 342-343）；另一方面應去除教學中的教條主義，以免學生的好奇心及求知欲受到權威束縛而逐漸消散（Dewey, 1933/1986b: 143-144）。

除了民主的教學手段，民主目標的達成還與民主的教學內容密切相關；以民主的真諦而言，此教學內容當然不能脫離真實的人群生活。因此教師不能自絕於社會之外，除了時常研讀相關資料，他必須實際接觸社會上的勞工大眾，設法瞭解其生活狀況，並進而對其產生同情。在教學上，他應以手工活動連結學科內容與現時工商社會，教導學生認識各行各業的歷史與社會意義，助其瞭解其他族群的文化。換言之，教師必須瞭解社會現況才能擴展學生的社會視野與社會關懷。如果政治、經濟和社會問題是點燃學生民主理想的關鍵，那麼教師就應積極研究現實世界和各種影響力，才能真正鼓勵學生擴大個人目標至社會目標，為社會利益而共同努力（Dewey, 1901/1991c, 1902/1991d, 1933/1986a, 1933/1986c, 1934/1986d, 1935/1987）。

三、反省與結論

杜威承繼美國開國先賢的夢想,要透過公共教育的推行在人間建立起上帝的王國。但與傑佛遜(Thomas Jefferson)、富蘭克林(Benjamin Franklin)、拉許(Benjamin Rush)等人不同的是,杜威以其深厚的哲學素養,精闢地剖析了教育與經驗、科學、民主間的連動關係,為個人發展和社會革新描繪出具體可行的藍圖。與進步主義時代那些重視社會效率、提倡職業訓練的人士如哈佛大學校長艾略特(Charles W. Eliot)等相較,他的目標更為合理,且見解更為卓越。對多年來深受考試(違反經驗原則)、灌輸(違反科學原則)和威權(違反民主原則)影響的臺灣教育體系而言,他的學說更是具有暮鼓晨鐘的警醒作用。

誠如其傳記作者 Alan Ryan 指出的,杜威所倡導的並非「進步主義教育」,而是「為開創一個進步的社會而施行的教育」(*Ryan, 1995: 296*)。正是因為這樣宏遠的眼光與理想,百年前他所談的許多理論問題,到今天仍具有重大的意義和價值。在人類面臨全球化經濟風險、族群衝突與生態破壞等嚴峻問題的當前,如何選擇經驗並巧塑經驗、運用科學並厚植科學、實行民主並深化民主,看來仍會繼續挑戰著所有嚮往更光明美好之未來的教師們。

參考書目

Dewey, J.(1966). *Democracy and education*. New York: The Free Press. (Original work published 1916)

Dewey, J.(1972a). Interest in relation to training of the will. In J. A. Boydston (ed.), *John Dewey: The early works, 1882-1898* (Vol.5, pp.113-150). Carbondale, IL: Southern Illinois University Press. (Original work published 1896)

Dewey, J.(1972b). My pedagogic creed. In J. A. Boydston(ed.), *John Dewey:*

The early works, 1882-1898（Vol.5, pp.84-95）. Carbondale, IL: Southern Illinois University Press.（Original work published 1897）

Dewey, J.（1976a）. The school and society. In J. A. Boydston（ed.）, *John Dewey: The middle works, 1899-1924*（Vol.1, pp.1-109）. Carbondale, IL: Southern Illinois University Press.（Original work published 1899）

Dewey, J.（1976b）. The child and the curriculum. In J. A. Boydston（ed.）, *John Dewey: The middle works, 1899-1924*（Vol.2, pp.271-291）. Carbondale, IL: Southern Illinois University Press.（Original work published 1902）

Dewey, J.（1985a）. Interest and effort in education. In J. A. Boydston（ed.）, *John Dewey: The middle works, 1899-1924*（Vol.7, pp.151-197）. Carbondale, IL: Southern Illinois University Press.（Original work published 1913）

Dewey, J.（1985b）. Schools of tomorrow. In J. A. Boydston（ed.）, *John Dewey: The middle works, 1899-1924*（Vol.8, pp.205-404）. Carbondale, IL: Southern Illinois University Press.（Original work published 1915）

Dewey, J.（1986a）. The social-economic situation and education. In J. A. Boydston（ed.）, *John Dewey: The later works, 1925-1953*（Vol.8, pp.43-76）. Carbondale, IL: Southern Illinois University Press.（Original work published 1933）

Dewey, J.（1986b）. How we think. In J. A. Boydston（ed.）, *John Dewey: The later works, 1925-1953*（Vol.8, pp.105-352）. Carbondale, IL: Southern Illinois University Press.（Original work published 1933）

Dewey, J.（1986c）. Education and our present social problems. In J. A. Boydston（ed.）, *John Dewey: The later works, 1925-1953*（Vol.9, pp.127-135）. Carbondale, IL: Southern Illinois University Press.（Original work published 1933）

Dewey, J.（1986d）. Education and the social order. In J. A. Boydston（ed.）, *John Dewey: The later works, 1925-1953*（Vol.9, pp.175-185）. Carbondale, IL: Southern Illinois University Press.（Original work published 1934）

Dewey, J.（1987）. The teacher and the public. In J. A. Boydston（ed.）, *John Dewey: The later works, 1925-1953*（Vol.11, pp.158-161）. Carbondale, IL: Southern Illinois University Press.（Original work published 1935）

Dewey, J.（1991a）. Experience and education. In J. A. Boydston（ed.）, *John Dewey: The later works, 1925-1953*（Vol.13, pp.1-62）. Carbondale, IL: Southern Illinois University Press.（Original work published 1938）

Dewey, J.（1991b）. Education, democracy, and socialized economy. In J. A. Boydston（ed.）, *John Dewey: The later works, 1925-1953*（Vol.13, pp.304-308）. Carbondale, IL: Southern Illinois University Press.（Original work published 1938）

Dewey, J.（1991c）. Social aspects of education. In J. A. Boydston（ed.）, *John Dewey: The later works, 1925-1953*（Vol.17, pp.226-241）. Carbondale, IL: Southern Illinois University Press.（Original work published 1901）

Dewey, J.（1991d）. Social value of courses. In J. A. Boydston（ed.）, *John Dewey: The later works, 1925-1953*（Vol.17, pp.310-322）. Carbondale, IL: Southern Illinois University Press.（Original work published 1902）

Dewey, J.（1991e）. Some elements of character. In J. A. Boydston（ed.）, *John Dewey: The later works, 1925-1953*（Vol.17, pp.336-347）. Carbondale, IL: Southern Illinois University Press.（Original work published 1902）

Dewey, J.（1997）. *How we think*. New York: Dover.（Original work published 1910）

Dewey, J. M.（1989）. Biography of John Dewey. In P. A. Schilpp & L. E. Hahn（eds.）, *The philosophy of John Dewey*（3rd ed., pp.3-45）. La Salle, IL: Open Court.

Ryan, A.（1995）. *John Dewey and the high tide of American liberalism*. New York: Norton.

21

懷德海哲學中的教師圖像
──教師之為善誘者

── 俞懿嫻

根據懷德海（Whitehead）「攝持型」的教學型態，學生自己應當為自身的興趣、意圖、喜好、目的負責──因為這是旁人無法越俎代庖的。教師只能作為一位「善誘者」，提供適當的誘因與價值，引導學生走向德智兼修的善道。

一、懷德海背景簡介

　　歷程哲學（Process Philosophy）的奠基者懷德海（Alfred North Whitehead, 1861-1947）對教育的興趣，似乎早於他對哲學的興趣。懷德海不僅出身於教育世家[1]，自己也一生奉獻於高等教育及學術工作；1875 到 1880 年間，他在德賽郡（Dorsetshire）的雄堡中學（Sherborne School）接受古典教育，學習希臘文、拉丁文與數學；從 1880 年起至 1910 年，在英國劍橋大學三一學院（Cambridge University, Trinity College）過了長達 30 年的學院生活。1911 年以後，他先後在倫敦大學（University College London）、肯辛頓皇家科技學院（The Imperial College of Science and Technology in Kensington）任教。除授課之外，懷德海曾任倫敦大學科學院院長（Dean of the Faculty of Science）、學術會議主席（Chairman of the Academic Council）、金匠學院（Goldsmiths' College）校務會議主席以及波洛多科學技術學院（Borough Polytechic）校務會議委員，並經常參與倫敦高等教育學校的視導工作。這些教育實務經驗，使得懷德海對教育問題產生廣泛的興趣。在此期間，他發表了一系列以教育（尤其是數學教育）為主題的講演；其中部分編入《思想的組織》（*The Organisation of Thought*）（1917）一書：〈教育的目的〉（The Aims of Education）（1916）、〈技術教育及其與科學與文學之關係〉（Technical Education and Its Relation to Science and Literature）（1917）、〈數學課程〉（The Mathematical Curriculum）（1912）、〈數學原理與基礎教學的關係〉（The Principles of Mathematics in Relation to Elementary Teaching）（1912）等篇，多是

---

[1] 懷德海在1861年生於英國肯郡巒司格（Ramsgate, Kent）一個典型鄉紳家庭裡。家族成員大多從事教育、宗教與地方行政事務。他的祖父與父親均曾任地方私校的校長（*Whitehead, 1951: 3*）。

懷德海在倫敦對「數學協會」（Mathematical Association）所做的演說（*Whitehead, 1917*）。1921 到 1924 年間，懷德海代表皇家學院參加「雪利教育委員會」（Surrey Education Committee）[2]，對教育實務參與的熱誠或有稍退，對實務的批評與教育理論卻興趣不減（*Hendley, 1986: 78-79*）。他陸續發表更為完整的教育論文：〈教育的韻律〉（The Rhythm of Education）（1922）和其姊妹作〈自由與紀律的韻律〉（The Rhythmic Claims of Education），以及一篇報告〈經典在教育上的地位〉（The Place of Classics in Education）（1923）。這些教育論述，於 1929 年在美國均編入《教育的目的》（*The Aim of Education*）一書之中（*Whitehead, 1929*）。大體上來說，懷德海此一時期的教育論述，伴隨著他對數學哲學，以及自然科學哲學（Philosophy of Natural Sciences）的興趣[3]，均側重智育（尤其是數學教育）。這些看似零散的篇章，卻有著一以貫之的理念——全人教育（holistic education）；懷德海在這些文章裡極力抨擊零碎（fragmentary）、呆板（inert）的知識灌輸，是教育的致命傷，並以理想的智育作為德育、美育乃至宗教教育的基礎。

　　1924 年，懷德海自倫敦大學退休。應美國哈佛大學之請，遠渡重洋，展開豐富多姿的哲學生活。英國人眼中的數學家，轉身一時變成為美國人眼中的偉大形上學家；懷德海的主要哲學著作：《科學

---

[2] 「雪利教育委員會」是根據1903年雪利市議會決議組成，旨在監督管理地方教育機構。懷德海代表皇家學院參與該委員會的兩個附屬委員會：「獎學金附屬委員會」（Scholarships Sub-committee）、「教育報告附屬委員會」（Educational Reports Sub-committee），並擔任高等教育常務委員會委員（The Standing Committee on Higher Education）。

[3] 懷德海在劍橋原以研究數學、物理學為主，他出版的第一本書《普遍代數》（*Universal Algebra*）（1898），與B. Russell合著的《數學原理》（*Principia Mathematica*）（1910-1913），以及其後撰述的《論自然知識原理》（*Enquiry Concerning the Principles of Natural Knowledge*）（1919），《自然的概念》（*The Concept of Nature*）（1920），《相對性原理》（*The Principle of Relativity*）（1922）等，均屬數學哲學、自然科學哲學方面的論著。

與現代世界》（*Science and the Modern World*）（1925）、《建立中的宗教》（*Religion in the Making*）（1926）、《象徵主義其意義與作用》（*Symbolism, Its Meaning and Effect*）（1927）、《理性的功能》（*The Function of Reason*）（1929）、《歷程與真際》（*Process and Reality : An Essay in Cosmology*）（1929）、《觀念的探險》（*Adventure of Ideas*）（1933）、《思想樣態》（*Modes of Thought*）（1938）等，均在任教哈佛期間完成。這時懷德海對一般哲學，尤其是形上學的興趣，雖遠過對教育實際問題的關切，但也沒有完全忘情於教育。如《科學與現代世界》一書於批判西方 17 世紀以降機械唯物世界觀之餘，也深切反省現代專業知識（professionalism）造成認知偏頗的危害。懷德海並對傳統教育只重視傳授專門知識提出諍言：社會進步有賴教育提供整全知識，養成善美人格、審美能力、宗教情操，以平衡現代科技社會單一認知導向的價值觀（*Whitehead, 1925: 193-208*）。此後懷德海在教育上的專論雖然不多—— 在量上尤其不能和 John Dewey 相比，然而他以教育是最為基本重要的文明機制，關乎國家興衰、民族榮辱的信念卻未嘗改變。從全人與人類整體文明發展的觀點，確立教育的目的、肯定教育的功能與價值，可說是懷德海教育思想的最大貢獻。

根據懷德海最著名的學生 Bertrand Russell（1872-1970）的描述，懷德海是一位極有知人之明的老師，他能清楚地掌握學生的程度與學習的情況。Russell（*1967*）最常提及的一個例子是當他在 Cambridge 修懷德海開的統計課時，懷德海曾要他不必研讀一篇論文，因為「你已經知道了。」原來 Russell 在 10 個月前的獎學金考試中曾經用到其中內容，而懷德海竟能清楚記得，這使 Russell 感動不已。在 Russell 心目中，懷德海對他而言亦師亦友。他們曾一起合作，撰寫《*Principia Mathematica*》三卷，替現代符號邏輯（symbolic logic）奠下基礎。雖然他們後來因為哲學志趣的不同而分道揚鑣，但並未抹滅懷德海在 Russell 心中的形象。

在 Russell 的描述裡，懷德海在第一次世界大戰的最後幾個月裡，因為么兒參戰而死，給他帶來極大的悲傷。靠著無比強大的心靈紀律，

他才克服了喪子之痛，繼續自己的學術工作。或許因此他走上哲學之路，不再相信機械的宇宙觀。懷德海曾熟讀 Kant，也相當受到 Henri Bergson 的影響。他肯定宇宙有一整體的層面，是所有科學推論的根據。懷德海也是位具有廣博興趣的人，具有非常豐富的歷史知識。他為人和善風趣，得到學生給他「帶翼靈童天使」（the Cherub）的暱稱。Russell 肯定懷德海是為極為完美的教師，他對學生的優缺點瞭如指掌，會幫助學生充分發揮自己的才能。他從不壓制、譏誚或者表現出高高在上的態度，對學生只有鼓勵，以激發他們的潛能。

二、懷德海的「攝持論」與「引誘」

在懷德海的諸多哲學概念裡，有一核心思想最能表現出「教師圖像」，那便是「引誘」（lure）的概念。這個概念是懷德海「攝持論」（the doctrine of prehension）[4] 或者「感受說」（the doctrine of feeling）[5] 的核心概念，用以解釋所謂「現行單元」（actual entities）的特質。

---

[4] 在懷德海的術語裡，「攝持」（prehension）一詞與「感受」（feeling）同義，是懷德海自己創造的詞。根據自從17世紀支配歐洲文明的科學唯物論（scientific materialism），宇宙是由具有慣性的物質所構成，沒有意識，也沒有生命。不過 Francis Bacon（1561-1626）卻有不同看法，他以「知覺」（perception）一詞來形容物體對於其他物體與所在環境的反應（如磁石召鐵、油氣引火）。懷德海根據Bacon的說法，用「攝持」一詞來形容一物與其所在世界的內在相關性。「攝持」可簡化為一所有真實存有都具備的「無意識的認知」（*Whitehead, 1925: 69; Ford, 1978: 18*）。

[5] 懷德海使用「感受」一詞，並未包含意識的成分。根據他的哲學語言，這詞是指「從客觀與材過渡到『現行單元』主體性的基本類型運作」（the basic generic operation of passing from the objectivity of the data to the subjectivity of the actual entity in question）。該詞與Samuel Alexander（1859-1938）的「享受」（enjoyment）、Henri Bergson（1859-1941）的「直覺」（intuition）、John Locke（1632-1704）的「觀念」（idea）和Rene Descartes（1596-1704）的「感受」（feeling）極為接近（*Whitehead, 1978: 40*）。這就是說不管一物如何改變，都是因為它的感受所造成。根據懷德海的說法，「感受」是一「積極攝持」（a positive prehension）。

根據懷德海（*1978: 18-22*）的說法，所謂「現行單元」是指構成宇宙的最終實在（final realities），是經驗的點滴（drops of experience），是彼此相關的複合體。換言之，它們是具有主觀內在性（subjective interiority）和機體相關性（organic interrelationship）的存在。根據懷德海的機體哲學（the philosophy of organism），這宇宙是由各種不同的機體（an organism）與次級機體所構成的巨型機體，大至上帝，小至微塵，都是機體。然而一個機體，也就是「現行單元」，也是一變化生成的歷程。這個歷程不只發生在特定的時空區域，也會持續不斷地產生新的性質。其結果，這創新是出自於現行單元根據自身主觀目的（subjective aim）所做的創造綜合性的決定，同時也受到其客觀條件的影響。於是懷德海形容「現行單元」具有一種「主體 —超體」（a subject-superject）特質，它是個「攝持主體」（a prehending subject），受到其自身目的的內在決定，那僅能以超越其自身，以成為「超體」（superject）滿足其自身。

不過在「現行單元」變化生成的過程中〔根據懷德海的說法即「共生」（concrescence）〕有其自身的限制。它受限於先前的狀態和相關的外在環境，尤其是產出它的先前「現行單元」。因此動力因和目的因都在變化生成的歷程中發揮作用，而「引誘」（lure）的概念則與目的因有關。懷德海說：

> 在現行世界現行單元的「客體化作用」（objectifications），總是和某特定現行單元相關，那是造成後起現行單元的動力因。至於構成目的因或者「引誘」的是主觀目的所尋求的滿足，那引誘將會決定整個共生的方向。而達到「滿足」則始終維持作為創造意圖（creative purpose）內容的一個元素（*Whitehead, 1978: 87*）。

這裡「客體化」一詞，懷德海（*1978: 23*）用以指稱一個現行單元實現在另一個現行單元中的特殊型態。因為他認為一個現行單元是靠

著「物理地攝持」（physically prehending）其他現行單元以達成自身的變化生成的。另一方面，一個現行單元也可以「概念地攝持」某種具有恆常特性的、抽象的東西，懷德海稱之為「永象」（eternal object）。「永象」是一事物的永恆層面，比如其色聲香味形等等，它們也展現在事物的恆常模式與型態之上。在變化生成的歷程中，一個現行單元是個自身有其目的的主體，因而其概念感（conceptual feeling）容易受到「永象」的引誘。在這種情況下，「永象」可被視為是構成「客觀引誘」的一個成分，那足以引發構成現行單元變化生成的主觀感受。所有這一切都是因為現行單元是受到自身理想所引導的自我創造者，而對於這自身理想的享受便是其主觀目標（*Whitehead, 1978: 85-86*）。更且，懷德海指出，「這主觀目標基本上不是理智的，而是受到引誘的感受（the lure for feeling）。」而「這受到引誘的感受是心靈的種子（the germ of mind）。」（*Whitehead, 1978: 85*）總之，所有這一切都在說明除了動力因之外，構成一個現行單元變化生成的還有理想的和目的性的元素。

「攝持」和「感受」結合實現在滿足中的「主觀目標」，可說提供產生「引誘」的主觀面，「永象」則提供「引誘」其客觀面。根據懷德海的說法，另有一種存在是誘發「現行單元」感受的事物，即「命題」（proposition）。[6] 他將「命題」視為「引誘」的客觀面，他說：

> 一個命題是某些現行單元的潛存性所構成的聚結，以其潛存相關性部分受到某些永象的界定，以形成複雜的永象。這現行單元可被稱為「邏輯主詞」，複雜的永象則是「述詞」（*Whitehead, 1978: 24*）。

---

[6] 有關懷德海「命題」一概念和教育的關係的詳細分析，參見John Cobb, Jr., "Education and the Phases of Concrescence," in Franz G. Riffert（ed.）, *Alfred North Whitehead on Learning and Education*（Cambridge Scholars Press, 2005）, pp.19-34.

眾所周知，所謂「命題」是指以「主述式」（subject-predicate form）表述的、具有真假值的語句。這裡懷德海將「現行單元」視為命題的主詞，複雜的「永象」視為述詞，便巧妙地將實現性（actuality）和潛存性（potentiality）結合為一體（即現行單元為實現之有，而永象為潛存之有）。這使得「命題」不只是真假值的表語，且成為感受的「客觀的引誘」（the objective lure for feeling）。換言之，對於尋求滿足的感受而言，不僅是現實存在的事物可以作為誘因，潛存的、可能的、理想性的事物也可以作為感受的誘因。而「命題」結合實現性與潛存性，作為感受的誘因，可說是比「永象」更為高級的客觀與材。而以「命題」為「客觀與材」的感受，懷德海名之為「命題感」（propositional feeling）。他說：

> 在整合意識的始終，有一「命題感」產生。一個命題感是將命題作為客觀與材的感受，這樣的感受本身並未涉及意識。但所有意識的形式，均出於命題感和其他感受之間的整合，要不是物理感，就是概念感。意識則歸屬這感受的主觀形式。[7]

這裡「意識」一詞並非和具有延展性的「物質」對立的概念，而是能分辨事物的一種自覺。懷德海（1978: 161）舉例說知覺到「石頭之為灰色」，那感受是最赤裸的狀態。但知覺到「石頭之為非灰色」，則是更進一步意識的表現。總而言之，對懷德海而言，構成一個自我創造的現行單元、不斷自我超越的主體，除了動力因以外，還有目的因和理想的元素。不論是引誘的主觀層面：如攝持、主觀目標、滿足，或者引

---

[7] 懷德海認為有多種感受的型態，包括物理感（physical feeling）、概念感（conceptual feeling）、想像感（imaginative feeling）和理智感（intellectual feeling）等。任何以現行單元為客體與材的感受，即「純粹感」（pure feeling）。至於「命題感」則屬混和現行單元和永象的一種「混雜感」（hybrid feelings）。而所謂「主觀形式」（subjective forms），是指主體攝持客觀與材的方式。根據懷德海的說法，主觀形式有很多種，比如情緒、評價、意圖、傾向、厭惡、意識等等。

誘的客觀層面：永象或者命題，或者二者的結合，都顯示一個具有自省能力、創造意識的自我，能擁有潛存性和理想性作為他的所對。

值得注意的是在懷德海形上學裡，「受到引誘的感受」有一個比「永象」更為根本的起源。因為根據懷德海的說法，「永象」是「純粹潛能」或者「特定形式」（forms of definiteness），在實現於現行單元之中前，一定是已然存在某個地方。由於懷德海是個機體實在論者（an organic realist），因此不願接受 Plato 理型獨立存在的說法。於是他把概念評價置於最高真際，也就是「上帝」身上（Whitehead, 1978: 31）。對懷德海而言，上帝的概念不是終極的存有或者一元論中所謂的「絕對者」。「上帝」是沒有過去的、最原初的現行單元（Whitehead, 1978: 87）。事實上，根據懷德海的說法，一個現行單元有三重特質：一是由其過去所「給予」（given）的特質，二是主體特質，三是超體特質；「上帝」也同樣具備這三樣特質。上帝的三重特質是「原初性」（primordial nature）、「後效性」（consequent nature）[8] 和「超體性」（superjective nature）。[9] 而所有的「永象」正含藏在上帝的「原初性」之中。這使得上帝成為一位「引誘感受」的提供者，能夠以相關「永象」滿足創造衝力的提供者。即如懷德海所說：

> 上帝在世界上的內在性，就其原初性而言是一基於現前嗜欲的、朝向未來的衝動（urge）。這嗜欲同時是一個立即物理感的概念評價（the conceptual valuation of an immediate physical feeling）[10] 結合朝向實現其概念地被攝持與材的衝動

8　根據懷德海的說法，上帝的後效性是上帝對於演化宇宙現行性的物理攝持。那就是說上帝是一個可以物理攝持到這個世界的現行單元（Whitehead, 1978: 88）。

9　所謂「上帝的超體性」，懷德海是指上帝在各種時間事例中特別滿足其超越創造性的實用價值。以此，我們說上帝是一個主體，也是一個超體。

10　一個「物理攝持」與「概念攝持」相反，是將另一個現行單元客體化在其自身的感受，因此也稱之為「因果決定感受」（a 'causal determined feeling'）。

（ *Whitehead, 1978: 32* ）。

這裡「概念地被攝持的與材」指的便是「永象」。更且：

> 　　這概念感構成上帝的原初性，在其主觀形式中顯示其
> 相互感性（ mutual sensitivity ）與其主觀目標的主體一元性
> （ subjective unity ）。這些主觀形式是決定現行物每個機緣的
> 相關永象的評價（ *Whitehead, 1978: 344* ）。

這就是說一個現行單元的變化生成有理想和目的的成分，那必須
有一心理的或者精神的起源，那是潛存性和實現性的形而上根據。
於是懷德海建議上帝自己是：

> 　　對感受的引誘，是慾望的永恆衝動。祂對於每一個創
> 造行動的獨特相關性，如從其在世界被制約的觀點出發，構
> 成其建立每個主觀目標的起始「慾望對象」（ *Whitehead, 1978:*
> *344* ）。

這意味著上帝不只是引誘感受者，且是每個現行單元主觀目標的
起源。正如 Lewis Ford 所說，在懷德海哲學裡，上帝的角色在提供每
個現行單元主體性的起源（ *Ford, 1978: 7* ）。事實上這顯示懷德海無法全
然擺脫傳統基督教以上帝為造物主的角色，是以將之轉換為現行單元主
觀目標的提供者。

所有懷德海關於上帝的描寫使我們聯想到 Aristotle 的「不動的動
者」（ Unmoved Mover ）。懷德海承認兩者間確有相似之處，他曾引用
Aristotle 的《形上學》（ *Metaphysics* ）：

> 　　由於被動的和推動的是中介的，一定有某個東西不會被
> 推動而會推動，那是永恆的實體和實現性。且慾望的對象和

思想的對象也是以這方式推動，他們推動卻不被動。基本的
慾望和思想的對象是相同的。因為表面的善是嗜欲的對象，
真實的善是理性希望（rational wish）的基本對象。但慾望是
受到意見的影響，而不是意見受到慾望的影響。因為思想是
起始點。且思想受到思想對象的推動，而對立的兩難自身是
思想的對象⋯⋯（*Whitehead, 1978: 344*）。

顯然 Aristotle 自己是個目的論者，他的「不動的動者」之說，已
預期了懷德海的「引誘概念」（the idea of lure）。他的上帝作為不動
的動者並不是靠著物理力推動萬物，而是以提供慾望的對象的方式，
也就是靠著引誘感受的方式推動萬物。這對感受的引誘是價值導向的
（value-oriented），它訴諸於我們對善的慾望。

三、「攝持論」中的教師圖像

根據懷德海的「攝持論」中的「引誘概念」，一個「善誘者」
（lurer）的教師圖像自然浮現了。教育基本上是個教與學的歷程，
但究竟有何特徵足以證明這「教與學的歷程」是否是教育？我們如何
區隔「教育」與「訓練」（training）、「煽惑」（demagogy）、「制約」
（conditioning）、「灌輸」（indoctrination），以及「洗腦」（brainwash）
等等的不同？在過去幾十年間，教育分析哲學家對這類課題頗有貢
獻。如 R. S. Peters（*1967: 1-9*）曾談到教育的規準（the criteria of
'education'）和教學歷程的問題，以確定什麼條件可以滿足說一個人
是「受到教育的」（the educated man）。他將教育解讀為促進個人成長
和自我實現的歷程。一個學習者是受到他老師的「引導」（initiated），
以學會某些技能和知識。根據 Peters 的說法，受到教育的人的活動，
必須是可欲的、值得的，以及自覺的。所以他肯定教與學都必須是出於
參與者的意圖與自願。不過他並沒有解釋這如何可能。

Israel Scheffler（*1973*）曾更為精確地觀察這項議題，他說我們將

教學特質化的方式，對於我們瞭解教材的性質和學生的心靈狀態是很有幫助的。他根據歷史上較具影響力的哲學理論，提出三種不同的教學型態。首先是從英國經驗論（British Empiricism）衍生而出的「印象模式」（impression model），他將心靈描繪為過濾和儲存外在印象的被動容器。這時教師的角色是提供有組織的經驗和輸入學生感官與材的監督者，而所有提供給學生的知識都可以化約為簡單的感覺單元。在這型態中，學生的心靈是空洞的、接收的，和被動的，雖然不是沒有其自身內部的運作。這種型態反映最大的「外鑠」的教學影響，而知識是經驗的累積所傳遞的。這項型態的缺點是很明顯的，根據 Scheffler 的分析，知識不能被分解為簡單感覺觀念，而學生的學習管道也不能窄化到只有感官知覺。

第二種型態是從 Plato 和 Augustine 的著作裡衍生而出的「洞見型」（insight model），該模型賦予心靈直觀意義與界定組織個別經驗的能力。這時學生向老師習得的不是零碎的資訊，而是開啟心智的洞見。而教師扮演的角色只是個啟發者，或者鼓勵學生發展觀照萬物真際原理的內覺能力。不過 Scheffler（1973, 120-129）對於洞見認知的力量，給予甚低的評價。他認為「洞見」或者「直觀」想和「知識」相連結，是過於簡單的用語。第三種型態是從 Kant 哲學衍生出來的「規則型」（rule model），該型態強調理性和構成我們認知與信念中理性和普遍規則或者原理的角色。在這類型態裡，學生的心靈能受到紀律訓練與理性建構，而教師是個教導者或者訓導者，能提供認知和道德原理以幫助學生去建構一個自律的和理性的人格，足以作為知識、道德和文化事業的基石。

在這些哲學的教學型態中，Scheffler（1973, 129-131）最喜歡第三種類型。他認為其餘兩種類型的優勢均保留在這種類型中，而其弱點則可避免。在這種型態裡，學生是自律的認知者，具備接受與儲存經驗資訊的能力，並能本著理性評估判斷事物。更且，在這模型裡，德行和認知一樣重要，比起另外兩種教學型態更具廣泛視野。因之，Scheffler 認為「規則型」具有較高價值。然而他也認為這類型態有其困難，因為該

型態預設了某種心靈的內在結構。

　　若效法 Scheffler 的做法，本文提出「第四種教學型態」——根據懷德海「攝持論」中的「引誘」概念，提出「攝持型」（prehension model）的教學型態。在這種教學型態裡，學生的心靈是攝持的且具創造力的。這裡有物理攝持，令學生的心靈機械因果地受到外在環境影響；又有概念攝持，使學生的心靈根據其自身目的的選擇，受到觀念理論的引誘。這攝持的心靈總是朝向追求其自身自滿而努力，而下決定，並根據其自身理想引導自己。總之，這攝持的心靈是創造性的，因此它能超越其自身以創新，且藉著超越自身的過去以探索未來。在這種教學型態裡，老師是一個善誘者，他必須善於提供適當的誘因給予學生，指導學生向善，德智兼修。這不是個容易的工作，需要師生一起努力。作為一個善誘者，必先以身作則。在知識與道德方面，教師必須先以言行作為學生的楷模。因此作為一位好老師，必先擅長於自我反省，才能考察他人。而學生不論有多麼不成熟，也當被視為一個其意圖可以受到善引誘的學習者。當然懷德海的「引誘概念」和「攝持論」原在駁斥現代科學唯物論（scientific materialism）預設的「簡單定位」（simple location）和「空洞現行性」（vacuous actuality）的概念。「簡單定位」的預設以宇宙是一由簡單定位的物質粒子所構成的零碎組成，這些物質粒子沒有目的、盲目地活動，與其他粒子彼此無關。而「空洞現行性」一詞，是指缺乏主體立即性（subjective immediacy）的實體概念（*Whitehead, 1978: 29*）。這個詞顯示最終的實在（final realities），沒有任何主觀感受和經驗。這些設定對現代社會和人道造成極大的傷害，懷德海在他的《科學與現代世界》（*Science and the Modern World*）一書中有明確的說明。從 19 世紀到 20 世紀，科學主義（scientism）、反理性論（anti-rationalism）、專業主義（professionalism）、個人主義（individualism）肆虐盛行。大家應注意這些思潮無論在理論和實踐上，對教育曾造成多麼大的損失，而現在正是我們重新考量這種狀況的好時機。對教師角色做一哲學理解，可使教育成為更合乎人性的事業。根據「攝持型」的教學型態，教師應記得 Plato 在《饗宴》語錄

（*Symposium, 205d-206c*）所說：

> 因為愛，這聲名卓著的魅力，含藏著對每種幸福與善的渴望。
> 愛從不會喜愛善以外的一點或半點。
> 如此，愛所帶來的是美，既是身體也是靈魂的美。

四、「善誘者」的教育反省

《論語·子罕》中曾記載孔子最喜歡的學生顏回興嘆道：

> 仰之彌高，鑽之彌堅。瞻之在前，忽焉在後。夫子循循然善
> 誘於人。
> 博我以文，約我以禮。欲罷不能，既竭吾才，如有所立，卓
> 爾；雖欲從之，末由也已！

　　作為孔子忠實的學生，顏回對老師的讚美，正描繪了「教師之為善誘者」的圖像。一位理想的教師，對學生循循善誘，必須有耐心、有技巧。以各種不同等級的善，引誘學生學習知識，修養品德。這完美的教師圖像可以這麼解釋。首先，教育必須是一價值導向的歷程，透過這個歷程，教師能幫助學生提升道德和知識方面的人格品質。其次，教師作為一善誘者，必須善於引發學生興趣，能提供學生學習的適當誘因。教師也必須以身作則，在德行和知識兩方面身教言教並重。最後，受到引誘的學生不當被動地受教，而應利用學習的過程，發掘自己的興趣與潛能。

五、結論

　　對西方教育哲學家而言，知識的傳授是教育的主要功能。根據這項功能，教育哲學的首要工作便是確認「知識」或者「認識」的性質。一旦確定了「認識」的性質，則可從中衍生出「學生的心靈」、「教材的性質」，以及「教學的類型」種種理論。即如 I. Scheffler 的分析，若將認識視為經驗之事，只重視感覺親知，則必預設學生的心靈是被動的，如有待填裝的空箱子。教材則趨於零碎，以外在環境提供的資訊為主。這樣的教學類型即所謂的「印象型」，而教師的角色則是「灌輸者」。若將認識視為先天理性之事，相信人有先天知識以及直觀洞察的能力，則必預設學生的心靈是主動的，教材是整體的，而教師則扮演「啟發者」的角色。再者，若將認識視為規則的建構，相信心靈有建構理性規則的能力，則必預設學生的心靈是主動建構的，教材是有規則、合理性的。而教師這時則扮演「教導者」的角色。至於懷德海的攝持論強調認識是「攝持」的作用，是結合經驗與理性、實現與潛存、機械因果和目的理想的活動。據此，「攝持型」的教學型態預設學生的心靈是具有創造力的與自發性的，教材內容應涉及現實與理想、事實與價值，而教師則扮演了「善誘者」的角色。不同的認識理論，自然衍生出不同的教學哲學，而「攝持論」的價值，當可見於和其他類型認識論的比較。

　　綜合言之，教育是師生雙方互動的歷程，這個歷程必須符合價值性、自願性與創造性的標準。在其中每個學生都是自發性的主體，每個老師都是善誘者。凡有違於此，教育便無法發揮其功能，師不成師，生也不成生了。其餘無論是教材的選擇、課程的安排和教法的運用，都當本諸教育歷程的這項本質。現代教育受到制度的限制，教師經常必須面對許多缺乏學習興趣與意願、學習倦怠的學生，而無計可施。這時教師往往被課以較重的責任，必須承擔起「引發學生興趣」的任務。然而根據懷德海「攝持型」的教學型態，學生自己應當為自身的興趣、意圖、

喜好、目的負責──因為這是旁人無法越俎代庖的。教師只能作為一位「善誘者」,提供適當的誘因與價值,引導學生走向德智兼修的善道。但學生興趣的產生必須出於其自身的主觀目標,這點卻是教育當局經常忽略、且較少強調的。在顏回的描繪之下,孔子是一位「循循然善誘於人」的好老師,但他也曾說過:「不憤不啟,不悱不發。舉一隅不以三隅反,則不復也。」(《論語‧述而》)雖然理論上教師不可放棄任何一個學生,但對於毫無主動自覺心、不願為自己的學習負起責任的學生,教師也無法勉強其學習。再者,即使以糖衣包裝學習的苦藥,學生可能只取糖衣而避其苦藥。這便是中國先賢一再強調學貴立志有恆之故。

參考書目

程石泉(1975)。論語讀訓解故。臺北:先知出版社。

Aristotle(1984). Metaphysics. *The Complete Works of Aristotle*. Edited by Jonathan Barnes. Princeton, N. J.: Princeton University Press.

Cobb, Jr., John(2005). "Education and the Phases of Concrescence." In Franz G. Riffert,(ed.). *Alfred North Whitehead on Learning and Education*. Cambridge Scholars Press, pp.19-34.

Ford, Lewis S.(1978). *The Lure of God*. Philadelphia: Fortress Press.

Hendley, Brian.(1986). *Dewey, Russell, Whitehead Philosophers as Educators*. Carbondale and Edwardsville: Southern Illinois University.

Kraus, Elizabeth M.(1979). *The Metaphysics of Experience*. New York: Fordham University Press.

Peters, R. S.(ed.)(1967). *The Concept of Education*. London: Routledge and Kegan Paul Ltd..

Peters, R. S.(1983). *The Philosophy of Education*. London: Oxford University Press.

Plato(1961). Symposium. In Edith Hamilton and Huntington Cairns(eds.), *The Colledted Dialogues of Plato*. Princeton: Bollingen Foundation.

Russell, Bertrand（1967）. *The Autobiography of Bertrand Russell 1872-1914.* London: George Allen and Unwin Ltd..

Ryle, Gilbert（1967）. Teaching and Training. In R. S. Peters（ed.）, *The Concept of Education.* London: Routledge and Kegan Paul Ltd., pp.105-119.

Scheffler, Israel.（1973）. Philosophical Models of Teaching. In R. S. Peters（ed.）, *The Philosophy of Education.* London: Oxford University Press. pp.120-131.

Whitehead, A. N.（1917）. *The Organisation of Thought Educational and Scientific.* Westport, Connecticut: Greenwood Press.

Whitehead, A. N.（1919）. *An Enquiry Concerning the Principles of Natural Knowledge.* Cambridge: Cambridge University Press.

Whitehead, A. N.（1920）. *The Concept of Nature.* Cambridge: Cambridge University Press.

Whitehead, A. N.（1922）. *The Principle of Relativity.* Cambridge University Press.

Whitehead, A. N.（1925）. *Science and the Modern World.* New York: The Free Press.

Whitehead, A. N.（1929）. *The Aims of Education and Other Essays.* New York: Macmillan Company.

Whitehead, A. N.（1951）. Autobiographical Note. In Paul A. Schilpp（ed.）, *The Philosophy of A. N. Whitehead.* Illinois: Open Court.

Whitehead, A. N.（1978）. D. R. Griffin & D. W. Sherburne（eds.）, corrected edition. *Process and Reality.* New York: The Free Press.

22

天才的遊戲規則：維根斯坦哲學中的教師圖像

—— 林逢祺

對一位教師而言，他的核心任務之一，乃在為教材、教法及學生尋找多元風貌。其中特別重要的是，教師必須瞭解自己應當作為學生之多樣才能的辨識和觸發者，同時他也是學生行為之複雜、深層根由的溯源者。

維根斯坦（L. W. Wittgenstein, 1889-1951）是
20 世紀哲學家之中極富傳奇色彩的一位，不僅在
哲學成就上如此，其人生亦復如是。

誠如海克（Peter Hacker, 1939- ）所言（*Hacker, 1995*）：維根斯坦的兩本重要著作——《邏輯哲學
論》（*Tractatus Logico-Philosophicus*）（*1921*）和
《哲學探索》（*Philosophical Investigation*）（*1953*）

——改變了哲學的發展軌跡；無論其影響力是來自各方的反對、支持、
理解或誤解，1920 年以後的哲學航程，維根斯坦無疑是主要的舵手。

一、天才的誕生

維根斯坦 1889 年 4 月 26 日生於維也納一個非常富裕的猶太家庭，
父親是奧地利的鋼鐵鉅子，由其「奧地利卡內基」的封號可見其事業之
成功。在八個兄弟姊妹中，維根斯坦最為年幼。四位兄長裡，三位自殺
身亡；一位在一次世界大戰中失去一隻手臂，然而憑其毅力與天分卻成
了非常著名的鋼琴家。

14 歲以前，維根斯坦在家接受私人教師的指導（維根斯坦的父親
認為公立學校呆板的教材教法，有害兒童思維能力，因而為自己的孩子
們一共延聘了 14 位家庭教師來府授課），幼年階段的維根斯坦對機械
設計和手工實際操作類的活動，顯現出特別的興趣。14 歲那年維根斯
坦首度離家來到林茲（Linz）就讀實科中學（Realschule），巧合的是
希特勒（Adolf Hitler, 1889-1945）也在同一時間就讀該校，兩人年齡
相同，只是自認為表現平凡的維根斯坦念的是比自己年齡高一級的班
次，而自詡在同儕之中出類拔萃的希特勒，卻被安排到比自己年齡低了
一級的班級裡學習，兩人差了兩級，後來希特勒還因成績不理想而被退
學，所以最終「平凡的維根斯坦」和「出類拔萃的希特勒」從未有在同
一教室共學的機會。

大學階段的維根斯坦負笈德國，在頗負盛名的柏林工科大學

（Technische Hochschule）攻讀了兩年的機械工程並取得文憑。1908年，維根斯坦以研究生的身分來到英國的曼徹斯特大學（Manchester University）研究航空學，夢想著駕駛自己建造的飛機遨翔天際。在曼徹斯特進行研究初期，他因為設計推進器而遭遇到一些數學上的問題，這些數學問題的思考和解決，使他逐漸著迷於純數學的研究和數學邏輯的探索，同時也在此時開始閱讀羅素（Bertrand Russell, 1872-1970）和傅雷格（Gottlob Frege, 1848-1925）的數學哲學著作，一個學術生涯的重大轉折於焉展開。

航空和哲學兩大興趣之間的爭鬥在維根斯坦的心中進行了將近三年。1911 年的暑假維根斯坦在「一股持續、無法言喻，而又幾近病態之騷動」的驅策下，擬出了撰寫一本哲學著作的計畫，並動身前往德國拜見傅雷格，請教其是否可行（*Monk, 1991: 35-6*）。傅雷格建議維根斯坦跟從當時正在劍橋大學任教的羅素學習，以徐圖計畫之實現。1911 年10 月維根斯坦雖然繼續註冊為曼徹斯特大學的研究生，但他在開學之初的 10 月 18 日，卻突然造訪羅素，此後一週兩人的互動，分別在兩人的生命世界形成分水嶺。就維根斯坦而言，這座分水嶺象徵著航空和哲學兩大興趣之間的爭鬥結束，維根斯坦決定轉學劍橋大學三一學院（Trinity College）師事羅素，哲學成功地徵召了一代天才；對羅素本人來說，則是發現了邏輯哲學的傳人，並逐漸把焦點從專業哲學轉移到社會和世界的改造上。

1914 年第一次世界大戰爆發，維根斯坦自願投入戰役，擔任奧地利陸軍防空砲兵，他的第一部名著《邏輯哲學論》即是在大戰期間完成的。一次世界大戰結束之後，認為自己的哲學任務已經完成的維根斯坦選擇接受師資訓練，並在 1920 至 1926 年間，深入偏遠山區擔任小學教師的工作。離開小學教職後的兩年，維根斯坦接受姊姊的委託，在維也納的市中心親手設計並監造了一棟豪宅。他和「維也納學圈」（Vienna Circle）的密切互動，也發生在這一段時間中。

放棄龐大遺產繼承權的維根斯坦，於 1929 年身無分文的回到劍橋。是年 5 月維根斯坦以《邏輯哲學論》取得博士學位後，獲得三一學

院 100 英磅的補助，才得以開展其後期的哲學研究以及大學的哲學教學生涯。1929 年後的維根斯坦，在哲學觀上有極大的轉變，而其觀點經學生的傳播，促成了 20 世紀中葉的哲學革命，並使日常語言的分析成了歐美哲學的一大主流。這一時期維根斯坦的核心哲學思想明確表現在他的第二部名作《哲學探索》裡。而這部著作是維根斯坦亡故（1951年）兩年之後才問世的。維根斯坦謹慎和求完美的個性，使他在一生之中經由其認可而正式出版的哲學著作，僅有《邏輯哲學論》一書。

二、當老師遇見天才

維根斯坦在劍橋求學期間，深受羅素和莫爾（G. E. Moore, 1873-1958）等兩位教授的影響，而他自己也深深的影響了他們。

1911 年維根斯坦拜訪羅素之後，繼續留在劍橋旁聽羅素的課，同時也希望驗證自己是否有從事哲學研究的天分。對於這位「不速之客」，羅素在寫給朋友的信上說：維根斯坦簡直折磨人，下課後一直跟我論辯，不到吃飯時間不肯罷休，真是執拗、彆扭的傢伙（*Monk, 1991: 39*）。當時，維根斯坦主張世界只存在各式各樣的命題，並不存在具體事物，也不承認羅素在課堂上所說「教室裡沒有犀牛」的斷言是成立的。對羅素而言，這簡直不可理喻。但他還是耐著性子接受這位突然冒現出來的旁聽生的挑戰和「折磨」。一個月過去之後，在哲學和航空之間舉棋不定的維根斯坦，請問羅素是不是覺得他在哲學上毫無建樹的可能。羅素要求維根斯坦寫一些東西，以作為較佳的判斷依據。

1912 年 1 月，維根斯坦返回劍橋，把約定的文稿交給羅素，讀後羅素向友人說道：他寫得很好，比我的英國學生更為優秀，我會鼓勵他，或許他能做出偉大貢獻也說不定（*Monk, 1991: 41*）。事實上，羅素可能沒有想到，他的肯定不但幫助維根斯坦脫離長達九年的迷失，也把他從因為自我失望而造成的強大自殺傾向中解救出來。

1912 年 2 月 1 日維根斯坦正式在三一學院註冊，並分派為接受羅素指導的學生。在一個學期之間維根斯坦的學術熱情、真誠和進展，令

羅素無比欣賞。維根斯坦向羅素說，自己總在清晨時滿懷希望地開始一天的研究，但卻又總在夜幕低垂時深感絕望；每當遇到羅素能理解，而他自己卻無法瞭解的問題時，總是令他對自己充滿怒火；他下定決心務必要將橫亙在真理和他之間的高牆拆除。令羅素驚訝的是，維根斯坦和自己竟然不約而同地使用「高牆」這個比喻來描述陷於認知困頓的情境。羅素認為在一學期中，維根斯坦已經學會他所能教的一切，甚且有超越的現象；又說：「和維根斯坦的相遇，已經成了我生命中的重大事件。」（Monk, 1991: 41）的確，維根斯坦的出現使得羅素覺得自己在心智活力上有了老態，無力解決自己在著作裡提出的一些難題。羅素指出那些難題的解答需要「靈活的心靈和年輕朝氣」，而維根斯坦正是符合這個條件的「**那個**年輕人」（the young man）。無怪乎羅素在維根斯坦入學才近半年的時間，就向維根斯坦來訪的姊姊賀敏（Hermine Wittgenstein）說：「我們預測哲學的下一個重要進展，將來自令弟的貢獻。」（Monk, 1991: 55）

但要教導這種具有靈活心靈的年輕人並不是一件容易的事。由於維根斯坦沒有正式學習過邏輯，為了補強維根斯坦數學邏輯的根基，羅素特別商請國王學院的研究員也是著名的邏輯學家強生（W. E. Johnson, 1858-1931）個別指導維根斯坦。但過了不久強生即告訴羅素不想再教維根斯坦了，因為：「第一次上課他就教起我來」；「他太好辯，不是安分學習的人。」（Monk, 1991: 42）強生的語氣裡充滿揶揄，但維根斯坦的好辯卻只是追根究柢心性的自然流露。羅素瞭解維根斯坦的好辯實則為一種「純粹的知識熱情」（a pure intellectual passion），並認為維根斯坦是位「理想的學生」。羅素戲喻：哲學好比桀驁不馴的情婦，需要「火熱的心和冷靜的腦」（cold steel in the hand of passion），才能擄獲其芳心（Monk, 1991: 47）。依羅素之見：維根斯坦「……大概是傳統所謂天才的最佳範例，熱情、深刻、激烈、富主宰欲」（Monk, 1991: 46）。羅素說：維根斯坦「對哲學的熱情高過於我，他的熱力像雪崩，而我的則像小雪球」（Monk, 1991: 41）。羅素對維根斯坦的欣賞，並沒有讓他忽視維根斯坦的缺點。羅素不只一次勸告維根斯坦在辯論時勿

因心直口快而失去應有的禮儀，同時也提醒維根斯坦：避免自我陷溺、莫過度追求完美。

1912 年 10 月新的學期開始，維根斯坦繼續修習羅素的「數學基礎」（the Foundations of Mathematics），並且經常在課後跟隨羅素到他的研究室裡去討論各種問題。根據羅素的記載（Monk, 1991: 64），有時維根斯坦會像狂暴的野獸一般，懷著騷動，默默不語地在研究室裡來回踱步超過三個小時以上。當羅素好奇的問他究竟是為了自己生命中的過錯或者邏輯上的難題而苦惱時，維根斯坦答說：「兩者都有」，然後兀自繼續來回靜默地踱步。有一回，維根斯坦感到自己人際關係不佳，苦惱地請教羅素，結果兩人討論到了凌晨 1 點半鐘。羅素說：「……我很睏，教導他實在是一項艱鉅任務，不過卻非常值得。他有點太過單純，可是我如果在這一點上指正太多，而使他產生改變，又怕他會因此失去原有的一些美好的特質。」（Monk, 1991: 64-5）這個時期的維根斯坦在生活智能上仍然不夠圓熟，有待羅素的教導，然而在學術上，他卻經常有超越羅素的見解。例如，維根斯坦批評羅素發表的〈宗教的本質〉（The Essence of Religion）一文濫用「有限」和「無限」的概念，充滿神秘主義而失去了精確的精神。羅素回憶說：「他的批評令我深感不安；他太愛戴我，以至於我文章中的缺失令他感到傷心難過。」（Monk, 1991: 63）另外，羅素曾經因為接受美國的演講邀請，而開始撰寫有關知識論的書，但維根斯坦對於該書中涉及的邏輯問題提出批評，經過反省後羅素認為維根斯坦的批評極為中肯，「……我看出他是對的，同時也認識到自己不再可能進行基礎哲學研究了。我的動力完全瓦解，就像海浪衝撞向防波堤而碎裂一般，陷入徹底絕望的狀態。……」（Monk, 1991: 81-2）由前述自述可見孟可（Ray Monk）所說，這一時期的維根斯坦不僅是羅素的傳人（protégé）也是羅素的老師（master），確實有其道理。維根斯坦對於羅素不能堅守學術嚴謹風格雖然感到失望、生氣，但1913 年暑假仍然寫信向羅素報告自己的研究狀況，說到自己有了突破性的進展。羅素收到信件後向友人說：「你可能難以想像我的心情多麼感到如釋重負——整個人年輕快樂了起來。」（Monk, 1991: 83）羅素對於

維根斯坦毫無保留而寬闊的教育愛在此表露無遺。

　　能像羅素那樣敞開心房接受維根斯坦的老師，大概只剩摩爾了。摩爾曾向羅素描述維根斯坦上他的課時的模樣。他說：維根斯坦老是一付吃驚困惑的模樣，別的學生從不會這樣。又說：每當維根斯坦和他意見不同時，他總覺得維根斯坦「必定」是對的。一位老師能這樣愛護具有天分的學生，而又肯謙虛地和同事的分享這樣的經驗，實在不多見。

　　維根斯坦從不隱瞞自己的見解，即便是面對自己的師長也是如此。他曾經聆聽莫爾開授的心理學，莫爾回憶說：「他告訴我他聽的那幾堂課我上得很差──他覺得我應該講授**自己的思想**，而不是一個勁兒的討論別人的觀點；此後他就不再來聽我的課了。」（Monk, 1991: 63）雖然維根斯坦的批評經常顯得率性而失禮，莫爾並未因此懷恨。這從莫爾大方地把自己的宿舍讓給維根斯坦可以見出。那宿舍在頂樓，不僅安靜且視野絕佳，可以俯瞰三一學院優雅建築的全貌。自從搬進那宿舍之後，維根斯坦在劍橋的歲月（不論是身為學生、研究員或教授）都住在那裡，即便擔任教授時有機會住到更為舒適的宿舍，他也未曾搬離，足見其喜愛那環境的程度。1914 年莫爾拜訪隱居到挪威去進行邏輯研究的維根斯坦，在兩個星期中，每到傍晚維根斯坦都會邀請莫爾進行一些邏輯問題的討論，莫爾並在維根斯坦的請求下，詳細記錄下維根斯坦的觀點。維根斯坦告訴莫爾他打算用自己在挪威研究期間所撰寫的邏輯文稿申請劍橋大學文學士的學位，而莫爾一回到劍橋立即請教校方人員以這稿子作為畢業論文的可能性。經管人員認為該文還須加寫前言，並附註說明論文哪一部分是原創、哪一部分是參考而來，且須交代參考資料的出處。莫爾隨即去函維根斯坦將校方的規定告知，未料得到如下的回覆（Monk, 1991: 103）：

親愛的莫爾：

　　　你的信件令我感到氣憤。當我撰寫「邏輯」這篇論文時，並不考慮那些規定，因此你要頒授給我學位時，應該也不考

慮那些規定才對！…… 假如我不值得你在一些「愚蠢的」細
節上破例，那我該下地獄；但如果我「確實」值得你那麼做
而你不願意，那麼──說真的──該下地獄的是你……

收到信之後的莫爾感到非常震驚難過，一來他很少受到這麼嚴厲
的指責，其次規則並不是他立定的，再者他也不是這些規則的執行者；
他只不過是一個善意的通知者。這個事件過後不久，維根斯坦曾寫信
道歉，但莫爾太過傷心而沒有回信。令人玩味的是，維根斯坦的無禮，
並沒有阻斷莫爾對他的愛護，因為若干年後羅素等人為維根斯坦的《邏
輯哲學論》之英文版的問世而大力奔走時，遭遇了到一個難題，那就
是如何才能找到一個維根斯坦本人和書商都能接受書名，最後還是莫
爾提出了 *Tractatus Logico-Philosophicus* 的稱法大家才有了共識。然
而，莫爾和維根斯坦師生真正再度見面，已是前述學位事件 15 年之後
的事了。

1929 年，因拋棄龐大遺產繼承權而窮困潦倒多年的維根斯坦，終
於在朋友的勸說下，重新回到劍橋。此時的維根斯坦，已因《邏輯哲學
論》而在學術界有了聲望，但在經濟無著的情況下，恐怕難以繼續哲學
的研究。為了協助解決這個困境，藍世禮（Frank Ramsey, 1903-1930）
（《邏輯哲學論》英譯本的譯者）等人說服維根斯坦以《邏輯哲學論》
申請博士學位口試，因為取得學位有助提高劍橋校方提供研究補助的機
會。維根斯坦的口試在 1929 年的 5 月 18 日舉行，口試委員由莫爾和
當時已經離開劍橋大學教職的羅素共同擔任。口試中羅素指出維根斯坦
宣稱自己「以無意義的命題表達了無懈可擊的真理」的說法是自相矛盾
的，然而維根斯坦並不同意，論辯到口試終了時，維根斯坦拍拍羅素和
莫爾的肩膀說：「別在意，我知道你們是不可能瞭解的。」（*Monk, 1991:
271*）最後，莫爾在提交給校方的口試委員意見書上寫道：「我個人認為
維根斯坦先生的論文實在是天才之作；無論如何，它絕對符合劍橋大學
授予哲學博士的標準。」（*Monk, 1991: 272*）莫爾和羅素的大度和提攜，
使維根斯坦順利獲得學位，並在翌日取得劍橋大學的研究補助，重回哲

學研究的生涯。

三、當天才老師遇見平凡學生

1919 年由戰俘營被釋放之後到 1929 年重回劍橋大學的十年間，維根斯坦由於受到殘酷戰爭的衝擊，以及撰寫成的《邏輯哲學論》讓他感到已經解決了哲學的「所有」問題，因而轉向追求一種入世、平實、恬淡而清苦的生活。實踐這種人生觀的第一個作為是在 1919 年宣布將繼承自父親的龐大遺產全部讓渡給兄弟姊妹們。第二項重大決定則是在維也納師範學校接受小學教師的養成課程，立志為偏遠地區的兒童提供優質的文化滋養；在教育上，他的理念是要用數學來強化兒童的智能，以經典來提升學生的文化敏銳度，並教導聖經來淨化兒童的心靈。1920 年 9 月，維根斯坦被編派到維也納南郊的一個小鎮去實習，但報到的時候維根斯坦發現那小鎮竟然有噴泉花園，以為還不夠貼近現實鄉村，於是請求學校為他重新分發，最後被分派到一個叫塔頓巴和（Trattenbach）的山地村落。當地的村民多半是受僱於工廠和農場的勞工，生活極為清苦，符合維根斯坦所想像的貧困之地。維根斯坦在當地的教學活動，極為注重兒童透過思考和解決問題的過程來學習，反對機械式的朗誦和記憶。例如他讓學生拼湊貓的骨架以便幫助他們具體瞭解解剖學的原理；藉夜空觀星來教導天文；由鄉間小路辨識各種花草的活動來傳授植物學；帶學生到維也納參觀各類建築的風貌，以便具體解釋建築設計的觀念。維根斯坦希望在自己的教學裡，能夠激起學生的好奇心和追根究柢的精神（*Monk, 1991: 194-5*）。

對於那些天資較為聰明的小孩，維根斯坦的教法發生了作用，他甚至在每天放學以後，從下午 4 點鐘到晚上 7 點半，辛勤幫助一群有興趣且有能力的小孩加強學術科目的研習。他熱切期盼能為這些孩子打開生命視野，甚至計畫資助這些優秀的學生進入以培養學術菁英及社會領導人為目標的文法學校。結果他的希望完全落空。例如當他想帶法齊士（Oskar Fuchs）到維也納去看戲劇時，法齊士的父母嚴峻拒絕，因為

他們覺得維根斯坦孤傲怪異；當他向康得賀（Emmerich Koderhold）的父母說康得賀有能力上文法中學，並建議他們讓他去就讀時，康得賀的父母表示絕無可能，因為他們需要康得賀幫忙家裡的農事；維根斯坦寄望最深並認為最為優秀的是格拉博（Karl Gruber），他為格拉博付出許多心血，甚至特地為他延聘拉丁文老師，也安排好了格拉博就讀維也納的文法中學時，可以寄宿在維根斯坦姊姊的家中。但最後格拉博還是放棄繼續準備升學的努力，因為他覺得維根斯坦的安排像是施捨[1]；另外，他除了在工廠裡做工，每天放學後還要在維根斯坦的督導下進行三個小時半的苦讀，常常感到精疲力竭，一回到家裡，家人又冷嘲熱諷。換言之，家人不肯支持可能也是格拉博打退堂鼓的一個原因（*Monk, 1991: 212*）。

對於資質較差或者學習興趣較低的兒童來說，遇到維根斯坦這位堅守「教學理想」的老師，處境極為艱難。維根斯坦強調數學的重要，因此每天早上的前兩小時都是數學課，他相信再年幼都可以學代數，教學進度又常超前，這使得學習進度慢的小孩，特別是女孩們，上得膽顫心驚、痛苦不堪，有的甚至在離校數年之後都還懷有恐懼。主要是維根斯坦經常在學生答不出來的時候，氣急敗壞的大賞耳光，有時還拉扯學生的頭髮到了頭髮都掉落的程度。這樣嚴厲的教學行徑，是塔頓巴和的村民所不能接受的。並不是因為體罰在當時的社會不被允許，而是家長們認為女孩子不會算代數根本不該挨打。在村民的觀念裡，女孩子本來就沒有學代數的必要。和家長之間嚴重的觀念差異，以及不斷發生的管教衝突，使維根斯坦認為塔頓巴和的村民「一無是處」，終於在 1922 年黯然離開。

離開塔頓巴和的維根斯坦曾經嘗試在哈士巴和（Hassbach）的中學教書，但因為不能忍耐同事們不學無術而又偽裝為專家的習氣，一個

---

[1] 維根斯坦心裡所認定的塔頓巴和的村民，基本上是未開化的一群，這種態度使他和村民不相和睦，而格拉博認為維根斯坦的關懷像是施捨，可能即源自於對維根斯坦的這點觀察。

月不到就離開了。他對同事們的評語是：「這些傢伙**根本**不是人，簡直是令人作嘔的蟲。」（*Monk, 1991: 212*）之後，維根斯坦轉往另一個山間村落布契博格（Puchberg，目前是一個度假勝地）擔任小學教師，在這裡他仍然遇到相類似的教學問題。維根斯坦覺得布契博格的村民「四分之一是野獸，四分之三是人」（*Monk, 1991: 212*）。而他的教學雖然將一些學生的學習成就帶領到原來難以想像的高度，但也遭遇到家長的抗拒，因為家長們認為孩子們要是太用功讀書就無法幫忙家務。失望之餘的維根斯坦，又於 1924 年 9 月轉赴另一村落奧特梭（Otterthal）任教，奧特梭離塔頓巴和很近，民風相差無幾，但因為該校校長是維根斯坦的舊識，而且兩人理念較為相近，所以維根斯坦懷抱著希望而來。但過了不久維根斯坦就發現「困難重重，一大票人和我作對」，又說：「我的教學生涯或許現在就要劃上句點了。」（*Monk, 1991: 225*）不過他終究留了下來，而且在這學校的教學期間編輯出版了一本成功的小學生字典（1926 年），解決當時小學生缺乏廉價而可用之字典的困境。不過，家長反對有天分的小孩「過度專心於課業」的情形依舊；且維根斯坦對於那些不能或不願努力達到高學習標準的小孩仍然動用體罰。1926 年 4 月維根斯坦一時氣憤，失控地敲打一個回答不出問題的 11 歲男孩海德包爾（Josef Haidbauer）的頭，結果海德包爾竟然暈倒了。這事件被家長告上法庭，維根斯坦也向駐區督學提出了辭呈。督學先生瞭解維根斯坦教學認真又有才具，希望挽留他，因此安慰他應該不會獲罪，同時准他休假一段時間，以平復情緒。後來維根斯坦雖然如督學先生所預測的獲判無罪，但仍然決定中止為時六年的小學教學生涯。

　　奧特梭的慘痛經驗，讓維根斯坦深感愧疚，久久不能釋懷，甚至到了成為生命中的巨大陰影的地步。十年後的 1936 年他寫信告訴一群朋友（包括莫爾）他有些嚴重的罪過必須向他們當面懺悔。結果他在 1937 年新春的時候在一家餐館裡，向五位朋友大聲說明自己的罪狀以示悔過，而這些罪狀之中就包含了在奧特梭過度體罰學生的不當作為。他對自己在奧特梭的舉止悔恨至深，當面向至親好友坦白自己的惡行尚不足以平復愧疚的心。因此，同年冬天，維根斯坦踏上崎嶇山路，堅定

而勇敢的回到奧特梭，登門向受到自己嚴重體罰的學生和他們的家長致歉。有的學生寬大的表示維根斯坦實在不必道歉，因為維根斯坦教了他許多東西；但有的學生如派麗寶兒（Hermine Piribauer）對維根斯坦的造訪卻毫不領情。派麗寶兒還懷有深深的怨氣，因為當年維根斯坦經常使勁地拉扯她的耳朵或頭髮，有時甚至到了流血、掉髮的地步。維根斯坦道歉時，派麗寶兒只是冷冷地答腔，絲毫沒有接受的意味。這對維根斯坦而言，當然是極度的羞辱，但這趟旅程本來就是懺悔之旅，如果不願承受難免的羞辱，根本無法去除心中罪惡的感覺，也無法做個「坦然正當」（honest and decent）的人。翌年維根斯坦回憶這個事件，說道（Monk, 1991: 372）：

> 去年我在主的扶助之下，堅強地做了懺悔。這讓我更為沉澱，人際關係變好了，也比較真誠。

四、頂尖學生與天才老師的交會

如果說維根斯坦在小學的教學經驗中得到的共鳴不高，那麼他在劍橋大學裡的教學所得到的則是一群頂尖[2]學生的熱烈擁抱。但維根斯坦並不是來者不拒的老師。例如有些課程來聽課的學生超過 30 位，他認為人數過多，便只挑選一小群學生來上課，再由這些學生把聽講內容做成筆記傳印給有意學習的人（Monk, 1991: 336）。有時他為了控制學生人數，還要求系上不要正式公布他的課程，只根據同事推薦的有天分和有興趣的學生中選取若干人來教導，原則上不超過 10 人（Monk, 1991: 402）。根據學生的描述，維根斯坦的上課風格和其他老師極為不同。維

---

[2] 當然這裡所謂「頂尖」是就劍橋大學學生的一般資質而言，並非維根斯坦本人的認定。實際上，受維根斯坦認定為優秀的學生寥寥無幾。

根斯坦不用任何筆記，上起課來很像只是在聽眾面前把自己思考內容口述出來而已。有時他會停下來，出神的坐在椅子上凝視著自己的雙手，甚至出聲咒罵自己愚蠢，或者喃喃自語地說：「這問題實在難死了」之類的話。1930 年維根斯坦開授「哲學」這一門課時，班裡最特殊的一位聽眾要算是擔任哲學講座教授的莫爾本人了。當時莫爾總是坐在教室唯一的一張手扶搖椅上，邊抽煙斗，邊做著密密麻麻的筆記（*Monk, 1991: 289-90*）。

上課時維根斯坦不愛繁文縟節或任何掩飾偽裝，一心一意要刨根見底而總是直來直往地追問學生各種問題，這可能讓一些學生感到深具啟發，但也有許多學生因而在上課中陷於焦慮的情緒。莫德荷（Iris Murdoch, 1919-99）上過維根斯坦的課，她說維根斯坦「異乎尋常的直率」（extraordinary directness）而不按牌理出牌的風格，讓她感到緊張而「敬畏有加」（awe and alarm）（*Monk, 1991: 498*）。只有極少數如涂林（Alan Turing, 1912-54，電腦的發明人）這樣的學生才有勇氣和維根斯坦論辯（*Strathern, 1996: 53*）。實際上，多數來聽課的學生對維根斯坦的興趣要遠遠高於課程內容。馬孔（Norman Malcolm, 1911-90）就說，他雖然知道維根斯坦上的是一些重要的東西，但他當時幾乎完全不瞭解，等到十年之後重讀上課筆記，才對其中要義恍然大悟（*Monk, 1991: 422*）。

維根斯坦經常覺得他給了學生壞的影響，他說：「我播下的種籽，大概只是一些個莫名奇妙的術語。」（*Monk, 1991: 499*）學生愛模仿維根斯坦的動作和表情，甚至不明就裡的襲用他的哲學技巧。而維根斯坦對學術界、哲學研究和哲學經典的鄙視，對學生的影響尤其巨大。他向學生說：「劍橋根本沒有氧氣。」（*Monk, 1991: 334*）又說自己想退休，好懷念能和凡夫俗子在庭院裡言不及義地閒聊的時光（*Monk, 1991: 493*）。維根斯坦一有機會就鼓吹學生離開劍橋，認為去做些實際的工作，如木工或農場裡的工人，都比啃書本來得好。事實上，史欽納（Francis Skinner）就在他的影響之下，離開劍橋大學而到工廠裡去做工。當馬孔回美國哈佛大學取得博士學位並獲聘到普林斯頓大學（Princeton

University）教書時，維根斯坦試圖勸阻馬孔就任。他說：你難免要做一些欺騙自己和學生的事，除非奇蹟出現，否則你教哲學做不了什麼光明正大的事。」（*Monk, 1991: 425*）馮瑞特（George von Wright, 1916-2003）要接任劍橋大學哲學講座時，寫信告訴維根斯坦他的興奮之情，維根斯坦回信說道：「劍橋是個危險的地方，你會變得膚淺而滑頭嗎？如果你不變成那樣，你一定會感到痛苦不堪。你的信裡最讓我感到特別不安的一段是你表示熱切盼望到劍橋教書；我覺得如果你到劍橋去，千萬要做個**清醒**的人。但願我的憂慮是無稽的，同時也願你不要受到誘惑而忘形濫權。」（*Monk, 1991: 521*）

維根斯坦從不隱瞞自己哲學經典念得很少，說自己沒讀過亞里斯多德（Aristotle, 384-322 B.C.）著作裡的任何一個大字，並且充滿諷刺地說：「當然不能說我讀得太少，**應該說我讀得太多**。我發現每當我多讀一本哲學書，思想不進反退。」（*Monk, 1991: 497*）在維根斯坦的影響下，學生也鄙視那些愛在哲學上旁徵博引的人。萊爾（G. Ryle, 1900-76）回憶他受邀到劍橋去演講的情形，他說：「聽眾對維根斯坦的崇拜已經到了無以復加的地步，甚至當我引述到其他哲學家的論點時，都要招惹嘲笑」。萊爾對這次經驗的反省是（*Monk, 1991: 495*）：

> 我認為鄙視維根斯坦以外其他思想家的思想，對學生的教育是個災難，對維根斯坦本人也不健康。從這個經驗我得到的教訓並不是要成為博通哲學的人，而是要避免做一偏之見者，最重要的是不要當這種人的應聲蟲，即便他是個天才或者我的朋友。

實際上，維根斯坦從未自認為是個好老師，他向學生說（*Monk, 1991: 502*）：「教你們哲學，就像是指引你們如何熟悉倫敦的街道……。好的嚮導會帶領你們拜訪重要道路，少去偏遠巷弄，差勁的嚮導則正相反。在哲學上，我算是個蠻差勁的嚮導。」即便感覺教學順利時，維根斯坦都懷疑自己能留給學生什麼好的影響，或者能幫助學生學得什麼。

他為自認不過是個悲劇角色，所教的東西不值得學習，個人風格也無益於學生。他揣度學生之中也許只有少數一、兩位，才能真正從他的教學中獲益。（Monk, 1991: 507）如果這裡所謂的少數一、兩位學生確實存在，那麼不辭辛勞每週一次遠從牛津大學（Oxford University）到劍橋來聆聽維根斯坦講課的安絲孔（Elizabeth Anscombe, 1919-2001）大概可以算是其中之一了。安絲孔認為維根斯坦診療式的哲學方法，像是一道靈藥，使她得到別的哲學理論所不能給的心靈啟發和舒放。她回憶上過維根斯坦的課之後，「有好幾年，我常坐在咖啡廳出神地想著類似這樣的問題：『我看到一個小包。但我真正看到的是什麼呢？我只能說自己看到的是一個黃色的有廣延的東西吧？』」（Monk, 1991: 497）就是有像安絲孔這樣能心領神會維根斯坦之思想的學生，維根斯坦的許多重要著作才能在他亡故之後得到妥善的編輯和精確的翻譯，並順利問世留傳。

五、語言遊戲說

維根斯坦的診療式哲學，在其後期有關日常語言的思想中展現得淋漓盡致，其中對「語言遊戲」（language game）的分析是最為核心也是影響最為深遠的一部分（Schulte, 1992: 105）。維根斯坦將語言比喻為遊戲的理據有三（Glock, 1996: 193-4）：首先，語言和遊戲一樣，都有其構成的規則，這些規則決定一個表達／玩法是否有意義／正確；其次，一個字詞的意義並不等於它所代表的具體事物或對象，而是由其用法規則來決定；我們透過學習「使用」一個字詞的各式用法來理解它的意義，而不僅憑「字與物的一對一的連結」來認識字詞的意旨，這就像我們是透過學習如何「玩」棋的各式「步法」（moves）而不是單靠棋子的辨識來學下棋一樣；第三，命題是語言遊戲裡的一個「步法」或活動，沒有整個語言遊戲作為背景，命題就無意義可言。接下來，我們將更進一步闡釋維根斯坦所謂的「語言遊戲」的相關論點。

維根斯坦在《哲學探索》的第一節裡即指出（Wittgenstein, 1953: 2e）：哲學家和人們經常採取某種特殊的觀點來理解日常語言的「本

質」，亦即認為：

> 語言中的字詞在於描述具體對象——而且語句也是由這
> 種字詞所構成的——在這個語言圖像中，可以發現下述觀念的
> 根源：每一字都有一個意義，這個意義和這個字密切相連，
> 而且這個意義即是這個字所代表的具體對象。

在此維根斯坦指出人們經常使用「實指定義」（ostensive definition）來解釋字詞的意義，並認為這種做法是粗糙而浮面的。例如，我要向偉華介紹西洋棋中的「國王」時，指著「國王」的棋子向他說，這就是「國王」。但光是這樣做，並不算解釋了「國王」的意義。除非偉華在聽到我講「國王」並看到我指出「國王」的棋子前，已經熟知西洋棋的「遊戲規則」（the rules of the games），否則我的指示對他而言並沒有太大意義。而且需要強調的是，偉華不能只是知道「國王」這棋子在西洋棋中的規則，他還需要知道其他棋子的規則，才能將「國王」這棋子的概念「放入脈絡」。沒有這脈絡的認識，偉華瞭解的「國王」的意義是貧乏而不完整的。就語言裡的字詞概念的認識而言，脈絡的重要性也是一樣的。維根斯坦認為，語言遊戲和非語言的活動（或生活）密切相連；換言之，非語言的活動（或生活）構成我們賴以瞭解語言遊戲的脈絡。所以他說（*Wittgenstein, 1953: 8e*）：「想像一個語言即是想像一種生活」；又說（*Wittgenstein, 1982: 118e*）：「字詞只有在生活的水流裡，才具有意義（words have meaning only in the stream of life）。」這裡所謂「生活水流」和維根斯坦常用的另一概念——「生活形式」（form of life）是相通的。維根斯坦指出：語言生長的基礎是由各種生活形式所構成；而這些生活形式乃是理解字詞或概念之意義時「既有」（the given）和「必須被接受」（what has to be accepted）的基礎（*Wittgenstein, 1953: 226e*）。換言之，生活形式決定語言遊戲，而語言遊戲又決定個別字詞的意義；生活形式和語言遊戲雖是偶然的事實狀態，但卻是我們瞭解個別字詞之意義不得不參照的脈絡；質疑生活形式和語言遊戲之現狀

為何如此而非那般是無意義的（*Wittgenstein, 1974: 9e*）。

另外「國王」一詞在西洋棋的脈絡中代表某個特殊的意義，在另一脈絡中則又有別的意義。例如，在一個實際的王國裡，人們稱一個人為「國王」時，可能指的是該王國裡的「君主」。不過也可能是別的意義，例如，可能指一團體中被尊敬如「國王」的人；指一個人的「綽號」；或者一個人的「姓氏」或「名字」等等。而且我們還可以繼續舉述「國王」一詞的許多不同的可能用法。維根斯坦認為我們經常以為一個概念的用法是有限的，但事實上一個概念的用法往往難以盡數。維根斯坦說（*Monk, 1991: 502*）：

> 在哲學中，人們經常傾向採用某個單一的角度來理解一個概念。我的做法則是指出甚至是發明理解一個概念的別種表達方式。我所想到的你可能從沒想到。你認為只有一種可能，或者頂多只有兩種，但我讓你看到別的，而且我還使你瞭解，將概念限制在那些狹隘的可能性之中是荒謬的。透過這個認識，你心智上的痙攣將得以解除，優游於一個概念的寬闊使用場域，並能靈活地描述它的各種不同用法。

維根斯坦認為：我們使用的概念沒有固定不變之意義或用法，而這事實並非奇特，也不值得擔心；只要我們覺得它大致符合需要，就不必憂慮或做更換的打算（*Wittgenstein, 1953: 37e*）。依維根斯坦之見，誤認概念或名詞有固定（或本質）之意義或用法，是使我們（和哲學家）深陷獨斷之迷失的根源。他說：哲學病症的主要肇因在於「偏食」（one-side diet），亦即只採用某一類例子作為思維的材料（*Wittgenstein, 1953: 155e*）。我們必須瞭解，邊玩邊創造或修改遊戲規則不僅可能而且經常是必要的（*Wittgenstein, 1953: 39e*）。換言之，不論語言遊戲的規則或者一個概念的意義都可能發生改變。另外，任何遊戲規則都無法完全決定或限定遊戲的玩法（*Wittgenstein, 1953: 33e*）。例如，沒有任何網球規則可以決定一位選手在擊球時該用正手拍或反手拍；而語言的規則也有類似

現象。不瞭解字詞意義和語言遊戲規則這種無限變化和無限活用之可能，是我們陷入思想困境的主因。這個「基本事實」（the fundamental fact）的認清至關重要，維根斯坦說（*Wittgenstein, 1953: 50e*）：

> ……我們為一個遊戲定下了規則和技巧，可是當我們開始依循這些規則來玩時，卻有預料之外的發展。於是我們宛如被自己定下的規則絆住了。
>
> 我們的規則產生的這種糾結混亂現象，是我們想要瞭解（看清）的。

需要注意的是瞭解和看清這糾結混亂現象的目的，並不是要找出解決這糾結混亂現象的統一規則或基礎，因為這規則或基礎即便建立了，仍然會在運作之後產生改變，而這時如果我們還以為這統一規則或基礎存在著，將是另一糾結混亂現象的開端。所以，維根斯坦說：「哲學不干擾語言的實際使用；它只能描述語言。它也不能提供語言任何基礎。它保留每一事物的原貌……」（*Wittgenstein, 1953: 49e*）。這樣的哲學是謙遜的，這謙遜來自對生活世界中各種規則（包括語言）之自主活潑性的認識，此時哲學家只是世界的觀察者而非統治者。

六、語言遊戲說之中的教師圖像

維根斯坦哲學裡的語言遊戲說，讓我們更鮮明的認識了概念的靈活性、意義與脈絡密切相連，以及人作為規則的遊戲者等等事實。這些事實對教師任務或教師圖像的思考極具價值，闡釋如下。

（一）全新面貌的發現者

維根斯坦強調哲學家應脫離實指定義的僵化語義概念，並重視概念之活潑性和全新意義的發現。對一位教師而言，他的核心任務之一，

也在為教材、教法及學生尋找多元風貌。其中特別重要的是教師必須瞭解自己應作為學生之多樣才能的辨識和觸發者，同時他也是學生行為之複雜、深層根由的溯源者（例如，有經驗和謹慎負責的老師都知道學生的「好」行為可能來自「壞」根由；而「壞」行為可能來自「好」根由）。維根斯坦建議我們拋開以單一方式來理解概念的習性，如果我們把他在前文中的一段文字稍加改寫，可以得到有關教師任務一個意味深遠的啟發：

> 在教育中，人們經常傾向採用某個單一的角度來理解一個學生。我的做法則是指出甚至是發明理解一個學生的別種才能的方式。我所想到的你可能從沒想到。你認為學生只有一種可能，或者頂多只有兩種。但我讓你看到別的可能，而且我還使你瞭解，將學生限制在那些狹隘的可能性之中是荒謬的。透過這個認識，你教育上的痙攣將得以解除，驚歎於一個學生之才能的寬闊表現場域，並能靈活地協助他的各種不同發展。（畫線處為本文作者改寫）

（二）意義脈絡的指引者

維根斯坦認為字詞的意義在脈絡中才能完全顯現，因此「未說的」（what is unsaid）往往比「明說的」（what is said）還來得更加豐富，也是瞭解言說內涵之深意的關鍵。例如，幽默、文學和音樂的欣賞都是如此。對教師來說，此一論點可以提供許多教學哲學的啟發。首先，學生不理解教材，可能源於教師沒有把教材融入學生的生活脈絡，或者只是孤立的呈現教材而未能把教材從屬的意義脈絡完整的鋪陳、傳達。再者是脈絡的敏感性。教師必須體認自己的意義詮釋脈絡和學生的極為不同，教師覺得「有意義」而學生覺得「無意義」（或者相反）不僅可能、合理而且經常發生。這時教師應該避免意義的強制認定或否定，

而代之以不同意義之根源脈絡的說明，由此達到拓寬、深化學生之意義認識的作用，並加強其脈絡敏感性。最後，教師應當瞭解學生之「好」、「壞」、「有」或「無」價值，都是參照某一特定意義脈絡而得的。換言之，在某一脈絡（或生活型式）中無用或無價值的學生，在另一脈絡（或生活型式）卻可能珍貴無比（反之亦然）。作為教師的創造性之一，就表現在如何指引學生尋獲自己的意義脈絡上。

(三) 遊戲規則的駕御者

維根斯坦以遊戲的概念來理解語言，並深刻說明語言遊戲規則的依循、應用和變化的諸多面貌。透過維根斯坦的遊戲規則說，可以尋得描繪教師圖像的一個豐富切面。首先，教師是知識及生活之「規則的揭示者」，教師應該用心體察各種不同脈絡之中的運作規則，教授學生如何發現這些規則，預防他們因為不瞭解規則而在學習知識或生活的過程中挫敗甚至於「失能」。其次，教師也是「規則的詮釋者」，他不僅說明規則有哪些，還注重在變幻的脈絡中呈現規則的意義、力量、彈性和限制。換言之，教師不脫離脈絡來描述規則，如此可避免對規則產生僵化的認識。教師也是「規則的傳遞者」，教師除了採用語言介紹，更注重以行動說明如何及為何遵守規則；不在行動中被依循的規則，終將走向廢退的命運，失去傳遞的必要和可能。規則在任一個特定的時空點上雖是固定的，但其依循的方式卻有無盡的可能，這是規則必須透過依循的行動來傳遞的另一重要理由。規則是人為了認識和生活的目的而建立的，當其不再能符合認識和生活的目的時，被修改、廢棄的可能是存在且必需的，創新規則以補救舊有規則之不足亦屬常見。換言之，在時空的長河裡，我們將見到的是規則的流動面貌。瞭解了這點，教師不該作規則的僵化守護者或唯唯諾諾的依從者。審時度勢，敏於察覺規則的限制和缺陷，並勇於做出修正與創新，乃是教師作為「規則的駕馭者」而不為奴的應有形象。

七、規則的超越者：結語

葛雷林（A. C. Grayling）略帶嘲諷地說（*Grayling, 1988: 119*）：維根斯坦將永遠被視為哲學界的一大名人（a great personality），不論其是否被後世尊為一位偉大哲學家。維根斯坦的家世、恩師和天分的「高度」，使他成為超越規則的人；超越規則的「不俗」傾向是他醒目的原因之一。富可敵國的家境使他可以毫無後顧之憂的追求自認為有價值的生活。例如：當他在曼徹斯特學航空時，課餘和一位朋友相約到度假勝地布雷克蒲（Blackpool）去旅遊，但到了火車站發現火車已經離站，他竟建議包租一列火車趕去（*Strathern, 1996: 13*）；當航空的研究導引他到數學哲學的探索時，他可以為了哲學而放棄工程學，考慮的只有興趣，沒有常人眼裡的前途；當他在劍橋大學求學，覺得需要一個沒有俗事干擾的寧靜思考環境時，立即毫無顧慮的來到挪威，住進偏遠山區的小屋。凡此種種都具體而微地說明維根斯坦如何超越一般人必須接受的凡俗限制和規則；而他在這方面的「超越」，和家境富裕息息相關。更幸運的是，當維根斯坦到了劍橋大學，羅素和莫爾這兩位哲學巨人的惜才，使他可以一再打破學界規範，得到最為寬闊的學術翱翔天空。如果說「沒有羅素和莫爾，就沒有哲學上的維根斯坦」，可能一點也不為過。當然，維根斯坦透視現象的天分、追根究柢的執著和跳脫既有定規的「不俗」衝動，也是他所以能成為 20 世紀哲學革命之主要推手的原因。

作為學生的維根斯坦因為有家庭和恩師的扶助，天才得以開花結果。但作為老師的維根斯坦是學生過度敬畏、崇拜的對象；學生在維根斯坦的教導下，主體性微弱。維根斯坦見到的學生是透過他的濾光鏡後現出的模樣，失去飽滿的顏色，甚至有強加的色彩。維根斯坦的自信（或偏執），使得他作為學生之「全新面貌的發現者」和「意義脈絡的指引者」的功能不彰。維根斯坦作為規則的超越和駕馭者的能力是令人敬佩的，但是不是所有學生都要和他走相同的路徑，似乎是他未曾認真

思考過的問題。

Glock, H. J.（1996）. *A Wittgenstein Dictionary*. Oxford: Blackwell.

Grayling, A. C.（1988）. *Wittgenstein*. Oxford: Oxford University Press.

Monk, R.（1991）. *Ludwig Wittgenstein: The duty of genius*. London: Vintage.

Schulte, J.（1992）. *Wittgenstein: An introduction*.（W. H. Brenner & J. F. Holley, trans.）New York: State University of New York.

Strathern, P.（1996）. *Wittgenstein in 90 minutes*. London: Constable.

Wittgenstein, L.（1953）. *Philosophical investigation*.（G. E. M. Anscombe, trans.）Oxford: Blackwell.

Wittgenstein, L.（1969/1974）. *On certanity*.（D. Paul & G. E. M. Anscombe, trans.）Oxford: Basil Blackwell.

Wittgenstein, L.（1982）. *Last writings on the philosophy of psychology*. Vol.1（G. E. M. Anscombe, trans.）Oxford: Basil Blackwell.

23

赫胥黎的教師哲學圖像
——生命自由的適度展現

—— 歐陽教、曹孝元

　　學生有權在受教歷程中去選擇開展各種生命的可能性。教師所應善盡的責任乃在於提供學生適切的指引跟方向，但不為學生做下任何決定，放手讓學生去體驗生命的喜怒哀樂、驕傲與挫敗，才真能讓學生認識並暸解生命的真諦。

一、生平簡介

阿道斯・赫胥黎（Aldous Leonard Huxley, 1894-1963）是英國小說家，生於英國，逝於美國。赫胥黎家學極為淵源博厚，祖父為 19 世紀著名生物學者，湯瑪斯・赫胥黎，即《天演論》之作者；其父為英國散文作家；其兄為近代生物學者。赫胥黎年少時原欲攻讀生物學，就讀伊頓公學時患角膜炎，雙眼幾近失明，遂放棄心願。兩年後藉由放大鏡閱讀，進入牛津大學就讀英國文學與哲學，於 1915 獲得學位，1919 年成婚。

赫胥黎於 1932 年出版《美麗新世界》（*Brave New World*）一書，被譽為代表 20 世紀自然科學與社會科學互相衝擊的巨著，該書與《一九八四》、《我們》二書共稱為「20 世紀三個負面的烏托邦」，並於 1959 年獲得美國文學藝術學會頒給小說獎，是英美文壇之重要角色。《美麗新世界》是他早期的代表著作之一，27 年後他又針對此書出版了《再訪美麗新世界》（*Brave New World Revisited*），重新對當時社會做了深刻的描述。其小說對現代空虛的生活與虛假的藉口做了精彩的批評。《美麗新世界》的內容是以難堪諷刺地描寫科學的集體性未來生活。他預言，由於科學的控制與制約，人類不是變成嬰兒就是發瘋。而在《再訪美麗新世界》一書，則是再次對當時世界做了深刻入裡的描寫與直接的批評。

赫氏博覽群籍，涉獵至廣且才氣縱橫，小說題材之獨特與內容之包羅萬象，實非一般小說家所能企及。小說是他表達思想的架構，而非生活經驗的闡述。他生長在一個人類面臨科學文明之威脅以及二次大戰對世界和平希望幻滅的時代，終其一生都致力於追求宗教之幸福及人類之和平的理念（黎陽，1969：3-5；劉森堯，1994：1-3）。或許對教師而言，也能從其思想汲取出可貴的啟示。

二、核心思想

(一) 反對集體主義與科學對人性本質的扭曲

　　生於 20 世紀前期的赫胥黎，相信物質科學只能摧毀生命，或使生活變得不可思議的複雜與不適，但除非這些物質科學被用來當作工具，否則它便不能改變人的自然本性，以及生命用以表現其自身的方式（劉森堯譯，1995：14）。

　　在他所描述的「美麗新世界」中，社會採取集體主義的領導方式，以制約及催眠的科學途徑控制人民，讓人們去愛不得不做之事而毫無怨言，藉由制約反應，讓人們相信目前所處的環境是至善的，個人存在之目的就是為了讓社會進步（Huxley, 1932）。

　　在強調「社會穩定性」的大前提下，沒有個體可以自由地成為自己，因為自由就等同於沒有效率，為了社會穩定，自然也就沒有個人自由言論可言。在這套穩定社會制度的背後，它預設了穩定就是至高之善的前提。強調穩定的人認為，穩定雖不如不穩定那麼壯觀，也不像在不幸中奮鬥那樣光輝燦爛，也沒有熱情或懷疑那般精彩生動，但那只能說明，穩定所帶來的快樂不永遠是偉大的，但它卻是對人們最好的。過往的文明所記載的高貴與英雄行為，只是一種政治缺乏效能的症狀，只有在有誘惑或需要抗拒的時候，才需經過極大的努力與長年的道德訓練，讓人能抗拒誘惑而產生高貴的行為。但在美麗新世界，只要幾片化學藥物[1]就能解決所有的道德問題。為了避免有人誤入歧途而影響社會穩定，所以採取了不理想的方式：以藥物控制來監管個人的行為，避免個人的離經叛道危害了整個社會（Huxley, 1932）。

---

[1] 美麗新世界發明了一種治療人類不快樂的靈藥，名為蘇麻，當人們感覺失落或悲傷，只要依據負面情緒的強度來服用蘇麻的劑量，就能解決不快樂所伴隨而來的道德問題。

在集體主義的社會，人們沒有自己的聲音，因為社會穩定性的重要高於一切，同時，它也抹滅了人性的本質（*Huxley, 1932*）。總的來說，赫胥黎所描述的美麗新世界中，那些被毀棄、陳舊而美好的社會制度有三。

首先，是婚姻與家庭制度的瓦解。因為人們徹底受制約，為了維持國家社會的和諧穩定，不再有婚姻家庭制度，人類自古以來最重要亦最根本的情感聯繫機制，在「美麗新世界」裡消逝無蹤，人類不再是「情感性」的存在，而是「本能 — 反應式」的存在。

其次，是文字與知識的毀棄。為了社會穩定，代表科學的真和代表文學與藝術的美必須一概摒除，因為這些知識內容極可能毀壞社會的和諧，只要人們擁有感官的快樂與刺激，並不需要真與美的知性服務，穩定的快樂即社會的至善，文字與知識最核心的價值傳遞功能，全然喪失殆盡。

最後，則是消滅人類精神生活所依賴的支柱：宗教。此處的宗教泛指一種對世界的敬畏態度。「美麗新世界」的人們因為有化學藥物的治療，沒有任何精神上或道德上的問題，不會生病也不會畏懼死亡，宗教成為多餘的社會制度。人們的快樂建基在物質與肉體上，卻缺乏心靈與精神上的滋潤。當然，這些人或許也「誤以為」自己擁有精神上的富足。

在這個扭曲人性本質的美麗新世界，人們最終連感覺到自己強烈的情感都覺可怕，在工作時是成年人的理性腦袋，在情感和慾望的表現上卻成了無行為能力的嬰孩，從而人類也就在過程中喪失了人性本質而渾然不察。因此，赫胥黎認為我們應該反對集體制度並明智地運用科學，使人類成為自由個體組合的人類，而不是以科學為目的，使人類成為科學的手段。否則，我們就只有兩條殘酷的選擇，一個是軍國主義的集權國家，面臨文明毀滅的威脅；另一條則是一個超國家的集權國家，由急速的科技進步與原子革命而促成，這個國家在「效率」與「穩定」的需求下，發展成為「烏托邦式的享樂暴政」（*蔡伸章譯，1977：27*）。

(二) 強調個人承擔成為自己的自由與風險

　　由於在美麗新世界的穩定社會裡，眾人能得到他們一切想要的，他們不再生病、不再懼怕死亡，沒有來自家庭與父母親的傷害，沒有所謂的愛情讓他們發生強烈的情感，他們所做的事情都是心甘情願的，過著幸福快樂而穩定的生活。隨著過度組織化的制度而來之結果，是抹煞了個體的個性與價值，個人必須犧牲自由以配合社會運作的穩定和完美，個人淪為動物性的制約反應，終日只為祈求衣食溫飽和肉體上的享樂（*Huxley, 1932*）。這看似是給予了人們快樂，實際上是沒收了人性自由，而人類本性中最珍貴的特徵之一，莫過於精神的自由。或許「美麗新世界」創造出一個真真實實的「理想烏托邦社會」，但烏托邦社會絕對不能建立在人類缺乏自由的狀態下，因為根源於人類本性中的「自由」遠比烏托邦更重要。

　　也許集體主義者主張穩定可以使社會順利運作，追求「真」與「美」就無法做到讓社會穩定發展，因為沒有任何事情是可以毫無代價地獲得，快樂也必須付出代價（*Huxley, 1932*）。確實，一切好的價值都需要付出代價，但赫胥黎認為癥結在於價值取捨的優先順序應該為何。社會穩定與個人自由都是人類重視的，當兩者間必須有所取捨時，不該處於全有或全無的狀態，只考慮社會穩定而罔顧個人自由，會危害到個人存在的價值；反之，只重個人自由，亦會傷及社會的穩定運作。而集權主義就是犯了「穩定『全有』，自由『全無』」的問題。

　　就人類自由的本質而言，每個人有選擇做什麼與不做什麼的權利，無論悲喜。正如故事主角之一的柏納德（Bernard）所言：

> 　　我願意做任何事。我寧願不快樂，也不要你們這裡這種虛假的快樂（劉森堯譯，*1994：171；Huxley, 1932: 145*）。
> 　　我寧願是我自己，是自己難過也不要是別人而快活（劉森堯譯，*1994：85；Huxley, 1932: 78*）。

人類本質除了情感的自然流淌之外，亦有選擇行動的自由意志。故事的主人翁約翰（John）批評穩定社會中的人們只想做嬰兒，而不想做人，連什麼是人的自由都不曉得。當人遭逢無情命運的惡劣打擊，通常會採取忍受或反抗它的反應，但美麗新世界裡的人，卻兩種反應都放棄，既不忍受亦不反抗，根本就活得太輕鬆自在而無所謂（*Huxley, 1932*）。

身為一個人，本來應有選擇行使何種行為的權利，即便該行為會對個體造成苦痛或者不堪的回憶，也都該讓個體經由抉擇去親身體驗，只為了社會的穩定而沒收個人自由，讓人沒有機會自由地成為自己，是剝奪了人類與生俱來的自由權利。儘管自由選擇背後可能潛藏著極大的風險，赫胥黎仍舊相信人類應該有自由跟權利去承擔這一切愉悅與苦痛、善良與邪惡。一旦社會像美麗新世界一樣，將科學進步當成目的，反把人類當成了手段，致使科技發展造成的是人性本質的扭曲與荒蕪墮落，那麼科技就不再是來自人性，不但無法關懷人性，反而壓抑了人性。

人人看起來都快樂又如何？它是重要的嗎？如果每個人擁有與呈現快樂的方式、型態都一模一樣，無法照自己的想法讓自己開心，心靈精神上的快樂仍舊存在嗎？因此，自由的本質即是有權去抉擇，與快樂與否無關，所以一個有自由的人也有權去要求不快樂，有權去享受人生每個階段的喜樂苦悲，像是心智的成長與衰老、外貌的美麗與醜惡，即便是隨時為未知的明天而擔心，為許多說不出口的痛苦所折磨，那也是自己最真切的生命體驗，旁人無權剝奪！

三、赫胥黎理想的教師圖像

(一) 重視自由價值的啟蒙教育歷程

西方文明對理性和自由的嚮往與肯定，是自啟蒙運動時代而來的產物。但在科技不斷發展的情況下，有些集體主義獨裁者卻利用科學進

步來倡導社會穩定的重要性，以一種扭曲變形了的「領導者理性」去控制「眾人自由」，美好的烏托邦尚未得見，如夢魘般的美麗新世界卻早一步來臨。獨裁者之所以膽大妄為，所自恃的就是過分相信自身的理性力量，欠缺謙遜的態度，故將自以為是的錯誤理性加諸在個人身上，相信只要有穩定的社會就有快樂的個人，忽略了更重要的人性本質：自由。

　　伴隨這種自大驕傲而來的，是領導者將自己的意志，建築在剝奪他人自由的基礎上，集體的價值重於一切，沒有個體自由。此種錯誤的進步觀，導因於對啟蒙進步價值的錯誤認識。啟蒙進步觀的主體所指涉的對象雖然是全人類，但是全人類的進步必須來自於無數個個人自由所組合而成的進步，不能單從社會整體進步的面向來檢視啟蒙價值的實現。亦即，赫胥黎所批判的是啟蒙進步觀的主體錯置，集體主義把主體的「個人」錯置成了「社會」。美麗新世界根本上未能走向成熟，反而趨於退化即導因於此。

　　此外，赫胥黎亦對當時過於相信環境力量的教育學者進行批判，例如心理學家 B. F. Skinner 相信環境的力量高於一切，存在於人類內心本性中的心智與天賦之影響力，無法勝過環境的主宰力量。雖然社會的每一個人都受到地域及社會環境的影響，但社會中的每件事情仍是由個人所完成。當時的社會倫理認為，後天的教養在決定人類行為及性格上，具有舉足輕重的地位，與生俱來的身心特徵，是一種無關緊要的因素。赫胥黎強調，生物遺傳性的重要不輸後天環境，每一個人在生物的觀點上都是獨一無二的，從生物進化的角度觀之，進化層次愈高的動物，個體間的生物歧異性愈大，若只將注意力放在可理解的人類行為之環境因素，可能會教育出許多「人云亦云」而「盲目迷惘」的社會大眾。反之，提供自由的教育可讓人處於一種良好的健全狀態，避免統一化的思想或制度帶來的極大不幸（蔡伸章譯，1977：139-145；Huxley, 1965: 79-83）。

　　班級亦如一個小社會，教師有如社會中的領導者，假使教師總是將自己的價值觀與好惡投射在學生身上，將班級整體的表現當成唯一的

追求目標，很容易忽略了學生個體的自由與價值。教師期待班級表現進步是合情合理的，但應該要先照顧到每一位學生的自由，假使教師以控制或催眠的方式灌輸學生單一的信念價值，剝奪了學生自由選擇的空間，無異是從學生身上扼殺了人性中最可貴的自由精神。

以環境與生物個殊性的角度切入，Skinner 確實所言不假，環境對人的影響力的確不容小覷，教育者是應該提供優良的教育環境，因為理想的制度與環境可以為我們節省許多時間與心力（王映橋、栗愛平譯，1990）。但赫胥黎批判的是那些只重視「良好環境」而侵犯「個人自由」的社會制度。人類是一種社會性動物，但卻不僅於此。對個別的白蟻來說，盡心地貢獻於白蟻窩就是牠最完美的自由，但對人類而言，他們只是適度地合群，人類社會並不是像蜂窩或蟻巢一樣的純粹有機體，人類社會是一種供集體生活之用的機制，社會文化的力量再大，最底層的個人仍會有所差異（蔡伸章譯，1977：146；Huxley, 1965: 84）。

因此，我們應提供一種為自由的教育，注重現實與價值，承認個人多樣性及遺傳獨特性的事實，建立自由、容忍以及互愛的價值，但不幸的是，平靜的真理往往為動人的謬誤所壞，訴諸激情的力量時常會毀了我們正確的決斷（蔡伸章譯，1977：148；Huxley, 1965: 85）。由教師所決定的快樂，在本質上是有著問題的，因為人們擁有自主學習的權利，而非由自認為守護者的人們來保護他們，免於那些加諸於他們身上的不快或困難，而是要讓他們使用自己的方式去自由地體驗（Tubbs, 2005: 248-249）。所以，教師不應以任何不正當的理由，要求每個學生達成某些教師設定的目標，因為每個人都有不同的目標要完成，如此，方符合理性啟蒙的自由教育精神。

（二）給予學生實驗自我生命的可能

所謂的啟蒙理性是指行為主體能運用自身的理性進行各種決定，由教師安排、規劃的價值，不能等同於學生的價值。教師可以有自己的價值預設，但不能有強制性的規定來為學生決定一切。

從師生教學的關係來檢視，學生扮演的角色相對於教師而言，確實是一個學習者與被指導者，但這不代表學生的自由可以被教師剝奪，學生就不能有為自我做選擇的機會。原因在於，每個人的生命與意義都只屬於自己，生命意義感必須藉由自身的自由抉擇才得以開展，教育的目的即是要讓學生成為他們自己（*Tubbs, 2005: 245*）。設若我們深信自由在人性中的價值，一旦學生的行為是由教師所決定，那麼學生將陷於一種被決定的狀態，是教師對學生的自由意志與自立能力的沒收。沒有自由，就沒有道德或責任可言，因為凡事都已被決定，學生所要做的，唯遵從教師之決定而已，教育場域中的道德生命與意義亦不復可見。

　　為了開展個體生命的意義感，教師應該讓學生能有看到生命其他面向的機會。目前，由於教育制度的僵化與社會給予的不當壓力，教師多半僅提供一套價值觀給學生，例如升學主義。學生對於老師的價值觀無從置喙或改變，即便這套價值觀符應了社會一般價值與家長需求，但也同時窄化了原本應該寬廣多樣的生命。生命本質應該是多樣性的存在，為了不偏離人性本質，在學生差異性存在的前提下，教師自然應提供更多樣化的價值觀，適時地與學生的內在需求遙相呼應，才有可能在教育歷程中豐富學生的生命樣態。

　　作為社會責任的承載者及培養者，教師有時很容易陷入自傲及武斷的錯誤，以為沒有自己，學生成功的機會渺茫，但這種由教師決定的教育方式對學生而言，是虛偽且壓抑人類本質的，反而可能擾亂了學生自然的生命秩序（*Tubbs, 2005: 257*；林逢祺，*2006：127*）。又或許，具備主動權的教師會認為，自己所提供的信念是對學生有益處的，將來學生必然懂得感激老師的一番苦心，但事實果真如此嗎？首先，每個人的內在天賦予需求都不盡相同，教師何以論斷自己預設的價值信念可以作為每個學生的楷模？教師是全知全能的嗎？其次，即便學生是因尚未成熟而無法明瞭教師的美意，但沒有嘗試過別種價值抉擇的教育經驗，學生的感受會是發自內心的真實嗎？學生應該踏在自己選擇的路途上，而非教師選擇的路途上，即使學生所選的路途上充滿荊棘坎坷，也是學生心甘情願的抉擇。學生有權要求快樂，當然也有權要求痛苦，即使那痛苦或快

樂還未得以見於當下，教師仍應尊重學生的選擇，教師所該做的是一種
價值引導而非價值決定，否則將造成學生生命意義的失落，以及人性自
由精神的頹圮。

四、教師圖像的教育反省

(一) 兼重個體之多樣與社會之穩定

由於赫胥黎眼見世界的混亂乃肇因於集權主義的氾濫橫流，所以
反對領導者以社會穩定為口號，只信奉後天環境之力量，忽略了人類內
在價值的精神與心靈自由。每個時代都有不同的課題，反觀今日，自
由主義成為西方文明的主流價值，當前社會已走向極為自由發展的社
會，但走至極端，亦容易墮入相對主義的泥沼，以自由之名而妨害了社
群的利益與價值，最終造就一個缺乏道德理想的非道德化社會（*Phillips,*
1997）。此現象，也是當代社群主義對自由主義所呈顯出的原子式個人，
所提出最猛烈的批評。

在價值取捨上，社會穩定與進步的共同感是吾人所求，個體自由
的選擇亦為吾人所愛；社會應有共同的願景與理念，個人也應有合理的
自由去顯示其獨特的多樣性生命。無論是社會或個人，我們都不應有所
偏廢，社會的穩定立基於個人自由精神的昂揚，開展個人自由而不危害
社會的穩定與秩序。臺灣自 1987 年戒嚴解除以來，自由多元的精神在
社會各層面中顯現，但也逐漸取代社會穩定秩序的價值，反而讓個人自
由擴張得太過。若教師的理想圖像應顧及並符合時代潮流，在赫胥黎的
時代需要提高對個體自由的重視，而今日的我們則應重新提升對社會穩
定價值之重視。

(二) 顧及實驗生命之前提：自律與嚴重性

每個人都有權利在教育歷程裡去拓展自己生命的深度，教師不該

儼然以「監護者」的身分出現在學生眼前，剝奪其自由來為學生決定一切，讓學生無法親身實驗自己的生命。但是，教師能夠無限度地讓學生去實驗自己的生命嗎？

首先，教師必須考量學生自律能力是否足夠。由於自由與自律是兩個有邏輯必然關係的概念，如果提倡自由而不涉及自律的概念，將會是一種沒有道德與教育意義的自由（歐陽教，1998：103）。因此，教師在給予學生自由空間去實驗生命之前，應評估學生的自律能力是否已達某一水準，若無條件地讓學生去自由地實驗生命，恐流於無律的放縱行為。亦即，給予自由實驗生命的權利，應配合學生一定的自律能力，才不致喪失教育意義。

其次，教師需考慮實驗後果的嚴重性。教育與自然科學實驗最大的差異在於，自然科學研究的材料多半可以丟棄重新再做，但若教育失當，時過境遷卻是無法彌補矯正的（賈馥茗，2003：302）。因此，就某個程度上來說，教育生命是無法重新來過的，有些人的失敗可以轉化為經驗的學習或智慧的成長，但有些挫敗卻可能會造成學生終身的陰影。因此，當教師眼見學生試圖以危險性極高的方式去實驗生命時，應當適時阻止或勸導，必要時甚至該強力介入。例如，當學生想以吸毒來實驗生命時，由於後果將嚴重到不堪設想，教師應直接加以阻止。但老師往往犯下的錯誤是，將學生保護得太過，讓他們成為溫室裡的花朵，雖是細心呵護照顧，但同時也使學生失去了練習在挫折逆境中成長茁壯的機會。再者，也許老師眼裡的逆境，說不定是學生樂於去承擔或享受的。

五、結論

在赫胥黎冷酷而諷刺的小說底下，其實潛藏著對人類自由本質的極高度尊重。科學進步雖使世界看似更為進步，但應該避免科學的進步成為對人性的迫害。科學本是工具，人類才是目的，以人類為手段去達成社會進步的目的，根本是本末倒置的做法，實不足取。

教育的目的即是在開展人類的本質，而具備高度人性本質的「自

由」必然是教育的核心要素。身為教師者，很難完全以學生的角度來判斷事情，所以往往會為學生做下教師自認為最合理的決定，但卻罔顧了學生自由選擇的權利。教育不能重來，生命意義也只屬於學生自己，學生有權在受教歷程中去選擇開展各種生命的可能性，跌跌撞撞也好，一帆風順也罷，教師所應善盡的責任乃在於提供學生適切的指引跟方向，但不為學生做下任何決定，放手讓學生去體驗生命的喜怒哀樂、驕傲與挫敗，才真能讓學生認識並瞭解生命的真諦。

赫胥黎試圖在他的時代為「自由精神」與「穩定進步」中求得平衡，教師同樣應該為這兩個價值在教育過程中找到平衡點。一如美麗新世界一書的引言所說：完美愈多，自由就愈少。兩個價值究竟應該如何取捨，乃是每個時代的教師都應該思索的重要課題。

參考書目

王映橋、粟愛平譯（1990），B. F. Skinner 原著。超越自由與尊嚴。臺北：遠流。

林逢祺（2006）。現代教師的教育哲學座標。載於但昭偉（主編），教師的教育哲學（頁 125-132）。臺北：高等教育。

賈馥茗（2003）。教育認識論。臺北：五南圖書出版公司。

歐陽教（1998）。教育哲學導論。臺北：文景。

蔡伸章譯（1977），A. Huxley 原著。再訪美麗新世界——現代文明的危機。臺北：志文。

黎陽譯（1969），A. Huxley 原著。美麗新世界。臺北：志文。

劉森堯譯（1994），A. Huxley 原著。美麗新世界。臺北：桂冠。

Huxley, A.（1932）. *Brave New World*. London: Granada.

Huxley, A.（1965）. *Brave New World Revisited*. N. Y.: Harper & Row.

Phillips, M.（1997）. *All Must Have Prizes*. London: Warner Books.

Tubbs, N.（2005）. The Master. *Journal of Philosophy of Education, 39*（2），243-263.

24

柏林自由概念中的教師圖像

—— 周愚文、黃啟倫

經由尋繹柏林自由觀念的啟示發現，無論是偏向學生積極自由的開展，或是傾向學生消極自由的保全，皆利弊互見，故教師不僅應該加以明辨，且不宜以任何一端作為學校教育的唯一依歸。至於兩者間分寸的拿捏，則須以「人性最基本的需求」為圭臬。

一、柏林的生平簡介

英哲柏林（Isaiah Berlin, 1909-1997），是 20 世紀英國自由主義（liberalism）的代表人物之一。他在 1909 年 6 月誕生於沙皇統治下的里嘉（Riga[1]），是一名猶太富商的獨子（高毅、高煜譯，2001：16-18、24-25）。富裕的家庭背景，使其兒時得以安然度過德俄在一戰期間的兵馬倥傯、兩次俄國革命的流血暴戾以及列寧政權的專橫壓迫，並於 1921 年 2 月隨雙親移居倫敦（高毅、高煜譯，2001：30、35、42、46）。然而，即便能在動盪不安的時局中全身而退，暴力革命與威權統治的恐怖，還是在他幼小的心靈中，蒙上難以抹去的陰影。

剛到英國的柏林，一句英文也聽不懂，對於英國的文化，更是所知有限（高毅、高煜譯，2001：48）。但在短短的一年後，柏林便考進英國九大公學之一的威斯敏斯特中學（Westminster School），足見其進步之神速。不過，由於該校的反猶氛圍，柏林遂放棄入學，另再投考同樣是九大公學之一的聖保羅中學（St. Paul School）。1922 年 6 月，柏林如願進入聖保羅中學就讀，可是，他這次卻出人意料地在獎學金考試中失利（高毅、高煜譯，2001：57-58；Hardy, 2004: 695）。在聖保羅中學期間，柏林表現優異，深受老師們的賞識，不僅兩次位居年級榜首，更在畢業的時候，獲頒該校的特魯羅獎（高毅、高煜譯，2001：58、65）。

1927 年 12 月，柏林獲得牛津大學聖體學院（Corpus Christi College, Oxford）的錄取，開始其繽紛炫目的大學生活（高毅、高煜譯，2001：68；Hardy, 2004: 695）。這段期間，柏林除了見識到形形色色的人物外，對於各個領域亦廣泛涉獵（高毅、高煜譯，2001：68-69、71-72、74-77、80-81、84）。更重要的是，在哲學老師 F. Hardie 的啟蒙下，英國的經驗

---

[1] 里嘉（Riga）現為波羅的海國家拉脫維亞的首都。

主義哲學逐漸在柏林的思想中紮根（高毅、高煜譯，*2001：73*）。1931 年 11 月，柏林還榮獲心靈哲學的約翰‧洛克獎（高毅、高煜譯，*2001：84；Hardy, 2004: 696*）。

1932 年夏天，柏林自牛津大學畢業，同年 10 月，旋即在牛津大學的新學院（New College, Oxford）擔任哲學講師（高毅、高煜譯，*2001：86；Hardy, 2004: 696*）。不過，這份教學工作，為時甚短，因為該年 11 月，柏林便通過牛津大學萬靈學院（All Souls College[2]）的甄試，成為該院有史以來第一位猶太人（高毅、高煜譯，*2001：89；Hardy, 2004: 696*）。柏林在萬靈學院一直待到了 1938 年 10 月，那年，他正式獲選為新學院的研究員（高毅、高煜譯，*2001：92；Hardy, 2004: 696*）。柏林曾表示，在萬靈學院的六年時光，是其一生中最快樂的歲月，因為在那兒，他渴望結交朋友、喜好與人漫談、愛打聽內幕消息的特性，全都得到充分地舒展（高毅、高煜譯，*2001：92*）。

而柏林也確實善於交際，對任何人都可以無話不說；並且妙語如珠，很會用風趣言談討人歡喜（高毅、高煜譯，*2001：6-7、10、71、97-99、126*）。這種過人的社交天賦，使他在二戰爆發後，被派往美國執行情報工作，穿梭遊走於美國各大工業組織、新聞界與政壇之間，據此分析美國的輿論走向，以供英國情報局、外交部與駐華盛頓大使館作為決策參考（高毅、高煜譯，*2001：152-153、161、164-165、169-171*）。二戰結束前夕，柏林則又被短暫安排至英駐莫斯科大使館，撰寫有關戰後美蘇英三邊關係的報告（高毅、高煜譯，*2001：201*）。在這段出使俄國期間，柏林藉機探訪了他在莫斯科的親戚以及名詩人 A. Akhmatova。可是，他們卻一一因為這段往來而招致史達林的迫害，無一倖免（高毅、高煜譯，*2001：254-257*）。

在「我不殺伯仁，伯仁卻因我而死」的悲憤中，柏林回到了英

2　萬靈學院（All Souls College）是牛津大學34所學院中，唯一沒有學生、僅聘傑出學者擔任研究員的學院。該院在英國甚至有「學術天堂」之稱（高毅、高煜譯，*2001：89*）。

國,並開始悉心竭力於西方思想史的研究,意圖藉此揭破一元主義
(monism)的虛幻,從而力證多元主義(pluralism)的真實以及自
由選擇的重要(高毅、高煜譯,2001:256)。在近耳順之年時,柏林則再
次展現其令人驚羨的社交手腕,親手創建了牛津大學的沃爾夫森學院
(Wolfson College),成為唯一在身後留下按自己理想打造公共機構的
哲學家(高毅、高煜譯,2001:413)。1997年,柏林長眠英倫,結束了他傳
奇的一生。

綜而言之,孩提時期,在俄國,所鏤刻下的負面記憶,可謂是埋
下了柏林自由主義思想的「種籽」;求學階段,在英國,受益於其經驗
主義傳統的薰陶,令柏林對於「完美社會」的質疑更加堅定,不啻是該
種子得以生根、滋長的「壤土」;二戰末期,在俄國,二度體驗到極權
主義的獨斷霸道與斷喪人性,則是刺激該思想加速枝繁葉茂的「激素」。

二、兩種自由概念

「兩種自由概念」(Two Concepts of Liberty)是柏林在1958年榮
膺牛津大學齊契利講座教授(Chichele Professor)時所發表的就職演
說。當代著名的法哲學家與政治哲學家 R. Dworkin(1991: 100)即評讚
該演說「在『自由』這個概念上的精闢剖析,對於當代政治哲學的復
甦,具有舉足輕重的影響。是以,時至今日,它仍為大學課堂中所必讀
的重要文獻之一」。

依柏林(1969: 121-122)之見,「自由」這個概念,具有「消極」
(negative sense)與「積極」(positive sense)兩種最根本的意涵。這
兩種意涵間,不僅存在著非常大的歧異,在現實世界中,甚至時常出
現衝突與消長(Berlin, 1969: 132)。然而,絕大多數人對於隱沒在這兩種
自由意涵背後的深遠差異,卻是渾然不察,以致總把這兩種自由觀點
混為一談。比方說,「政治民主了,臺灣自由了」,這句口號中的「自
由」,僅僅意指著「積極自由」,而不包括「消極自由」。事實上,若按
柏林(1969: 162-163)對於19世紀歷史的觀察:積極自由可能摧毀消極

自由；為民所治，個人不必然擁有自由。換言之，政治民主了，消極自由反而是減少的。例如今日，新聞媒體不就常假「社會大眾有知的權利」為由，肆無忌憚地去侵犯、披露某些公眾人物的「個人隱私」。易言之，柏林之所以要大費周章地闡釋兩種自由概念的差別，為的正是要向世人說明：人們追求自由，並不會都朝著同一個終點邁進，而可能會有兩種截然不同的航向。至於前往何方，就繫於個人所嚮往的自由，究竟是消極意義的自由，還是積極意義的自由了。

首先，就自由的「消極」意義而言，它意味著：我在某一事務上的行為，若能「免於任何他人的干涉」（free from），我就是自由的（*Berlin, 1969: 121-122, 127, 131*）。例如，對於過年領到的紅包，我無須在處置它前，徵得父母的允許，即意指在紅包的使用上，我是自由的。

其次，就自由的「積極」意義而論，它意味著：我若能「做我想做的事，或成為我想成為的人」（free to do or be），我就是自由的（*Berlin, 1969: 121-122, 131*）。例如，在選填志願時，我可以依個人的志趣，而不是父母的期許，去選擇校、系，故我就是自由的。

不過，問題就來了，我「可以免於他人的干涉」（free from）與我「能做我想做的事」（free to），不就只是用消極與積極的兩種語氣，去對同一件事情，做正反兩面的陳述而已！消極自由與積極自由之間，真的會有什麼牴觸、扞格產生嗎？柏林是不是太過誇大了兩者間的區別？本文藉由下面的例子，或許就可解開上述的疑團，並一道說明柏林的區分不是在小題大作。

例如，英國倫敦今年（*2007*）出現了一個 99 公斤的 8 歲男童，足足是同齡孩子的三倍。俗話說：無風不起浪，年紀輕輕，就能擁有如此驚人的體重，絕對有其不凡之處。據報導（鄭寺音，*2007*）指出，該名男童在飲食上向來毫無禁忌，家中母親與外祖母完全恣其所欲，即使他薯條可樂，幾乎不離手；蔬菜水果，一概不沾口，也不加禁止或節制。換言之，他比起一般孩童，享有了更多的消極自由，也就是不受干涉的自由。

然而，由於其體型過度臃腫的關係，他走幾步路就氣喘如牛，穿

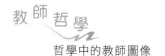
個衣服也左右掣肘，每天洗澡更困難重重。英國「國家肥胖症論壇」的主席，甚至對其家長發出嚴正警告：「假如再不管管他的飲食，10 歲以後，就可能會罹患糖尿病，20 歲出頭，心血管疾病就接踵而至，30 歲不到，可能就要與世長辭」。而政府社工部門也一度打算介入，懲罰其未盡責任的家人。換言之，他一方面雖享有極大幅度的消極自由，但另一方面，卻僅擁有寥寥可數的積極自由。原因在於，他根本無法像正常孩子一樣，自由地追趕跑跳，自在地更衣洗澡。更遑論他長大後，或許想成為一名除暴安良的警察，抑或是懸壺濟世的醫生。因為，當大家才剛開始要展開多采多姿的生命旅程時，他就已經要步向槁木死灰的末路窮途。是以，吾人如讓消極自由過度膨脹，日後在積極自由的運用上將可能大幅萎縮。

或許有人會覺得：這只不過是一個特例罷了！然而，古訓有云：「慈母多敗兒」，相反的，「嚴師出高徒」，不也都反映出類似的想法。

同理，積極自由的擴張，也往往預示了消極自由的限縮。因為，我「若想要」身體健康，我就「不能再」好吃懶動；我「若想要」有為有成，我就「不能再」好逸惡勞。易言之，在「我『若想要』怎麼樣，我就『不能再』怎麼樣」的因果邏輯中，「我想要幹嘛」，即象徵著我對某種「積極自由」的渴求，但「我不能再如何」，則意味著我對原有「消極自由」的享受，必須有所節制。是以，行文自此，兩種自由概念的矛盾對立，已十分清楚，而柏林的深識灼見，亦由此可知。

三、兩種自由概念的教師圖像及其反省

兩種自由概念間，既然呈現此消彼長的關係，吾人便可能從中推演出以下兩種教師圖像。

首先談第一種教師圖像。在中、西教育史上，旨在「實現學生積極自由」的教師圖像，都是出現得比較早的。常言道：「玉不琢，不成器」，就是此種教師圖像的典型代表。換言之，此種教師圖像確信，為了避免學生因縱情恣欲、玩歲愒時，而造成其日後不學無術、一事無

成，故對其一部分的消極自由，進行暫時性的限制，乃師者之本分。就如同，我若來不及或無法說服某人相信：「這一道橋就要塌了」，我就可以強行阻止他通過，因為我知道、我有充分的理由推斷：「他不希望落水」。

是以，旨在「實現學生積極自由」的教師圖像，通常也就假定：「學生受制於年幼無知以及盲目衝動，所以往往不瞭解他們的真正目標是什麼，也因而才不懂得去追求某些理想。為了他們的真正利益著想，為了他們的美好將來打算，對其施予任何的強制，也都是無可厚非」。惟此種教師圖像的危險，也同時蘊藏於這樣的假定當中。因為，一塊塊有待琢磨的璞玉，究竟要打造成什麼樣的器，若僅從匠師的情感、偏好、期待，以及其對人生的理解來決定，而不尊重每一塊玉獨有的質地與紋理，那麼學生的真實感受、需求、經驗與興趣，恐怕就會如柏林（1969: 171）所警示的，活生生地遭到支解。尤甚者，為了這些理想的達成，似乎犧牲再多的消極自由，都是值得的；似乎再怎麼失當的手段，都能夠被合理化。於是乎，「老師體罰你，是為了你好」；「等你長大，就會明白」；「等你長大，就會感激我」等教誨，才會長久以來迴盪在教育現場之中。

有鑑於只強調學生積極自由的教師圖像，極易產生「削足適履」與「為達目的而不擇手段」的危險，另一種旨在「保障學生消極自由」的教師圖像，遂應運而生，力圖另譜教育的新曲。俗諺有謂：「一枝草，一點露，不管是貓是狗，它們會有自己的天地」，就是此種教師圖像的最佳寫照。換言之，此種教師圖像肯定「生命是孩子自己的」，故對於學生的想法和願望均相當尊重。因此，教師的職責，根本不在強迫學生去學什麼，只要順著他們的意願去施教即可。

然而，千萬別以為，擁有了「不受任何干涉」的自由，就能夠「不受任何挫折」！誠如柏林（1969: liii-lv, 124-125）所道破的，自由的意義，對於一名英國學者而言，與對一個埃及農夫而言，是完全不同的。對於那些吃不飽、穿不暖、生了病、不識字的人，說要給他們自由，不讓政府去干涉他們，形同在嘲弄他們的落魄！因為，他們必須先獲得生活上

的幫助以及接受最基本的教育，而後才能「瞭解」他們所享有的某些自由，並進一步「善用」之。換言之，自由的行使，是需要足夠的或先決的條件。就好比《中華民國憲法》第 11 條，雖保障人人有著作、出版的自由，但對於那些目不識丁的文盲來說，此法卻是絲毫助益也沒有。因為，對於無力運用自由的人，自由又算什麼？若不先提升他們運用自由的能力，自由又有何價值？

　　討論至此，其實已不難發現，無論是側重學生積極自由的教師圖像，或是偏重學生消極自由的教師圖像，都不是一幅「完整」的教師圖像。這也正是為何國家既要「強迫孩童接受義務教育」，同時也「禁止學校進行不當體罰」的原因。因為吾人相信，「禁止不當體罰」比「野蠻的教養方式」來得好，「強迫孩童接受教育」比「任其無知，盲目追求刺激、逸樂」來得佳。而吾人之所以會做出這樣的判斷，按柏林（1969: 169）之分析，係取決於吾人對「人性『基本』需求[3]」的看法。例如，人都希望被尊重，希望成為自己生命的主人，希望自己的生活與目標，是出於自己的選擇，而不是迫於外在的力量，或淪為別人意志的工具。因為，這正是一個「人」，有別於一件「物品」、一隻「動物」、一個無法扮演人性角色的「奴隸」之處（Berlin, 1969: 131）。惟人在面對未知時，也有尋求指引的心理需求。而這樣的需求，在小孩子身上，又表現得特別強烈。是以，有過國中、小任教經驗的人都知道，老師倘若放任孩子自己決定，完全不加干涉，他們可能會有以下幾種情形出現：一是徬徨歧途，茫然失措；二是妄自菲薄，畫地自限；三是異想天開，不切實際；四是輕慮淺謀，一再出錯；五是恣意妄為，不問得失。學生若處於這幾種狀態下，老師還悉聽尊便、袖手旁觀，反而不是一件好事。因為，我們必先協助他們認識自己、瞭解社會，教會他們分析利弊、權衡輕重，他們才有可能真正清楚，自己想要的、需要的、必要的

---

[3] 值得說明的是，人性的「基本」需求，並不等於人性的「所有」需求，如：人也有趨樂避苦的天性。

究竟為何。要言之，「教育」的過程中，雖免不了要帶有「強迫」的成分，然這裡所謂的「強迫」，絕不是去規定他「應該要如何運用他的自由」，而是去促使他「能在進行自由選擇的同時，擺脫種種可能出現的障礙」。

若舉「井底之蛙」為例說明，可以更清楚些。對於只著眼於開展學生積極自由的教師們，容易過度以「幫孩子展望更大幅度的自由」為念，而強迫學生將「井外的世界」設定為首要目標。因為，井外的寬闊相對於井內的狹窄，無疑具備了更大的伸展空間、更多的選擇可能。然而，他們卻忽略掉一點：「也許不是每一個學生都適合井外的生活」。至於只關注在保全學生消極自由的教師們，則儘量不對學生施加干涉。學生若對井外的世界好奇，老師便帶他出井開開眼界；學生若甘於當一隻井底之蛙，老師就任由他在井裡玩耍。然而，他們也忽略掉一點：「不是每個學生都有能力在現階段，就做出符合自己利益的決定」。況且，自由的意義，若在免於枷鎖，免於「外力」的枷鎖，絕對不是自由的全部，因為免於「無知」的枷鎖，同樣地重要。而對柏林來說，「學生究竟想成為井內之蛙，或是井外之蛙」，則不是其執著的焦點。他所擔心的是：「學生之所以甘於做一隻井底之蛙，是因為他不知道如何離開井底，是因為他從未見過井外的風景」。是以，教師必須強迫學生，先學會離開井底的方法；必須確定學生，先具備離開井底的能力。至於學生最後要置身井外的世界，或者仍覺得井裡比較溫暖而留下，柏林則完全尊重每個學生對於理想生活的不同認定，以及人各有志的自由選擇。

四、結論

柏林洞悉兩種自由概念的內涵不同，然世人對於箇中差異卻渾然不覺，於是他言詞振振地剖析其中區別，以期自由的價值能適切彰顯。

在教育史上，以「追求自由」為目標的教育口號，同樣屢見不鮮。但倡言者所企求的，究竟為消極自由，還是積極自由，則向來各有所

偏。本文經由尋繹柏林自由觀念的啟示發現，無論是偏向學生積極自由
的開展，或是傾向學生消極自由的保全，皆利弊互見，故教師不僅應該
加以明辨，且不宜以任何一端作為學校教育的唯一依歸。至於兩者間分
寸的拿捏，則須以「人性最基本的需求」為圭臬。唯有把握住此一重
點，才會有擺脫「幫孩子作主」或「任孩子自主」一偏之失的那天。

參考書目

高毅、高煜譯（2001），M. Ignatieff 著。他鄉：以撒‧柏林傳。臺北：立緒。

陳曉林譯（1986），I. Berlin 著。自由四論。臺北：聯經。

鄭寺音編譯（2007，2 月 28 日）。英 8 歲童癡肥，面臨管收治療。自由電子報。
取自 http://iservice.libertytimes.com.tw/IService2/PrNews.php?NNo=www.
libertytimes.com.tw/2007/new/feb/28/today-int2.htm

Berlin, I.（1969）. *Four essays on liberty*. London: Oxford University Press.

Dworkin, R.（1991）. Two concepts of liberty. In E. Ullmann-Margalit & A.
Margalit（eds.）, *Isaiah Berlin: A celebration*（pp.100-109）. Chicago:
University of Chicago Press.

Hardy, H.（ed.）（2004）. *Isaiah Berlin. Flourishing letters 1928-1946*. London:
Chatto & Windus.

25

弗雷勒哲學中的教師圖像

──教師作為文化工作者

── 李奉儒

「教師必須總是團結在一起，尤其是當他們挑戰既有體系的不公平時，如此他們的奮鬥才會變成有效的。」亦即教師有關民主的方案，不能當成只是個人的奮鬥，教師必須團結在一起，運用自身的權利來爭取專業自主，使學校成為有尊嚴的所在。

一、弗雷勒背景簡介

弗雷勒（Paulo Freire, 1921-199）是 20 世紀
著名的成人教育工作者和草根教育運動的提倡者，
一位「熱情的進步主義者」、「不妥協的民主主義
者和不後悔的激進改革者」（*Carnoy, 1997: 7*）。弗雷
勒由於在祖國巴西「全國識字陣營」的領導身分，成功地教導巴西農民
識字，而遭受 1964 年軍事政變政府視其為顛覆分子，歷經兩度被捕入
獄和 16 年的放逐，但在這段流放期間也擔任過數項重要的教育職務，
參與各種國際性的教育行動方案，對於中南美洲、非洲的成人識字教育
實務有廣大作用和國際聲望。弗雷勒曾於 1969 年至美國哈佛大學「教
育與發展研究中心」擔任訪問學者，對北美的教育思想和課程領域起
了深遠的影響（*Apple, 1999*）。例如，自由的進步主義者受其人文主義影
響，新馬克思主義者認同其革命的實踐，左派學者鼓吹其批判的烏托邦
主義，即使保守主義者也尊重他對倫理學的重視（*McLaren, 2000: 13*）。

弗雷勒 於 1970 年寫作的《受壓迫者教學論》是其最重要的代表
作，即使在今日仍是許多批判教育者相當重視並最常引用的「經典」。
《受壓迫者教學論》奠基於弗雷勒的親身體驗，致力於「人的解放」
（human liberation）以及「社會轉化」（social transformation），旨在
喚起受壓迫者在爭取自由解放中的「意識醒悟」（conscientização），弗
雷勒主張人類存有的使命是成為主體，並藉由對話教學論喚起受壓迫者
為解放自身而投入行動、轉化世界，以社會正義和社會轉化作為奮鬥的
鵠的，完成人性化的志業。弗雷勒在該書中探討傳統儲存式（banking）
教育的壓迫，並提出具有解放性質的提問式（problem-posing）教育。

弗雷勒逝世後隔年出版的著作《教師作為文化工作者》（*1998a*），
在書中詳盡地分析教學歷程、教師面對的艱難工作條件與教師的轉化型
角色等，釐清教學專業長期以來被「去專業化」、「技術化」、「褓姆化」
的危機，重申「教育」作為一種意識醒悟的實踐，教師即是文化工作者

（cultural workers），以進行爭取自由的文化行動（李奉儒，2003a）。弗雷勒論證同時是學習者的教師之工作是充滿喜悅與嚴肅的，並賦予「教育者」新的意涵，如必須作為知識分子、社會的行動主義者、批判的研究者、道德的能動者、激進的哲學家，以及政治的改革者等，從而提醒有意從事教育工作者的人，唯有重新認識教育的任務與意識到教師所扮演的角色，才能自信地說：「我敢承擔教育工作了！」

弗雷勒（1998a）主張教師必須是一個有自覺、批判、反省、行動和實踐的文化工作者，對於社會及宰制階級採取批判與質疑的態度（李奉儒，2003b）。同時，教師必須抗拒宰制的意識型態，並實際投身教育及社會轉化的改革，培養學生成為真正獨立自主的個體。要言之，弗雷勒哲學中的教師圖像即是作為對話的、解放的文化工作者。

二、弗雷勒核心哲學概念

弗雷勒（1996: 85）認為自己「幾乎是直覺的傾向正義，並對於種族、階級、性別、暴力和剝削等的不正義和歧視有一種發自內心的拒斥」。其一生所有作品的核心均是持續關注壓迫、權力、政治、解放與教育之間的關係，而不只是方法論的討論或教學實務的應用而已。針對教師作為文化工作者，本文提出兩個核心概念來說明弗雷勒教師圖像的哲學立論。

(一) 人是未完成的有意識的存有者

弗雷勒（1973, 1985）主張人不僅是生物性地存在於世界之中（in the world），並且也是與世界同在的（with the world）。人類身為有意識的存有（a conscious being），有能力將自己「整合」進自己所處的生活世界之中，以便對所在的世界進行改革的行動（Freire, 1997: 32-34）。

人是「生成」（becoming）過程中的存有者，且人的不完整性

（incompleteness）預設了教育的必要性，弗雷勒說：

> 人是一種未完成的（unfinished）、非完整的
> （uncompleted）存有者，處於未完成的實在中。……人知道
> 自己是未完成的，人知覺自己的不完整性。在這種不完整性
> 與知覺中，有著教育是人類才有的表現之根源。也由於人的
> 未完成性，加上實在所具有的轉化性，使得教育必然成為一
> 種繼續不斷的活動（*Freire, 1970: 65*）。

弗雷勒終身關心受壓迫者身為分裂的、不真實的存有者，究竟如何能變成主動的學習者，並參與發展其解放的教學論。解放必須藉由長期以來在教育實務中被忽視的主體與主體之間的對話來實踐。對話並不只是單純之人際溝通，而是包含著對宰制之轉化與批判意識之開展。弗雷勒強調的批判素養則是個人自主和反思學習能力的發展，一種創造與再創造的態度。這種批判素養的發展歷程和結果可以說是「意識醒悟」，一種批判意識的形成（*Freire, 1970: 17*）。

（二）對話的辯證統一觀

「對話」一直是弗雷勒批判教學論之核心觀念與實踐（*Freire & Macedo, 1987*；李奉儒，2002）。弗雷勒（*1970*）省思 Hegel 關於主人與奴隸的辯證法（*Gadotti, 1994: 74*），將其對話理論建立在對於 Karl Marx 實踐理論的重新詮釋和批判繼承之上（*Freire, 1970; 1973; Shor & Freire, 1987*）。弗雷勒指出對話的「辯證的統一」（dialectical unity），「既非客觀主義，亦非主觀主義，也不是心理主義，而是在持續辯證關係中的主體性與客體性。」因為

> 若無主體的時候，無法確認客體的存在，兩者是不能截然二分的，它們若沒有彼此是不能存在的。將客體自主體中

分離出來，或是在分析實在或加以行動時否定主體，是一種
客觀主義。另一方面，在分析或行動中否定客體，就會產生
一種主觀主義，導致唯我論的立場，如此便會因為否定客觀
實在而否定行動本身（*Freire, 1970: 32*）。

對於客體的否定是一種「主觀主義者的錯誤，是一種反辯證的和
前 Hegel 唯心論的表現」；對於主體意識的取消，則是客觀主義者機械
地將人當成物的處理方式，「同樣是反辯證的」（*1985: 153*）。弗雷勒進而
指出客觀社會實在的存在並不是偶然發生的，而是人類行動的成果，所
以它也不是偶然改變的；但人們產生的社會實在，又會反作用於人們身
上並制約人們。只有透過對「辯證的統一」之理解，才能進一步說明有
意識的存有者在實在轉化中的角色，避免主觀主義或客觀主義之錯誤。
轉化社會的行動必須由自主的對話主體來發動，當對話主體參與學習過
程時，也理解到他們正在改變他們與外在世界的關係（*李奉儒，2002*）。
這是一種主體 ─ 主體的辯證，而不再是主體 ─ 客體的關係。

弗雷勒指出：「溝通行動如要成功，在相互溝通的主體之間必須有
融合的關係。」（*1973: 138*）弗雷勒（*1973: 45*）列出「愛、謙遜、信心、
希望、批判」等融合的條件和同理的關係。首先，弗雷勒認為「愛既是
對話的基礎，也是對話本身。」（*1970: 70*）由於「愛」是一種勇氣的行
動，並非是懼怕，所以愛會使人投入於他人，這種投入是一種對話的行
動；如果不愛這個世界，不愛生命，不愛大眾，就不能進入對話中。其
次，對話的邏輯結果是對話者之間的互信，對人有高度的「信心」是對
話的先前要求，信任則是透過對話而建立的（*1970: 72*）。唯有對人的信
心和彼此的信任，對話的雙方才能形成真實、真誠地參與溝通的共識。
第三，對話缺少「謙遜」也無法存在，如果一方自認是知識與真理的擁
有者，對他人的貢獻毫無所知，甚至感到不舒服，則不可能進行對話。
弗雷勒進而指出，沒有「希望」，對話也將不存在。希望源於人們的不
完美，所以他們會不斷地追尋。最後，除非對話者能夠進行「批判」思
考，否則真實的對話不可能存在。批判思考與素樸思考形成對比，對於

抱持素樸思考的人來說，重要的事情是適應已規制化的「今日」。對於批判思考者來說，重要的是對實在之持續的轉化，這是為了人類持續的恢復人性化（*Freire, 1970: 72-73*）。

三、教師作為文化工作者

教師作為文化工作者的主張，顛覆了新右派將教師視為技術應用者的思維，跟定義自己為「霸權型知識分子」（hegemonic intellectuals）的教師有所區別；也不再是如再製論者所批判的統治階級同路人之印象，有別於那些堅定站在社會主流，以及附和統治團體之意識型態的「順應型知識分子」（accommodating intellectuals）（*Aronowitz & Giroux, 1993: 45-49*）。教師作為文化工作者，是重新把教師擺回反省、批判的實踐者角色。

(一) 文化工作者

「作為教育者，我們既是藝術家，也是政治家，從來不是技術人員」（*Freire, 1998c: 100*）。教學是一種專業，但不是專業化的技術性意涵。弗雷勒（*1998a: 4*）指出：「教學的任務基本上是專業的任務，要求持續的智識上的嚴格和認識論的好奇、愛的能力、創造力、科學競爭力以及拒絕科學化約主義等之激勵。」這項任務要求教師「必須發展出對於教學歷程的愛，而不只是對他人的愛」。沒有愛心將使得教育失去意義，愛心不僅是面對學生，同時也是面對教學的歷程。「教學而沒有勇氣來愛，沒有勇氣在放棄之前嘗試千百種的方法是不可能從事教學的。」我們必須敢於說出我們的愛，不用擔心被批評為軟弱或是不科學。如此，我們才能在低微薪資、缺少尊重的惡劣工作環境下堅持教學（*Freire, 1998a: 3*）。

明日的教師必須是文化工作者，以想像和現今社會不同結構的社會，以有效地提供學生必要的想像來嘗試較佳的未來。這樣的「文化工

作者」，首先必須是自我批判的，為的是能提出其所處地位、自我利益及特權的本質內容為何，以對自己身為教育工作者身分的深刻瞭解；而為了孕育未來的社會改革力量，教師必須理解不公不義的社會實在，並在日常教學實務中與學生進行提問與對話的解放教育，藉以揭露學校課程中潛在的文化霸權，促使學生覺察自身文化的價值，以啟發學生的批判意識，共同探究社會實在。教師也要有勇氣，針對眼前的社會實在來發展教育理論，伸張教育的批判角色以克服社會與文化的不平等，並期待人們建立一種普遍人類倫理學來為新世紀的教育奠下更好的基礎。

其次，教師作為文化工作者必須界定自己是批判的公民，發揮賦權增能和自主的作為，與學生進行對話。正如弗雷勒（1973: 10）指出的，「任何宰制、利用和壓迫的關係，在定義上就是暴力。」教師必須抗拒宰制的意識型態，關心邊陲團體所形成的沉默文化，藉由不斷地與學習者對話以揭發真實的殘酷行為與受壓迫的情形，打破由社會中權力關係所加諸的歷史制約，恢復人性化的主體與主體關係。

第三，教師要以批判的樂觀主義來取代不能移動的宿命論。教師要挺身對抗宿命論的意識型態，因其使人誤以為我們對於文化、歷史、社會的進展是一籌莫展的。弗雷勒主張「我們是轉化型的存有，而不是只會適應的存有。」（1997: 36）人類可以自由地做決定，因為「歷史是一種可能性，而不是決定性的」（Freire, 1997: 37）。弗雷勒（1970: 90）指出教育深陷在文化政治中，所有的知識都是在歷史脈絡中創造出來的，且歷史脈絡賦予人類經驗一種生命與意義。教師必須安排機會讓學生能夠發現他們是歷史的主體，並察覺不正義的狀況雖然是人類在歷史中產生的，但也可以由人類來轉化。正如弗雷勒（1970: 111）指出的，「沒有任何一種歷史實在不是具有人類性的。……當人群中的大多數被否認具有以主體身分參與歷史的權利時，他們就會被支配而且被異化。因此，要以主體地位克服其客體的條件時——就需要民眾對於要被改造的實在從事行動與反省。」

對於弗雷勒（1998a: 3）而言，教師同時也是學習者，其任務是歡喜的與嚴肅的。教師作為文化工作者是反威權主義的、激進的、解放

的、民主的、對話的、互動的，將日常生活中的經驗置於課程與教學的中心。

(二) 對話教學論

　　所有教育者必須秉持一種普遍倫理學，這種倫理學是教育者要誠實、公平、尊重、自由地跟學生對話教學（*Freire, 1998c*）。對話是人與人之間的邂逅，透過對話式教育能開啟人們的批判意識，去揭發那些隱藏在實在背後的神話。弗雷勒強調對話是意識醒悟過程的必要部分，因此，很重視教師與學生之間的對話（*Freire & Macedo, 1987; Freire, 1997; Freire, 1998a*）。弗雷勒（*1973*）也主張在教室裡，對話是代表著民主之政略行為，不能以單純之教學技能看待；反而，對話是促進人類成為一個更能理性溝通之必要素質（*Shor & Freire, 1987: 98-99*）。對話教育一開始就要求師生間的矛盾應予打破，教育者與學習者之間必須是主體 ─ 主體的關係，師生為具有批判力的共同研究者，進行主體與主體的對話，彼此教導。

　　因此，弗雷勒主張「對話是我們成為人類存有者這個歷史進程之一部分。換言之，對話對於人類愈來愈成為批判地溝通的存有者是一種必要的態勢。」（*Shor & Freire, 1987: 98*）對話是促進人類成為一個更能批判地溝通的存有者之必要素質。當我們愈能與他人溝通時，我們愈能獲得轉化實在之能力（*Shor & Freire, 1987: 99*）。只有人們身為溝通的存有者，藉由主體與主體的對話，能夠相互理解並共同反省他們知道的和不知道的實在，才能進而批判地採取行動來轉化實在。

　　對話行動預設了溝通的先前要求，「溝通行動如要成功，在相互溝通的主體之間必須有融合的關係。」（*Freire, 1973: 138*）這種融合的關係是對話與溝通的可能性條件，包括「愛、謙遜、信心、希望、批判」等後現代思想重視的特質（李奉儒，2002）。人類的世界是一個溝通的世界，「對話是我們成為人類存有者這個歷史進程之一部分」（*Shor & Freire, 1987: 98*）。對話主要是一種溝通，不是強加的，也不是操控的；對話不

是馴化的，也不是口號的。對話並不只是單純之人際溝通，而是一種開展批判意識的過程，在於啟蒙個體之主體性批判意識，而能使人由客體轉為主體。也因此，教師的角色便不是知識的唯一擁有者或單向提供者，而是協助者和促發者，藉由對話過程促進師生主體之間產生批判性溝通，教室中之認知行動成為師生共同參與之探究活動（*Freire, 1970: 61-62*）。

（三）提問式教學

傳統教育中的教師，其作為講述主體的任務是填塞學生客體的心靈，所談論的內容則是遠離學生現有的經驗實際，且在過程中變成無生命的。學生機械式地抄寫、背誦和重述教師的言詞，而不知覺真正的意義，結果是教育變成一種儲存的行動，學生成為「儲存所」，教師則變成了「儲存者」，這就是弗雷勒嚴厲批判的「儲存式教育」（*李奉儒，2003a：18-19*）。儲存式教育是一種將人當成「物」的錯誤理解，知識變成由那些自認為有知識的人給予那些沒有知識的人之禮物（*Freire, 1970: 53*），否定學生有批判思考的潛能，也否定了教育和知識是探究的歷程。

鑑於儲存式教育的過程裡，學生溫馴接受而沒有自己的創造，使得學生的思考力和創造力在這樣的歷程中僵化了，弗雷勒轉而提倡「提問式」的對話教學論，一種主體對主體的溝通。學習者在其中是主動的參與者，融攝與生活經驗息息相關的知識，並藉由提問過程修正自己對於生活經驗的理解，以產生新知識。弗雷勒期待教師善於運用學童的日常生活經驗，賦權他們建構自己的知識，而不是只會記憶、熟練既有的知識或接受教師的知識。在提問式教學中，教師首先詢問和傾聽學生對於學習的主題有何問題，建立他們對於主題的理解，以作為對話與討論的起點。並從學生本身所處的情境開始，由教師幫助學生批判地考驗他們的歷史文化和社會生活形式，學習者逐漸感受到那些主題的挑戰性，而學生對挑戰的回應也引發更多的新挑戰，促使學習者產生更新的理解。

真正獻身解放的教育者，必須以「提問」來取代儲存式教學（*Freire,
1970: 60*）。提問式教育一開始就要求師生間的矛盾應予解決，打破傳統
教育中的垂直模式；強調教師可以是學生，而學生可以是教師的水平
模式，提問的教師可以在學生的反應中不斷更新自己的反省。學生不再
是溫馴的聆聽者，而是成為與教師進行對話的、具有批判力的共同探究
者。在弗雷勒的對話教學模式中，教師是引導班級進行批判對話的提問
者，啟蒙學習者的批判意識，以達成學習者「自由自主地開展人性化的
社會文化」（*王秋絨，1997：284*）。提問式教學從辨明日常生活世界中的論
題開始反省與行動，可以促使學生學習質疑他們早先不經懷疑所接受的
各種虛假意識，進而開展出批判意識。

總之，「提問式教學」是一種恢復人性與解放的實踐，運用學習者
的實在作為起點，透過對話，從他們已經知道的、他們日常生活中事實
的實用價值、他們存在的情境等來開始。對話作為一種經驗分享的模
式，並不是「將對話化約為一種關於個人生活過經驗的會話而已」，也
不是一種聚焦於個人心裡的團體治療形式（*Freire, 1998a: pxiv*）。在提問
式教學過程中，學生藉由提問與對話發展出知覺的力量，學生會發現自
己的投入，以批判的方式覺察到他們存在於這個世界，他們與世界在一
起，在與世界的互動中發現他們自己。

（四）民主的、共享的解放教室

教室可以說是學生最早接觸到的公眾領域，所以教師所扮演的角
色極為重要。在民主的、共享的教室裡，「解放的對話是不是一種技
術，不『僅僅是』我們用來協助我們獲得某些結果的技術。我們同樣不
能，也必須不要將對話理解為一種我們用來跟學生交朋友的策略。這會
使對話變成操控的技術而不是啟發。」（*Shor & Freire, 1987: 98*）教室必須
是教師引導學生共同從事批判性思考的場所，而不是傳遞無生命的知識
或技能的地方。社會實在與社會問題都可以成為師生共同進行批判思考
的對象。在民主的、對話的教室裡，學生才能樂於發言，不怕受嘲笑或

處罰，也可改善師生不對等的權力關係。教師接納學生個人自我意識與生活經驗之參與，並尊重學生表達自己的聲音與文化立場，不把自己的理念強加在學生身上，以提供學生探索民主與解放的可能。

弗雷勒指出對話教學論必須面對教室中自由與權威的辯證關係，但權威並不等同於威權主義（authoritarianism）。對於自由的恐懼導致教師開始內化主宰者威權主義的意識型態（Freire, 1998a: 9）。威權主義要存在，就必須否定自由。然而，「如果沒有權威，就沒有自由；沒有自由，也沒有權威。所有的自由都包括一種可能性──在某些特殊的情況下（且在不同的存有層次上），它可能變成權威。自由與權威不可能孤立，而是必須在彼此間的關係中來考量。」（Freire, 1970: 159）

在教室的自由與權威辯證關係中，藉由提問、對話和溝通的歷程，「兒童才有機會成為他們自己歷史的行動主體，而不是被動的、去人性化的客體」（Rossatto, 2002: 158）。「問題不在於教師是否有愈來愈少的權威，重點是民主的教師從來不會將權威轉變成威權主義。他或她從來不會停止是一位權威或具備權威。」（Shor & Freire, 1987: 91）教師必須知道他或她的權威是奠立在學生的自由之基礎上，一旦否定學生的自由，就是切斷這個奠立的關係，而變成威權主義者。教學中所包含的指導成分，使得教師必須擔任指導的角色，其中至少有一些是權力的層面，但教師不能因此就理所當然地操控學生，也不能就此放棄指導的責任。教師並不能自廢武功，放任學生完全的自由；但也不能誤用權威，自居宰制的壓迫角色。

四、教師作為文化工作者的教育反省

弗雷勒主張教師必須作為進行對話教育與提問教學的文化工作者，以達到人的解放與社會轉化的最終目的。特別關注於學校教育的文化發展，轉化學校結構與班級實務中存在的不平等和不民主的關係，賦權那些在文化上處於邊緣以及經濟上受剝削的學生，弗雷勒將這視為是人性化的使命。教師作為文化工作者的關注點超越了學校教育領域，將班級

教學、知識生產、學校機構的結構等之間的關係，置於更廣大的經濟、意識型態和社會脈絡中來討論。

在《自由教學論》一書中，弗雷勒指出所有的歧視都是不道德的，不論是種族的、性別的或其他類的歧視，都「違反了人類尊嚴的本質，並構成對民主的徹底否定」（1998c: 41）。教師作為文化工作者必須努力對抗教育中的歧視、利用和壓迫的事例，這是教師的重要責任之一，不管其要面對的情況有多困難。亦即教師要有勇氣秉持普遍人類倫理，不要害怕而不敢譴責那些排斥異類的、操控宰制的或是使人類團結化為烏有的措施，尤其是種族、性別和階級的歧視。

然而，上述的主張卻也很容易忽視或低估社會現實中日常人民包括學校教師、學生等，為了生存所必須面對的各種艱難挑戰，特別是受制於教與學所在的機構與政治之複雜關係。以至於教師很容易成為受質疑的對象，如為何沒能起來積極反抗壓迫者的不公不義措施，為何使壓迫社會中的沉默文化得以繼續維繫？這類可能變成菁英主義式的新壓迫性語言，反而讓教師失去了弗雷勒終身追求和期待的人性化希望。

事實上，在日益民主化的臺灣社會中，教師作為文化工作者的期望，也必須面對各種的結構性限制，像是國家政策對於教師的管理、評鑑與統治，社會普遍存在的升學主義對於學校教育實務的扭曲，部分學校主管恐懼、打壓或不樂見教師的自主意識等，均可能導致教師的技能退化。正如弗雷勒（1998a: 8）指出的，所謂「防教師」（teacher-proof）的教材，是專家的威權主義之持續，也是對於教師能夠認識和創造之可能性的完全缺乏信心。這類社會結構對於教師的無形限制和有形干擾，需要關注進步教育者持續地批判和加以克服。正如弗雷勒早已指出的，壓迫者並不會輕言放棄其有利地位。也因此，期待或希望教育的解放，並不能單純地由提問式的教育來著手，還需配合整個教育課程的設計、教育的制度、國家政策的轉化，才不至於使弗雷勒關於教師作為文化工作者的訴求流於過度的理想化。

正如李奉儒（2003a）指出的，在批判意識醒悟的過程中，總是存在著觀念上的衝突，或者跟以往習慣、偏見、行為模式等的斷裂，這些

都不是教師或學生容易克服的，因為人在情感上總不願意讓自己涉入危機，而去承擔責任。弗雷勒（1998a: 15）樂觀地相信「身為教師卻不愛教學是不可能發生的。」然而，有些教師本身就是在科技理性的環境中成長，使得他們不自覺自己是依據工具理性的公式來行動。如現在流行的教學模式是「教師即專家」，傳遞專業資訊。所謂學校教育是學生在其中獲得一大堆的事實、數字、資料等。教師很少質疑為何他們會假定：只要他們在說話而學生非常地安靜就是學習的情況。工具理性主義滲透進他們的下意識中，使得教師只是填鴨學生資訊，並使學生完全依賴教師。換言之，弗雷勒對於教師批判意識的想法可能過於樂觀和理想化。如教師在傳統儲存式教育的培育下，亦會發展出對權威的依賴性格，這些教師習慣於遵從傳統課程及傳統教法，並沒有意識到轉型為文化工作者的必要性。

　　傳統的教育環境中並未賦予教師規劃課程的權力，致使教師喪失課程與教學設計的能力。今日，教育專業自主權雖已逐漸落實到學校或教師身上，從課程設計到實際教學都將由基層教師主導。則課程如何成為一種對學生的幫助而非限制？又任何領域的知識形成過程或多或少涉及權力過程，如何能在避免權力宰制、意識型態灌輸之外，考量社會發展及兒童需要等來設計課程？上述的問題均是弗雷勒所沒有或未能處理的，但卻是在臺灣的我們必須要嚴肅面對與認真思考的問題。

　　弗雷勒較為強調教師必須扮演何種角色，又必須具備何種素質，對於師生之間的教學活動，只在理想上期待教師必須同時是學習者，並認知到學習者同時也是教師的可能性，實際上，教室活動仍是以教師為發動的主體。就像其對於提問式教學的討論，也大多指向「教師」如何運用教學策略，從而激發出學習者的好奇心與批判思考，較少論及學習者如何主動的提問，這即使不是其所批判的儲存式教育，也容易走向教師中心的教學模式（李奉儒，2003a）。對於文化工作者角色有深刻體認的教師或許不再是壓迫者的一員，但是，如果假定提問式教育一定可以克服師生衝突，解決教室中師生的權威與對立關係，這期待毋寧也過於樂觀。甚且，「有些教師當他們宣稱使學生賦權增能時，實際上卻是強

化自身的優越地位。」（Freire, 1998a: pxv）這將會是一種新的殖民主義類型，一種家父長主義的假慷慨，一種去人性化的工具，防止學生批判思考的發展，使其無法批判地閱讀這個世界。換言之，弗雷勒鼓吹的提問式教育，也可能受到教師誤用，在偽裝的表面之下，偷渡各種教師的觀念與價值，而跟儲存式教育相去不遠。

五、結論

　　來自弗雷勒的第一個啟示，告訴教師必須批判地檢視他們自己對於知識、人性和社會的觀點，是如何透過不自覺的假定，帶進他們自己的班級經驗之中。真正獻身解放的教師，必須整個拒絕儲存式的概念，而採用「人是有意識之存有」的概念，以提問、對話來取代儲存式教育中不平等的上下模式。教師與學習者必須共同致力於嚴肅的與深層的「意識醒悟」的工作，透過對話教學論的實踐，學習者得以確認其歷史中「主體」的地位，拋棄原先「客體」的地位。在提問式教育中，教師不斷地跟學習者對話，以引導學生開始發展他們的力量，批判地察覺他們存在於世界上的方式和發現他們自己存有的價值，才能實質地促進社會的轉化。

　　教師批判意識醒悟只是教師踏出作為文化工作者之第一步。「教師必須總是團結在一起，尤其是當他們挑戰既有體系的不公平時，如此他們的奮鬥才會變成有效的。」（Freire, 1998a: 7）亦即教師有關民主的方案，不能當成只是個人的奮鬥，教師必須團結在一起，運用自身的權利來爭取專業自主，使學校成為有尊嚴的所在。意識醒悟的教師未來如何在學校第一現場，繼續爭取其他教師的認同來共同對抗各種違背教育正義的政策措施，如何在班級教室中實施對話與提問式教學來啟發學生的批判意識，並進一步團結學校之外的人群，激勵和爭取整個社會中意識醒悟成員之集體努力，將是作為文化行動者教師所必須終身實踐的。

參考書目

王秋絨（1997）。成人教育的思想與實務：現代、後現代的論辯。臺北：心理
　　出版社。

李奉儒（2002，10 月）。對話教學論：Jurgen Habermas 與 Paulo Freire 的溝通
　　與對話。論文發表於中央研究院主辦之「當代教育哲學」專題研討會，臺
　　北。

李奉儒（2003a）。P. Freire 的批判教學論對於教師實踐教育改革的啟示。教育
　　研究集刊，*49*（3），1-30。

李奉儒（2003b）。從教育改革的批判談教師作為實踐教育正義的能動者。臺灣
　　教育社會學研究，*3*（2），113-150。

Apple, M. W.（1999）. Freire, neo-liberalism and education. *Discourse: Studies
　　in the Cultural Politics of Education, 20*（1）, 5-20.

Aronowitz, S. & Giroux, H. A.（1993）. *Education Still under Siege*（2nd
　　edition）. Westport, Connecticut: Bergin & Garvey.

Buber, M.（1958）. *I and Thou*. New York: Charles Scribners' Sons.

Carnoy, M.（1997）. Forward. In Paulo Freire, *Pedagogy of the Heart*（pp.7-19）.
　　New York: Continuum.

Freire, P.（1970）. *Pedagogy of the Oppressed*. London: Penguin.

Freire, P.（1973）. *Education for Critical Consciousness*. New York: Continuum.

Freire, P.（1985）. *The Politics of Education: Culture, power and liberation*.
　　Massachusetts: Bergin & Garvey.

Freire, P.（1996）. *Letters to Cristina: Reflections on my life and work*. New
　　York: Routledge.

Freire, P.（1997）. *Pedagogy of the Heart*. New York: Continuum.

Freire, P.（1998a）. *Teachers as Cultural Workers: Letters to those who dare
　　teach*. Oxford: Westview.

Freire, P.（1998b）. *Politics and Education*. California: UCLA Latin American

Center Publications.

Freire, P.（1998c）. *Pedagogy of Freedom: Ethics, democracy, and courage.* Lanham: Rowman & Littlefield.

Freire, P. & Macedo, D.（1987）. *Literacy: Reading the word and the world.* Westport, Connecticut: Bergin & Garvey.

Gadotti, Moacir（1994）. *Reading Paulo Freire: His life and work.* Albany: State University of New York Press.

McLaren, P. L.（2000）. Paulo Freire's pedagogy of possibility. In S. F. Steiner, H. M. Krank, P. McLaren, & R. E. Bahruth（eds.）. *Freirean Pedagogy, Praxis, and Possibilities: Projects for the new millennium*（pp.1-22）. New York: Falmer.

Shor, I. & Freire, P.（1987）. *A Pedagogy for Liberation: Dialogues on transforming education.* Massachusetts: Bergin & Garvey.

包曼哲學中的教師圖像

—— 洪仁進

作為一位大學教授的包曼，根據泰斯特
（K. Tester）與其對談後的覺察，包曼要教給
我們的「最後一課」是：對「人類」的奉獻需
要先對「自我」的奉獻。誠哉斯言！唯有透
過這種對自我奉獻的試煉，教師才能深刻瞭
解「身為教師」的意義與價值，真正領會對人
類（尤其是學生）奉獻其實正是「教師之為教
師」的崇敬與責任所在。

誰是包曼？簡單的說，包曼（Zygmunt Bauman, 1925-）是當前英國社會學界的思想大家，論述兼具深度和廣度，著作的數量及品質同優，幾與吉登斯（A. Giddens）旗鼓相當。然若進一步來看，在學術崇榮的社會學家之外，包曼還是英國里茲（Leeds）大學與波蘭華沙（Warsaw）大學的名譽教授。然則，對包曼一生影響最鉅的，其實正是他與生俱來的猶太裔波蘭人身分。這種身為猶太人的特殊身分，不僅賦予他游移不定的離散命運，也激勵他獻身學術的堅強使命，彼此激盪，相互交錯，既形成一幅人生際遇與學術研究交融一體的景致，也呈顯「人如其文，文如其人」的底蘊。

具體來說，本文係以「旅程」（journey）為論述的軸線，從包曼人生歲月的刻度分析，分為「學思之旅」、「按書索驥」、「核心理念」、「教師圖像」及「還在旅程中」五個層面，前後相連，依序鋪陳，據以作為衍釋包曼哲學思想中的教師圖像之憑藉。

一、學思之旅

1925 年，包曼出生在波蘭波茲南（Poznań）市一個窮苦的猶太家庭。1939 年，在納粹大軍強勢入侵，以及反猶太主義的壓迫下，包曼的父母舉家移居蘇聯紅軍占領區營生。1943 年，包曼加入紅軍主導的波蘭第一軍團服役，擔任政治教育教官，宣揚共產主義，其間並於1950 年獲頒「十字勳章」，表彰其軍功，肯定其表現。在這一段軍旅生活中，包曼先是在華沙社會科學研究院修習社會學，結識歐索斯基（S. Ossowski）與霍契菲德（J. Hochfeld）兩位社會學家，影響其後來研究社會學的走向，而後在華沙大學研修哲學，厚實其思辯能力。

好景不長，1953 年，有人密告包曼的父親前往以色列大使館探詢移民的可能性，致使包曼遭到解除軍職的不榮譽處置，造成父子失和的困局。1954 年，包曼「投戎從筆」，擔任華沙大學哲學與社會科學系講

師，由此開啟學術研究的生涯。1959 年，在英國倫敦經濟學院的進修期間，麥凱尼（R. McKenzie）指導包曼深入研究英國社會主義運動，後來便以《社會主義：根源、哲學及政治學理》出版，這不僅是包曼在社會學界初試啼聲之作，似乎也預示了英國將成為包曼學術研究的殿堂。

1960 年代，可說是包曼學術地位的奠定時期。1965 年，他獲任華沙大學社會學協會主席；1966 年，他擔任波蘭社會學協會執行委員會主席，這兩項榮譽均可視為包曼學術發展的重要成就。然則，就在 1967 年以色列與埃及的六日戰爭之後，波蘭境內竟又興起反猶太運動，導致包曼在 1968 年先是遭受解除教職後又被迫放棄公民身分，不得不自此展開流亡海外的離散生活。起先他返回以色列擔任為時甚短的臺拉維夫（Tel Aviv）社會學系教授一職，旋即歷經加拿大、美國、澳洲的短暫工作後，及至 1971 年，包曼接受英國里茲大學的邀請，出任社會學系教授兼主任，從此他便以英語寫作論著，成為英國社會學界的風雲人物。1970 年代，完成四本著作；1980 年代，撰成五本論作。其中所寫的《現代性與大屠殺》，榮獲 1990 年歐洲愛瑪菲獎（the European Amalfi prize），並自里茲大學退休。

退休後的包曼，專注研究，勤於筆耕，幾乎一年一本著作，不僅創作頻率更甚於前，就算質量相較於前，也毫不遜色。1998 年，包曼又榮獲德國法蘭克福（Frankfurt）市阿多諾獎（the Adorno Prize），躋列社會學界的桂冠學者。

二、按書索驥

眾所皆知，要瞭解一位學者的學術思想之發展或進路，大致有兩種取徑：一是透過敘明這位學者的學思之旅，將其生活歷練與學術發展連結起來；一是藉對這位學者的著作之序，將其論述內容與學術進路鏈結起來。對於包曼而言，正如史密斯（D. Smith）（1999: 1）的觀察，包曼的生活、學術與著作之間，如同「三位一體」的關係。因此在敘明包

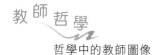
曼的學思之旅後，本節擬以鄭莉（*2006: 2-3*）在《理解包曼》採取的分階方式為參照，將包曼的學術著作之序，分為五個時期，依序梳理其學術思想的關注重點及發展方向，據以作為理解其思想的核心理念之基礎。

（一）1970 年代至 1980 年代末

此一時期包曼係以「社會主義」研究的學術重心，針對階級、烏托邦、文化、詮釋及批判等概念進行探討，先後完成《在階級與菁英之間》（1972）、《作為實踐的文化》（1973）、《社會主義：激進的烏托邦》（1976）、《邁向批判社會學》（1976）、《詮釋學與社會科學》（1978）及《階級的記憶》（1982）等六部。

（二）1980 年代末至 1990 年代初

此一時期包曼開始跳離社會主義的框架，轉以「社會學」的探究為焦點，針對現代性的相關概念：知識分子、自由、大屠殺、正反相倚（或矛盾情感）及社會學思考做一探討，撰成《立法者與詮釋者》（1987）、《自由》（1988）、《現代性與大屠殺》（1989）、《社會學地思考》（1990）及《現代性與正反相倚》（1991）等五部。其中《現代性與大屠殺》是包曼榮獲歐洲愛瑪菲獎的代表作。

（三）1990 年代初至 1990 年代中

此一時期包曼是以「後現代性」為研究主軸，針對與後現代社會境況相關的概念：不朽、生活策略、倫理、道德、身分、自我及風險深入分析，陸續寫成《後現代性的提示》（1992）、《必死性、不朽及其他生活策略》（1992）、《後現代倫理學》（1993）、《生活在碎片之中》（1995）及《後現代性及其不滿》（1997）等五部。其中的後三本著

作，即為所謂的「後現代三部曲」，最能彰顯包曼的後現代立場和論述。

(四) 1990 年代末至 2000 年代初

此一時期包曼係以全球化下的「人類處境」（human conditions）為關照，針對消費社會、個體化、政治、共同體、貧窮及多元文化主義展開思索，撰成《全球化》（1998）、《工作、消費主義及新窮人》（1998）、《探求政治》（1999）、《個體化社會》（2001）、《共同體》（2001）及《被圍困的社會》（2002）等六部。

(五) 2000 年代初至今（2007）

此一時期包曼轉以「流動的現代性」（liquid modernity）化解現代性與後現代性的矛盾及對反，針對愛、認同、生活、懼怕、時代、不確定性、消費及生命做一探究，完成《流動的現代性》（2000）、《流動的愛》（2003）、《廢棄的生命》（2004）、《認同》（2004）、《流動的生活》（2005）、《流動的懼怕》（2006）、《流動的時代》（2006）及《消費化生活》（2007）八部。

綜上所述，在五個時期的前後相繫中，可以看出包曼學術著作的階段性相當鮮明，每一時期皆有其關注的重點，且前後彼此相連，構成學術發展的進路或方向。分別視之，則依次為社會主義、社會學、後現代性、全球化及流動的現代性等四項路標；合齊以觀，便能看出包曼念茲在茲的，仍是思索後現代社會中的現代性出路：採用「流動」取代「斷裂」、「超越」與「對反」的方略，在瞬息萬變的大千世界裡，找尋人類生活的各種可能性；在難以確定的人生旅程中，開顯「人之為人」的真實性。

三、核心理念

面對包曼的著作等身，欲綜覽其作，限於時間與個人學力，除力有未逮之感外，尚有不知量力之挫。因此在衡諸時間與個人學力，乃根據前述按書索驥的收穫，得知包曼社會哲學思想中的核心理念計有「正反相倚」（ambivalence）、「現代性／後現代性」（modernity/postmodernity）、「道德／倫理」（morality/ethics）、「同在感」（togetherness）、「共同體」（community）、「流動」（liquid），因此在本節先對這六個核心理念的基本涵義，試做一番說明，以為衍釋其在教師圖像上的蘊義之憑藉。

（一）正反相倚

此一理念係來自《現代性與正反相倚》中，包曼本諸猶太身分，透過二次大戰期間納粹屠殺猶太人的殘暴作為之思索時，所提出的用語，藉以彰顯其間既有理性何以質變為反理性的質疑，也有身為猶太／非猶太所產生的不同視野之焦慮，似乎是不能迴避的人類命運。究其原因，包曼認為主要是「截然二分」的認知、態度與行動，形成一種「非此即彼」或「有你無我」的互斥心態，致使悲劇不斷產生。

本此體察，包曼提出「正反相倚」主張，不僅連結彼此的關係，且也用以匡正彼此的缺隙。舉例來說，「不是敵人，便是朋友」，或「不是朋友，就是敵人」，均顯現出相互對反的態勢。這種對反的態勢，有時同時存在，形成正反相倚的矛盾關係，即對甲來說，乙既是朋友，又是敵人，反之亦然。然則，正因有此存在的焦慮，才能推使人們構想以「陌生人」（stranger）作為人我之間的另一種「身分」（identity），跳脫朋友／敵人的二元框線，增進人我之間的「可能性」。換句話說，這種模糊不明的正反相倚處境，有時反能增加創造的空間。

（二）現代性／後現代性

此一理念最先出自《立法者與詮釋者》中的副標題「論現代性、後現代性與知識分子」，自此包曼開始探究現代性與後現代性之間的關係。在他看來，現代性與後現代性之間體現了「連續中的斷裂」與「斷裂中的連續」共存並行的關係。相較於哈伯瑪斯（J. Habermas）從現代性觀看後現代性的挑戰，強調現代性係為一項「未完成的計畫」（unfinished project），包曼翻轉軸線，改以後現代性觀看現代性的挑戰，指出後現代性已是眼前須待探討的課題。

具體來說，現代性的涵義已因後現代性的來臨發生改變，所以要瞭解現代性的涵義，就須透過後現代性著手，是為「斷裂中的連續」；相對的，若要瞭解後現代的意涵，也須透過現代性的改變著眼，是為「連續中的斷裂」。這種現代性／後現代性並行共存的現象，正如前述正反相倚所稱，亦為包曼用以探究當前社會的人類處境，及其憑依的理性運作與倫理作為之參照。

（三）道德／倫理

基本上，關於道德／倫理的討論，包曼係依循現代性／後現代性的探討理路，視現代性為建構倫理符碼的道德，而視後現代性為消解倫理符碼的道德，兩者具有正反相倚的辯證關係。在《後現代倫理學》中，包曼便認為自啟蒙以降，在理性高揚的現代性潮流下，強將普遍、客觀、確定等「秩序性」符碼套限在個殊、主觀、不確定等「非秩序性」現象之上，致使「道德標準」及「倫理原則」成為人們必須遵行的金科玉律，絲毫難有「自由」可言，也難有「自主性」可期。

然則，包曼進一步指出，身處當前後現代社會境況之中，前述普遍性的道德標準逐漸崩解，且確定性的倫理原則也趨向模糊。影響所及，借用尼采（F. Nietzsche）的觀點來說，似乎所有的理性與秩序，皆待「重新估定」（transvalue）。對包曼來說，正是這一價值重新估

定的渴求自由或想望自主,開啟了後現代倫理學的論述視野。因此在汲取列維納斯(E. Levinas)「為他」(for otherness)倫理學的精髓,包曼以「關係」(relationship)一詞來鏈結自我與他人同為「他者」(Otherness)外,另以「責任」(responsibility)一詞來崁鑲道德與倫理相互「回應」(responsiveness),重現兼具「關係的自由」與「責任的自主」之人文風采(humanity)的社會型態。

(四) 同在感

　　人我之間的相逢(encounter),有時落在計畫之中,遂有期然而遇的確定感;有時落在計畫之外,致有不期然而遇的驚奇感。不管如何,這兩種相逢的型態,似乎闡明了「人生何處不相逢」的底蘊,總是在「必然」與「偶然」之間擺擺盪盪,無法離群索居,飄然離世。在《生活在碎片之中》一書裡,包曼將人我同在的相逢關係名其為「同在感」(togetherness),並分從「相伴」(being aside)、「相處」(being with)及「相依」(being for)三種形式之分析,敘明「同在感」的豐富蘊義。首先,所謂的「相伴」,原是「在他人身旁」之意,係指人我「萍水相逢」,或有可能結緣相識,也有可能擦身而過,取決之處在於個人的自由或抉擇,不能強求,更不應施暴,此為同在感的第一義。其次,所謂的「相處」,原是「與他人在一起」之意,因為在有緣相逢時,雙方若有心相識,自會以理相待,真誠相處,此為同在感的第二義。最後,所謂的「相依」,原是「為他人」之意,當相逢的兩造經過「密切往來」的互動歷程,便能走出自我,理解他者之外,也能識明所謂的「自我」,其實就是另一個「他者」,意味著人我之間的「共相」(Universal)。

　　由此推知,包曼係透過「相伴」、「相處」及「相依」的分析,彰顯「同在感」三種形式彼此連結且累進的關係,藉以說明「相逢自是有緣」較諸「人生何處不相逢」有著更為豐富卻也複雜的意涵,一種正反相倚的關係。至於能否能「相伴」、「相處」或「相依」,則可能是「隨

緣」似的自由自在，抑或可能是「惜緣」般的相知相惜，一切操之在於「為他」的關係倫理之體悟。

（五）共同體

　　所謂的「共同體」，雖是來自對社會型態的探究，但總讓人引發相當政治意涵的聯想。在包曼看來，共同體固然是一個溫暖而又舒適的場所，卻也是一個冷酷而又疏離的地方，如同 Janus（古代羅馬守護門戶的兩面神）一般，呈現方向相反卻又彼此相連的關係。換句話說，這種夾雜著溫暖／冷酷與舒適／疏離的正反相倚景象，正是當前自由民主社會中人們生活的真實境況，在衝突中尋求和諧，在和諧中克服衝突，彼此對反，卻又相互生成。

　　在〈陌生人的形成與解除〉一文裡，包曼援引李維史陀（C. Lévi-Strauss）人類學中處理不同族群關係時，經常採用的一組觀點：「吞噬的」（anthropophagic）與「嘔吐的」（anthropoemic），用以說明各種社群（包括性別、文化、宗教、學校）之間或之內人與人的關係（*Bauman, 1995: 201*）。具體來說，就「吞噬的」觀點來看，係以狼吞虎嚥似的強勢作為，滅絕他人或他群原有的身分，強差異以為「相同」（sameness），並以徹底「同化」（assimilation）為最高利益。至於就「嘔吐的」觀點來說，則以作嘔作吐似的傲慢做法，根除他人或他群原有的權利，強差異以為「歧視」（discrimination），並以徹底「排斥」（exclusion）為最高利益。面對這一組極不人道的主張，包曼擷取泰勒（C. Taylor）在論述多元文化主義時，提出的三種政治形式：「認同」（identity）、「差異」（difference）及「肯認」（recognition），強調強勢相同的同化，會窄化認同的涵義；傲慢歧視的排斥，也會流失差異的意涵，唯有在肯於承認他人或他群的差異事實，以及肯於承認他人或他群的認同權利，然後透過理性的論辯與真誠的對話，確認彼此「互為他者」的意義與關係，才能建構「合而不統，分而不離」的共同體。

（六）流動

　　若說「正反相倚」是包曼用以闡明當前社會人類處境的矛盾、糾結及弔詭，則「流動」便是包曼據以化解這些矛盾、糾結及弔詭的對反又相成之張力（tension），讓其不停地變動、重組及生成。正如包曼在《流動的現代性》序言所指稱的，流動一詞兼具「液體」（fluidity）與「氣體」（gaseity）的雙重特性，前者是一種型態的運行；後者則是一種氣味的飄移，兩者同為「流體」，既沒有固定不變的空間外形，也沒有不動如山的時間刻度，只見不斷地奔竄、迴旋及轉動，形成一條「輕靈」（light）的流線，輕巧地來回於「正、反」之間，靈活地往返「反、正」之間，解消了橫隔其間的鴻溝，創造了持續流動的力量，展開新的旅程。

　　事實上，藉經這種流線的行進或動線的開展，正能連結現代性與後現代性的社會景況；融通道德與倫理的互通關係；構建隨緣、造緣與惜緣的相逢倫理；體認同為他者及互為他者的人我關係，如此既能彰顯個性的自由自在，亦能展現群性的責任情懷，跳脫單一線性的框架、方向和制約，在輕靈多元的社會流動中，相互生成，互相成就。

四、教師圖像

　　本節僅以前述的六個核心理念（正反相倚、現代性／後現代性、道德／倫理、同在感、共同體、流動）為張本，分就「專業發展，永續精進」、「嚴以律己，寬以待人」、「與生同在，相知相惜」、「同為他者，肯認彼此」、「領悟真實，創造可能」等五方面，據以衍釋包曼哲學中的教師圖像。

（一）專業發展，永續精進

　　包曼透過「正反相倚」的闡明，解消了現代性與後現代性的對反

關係，並從斷裂／連續的辨證關係突顯「流動」的輕巧與靈活，能夠產生持續向前的進步。由此推知，以教育作為「專業」的教師圖像，不應故步自封，以不變應萬變；反須積極求變，變中求成。換句話說，教育專業不只是教師工作或身分的確認而已，而是需要不斷地發展和精進，才能顯現教師圖像「與時俱進」且「止於至善」的專業本性。

(二) 嚴以律己，寬以待人

根據包曼對於當前道德與倫理「剪不斷、理還亂」糾結分析，我們可以將教師圖像闡釋為在自我道德的修鍊之中，學會嚴以律己，己所不欲，勿施於人；在人我倫理的相待之間，學會寬以待人，與人為善，助人為樂。具體來說，如此兼含嚴以律己與寬以待人的教師圖像，不會「視人如物」，定能「視人如己」；若以布巴（M. Buber）的觀點來說，師生之間、教師之間，乃至親師之間，不是「吾 — 它」（I-It）關係，而是「吾 — 汝」（I-Thou）關係，其間的「 — 」含指「責任」之意，因為樂於承擔教育責任的教師，也就是最能「春風化雨」的教師。

(三) 與生同在，相知相惜

包曼從「相伴」、「相處」與「相依」等三種形式的究明，呈顯「同在感」的豐富內涵，對於師生之間的教育關係饒富啟發。

相逢自是有緣，本於「為學生」（for student）的師生關係，教師應迎向學生的生活世界，走入學生的學習活動，與學生相互作伴；與學生真誠相處；與學生相成相長，俾能深刻理解與關懷，與學生同在，彼此相知相惜，共譜「一同學習、一同生活、一同遊戲」的美麗樂章。

(四) 同為他者，肯認彼此

依照包曼對於「共同體」的分析，正如杜威（J. Dewey）、郭耳保

（L. Kohlberg）及諾丁斯（N. Noddings）的觀點，共同體是我們不得不且不能不形成的社會型態，畢竟群居是人類生活的常態，也是展現多元文化「差異且平等」（difference and equality）的精神所在。由此可知，身為教育工作者的教師，對待學生、家長或同事，應拋除「排斥」的獨尊意識，秉持「融攝」（inclusion）的平等對待，人人同為他者，尊重各自的認同意向，接納不同的差異特色，不必強求一致，但謀肯認彼此之道，形塑「合而不一，分而不散」的共同體。

（五）領悟真實，創造可能

　　包曼藉對當前社會中朋友／敵人二元對立的洞察，指出隨著時空環境的推移，有時朋友變成敵人，有時敵人變成朋友；一切看似確定不移，但又變化多端，只有通觀這種正反相倚的真切關係，才能把握時機，隨遇而安。由此衍釋的教師圖像，便是當教師臨視當前瞬息萬變的教育改革時，不會只莽撞地趨往「理想」的奔竄，向所謂的「願景」無奈臣服；也不會只退卻地回歸「現實」的算計，向所謂的「政策」無動於衷。反之卻能從領悟「真實」的人類處境出發，既能顧及算計教育現實的必要；也能前瞻奔竄教育理想的想望，並在「理想」與「現實」的往返對話之間，立足於教育真實境況之透徹領悟，解決真正的教育問題，創造未來教育發展更多的可能性。

五、還在旅程中

　　在學思之旅的鋪陳中，我們知曉包曼係以社會學作為一生學術的志業，專心治學，思想精深，論述廣博，致能自成「一家之言」，吉登斯稱其為當代最具哲學風格的社會學家。另在按書索驥的引介中，我們更能看出包曼兼容各路社會學派及學家的學說取徑，諸如馬克思（K. Marx）、葛蘭西（A. Gramsci）、阿多諾（T. H. Adorno）、傅科（M. Foucault）、哈伯瑪斯及列維納斯等大家的思想要旨，皆能闡發精微，

躍然於論作之中。平心而論，在有限的能力與篇幅的限制下，很難完整地呈現包曼的哲學思想，甚至要能周全地敘明包曼哲學思想中的核心理念，也有相當的困難。

儘管如此，本文仍就包曼哲學思想中最具代表性的六個核心理念：正反相倚、現代性／後現代性、道德／倫理、同在感、共同體、流動，進行簡明扼要的分析，然後再以「專業發展，永續精進」、「嚴以律己，寬以待人」、「與生同在，相知相惜」、「同為他者，肯認彼此」、「領悟真實，創造可能」等五方面，闡明其在教育專業、師生關係、教學實踐及教育改革的蘊義，衍釋包曼哲學思想中「可能引發或藏有」的教師圖像。

作為一位大學教授的包曼，根據泰斯特（K. Tester）與其對談後的覺察，包曼要教給我們的「最後一課」是：對「人類」的奉獻需要先對「自我」的奉獻。誠哉斯言！唯有透過這種對自我奉獻的試煉，教師才能深刻瞭解「身為教師」的意義與價值，真正領會對人類（尤其是學生）奉獻其實正是「教師之為教師」的崇敬與責任所在。

參考書目

楊淑嬌譯（2004）。Bauman, Z & Tester, K. 原著（2001）。與包曼對話。臺北：遠流。

鄭莉（2006）。理解包曼。北京：中國人民大學出版社。

Bauman, Z.（1993）. *Postmodern ethics*. Cambridge: Polity.

Bauman, Z.（1995）. *Life in fragments*. Cambridge: Polity.

Bauman, Z.（1995）. Making and unmaking of strangers. In Beilharz, P.（ed.）（2001）, *The Bauman reader*（pp.200-217）. London: Blackwell.

Bauman, Z.（1997）. *Postmodernity and its discontents*. Cambridge: Polity.

Bauman, Z.（2000）. *Liquid modernity*. London: Polity.

Bauman, Z.（2001a）. *The individualized society*. Cambridge: Polity.

Bauman, Z.（2001b）. *Community: Seeking safety in an insecure world*.

Cambridge: Polity.

Bauman, Z.（2004）. *Wasted life: Modernity and its outcasts*. Cambridge: Polity.

Bauman, Z. & Tester, K.（2001）. *Conversation with Zygmunt Bauman*. Cambridge: Polity.

Smith, P.（1999）. *Zygmunt Bauman: Prophet of postmodernity*. Cambridge: Polity.

27

傅科在潛在課程與道德修為上的主張

—— 蘇永明

傅科從微觀的角度看，既然空間、時間的安排都有權力因素，權力就像毛細管作用，滲透到各個領域，權力是無所不在的。然而，傅科認為權力也有生產性，可以是正面的。在教育情境，教師就是應用權力給予學生壓力以促進其學習。當然，若使用不當難免仍有負面影響。

一、前言

　　如果讓哲學家或是天才型的人物來當中小學老師可能會是個災難。例如維根斯坦（Ludwig Wittgenstein）於一次大戰之後在奧地利的鄉間擔任小學老師，卻認為他所教的是「天下最愚笨」的學童（項退結，1994：113）。一般大哲學家不太可能在中小學教書，大多是在大學任教。傅科（M. Foucault, 1926-1984）也是在大學裡教書，甚至後來一直在法蘭西學院公開演講。由此較難推論他如果是個中小學教師會是什麼情況。然而，他的理論中仍有一些在中小學可以參考之處。首先，他的規訓權力（disciplinary power）概念如果從潛在課程（hidden curriculum）的角度來看是非常像的。再者，傅科晚年的「自我的技藝」（technology of the self）概念也和道德修為有關，是與當前道德教育所採用的方法較不一樣的。因此，選定這兩個概念作為教師哲學的參考。

二、規訓權力是一種潛在課程

　　傅科對於權力的解釋與傳統上把權力看作是一種持有物不同。以往認為有些人是有權力，有些人沒有權力，這是馬克思的模式。這樣的說法過於簡化，也無法解釋權力的運作。傅科從微觀的角度切入，認為權力要產生效果，是要產生權力關係之後才算。中國話所謂：「不怕官，只怕管」、「天高皇帝遠」、「帝力於我何有哉？」，只要沒有產生權力關係，即使有一方擁有很大的權力，也不會產生作用。

　　規訓權力的另一個特質是，它是在取代以往的暴力。在《規訓與懲罰》（Foucault, 1977）一書中，傅科指出對犯人的處置從五馬分屍、梟首示眾，再到監獄的監禁，表面上看起來是往人道主義的方向在走，事實上並不是。應該是以往所使用的暴力不再有效了！在工業社會以前，

強者對弱者直接以暴力的方式強奪其財物，直接用暴力。但是，在工業社會中，即使資本家想對工人壓榨勞力，用暴力的手段也不一定奏效，而且所引起的反彈可能是得不償失。也就是工人可以直接以破壞機器或任何干擾生產方式使資本家賠得更多。因此，規訓權力因應而生，並普遍應用在工廠、軍隊、學校中。這種權力使用方式的演變也說明了，何以體罰在今天已不具有正當性。各個領域都不再使用暴力，或是暴力不再具有正當性應該是整個時代的特徵。

規訓權力不但不是暴力，而且其表現形式幾乎也是令人不易覺察到它的存在。就傳科所指出的行使方式，有空間的規訓、時間的規訓及各種考試、評鑑等措施。空間的規訓主要是經由監視（surveillance）來壓制犯罪或違規的行為，要求學生住校則是一種嚴厲的規訓，經由空間的阻隔達成灌輸一套特殊價值觀的教育，其典型就是基督教的「修道院」（monastery）。時間的規訓則透過日課表、工作流程（如生產線的時間控制）等方式來達到目的。而各種考試、證照的取得，可以是更嚴厲的規訓，人們必須具備各種能力才得以通過考試。這些方式在今天看起來大多已是理所當然的事了，等於是人們無時無刻不受到各種規訓。

從上述的定義來看，由於規訓權力其表現較不是赤裸裸的暴力，所以對於學生而言，常是不知不覺，或認為是理所當然的。如校園中違規行為常發生在不易看到的「死角」（這在社會情境也一樣），這就是因為死角是監視無法到達的地方，權力無法到達。這也說明了為何有愈來愈多的地方裝設「監視器」來防範犯罪。因此，當學生認為這些規訓權力是理所當然（空間設置本來就是無可避免），這等於是不知不覺地產生潛在課程的作用。

再就正、負面影響來看，潛在課程是好的、壞的都有，尤其是教師未知覺到的部分可能有更多負面的效果。馬丁（Jane Roland Martin）指出，許多激進的學校教育改革，就是想要消除他們認為不良的潛在課程。

　　他們想要排除公立學校的潛在課程，同時以他們所認為

　　好的態度和價值來取代。因此，競爭被合作所取代，服從被
創造力和主動性所取代（Martin, 1998: 465）。

　　傅科的規訓權力與以往的權力觀不同之處在於，馬克思的權力觀
認為權力都是不好的、只有負面的影響。因此，到了哈伯馬斯所設計
的「理想溝通情境」（ideal speech situation）還要排除權力才能溝通無
礙。但是，傅科從微觀的角度看，既然空間、時間的安排都有權力因
素，權力就像毛細管作用，滲透到各個領域，權力是無所不在的。然
而，傅科認為權力也有生產性，可以是正面的。在教育情境，教師就是
應用權力給予學生壓力以促進其學習。當然，若使用不當難免仍有負面
影響。

　　前述傅科所指的規訓權力概念在各級學校中已普遍實施，而這些
做法事實上就是所謂的「潛在課程」。有關潛在課程的界定，在此以
馬丁的說法為準，逐項來判定是否符合（黃政傑，1986:167；參考 Martin,
1998）：

1. **潛在課程的內容可以是學術性或非學術性**。規訓權力所產生的效
   果應該包括兩者，尤其是考試的內容大多是學術性的，而行為規
   範的學習則以非學術性居多。
2. **潛在課程必須以學生實際學到的為準**。這一點是符合的，凡是未
   實際產生學習效果者當然不能算數。
3. **潛在課程並不包括公開宣示要達成的學習狀態**。規訓權力就是儘
   量以不知不覺的方式為之，因此絕對不會刻意公開，或是去告訴
   學生。
4. **潛在課程的概念是與正式課程對比**。規訓權力相對而言是比較偏
   向潛在課程。但如果把規訓權力當作一種方法，它也可能有助於
   正式課程的達成。這一點和潛在課程不太一樣，因規訓權力是有
   意的安排，偏向正面意義。而潛在課程範圍較廣，即使不是刻意
   安排的也都算。這一部分就難免會有較多的負面效果。
5. **潛在課程所指稱的學習狀態包含學習者的行為和態度等組合**。規

訓權力所產生的效果當然也包括上述的內容。

6. **潛在課程也會發生在學校以外的情境**。傅科認為的權力無所不
在，當然是任何場所都可能發生。

如果從定義來看，規訓權力只能算是潛在課程的一種，兩者並不
是等同的。因為，潛在課程還包括了主事者自己也未有意設計但卻發
生學習效果的，這等於是對主事者也隱藏（hidden）了。相較之下，規
訓權力是主事者有意設計，而只對學生隱藏（即它們不易知覺到）的
部分。當然，規訓權力也不排除學生已知覺的部分，即可能有些學生
已知道學校的某些規訓權力的設計，這時就不能再算是潛在課程了。
不過，仍算是規訓權力。馬丁指出「知識可以是權力」（knowledge can
be power），她所指的權力是用意識的提升（conscious raising）來對抗
不良的潛在課程。例如，女性主義經由不斷的宣揚，提倡反性別歧視的
意識，乃逐漸得以改善女性的地位。這種權力是蘊涵在論述裡的，是指
「權力／知識」（power/knowledge）為一體的兩面，與規訓權力不同的
形式。

從上述對規訓權力的解釋可知，傅科是把一般人習以為常的現象
把它陌生化，讓我們更能看出它的意義。而這種規訓權力的運作也仍是
相當普遍。目前國內對於實施「零體罰」、禁止體罰等禁令，讓有些老
師難以適從。若從學理來看，那就是要往規訓權力的角度來思考，等於
是用規訓權力來代替。當我發現英國的夏山學校號稱是自由之地，可是
它經由師生大會所通過的校規就有一百多條，可見任何一個組織都有其
規範。而夏山學校對於違反校規的人，其懲罰方式則一律是罰錢。可
見，任何的懲罰方式都有時而窮，沒有哪一種是絕對有效的。

三、自我的技藝係一種道德修為

傅科晚期提出了「自我的技藝」、「生存美學」（aesthetics of
existence）等概念。對這些概念的解釋仍有歧異，但其中一種是把它當
成是一種道德修為的方式。筆者認為這種解釋有其可信之處，而且也對

現行的道德教育提供了另一種可供採用的途徑。傅科所認定的道德修為方式有別於西方傳統的 Aristotle 和 Kant 的模式，只有一些些重疊之處。這些道德修為的方法就像規訓權力，所用的方法也是非常普通，並無任何新奇之處，但仍有值得參考的地方。計有：(1) 聆聽；(2) 說真話（parrhésia）；(3) 閱讀；(4) 書寫；(5) 坦率；(6) 良心檢查。以下僅就聆聽、說真話及良心檢查等三項修行的道德意涵予以說明：

(一) 聆聽

聆聽是說真話之前的步驟，也是修行的第一步，傅科說：

> 首先讓我們來看聽。可以說，聽是真話主體化和修行的第一步，因為聽在根本上完全是口頭的文化中讓人可以蒐集「邏各斯」（logos），蒐集所說的真話。但是，聆聽如果聽的恰當，也會讓人相信別人對他說的真話和他在邏各斯中遇到的真理。最後，聽將是這些步驟的原初時刻，通過它，這個恰當地被聽到蒐集的真話可以說深入到主體之中，開始變成他自己的（suus），並因此成了「êthos」的基礎。從真話到基本行為規則（de l'alêtheia à l'êthos）的過渡是從聽開始的（佘碧平譯，2005：347-348）。

這裡顯然認為「明理」是有德者必備的條件，而經由聆聽可以蒐集 logos，蒐集別人所說的真話，然後再成為自己的行為準則。

(二) 說真話（parrhésia）

說真話等於是不自欺，才能成為「誠實主體」。傅科認為說真話：

> 它同時既是一門技術，又是一種倫理，既是一種藝術，

又是一種道德，也即所謂的 parrhésia（佘碧平譯，2005：382）。

　　我認為「parrhésia」這個術語涉及的是道德素質、道德態度，也即「êthos」，另一方面又與把真實的話語傳達給需要用它來把自己塑造成主宰自己的主體和自身誠實的主體不可或缺的技術程序有關。（佘碧平譯，2005：388）

說真話就是要坦白，而坦白的敵人是奉承。引文中的「修辭」是負面意義，因為「奉承是坦白的道德對手。而修辭則是它的對手的夥伴」（佘碧平譯，2005：389）。他並以老師為例來說明如何向學生說真話：

　　要想讓學生的緘默有著深沉的內涵，要想在這種緘默的身處恰當地放入老師的真話，要想學生能夠把這些話化為己有，以便自己有朝一日可以變為誠實主體，那麼老師說出的話不是一種花言巧語，一種遵循修辭律並只注重如何感動學生靈魂的話語。這不應該是一種誘惑話語。它必須是這樣一種話語，讓學生的主體性能夠消化它，並由此直達他自身這個目標（佘碧平譯，2005：382-3）。

傅科引用羅馬偉大的修辭學教師坤體良（*Marcus Fabius Quintilian, 35-95*）對老師的期許：

　　「無論如何，事先就給予忠告要比犯了事後再懲罰好得多。」他還說，必須善意地回答問題。必須詢問那些坐在那裡一言不發、不提問題的人。必須改正學生可能犯下的所有錯誤，但是，這樣做時不要發火。最後，他說，老師至少每天一次，可能的話，每天多次講學，以便他的聽眾「掌握」他說的話。「毫無疑問，閱讀提供了供模仿的例子，但是，活生生的話語是更富營養的食物，尤其是在老師說話的時候，

他的學生們如果有教養的話，會愛他、尊重他。」（佘碧平譯，
2005：400）

這說明了直接的對話具有「感化」的功能。而老師說真話將可以
誘導出學生也說真話：

> 從老師的坦白到學生們的坦白的過渡。老師的坦誠必須
> 是用來激發、支持學生們也有可能、權利和責任坦誠相告。
> 學生們的坦率會增強他們之間的友善（eunoia）或友誼。因
> 此，我認為，在這篇文本中，有兩個要素是重要的：坦白從
> 老師向學生轉移；…… 學生們必須相互拯救，通過對方而得
> 救（佘碧平譯，2005：404）。

事實上，適當的自我坦露也會引出對方相對的自我坦露。此時，
是要面對自己，對自己的錯誤要承認和改正。但是，這與宗教上的懺悔
不一樣，這是自己對自己負責的做法。

> 我們在伊壁鳩魯派團體中發現的，也即讓學生們面對老
> 師聚集在團體中並說話的責任是：說出他們的想法，說出他
> 們心中所想，說出他們犯下的錯誤，說出他們感到自己有責
> 任或易犯的弱點。而且，這就是懺悔實踐。…… 這種懺悔實踐
> 完全不同於各種宗教儀式的實踐 …… 這是一種明確的、規範
> 的、詳敘的語言實踐，學生必須以此通過某種坦誠來回應老
> 師的真言，這種坦誠是他們與其他人交流時的心靈相通，以
> 此啟動他獲救的必要條件，但也是激發其他人產生一種不是
> 拒絕、排斥和譴責，而是善意的態度，並由此促使團體中的
> 所有要素、所有人得救（佘碧平譯，2005：405）。

說真話具有多重的意涵，也有其危險性。但其具有道德意義則是

無庸置疑的。只是，要想達到上述的效果，教師在學生的心目中必須先有其權威，等於是準備接受老師的教誨。然而，在今天所謂「兒童中心」、「開放教育」等名目之下，兒童已是目中無人，不但不尊重權威，還到處批判權威、反權威，以摧毀權威為能事。在這種師生關係之下，實在看不出價值教育或道德教育能有甚麼成效。

（三）良心檢查

這是類似「吾日三省吾身」的反省，在希臘則是畢達哥拉斯派的主張：

> 畢達哥拉斯主義關於良心檢查的最真實涵義，就是：你要準備好通過檢查自己在白天裡的所作所為來緩慢地進入夢鄉 …… 良心檢查的主要功能就是讓人可以在睡眠前淨化思想。因此，良心檢查不是為了評判人的所作所為。當然，它也不是旨在激發內疚之類的東西。通過思考人的所作所為，並經這種思考驅除我們身上可能有的惡，我們就會淨化自身，並可能睡上一個安穩覺（佘碧平譯，2005：499）。

良心檢查作為道德修為的方式是無可置疑的，至少在主觀的層面要能做到。這和儒家的「慎獨」有些許類似之處。

四、結語

本文很簡要的說明傅科的規訓權力的概念和自我的技藝，在當前教育活動中可應用之處。這整個過程可能還需要有所轉折，以免誤用。但從潛在課程來理解規訓權力可幫助我們理解到教育活動的隱微之處。而自我的技藝不只是一種生存美學，也是一種道德的修為方式。

參考書目

佘碧平譯，Michel Foucault 著（2005）。主體解釋學：法蘭西學院演講系列，*1981-1982*。上海：上海人民出版社。

項退結（1994）。七十浮跡——生活體驗與思考。臺北：三民。

黃政傑（1986）。潛在課程概念分析，刊於國立臺灣師範大學教育研究所集刊第 *28* 集，頁 163-182。

Foucault, M.（1977）. *Discipline and Punish: the birth of the prison*（A. Sheridan, Trans.）. New York: Pantheon.

Foucault, M.（2001）. *L'Herméneutique du sujet. Cours du Collège de France. 1981-1982.* Paris: Gallimard/Seuil.

Foucault, M.（2005）. *The hermeneutics of the subject: Lectures at the Collège de France 1981-1982*（G. Burchell, Trans.）. New York: Palgrave Macmillan.

Hirst, Paul H. & White, Patricia（eds.）（1998）. *Philosophy of education: major themes in the analytic tradition*. Vol. IV: problems of educational content an practice. London: Routledge.

Martin, J. R.（1998）. What should we do with a hidden curriculum when we find one? In Paul H. Hirst & Patricia White（eds.）, *Philosophy of education: major themes in the analytic tradition*. Vol. IV: problems of educational content an practice. pp.453-469.

名詞索引

國家圖書館出版品預行編目資料

教師哲學:哲學中的教師圖像／林逢祺,
洪仁進主編.
--1版.--臺北市:五南, 2008.9
面; 公分
ISBN 978-957-11-5380-3(平裝)
1.教師角色 2.教育哲學
522.2   97017104

1ITP
教師哲學:哲學中的教師圖

主　　編 — 林逢祺(139.1) 洪仁進

發 行 人 — 楊榮川

總 經 理 — 楊士清

副總編輯 — 陳念祖

責任編輯 — 李敏華 雅典編輯排版工作室

封面設計 — 哲次設計

出 版 者 — 五南圖書出版股份有限公司

地　　址:106台北市大安區和平東路二段339號4樓

電　　話:(02)2705-5066 傳　　真:(02)2706-6100

網　　址:http://www.wunan.com.tw

電子郵件:wunan@wunan.com.tw

劃撥帳號:01068953

戶　　名:五南圖書出版股份有限公司

法律顧問 林勝安律師事務所 林勝安律師

出版日期 2008年9月初版一刷
　　　　　2019年1月初版四刷

定　　價 新臺幣510元